Biblioteca J. J. Benítez
Investigación

Biografía

J. J. Benítez (1946) nació en Pamplona. Se licenció en Periodismo en la Universidad de Navarra. Era una persona normal (según sus propias palabras) hasta que en 1972 el Destino (con mayúsculas, según él) le salió al encuentro, y se especializó en la investigación de enigmas y misterios. Ha publicado cuarenta libros. En julio de 2002 estuvo a punto de morir. Dice que seguirá viajando e investigando hasta que su «Dios favorito» quiera. Antes tenía más de ciento treinta nuevos libros en preparación. Ahora vive sólo el presente.

J. J. Benítez
La quinta columna

Planeta

Este libro no podrá ser reproducido,
ni total ni parcialmente, sin el previo
permiso escrito del editor.
Todos los derechos reservados.

© J. J. Benítez, 1990
© Editorial Planeta, S. A., 2004
  Avinguda Diagonal 662, 6.ª planta. 08034 Barcelona (España)
Diseño e ilustración de la cubierta: Opalworks
Fotografía del autor: © José Antonio S. de Lamadrid
Procedencia de las ilustraciones: A. Schultz, Fernando Calderón, Fina D'Armada, Gras, Jesús Borrego, J. J. Benítez, J. L. Barturen, Joaquim Fernándes, Juan Bermúdez, María Asunción Echagüe, Timermans
Primera edición en Colección Booket: marzo de 2004

Depósito legal: B. 6.511-2004
ISBN: 84-08-05120-2
Impresión y encuadernación: Litografía Rosés, S. A.
Printed in Spain - Impreso en España

Índice

Siete años de silencio   13
1 Donde se apunta cómo un «gigante de negro» la tomó con un pacífico pueblo de Las Hurdes. El «cebo» de una noticia errónea o «nada es azar». El fracaso en Vegas de Coria: toda una lección de humildad. De cómo un bar puede oler a chamusquina. De cuándo y de qué manera supe del caso «Colás», el primer «mártir» de la ufología hispana. «Muy endemoniado tuvo que ser el enganche para despachar al caballero.» «O te apartas o te aparto» y sepa usted que los «espantos» no entienden de razones. Donde se narra la misteriosa muerte del señor de Cambroncino, acaecida en 1917. ¿De qué sirve un cuchillo albaceteño frente a un ovni? De cómo la Providencia tuvo piedad de este investigador, regalándole un acta de enterramiento. El litigio del ovni con «Colás», fría y minuciosamente calculado. Los sucesos de Fátima y Cambroncino huelen sospechosamente. Otros dos encuentros con ovnis o la obra de Satanás y su puñetera madre.   25
2 Donde se explica que los ufólogos «de salón» son necios, pero no tontos. Otra vez tras el rastro de un «hijo de la casta de Satanás». De cómo buscando al «tiu Mona» tropecé con el «dios de Martilandrán». Torre de don Miguel: el investigador se queda «en cueros». Una «matanza» —de marranos se entiende—, una hogaza de pan, un «forastero áspero y volatinero» y una «luna en to lo alto». Si es usted

carbonero, ¡ojo con los tíos «escarramarraus»! Eran tiempos en los que curas y civiles no habían perdido la vergüenza. Donde se ve que, de vez en cuando, conviene confiar en la Santa Madre Iglesia. ¿Sabe usted si al «niño Jesús» le da ahora por robar sandías? La morrocotuda sorpresa de doña Elvira: el «anuncio del ángel» se cumplió. Vegas de Coria cae como fruta madura. Todo empezó con una «llamarada». De cómo un oportuno «mecagüen Satanás» puede salvarle a uno de un «gigante con sotana». «¿Somos personas o qué?» En Vegas hubo ovnis y más que ovnis. Unas fotos oportunísimas.   83

3 Donde se da razón de un oportuno sueño. Persiguiendo a una «dama de cristal», voy a tropezar con un «primo» del «gigante» de Vegas. Saucedilla: un «tío» con un «ventilador bajo la saya». ¿Cuándo se ha visto a un humanoide con una cicatriz en el rostro? Tres meses antes, otro sospechoso aterrizaje ovni. Hablando de estilos, ¿no es el humor un chaleco salvavidas? «Lo» de Zafra, señor mío, es cosa de no creer. Catorce años de silencio. Donde se demuestra, una vez más, que la palabra «casualidad» es una blasfemia. Un «papá noel» en la carretera. Donde el señor Trejo repite susto y con un ovni con setenta «tubos de escape». Si el caso Zafra fue un «experimento sociológico», servidor es la Sofía Loren. Los tripulantes de Baracaldo y los tenebrosos y «confidenciales» manejos de los «vampiros». Donde se insinúa que los «tíos de la cabina telefónica» y el «magiclic» eran unos consumados «actores». Un «as» en la manga de este «sainetero». Y de cómo «prepara» el Destino los «encuentros» de este «inventor». Ahí van otras dos primicias que harán saltar las lágrimas de mis incondicionales, los ufólogos «de salón».

También los etarras han tropezado con humanoides. 131

4 El miedo en los testigos ovni: toda una tesis doctoral. Donde se da cuenta del caso del rejoneador Peralta y el «tío del ba-ra-ra-rá». Somos nosotros —no ellos— los que tenemos prisa por desvelar el misterio. Sería de necios —y no sé si hasta pecaminoso— no formular la pregunta clave: ¿qué hacía aquel ovni en las dunas de Punta Umbría? Dígame usted: ¿qué «bicho» podría tocarle los bigotes a un gato serrano? En Ronda los tuve al alcance de la mano. Cincuenta huellas frescas de un «ser» con patas «reondas» como tuberías. ¿Dónde se ha visto que una «lavadora» ponga los pelos de punta a una familia castellana? Fuentecén fue cosa de locos: «Satán» ladraba a la «lavadora» y ésta al perro. Otro «puyazo» a los «vampiros». En Zamora, señor mío, también «cuecen habas». Donde se narran las desventuras de un pescador, dos perros y un «mirón» con un motor en los pies. En Pusilibro, este «sabueso» también se hizo «aguas menores». Por si no lo sabía, a los ingenieros también le tiemblan las piernas. De cómo dos «gigantes» gemelos descendieron en la autopista A-68 y de cómo se fueron sin pagar la factura del testigo. 195

5 Otra factura impagada o la «odisea» de Vicente Corell con «gentes del otro mundo». El «tío de las perillas» se puso «firmes». «¿Llevas una pistola? ¿No? Pues entonces calla.» Donde se da cuenta de cómo un suceso genuino puede ser «embarrado» por los «vampiros» y sus acólitos. También los maestros de escuela han visto seres de otros mundos. La moderna investigación ovni: medio siglo de fracasos. Y digo yo: ¿no será que trabajamos con herramientas equivocadas? De cómo un «bañista» lla-

mado «Patton» se esfumó en las narices de unos veraneantes. Tarifa: el testigo guardó silencio durante veintiséis años. «Chico, pero ¿tú eres de por aquí?», preguntó el gigante. «Lo del Hilario»: otro suceso inédito y sobrecogedor. «Y este cristiano cavilaba: ¿dónde habrá conseguido Juan Brisa una luminaria tan desahogada?» «Y aquel hombrón "estartalao" echó a volar. ¿Usted me sigue?» Quizá una de las claves del fenómeno vino a despejarla una pintora de Isla Cristina. «¿Qué sois?» Y los seres de cabello albino respondieron a la gran pregunta. Donde hago de «profeta menor» y acierto. Hablemos de dineros: otro varapalo a los «sumos sacerdotes». Conil o la «quinta columna». Donde se narra la asombrosa «mutación» de dos seres de «túnicas» blancas y el «paseo» de un «cabeza de pera volador». Más difícil todavía: antológico «catálogo del carajotismo ufológico». Y los ovnis y la extraña «pareja» regresaron a Conil. El misterio está servido. 263
6 El arte de investigar 403
Índice onomástico 415

*A los investigadores «de campo»
y a sus esposas y compañeras.
Y al que Dios se la dé,
san Pedro se la bendiga...*

Yo no digo que esto es posible.
Digo que es.

WILLIAM CROOKES, físico

SIETE AÑOS DE SILENCIO

«Anoche, 20 de febrero de 1983, cuando me disponía a reanudar la narración de los dos últimos y apasionantes "encuentros con humanoides" de este primer libro, acaecidos en Isla Cristina (Huelva) y en Villares del Saz (Cuenca), la llamada telefónica de mi buen amigo Julio Corchero, desde Valencia de Alcántara (Cáceres), me ha obligado a suspender tal empeño. Según testimonios recogidos en la población de Vegas de Coria —al norte de Extremadura—, un ser gigantesco, con una oscura indumentaria, venía siendo observado en los últimos días, sembrando el pánico entre los vecinos. En uno de los comunicados sobre el suceso, el diaro Hoy, *de Badajoz, aseguraba que uno de los testigos había fallecido como consecuencia, al parecer, de la súbita aproximación de este terrorífico gigante.*

»Aquello, sinceramente, me parecieron palabras mayores. Y en cuestión de horas me lancé a las carreteras, rumbo a Las Hurdes.

»¿Llegaría a tiempo esta vez? ¿Qué me reservaba el destino en Vegas de Coria?»

Así finaliza La punta del iceberg, *primer volumen de la serie «Los humanoides», dedicada a encuentros con «tripulantes ovni». Entre dicho trabajo —publicado en junio del mencionado 1983— y el que ahora me ocupa han discurrido siete años. Un lapso suficientemente dilatado como para levantar dudas y suspicacias entre los que un día tuvieron a bien depositar su confianza en este investigador. ¿Qué ha sucedido? ¿Por qué siete años de silencio en lo que respecta a la publicación de obras sobre la temática extraterrestre? Entiendo que, antes de entrar de lleno en las aventuras que conforman esta segunda entrega, el lector tiene derecho a una explicación. Con ello, amén de enjugar bulos y rumores, trataré de segar las maledicencias que han ido brotando al socaire de «mi silencio ovni». Murmuraciones —todo hay que decirlo— desparramadas, como es habitual, por los corrosivos y malintencionados de siempre. O sea: por los «vampiros»[1] de la ufología hispana. Una «fauna» a la que, de paso, conviene desenmascarar. Documentos confidenciales, humor y arrojo no me faltan. Pero vayamos por partes.*

Decía que este temporal distanciamiento del «libro-ovni» ha suscitado las más peregrinas cábalas en torno a mi supuesta deserción del fenómeno que «descubriera» en 1972 y del que llevo publicados catorce volúmenes y cientos de reportajes. De ese racimo de especulaciones voy a contemplar —muy brevemente— las tres más ponzoñosas.

Estos parásitos de los mal llamados «objetos volantes no identificados» han propalado, en público y privado, «que mi alejamiento era de esperar. Y que, más tarde o más temprano, mi interés por los ovnis se extinguiría».

Salta a la vista que no es así. Los pocos que conocen a este «soñador, romántico y empedernido viajero», saben que en es-

---

1. En beneficio del lector no avisado conviene ir aclarando conceptos y expresiones. Como en otros órdenes de la vida, también en la ufología se da el «vampirismo». Se trata de los ya familiares «ufólogos de salón» —individuos que «investigan» por correspondencia— y que, con el paso del tiempo, invocando el nombre de la Ciencia, terminan esclavizando a más de un esforzado investigador «de campo». Incapaces de lanzarse a las siempre costosas indagaciones in situ, optan por hacerse con los informes de aquéllos, rentabilizándolos en su propio beneficio en toda suerte de publicaciones, conferencias, etc. Y en el colmo del cinismo y del engreimiento, se atreven a «bendecir» o «condenar» las investigaciones que han «vampirizado» y, lo que es más triste, a los mismísimos testigos ovni. Todo ello, claro está, sin mover el trasero de la cómoda poltrona de su casa. Pero tiempo habrá de volver sobre tan enjundioso negocio cuando analicemos «el arte de investigar» en unos y en otros. *(N. de J. J. Benítez.)*

tos últimos ochenta y cuatro meses mis viajes, aventuras e investigaciones por medio mundo han sido frenéticos. El interés por un tema no tiene por qué estar en relación directa con lo que pueda difundir. Y es obvio que este planteamiento es extensivo a todo ser humano. Los escasos amigos que me ha regalado la Providencia conocen de mi pasión por la mar, la música, el cine y la poesía. Pues bien, ¿el hecho de que no haya publicado libro alguno sobre el particular significa que mi interés está sentenciado a la extinción? Estos «intoxicadores» ignoran un detalle vital. De un color o de otro, más ambicioso o más modesto, el Destino se encarga siempre de clavar en cada corazón el estandarte de un ideal. No conozco un solo hombre que, en la medida de sus posibilidades, no sueñe y luche por algo. En mi caso, el estudio, investigación y difusión de la realidad ovni hace tiempo que ondean como una bandera. Ya ha ocurrido con otros investigadores: en estos dieciocho años mi interés por el fenómeno extraterrestre ha experimentado una —supongo— lógica metamorfosis. De aquellos iniciales y febriles momentos, en los que buena parte de mi afán se vio inmolado en un loable intento por convencer a los incrédulos, he ido desembocando en un estudio más sereno e intimista. Hoy no interesa convencer. Y mucho menos polemizar. Aquel que en verdad desea información dispone de una extensa bibliografía. Como digo, lenta y sutilmente, el complejo y ramificado «universo ovni» ha echado raíces en la trastienda de mi vida, alzándose en forma de reto. Un desafío sabiamente camuflado de horizonte interior al que, por supuesto, nunca daré alcance. Aquellos que han penetrado en la investigación de los «no identificados» saben que digo verdad. Tal y como acontece con el horizonte geográfico, cuando el peregrino cree haber llegado a él, otro paisaje, otra lejanía y otras incógnitas se levantan más allá, espoleando la curiosidad. Así, en mi opinión, es el fenómeno que me tiene fascinado. Detrás de un caso, de un aterrizaje, de un encuentro con los tripulantes, de un «contactado», etc., surgen siempre otros enigmas, otras preguntas, otros horizontes... ¿Cómo concebir entonces la sola idea de abandonar? Los ovnis, al menos para los auténticos investigadores, constituyen un camino sin retorno.

Pero sigamos con las maledicencias. Hasta mí ha llegado un segundo infundio: «Era lógico. El cansancio no perdona. Además, ya no hay casos ovni.»

Doble error. Ciertamente, dieciocho años de permanente y tenaz búsqueda —con un saldo, hasta hoy, de más de tres millones de kilómetros a mis espaldas— deberían haber quebrantado espíritu y salud. Sin embargo, Dios parece tener otros planes para este mortal. Y mis fuerzas, como todas las que se alimentan de un ideal, se hallan intactas. Si la Providencia no cambia de opinión, hay J. J. Benítez para largo... Y aprovecho el lance para descubrir a los obtusos algo que, en parte, ya he esbozado y que resulta vital para aproximarse al secreto de tan indestructible entusiasmo. Desde la «época heroica» de los ya fallecidos y nunca bien ponderados investigadores Rey Brea, Manuel Osuna, Arejula y el juez Federico Acosta he asistido a un continuo desfile de hombres y grupos que —como los hongos en primavera— aparecen y se extinguen en el mundillo ufológico. Casi siempre el «sepulturero» de todos ellos es su propio cansancio. Un agotamiento que los va minando inexorablemente y que, unido a pueriles rencillas y a la burocracia que distingue indefectiblemente a los ufólogos «de salón», les arrastra al abandono. A no ser que en la intimidad de cada uno de esos jóvenes investigadores palpite «algo más» que la simple curiosidad, el afán de notoriedad, el mimetismo o el impulso destructivo hacia lo que otros han podido descubrir, que de todo hay en los «reinos de taifas» de la ufología. Nada de ello, por sí solo, reúne la solidez y energía necesarias para mantener a un ser humano en alerta permanente —recalco lo de permanente— en la dura y difícil investigación ovni. El secreto, en mi modesta opinión, anida en un frenético enamoramiento del tema. Una pasión que no sabe de apatías e indiferencias y que, sobre todo, es capaz de poner al servicio de la investigación los muchos o parcos recursos intelectuales y materiales disponibles: tanto en tiempo como en dinero, como en imaginación, como en estudio, como en sacrificio o en tenacidad. Y todo ese caudal afectivo y material, a cambio de muy poco. Éste, como el de tantos veteranos investigadores «de campo», es mi caso. Sólo así puede explicarse que, a mis cuarenta y tres años, haya dado setenta y cinco veces la vuelta al mundo...

Respecto a la «escasez ovni», nada más falso y demostrativo de la ineficacia de los referidos «ufólogos por correspondencia». Uno de estos «vampiros», rizando el rizo del ridículo, hacía en diciembre de 1987 unas declaraciones que, obviamente, se han vuelto contra él. Interrogado sobre los ovnis, este mercachifle de la ufología radiofónica, en la actualidad metido a curandero, pontificaba así: «Desde que Spielberg hizo E.T. se acabó. El extraterrestre pasó a ocupar su auténtico lugar en la historia: es la mitología de nuestro tiempo. Se presta a noticia de verano...» He aquí uno de los graves riesgos de cuantos «investigan de salón». ¿Debajo de qué piedra se habrá escondido este desmemoriado animador de «alertas-ovni» en las noches veraniegas españolas al tener noticia de la oleada de 1988 en Brasil o de los casos de la Unión Soviética, Francia y Cádiz en 1989 o de los recientes avistamientos en Bélgica y Roma en 1990?

Está claro. Los auténticos investigadores —los que siguen arriesgándose por los caminos del mundo— saben que estas astronaves están ahí, que sobrevuelan pueblos y ciudades y que toman tierra sin descanso. ¿Desde cuándo la Guardia Civil, la Armada o el Ejército del Aire se molestan en investigar y perseguir «mitologías»? Pero, como digo, para descubrir y rescatar esa casuística es menester despegar el trasero —con perdón— de las cómodas poltronas.

Por último, una tercera y no menos sofisticada especulación ha circulado insistentemente por los corrillos y cenáculos ufológicos, en un esfuerzo por razonar mis «siete años de si-

lencio»: «El ovni —porfiaban convencidos— ya no es negocio.»

La acusación de «mercantilista» no es nueva. La he padecido desde que surgió mi primer libro, en setiembre de 1975. Semejante calumnia sólo puede proceder de aquellos que no me conocen, de los envidiosos o de los que jamás han escrito libro alguno sobre el particular. Dicen que la Verdad precisa de pocos argumentos. Pues bien, en mi caso, con uno será más que suficiente para disipar esas ácidas dudas. De los cuatro españolitos que en la década de los ochenta tuvimos la legítima aspiración de «vivir de nuestras respectivas investigaciones», firmando sendos contratos con Planeta, sólo uno continúa publicando regularmente con dicha editorial. Lamentablemente, los libros «sobre ovnis» de los señores Ribera, Faber Kaiser y Jiménez del Oso jamás llegaron a cubrir los anticipos. Y el señor Lara se vio en la lógica necesidad de rescindir los compromisos con cada uno de ellos. ¿Dónde estaba el negocio? El cuarto escritor —el «mercantilista J. J. Benítez»— estuvo a punto de correr idéntica suerte. Entre los años 1980 y 1985, los ovnis le habían reportado el fastuoso capital de casi seis millones de pesetas... de deudas. Sólo la mágica y providencial irrupción de los Caballos de Troya *terminó por borrar los «números rojos», concediéndome un respiro. Me había salvado del naufragio, sí, pero con la ayuda de la narrativa. Resulta paradójico tener que recurrir a publicaciones de diferente naturaleza para sobrevivir y, sobre todo, para continuar en la brecha de la investigación. Ésta, y no otra, es la cruda verdad. El panorama —para qué andarse con paños calientes— ha sido y es tan ruinoso (al menos en lo que al mercado hispano-parlante se refiere) que en estos siete últimos años los libros aparecidos, y que abordan la fenomenología extraterrestre, pueden contarse con los dedos de una mano. Hablemos, pues, con rigor: no es el afán de lucro lo que nos mantiene en una investigación todavía minoritaria, despreciada por los círculos ortodoxos, sin subvenciones oficiales y erizada de obstáculos. Como decía el Maestro, «quien tenga oídos que oiga».*

Y puestos a achicar el corazón, vayamos al problema de fondo. En un país como el nuestro —donde, si pudieran volar, los iconoclastas, mediocres y envidiosos, podrían nublar el sol—, si el batallar por un ideal suscita todo tipo de críticas, intentar vivir de él es casi un delito. Ahí les duele a los «vampiros» y «ufólogos de salón». Ésa es la enfermiza y subterránea «fuente» que alumbra todas sus murmuraciones. Ellos no tuvieron el coraje de renunciar a los oficios que desempeñan para embarcarse en cuerpo y alma en la investigación que dicen defender. Y comprendo sus miedos. En 1979, cuando tomé la decisión de abandonar mi carrera como periodista para «perseguir ovnis», yo también experimenté el terror que escolta a toda situación de inseguridad. Lo que no entiendo muy bien es su ensañamiento con los que han tenido el valor de arrostrar semejante aventura. Son como el perro del hortelano. Y pretenden disimular su cobardía vistiendo el deslumbrante ropaje del rigor, de la seriedad científica y de la crítica destructiva. Creo que era Francisco de Sales quien aseguraba que «la ciencia nos deshonra cuando nos envanece o degenera en pedantería». Escuchando las sentencias o leyendo los «pontificales» y aburridos escritos de estos amargados, uno rememora aquella sabia afirmación de Tolstói: «Dentro de algunos siglos, la historia de eso que ahora llamamos actividad científica del progreso será un gran motivo de hilaridad y de compasión para las generaciones futuras.» Seamos honestos. ¿Es que en verdad sabemos algo del fenómeno ovni? Los investigadores «de campo» lo perseguimos sin descanso, acumulamos un máximo de documentación, lo estudiamos e, inevitablemente, apuntamos conclusiones. Pero ¿quién puede ser tan insensato como para «pontificar y sentar cátedra» al respecto? Este complejísimo tema —al menos por el momento— no es compatible con las computadoras, por mucho que se empeñen los ufólogos «de salón». Estamos ante una realidad múltiple, esquiva, que trasciende las fronteras de la lógica y me atrevería a decir que los insondables límites del propio espíritu humano. Cada caso es diferente. Irritantemente distinto. ¿Cómo introducir entonces lo absurdo, lo mágico, lo invisible, lo tecnológicamente sublime, lo ilógico y lo desconocido en el banco de datos de un ordenador? Estamos, quizá, ante un desafío que demanda tiempo, paciencia, estudio, investigación y, por encima de todo, humildad. Por eso me identifico y me siento cómodo con los modestos, tenaces y valientes investigadores «de campo». Ellos, en silencio, construyen; no destruyen. Ellos, con sacrificio, van levantando —piedra a piedra— lo que algún día será un magnífico edificio capaz de albergar a una Ciencia positiva. Una Ciencia con «conciencia». Que este libro esté dedicado a hombres como Mateo Nogales, Julio Marvizón, Saturnino Mendoza, Paco Padrón, Andrés Gómez Serrano, Julio Arcas, Bruno Cardeñosa, Rafael Vite, Luis Jiménez Marhuenda, Carmen Pérez de la Hiz y al resto de los investigadores regionales no es casualidad.

Y una vez destilado mi espíritu, regresaré a la cuestión inicial: ¿a qué obedecen entonces estos siete años de «silencio-ovni»?

Acabo de mencionar la palabra «casualidad». Pero creo que debería haber utilizado un término más justo y apropiado: «causalidad». He aquí una de las lecciones aprendida en mi estrecho contacto con el asunto ovni. Y soy consciente de que me introduzco en un terreno resbaladizo, de difícil demostración y en el que uno debe caminar con los bastones de la intuición. Pero estoy convencido de ello y, en consecuencia, seré honrado conmigo mismo: nada es azar.

En principio, y según mi corto entendimiento, este vacío informativo fue provocado por dos razones «de peso», a las que servidor ha añadido una tercera, digamos de menor calibre. Todas, en suma, han resultado positivas. Pero antes de pasar a exponerlas, permítaseme una pincelada previa acerca de un fenómeno que —espero— iré desmigando en el trans-

curso de próximas narraciones. Sé que los hipercríticos, «vampiros» y demás ralea sonreirán malévolos al tener conocimiento de este audaz y «poco científico» hallazgo. Me trae sin cuidado. La cuestión es que, tras años de observación y después de contrastar mis experiencias con las acumuladas por otros investigadores «de campo», estoy persuadido de que todos los que nos hemos entregado a este noble empeño de abrir camino en la jungla-ovni nos hallamos sutil pero férreamente «controlados». Para los creyentes en un Dios, semejante insinuación puede resultar obvia. Ciertamente —desde ese prisma religioso—, los seres humanos disfrutan de la tutela o protección de un «ángel guardián». Pero no estoy hablando de religión. Mis palabras llevan otro sentido. Han sido tantos los hechos puntuales —extraños y misteriosos— que he registrado y sigo observando a lo largo de mis correrías que no puedo por menos que creer en la «presencia-existencia» de unos «seres-entidades» (las palabras me limitan), definitivamente asociados al fenómeno ovni, y que «cuidan-velan-conducen-protegen» cada uno de los pasos de los investigadores. Como escribe Novalis, «el azar no es inescrutable; también está regido por un orden». No puede ser casualidad que quien esto escribe abandonara un día los pinceles para ingresar en la Escuela de Periodismo, renunciando así a lo que él consideraba su verdadera vocación. No es azar que fuera «entrenado» durante veinte años en la dura y noble profesión periodística. No es gratuito que en 1972 un redactor-jefe lanzara sobre su mesa de trabajo un teletipo con la noticia de un aterrizaje ovni, eclipsando el futuro profesional de aquel reportero. ¿Es que resulta «normal» que dos años más tarde, enganchado ya a la investigación, recibiera mi «bautismo de fuego», contemplando dos ovnis en un desierto peruano? ¿Es casual que a partir de esa fecha —7 de setiembre, día de mi cumpleaños— mis esquemas y parámetros mentales girasen ciento ochenta grados? ¿Obedece al azar que a los doce meses justos publicase mi primer libro? ¿Y qué pensar de lo acaecido cuatro años más tar-

de cuando, con la oposición de propios y extraños, decía adiós al periodismo activo y a un puesto de trabajo para embarcarme en lo que muchos calificaron de «locura y fórmula infalible hacia el desprestigio»? Comulgo con Lessing: «La palabra azar es una blasfemia.» Y algún día, añado por mi cuenta, será borrada de los diccionarios. ¿Por qué la mayor parte de los investigadores del fenómeno ovni (por no entrar en el de la parapsicología) tiene en su haber singulares vivencias —muchas de ellas durante la infancia— protagonizadas por «luces», «seres de aspecto más o menos inmaterial» o misteriosos «encuentros» con naves y tripulantes similares a los que hoy pesquisan? ¿Quién puede atribuir a la casualidad los profundos, certeros y concienciadores films sobre extraterrestres de Steven Spielberg? ¿No resulta harto sospechoso que se «estacionara» un ovni sobre la vertical del futuro genio del cine cuando sólo contaba nueve años de edad? Para qué sofocar al lector. La lista de «casualidades» es interminable.

Este paréntesis —de mayor trascendencia de lo que el lector puede imaginar— guarda las claves que, siempre desde mi perspectiva, justifican ese anormal «silencio de siete años». En dos oportunidades me rebelé contra dicha situación, empeñándome en escribir. El trabajo fue bruscamente abortado en ambas ocasiones. En aquellos momentos (1983) y en los años sucesivos disfrutaba de prioridad absoluta otra «misión»: la vida de Jesús de Nazaret. Como siempre —torpe de mí— necesité tiempo para comprenderlo. Era la primera razón «de peso». Y aunque me fue dado proseguir y avanzar en las investigaciones «de campo», lo cierto es que el hecho físico de sentarse a escribir sobre tal menester quedó sólidamente bloqueado. Pude alternar los Caballos de Troya *con otras materias, pero jamás con los ovnis. Y lo más desconcertante es que ardía en deseos de reencontrarme con mi «hijo favorito». Poco a poco —merced a ese distanciamiento— fui entrando en una saludable fase de reflexión. Ahora lo veo con claridad. Todo investigador —sea cual fuere su especialidad— precisa de un alto en el camino. Y con más razón si el objetivo de su trabajo escapa a los límites de la realidad conocida. En sus* Máximas y reflexiones, *Goethe esgrime una frase que todo ufólogo debería grabar en su memoria: «Somos tan limitados que creemos tener siempre razón.» He aquí la segunda justificación «de peso»: mi grueso caudal informativo —fruto de once asfixiantes años de «persecución ovni»— amenazaba con reducirme a un insaciable devorador de casos. Era obligado levantar el pie del acelerador y meditar serenamente. Un máximo de información no proporciona siempre la Verdad. En el mejor de los casos, sólo una parte de esa Verdad. Y aunque, como fue dicho, sé de antemano que jamás acariciaré la «verdad-ovni», ese providencial «viaje» a la galaxia de los pensamientos me serviría para modificar el rumbo. La singladura del J. J. Benítez recopilador de casos había terminado. Debía permanecer en la investigación y difusión, sí, pero cambiando de derrota. Apuntando más alto. Comprometiéndome. He recibido indicios y pruebas suficientes como para dar ese paso. Eso sí: que nadie espere revelaciones traumáticas o sensacionales. Lo poco o mucho que haya podido captar —siempre sujeto a revisión, naturalmente— es sencillo. Y sé también —como decía Graf— que para darse por satisfecho con lo sencillo se necesita un alma grande. De ahí que estas atropelladas vivencias vayan destinadas a los que gozan de la virtud de engrandecer lo pequeño.*

En cuanto a la postrera razón de tan espeso silencio —aunque de menor envergadura— resultaría igualmente fructífera y significativa. En realidad podría ser catalogada de mera anécdota, nacida a la sombra de las dos grandes razones. ¿Por qué no aprovechar ese tiempo de obligado retiro y reflexión para consolidar un «experimento» que había activado en diferentes oportunidades? Adivinaba el resultado, pero, en beneficio de la imparcialidad, borré antiguos prejuicios, partiendo de cero. El planteamiento era simple. Quizá estaba equivocado al calificar a determinados individuos de ufólogos «de salón». Quizá, concediéndoles un margen de tiempo razonable, llegarán a sorprendernos con el «levantamiento» de importantes e inéditos casos ovni. Y esperé siete años...

El balance no ha podido ser más dramático. Mientras los investigadores «de campo» seguíamos enriqueciendo la casuística, los «sumos sacerdotes» de la ufología hispana se manifestaban impotentes a la hora de la verdad. Que yo sepa, ni uno solo de estos «vampiros» ha incrementado el «patrimonio ovni» con un aterrizaje o encuentro del tercer tipo (de cosecha propia, se entiende). Dada su ineficacia y destructiva naturaleza, se han limitado a lo que ya sabíamos: a «vampirizar» y a jugar el papel de «termitas», en un ridículo intento de arruinar los casos ya conocidos e investigados, por supuesto, por «mercantilistas y advenedizos», como un servidor. Naturalmente, siempre podrán esgrimir el tópico de «que no hay ovnis». En este caso, la sentencia de Demófilo les retrata a las mil maravillas: «El falsario es tan hábil con la espada de la mentira como con el puñal de la excusa.» Pero olvidemos por el momento a estos «eunucos del ovni» y entremos ya, por derecho, en la primera y nada reconfortante aventura de aquel año del Señor de 1983.

1

Donde se apunta cómo un «gigante de negro» la tomó con un pacífico pueblo de Las Hurdes • El «cebo» de una noticia errónea o «nada es azar» • El fracaso en Vegas de Coria: toda una lección de humildad • De cómo un bar puede oler a chamusquina • De cuándo y de qué manera supe del caso «Colás», el primer «mártir» de la ufología hispana • «Muy endemoniado tuvo que ser el enganche para despachar al caballero» • «O te apartas o te aparto» y sepa usted que los «espantos» no entienden de razones • Donde se narra la misteriosa muerte del señor de Cambroncino, acaecida en 1917 • ¿De qué sirve un cuchillo albaceteño frente a un ovni? • De cómo la Providencia tuvo piedad de este investigador, regalándole un acta de enterramiento • El litigio del ovni con «Colás», fría y minuciosamente calculado • Los sucesos de Fátima y Cambroncino huelen sospechosamente • Otros dos encuentros con ovnis o la obra de Satanás y su puñetera madre

Uno, a veces, no sabe cómo acertar.

La presente investigación —a semejanza de otras que el Cielo ha tenido a bien obsequiarme— arrancó tarde y mal. Veamos si soy capaz de explicarme. En los albores del mes de febrero de 1983 recibí un primer aviso. En la comarca cacereña de Las Hurdes venía registrándose una cierta agitación ovni. Julio Corchero, mi comunicante, prometió ampliarme la información. Por aquellas fechas, con once años de correrías a mis espaldas, había prescindido de los casos de «simples luces en los cielos». Esta clase de avistamientos es tan común y corriente que no merece la pena vaciarse en ellos. Bueno es archivarlos y poco más. Así que, cauteloso, opté por esperar. Me hallaba, además, pendiente de otros objetos que parecían merodear por los alrededores de la pequeña aldea alavesa de Monasterioeguren. Pero Corchero, con su fino instinto, siguió insistiendo. Recuerdo que en la noche del jueves, día 3 de ese mes de febrero, le invité a comentar los hechos en el programa «Mundo Ovni», de la Cadena SER, con el entrañable y desaparecido Antonio de Rojo. Dudé. Ya no se trataba de «luces» surcando el firmamento, sino de un «oscuro y fantasmagórico ser» que, al parecer, había dado un susto de muerte a un confiado vecino de Vegas de Coria. Y debo reconocerlo humildemente: mis reflejos fallaron. Apagué la siempre sabia voz de la intuición y me mantuve firme en el propósito de redondear la noticia. Partiría hacia Extremadura cuando el «fuego cruzado» de bulos y rumores se apaciguara. «Después de todo —me dije a mí mismo—, la táctica de interrogar a los testigos cuando "las aguas han vuelto a su cauce" casi siempre ha funcionado.» Tenía y no tenía razón. En efecto: esta fórmula es válida, pero depende de las circunstancias. Lo que ya no resulta tan aconsejable es el exceso de confianza en uno mismo. Emerson defendía que «la fe en sí mismo constituye el primer secreto del éxito». Cierto. Lo malo está en abusar de esa fe. Uno corre entonces el riesgo de dejar atrás a los dioses y fracasar.

Y el día 12 de ese mes la Prensa, al fin, se hizo eco del «alboroto». El «gigante de negro» continuaba sembrando el terror en Las Hurdes. Al tener conocimiento de la reseña del periódico *Hoy* de Badajoz, en la que se anunciaba que uno de los paisanos de la comarca había fallecido como consecuencia de la violenta aproximación de este ser, las «alertas» interiores de este torpe investigador campanillearon enloquecidas. Había llegado el momento. Y el 20 de febrero, tras bregar con los teléfonos en un inútil esfuerzo por confirmar el anuncio del fallecimiento, activé el «piloto automático», iniciando la «cuenta atrás» de lo que imaginaba una rutinaria salida a los caminos. Pero el Destino —¿o debería emplear la expresión «fuerza controladora», a la que ya he hecho alusión?— me reservaba un rosario de sorpresas...

Y metódico y fiel a mis costumbres, una vez dispuestos los equipos y la liviana impedimenta, me enfrasqué en la enésima revisión y análisis de los escasos recortes de Prensa y anotaciones que obraban en mi poder. Una de estas reseñas en particular —la primera que dio cuenta de las «apariciones» de la extravagante figura: gigante para algunos, fantasma para otros, diablo ensabanado en opinión de terceros paisanos, y extraterrestre para los menos— era aceptablemente explícita. Aparecía fechada en Nuñomoral, localidad jurdana muy próxima a Vegas de Coria, y firmada por el corresponsal del *Hoy* en dicha área —Félix Barroso—, a la sazón maestro de la citada población de Nuñomoral. Bueno y justo será reproducirla en su totalidad, templando así posibles impaciencias.

«Un suceso curioso —rezaba esta crónica periodística del viernes, 11 de febrero— tiene amedrentados a los vecinos del pueblo de Vegas de Coria, perteneciente al municipio de Nuñomoral. Desde hace algunos días una extraña figura vestida de negro, en algunos casos, y una sombra, en otros, aparece y desaparece ante la mirada atónita de estos vecinos. Son numerosas las personas que dicen haber sido testigos de este extraño fenómeno que, desde el 3 de febrero, día de san Blas, hace sus "apariciones" casi a diario.

»El vecino de Vegas Nicolás Sánchez, al dirigirse una noche hacia su casa, observó que un extraño personaje, vestido totalmente de negro, se le interponía en su camino. Nicolás agarró dos piedras, pero quedó paralizado, incapaz de lanzar ni una sola. El miedo se apoderó de él, y entonces, temiendo lo peor, lanzó una imprecación contra Satanás. Al momento, aquel extravagante ser desapareció de su vista.

»El pasado día 3, casi al oscurecer, los jóvenes Joaquín

Sánchez, Germán y Cristino, vecinos de Vegas de Coria, al llegar a una curva de la carretera que conduce al pueblo de Arrolobos, observaron a un personaje idéntico al que viera Nicolás Sánchez. Estaba sobre un barranco, por debajo de la carretera. Era de una estatura fuera de lo normal e iba embozado en una vestimenta negra. Al ver a los jóvenes, se lanzó del barranco, cayendo al suelo sin hacerse el más mínimo daño; luego comenzó a correr a gran velocidad.

»Al día siguiente volvieron de nuevo los mismos jóvenes. Lograron localizarle, pero una vez más echó a correr rápidamente. Al caer la noche y siendo cerca de la una de la madrugada, tres vecinos de Vegas estaban acabando de guardar unos azulejos en el interior de una vivienda, cuando uno de ellos, un mozo llamado Florián, salió a la calle a por más material, se encontró de cara con el extraño personaje. Muy rápido actuó como en las otras ocasiones y emprendió la veloz carrera. Al llegar a la altura de un puente situado a la salida de Vegas, en dirección hacia Riomalo de Abajo, se arrojó por el pretil, surgiendo al momento una llamarada.

»Una psicosis de pánico comenzó a apoderarse de los habitantes de Vegas de Coria. Los bares se cerraban más pronto que de costumbre y nadie se atrevía a deambular por las calles una vez anochecido.

»El día 5, sábado, un nutrido grupo de vegueños se dirigió hacia la curva de la carretera de Arrolobos. Estaban dispuestos a desentrañar el misterio. Pero nada extraño apareció ante ellos. Sin embargo, no serían más de las nueve de la noche, cuando el vecino Jesús Sánchez, al ir a abrir la puerta de su casa, se topó con una sombra altísima, amedrentadora. Como una exhalación se introdujo en la vivienda y cerró a conciencia la puerta.

»Llegó el domingo y el personaje siguió rondando el pueblo...»

Ésta, en principio, era la pavorosa historia que me disponía a revisar sobre el terreno. Quién podía sospechar entonces —servidor no, desde luego— que semejante enredo me abriría las puertas a otros sucesos, más codiciados si cabe por los investigadores... Ahora —mayo de 1990—, encaramado a la perspectiva que ofrece el tiempo, me reafirmo en lo dicho: nada es azar. Un error en una nota de Prensa, un fracaso o un retraso en la investigación, todo, hasta el más nimio de los detalles, parece pulcra y meticulosamente «programado». «Manos de invisibles espíritus —escribía con tino Longfelow— pulsan las cuerdas de ese instrumento que se llama alma, tocando el preludio de nuestro destino.» Menos refinado que el autor de *The Spanish Student*, este investigador apuesta no por espíritus, sino por seres capaces de pilotar astronaves.

El viaje y las pesquisas, en fin, se dibujaban fáciles en el papel de mi incorruptible entusiasmo. Pero mire usted que, en el atolondramiento y nerviosismo de estos primeros folios, aún no he dicho cuál iba a ser el itinerario de esta prima aventura. Si mi «confidente y fiel compadre», el Renault 18, soportaba el tirón de los casi seiscientos kilómetros que separan Bilbao de Extremadura, esa jornada del lunes, 21 de febrero, ganaría las tierras de Plasencia. Y con las primeras luces del día siguiente me adentraría en Las Hurdes, levantando el «cuartel general» en Vegas de Coria o, en su defecto, en alguna de las poblaciones colindantes. La experiencia y los alemanes me han enseñado que «la mejor improvisación es la que se prepara». En una investigación tan aparentemente embarullada como la del «gigante de negro», el olfato me dictaba un mínimo de orden y paciencia. Y puestos a prolongar este minúsculo preámbulo, el lector me permitirá otra confesión, que viene a ser uña y carne con lo ya leído en torno a esa «fuerza» que siempre escolta a los investigadores. Es matemático. Cada vez que me siento al volante de un vehículo o despego rumbo a lo desconocido, empeñado en esclarecer un caso, el ánimo se ve súbitamente removido por los invisibles dedos de la impaciencia, del miedo y de la alegría. Y equilibrando la balanza de tan dispares sentimientos, una cristalina —casi tangible— sensación de «seguridad». Parece como si, en lo alto, una «nave nodriza» fuera abriendo camino... Un «camino» tan inescrutable como «maravillosamente loco». Ya lo avanzó Logau: «Quienquiera que sea, cada cual lleva una rama del árbol de la locura; el uno la esconde y el otro la lleva libremente.» Los investigadores «de campo» —benditos sean— pertenecen a ese segundo grupo.

Pero —¡ay de mí, cuándo aprenderé!— el programa se torcería en el momento justo. Fue suficiente una llamada telefónica a mi amigo y contacto en Valencia de Alcántara, Corchero Robledo, para que la color se tornara tan gris como aquel lluvioso y desapacible atardecer en Plasencia. Al enunciarle el inminente desembarco en el escenario de los hechos, Julio me apremió a que, antes de entrar en acción, consultara la Prensa del día anterior. En una extensa carta del corresponsal en Nuñomoral se aportaban nuevos datos acerca de los sucesos de Vegas de Coria y una fatídica «aclaración» sobre el paisano fallecido. Al parecer, la muerte en cuestión había tenido lugar en otro pueblo y, lo que era peor, en otro tiempo. En esos instantes, encarcelado por la inmediatez, no acerté a comprender. Hoy, conocedor del «estilo» de esa «fuerza» que impregna y dirige nuestras acciones, no puedo por menos que sonreír. De no haber sido por este *lapsus* periodístico, mi ingreso en Las Hurdes quizá se hubiera demorado indefinida y peligrosamente. Pero las cosas son como son, aunque el ser humano consuma buena parte de su existencia tratando de modificarlas. ¿Qué ganaba con desmoralizarme? La constancia —como tendremos oportunidad de ir desvelando— debe ser una de las armas de todo investigador. Ovidio lo descubrió hace siglos: «¿Qué cosa es más dura que una piedra y más blanda que el agua? Y, sin embargo, el agua blanda horada la dura piedra.» El problema estriba en que, a diferencia de la tenacidad —que

Copia del acta de enterramiento de Nicolás Sánchez Martín.

viste el modesto ropaje del «gota a gota»—, la inconstancia arrastra con su fácil y cómodo torrente. No conozco un solo investigador nato que no sea paciente.

Y obedecí. Y en la soledad de la habitación del hotel fui devorando el artículo del *Hoy*, subrayando los extremos más significativos. Según los testimonios allí expuestos, el escurridizo ser de Vegas continuaba campando por las inmediaciones, provocando un justificado pánico. Embebido en el relato, no reparé en la advertencia contenida de los primeros párrafos. Otro gallo me hubiera cantado —es un suponer— de haber reflexionado sobre los mismos. Félix Barroso daba cuenta puntual del malestar generado entre las sencillas gentes del pueblo, a raíz de las chanzas e incomprensiones mil que venían suscitando algunas reseñas periodísticas, que mareaban la historia con tanta incompetencia como falta de respeto. Y de nuevo un nada recomendable exceso de confianza en mí mismo me hizo pasar por alto aquel importantísimo sirenazo. Pocos factores resultan tan dañinos en una investigación ovni como el resentimiento y la sensación de ridículo en los testigos. Y ésos, lamentablemente, teniendo en cuenta la idiosincrasia hispana, son «fantasmas» que acechan por doquier. Cuántas personas se han vuelto inexpugnables al interrogatorio de los investigadores a causa de esas estúpidas bromas de sus conciudadanos...

Pero retomemos el hilo cronológico de la investigación. Aquella carta, publicada bajo el título de «La otra cara del suceso de Vegas de Coria», cuyo contenido juzgo de notable interés para comprender cuanto me sucedería horas más tarde, decía textualmente:

«Ahora, cuando parece que va remitiendo la psicosis —trágica para algunos, bufonesca para otros— que ha planeado implacablemente sobre el pueblo jurdano de Vegas de Coria, es el momento de poner los puntos sobre las íes.

»Este corresponsal fue el primero que lanzó, en la Prensa y en la Radio, la noticia sobre las extrañas apariciones. Ni un ápice me saqué de mi faltriquera particular, por más que algunos correveidiles pregonen lo contrario. Tal y como me lo contaron, lo conté. Y para *inri* de algunos, las versiones aparecen recogidas en una cinta magnetofónica que obra en mi poder.

»Son muchos los que saben que siempre que escribo cualquier renglón sobre la comarca de Hurdes me lo pienso muy seriamente, pues de sobra sé que aquí, en esta zona, la susceptibilidad está a flor de piel. Y motivos, los hay.

»Con respeto, veracidad y cariño he venido —y seguiré— escribiendo sobre diversa temática de estos montes de brezos y pizarras. Si mal les pesa a algunos, allá con sus úlceras, pues mil veces son más mis amigos jurdanos que aquellos que optaron por erigirse, llevados de sus oscuros intereses, en enemigos míos. Mi conciencia está tranquila, mis manos limpias y mi ética de corresponsal puede hacer gala, humildemente, de estar a prueba de bombas. A disposición estoy de los tergiversadores, para taparles la boca con los cientos de artículos que sobre esta comarca publiqué, defendiendo siempre, con firmeza, la realidad y la objetividad, y denunciando, muchas veces con crudeza, la injusticia, el caciquismo y a los artífices de la nefasta leyenda negra.

»Vayan, por lo tanto, mis respetos a los vecinos de Vegas que testificaron acerca de las apariciones. Y hago extensivo mi respeto y agradecimiento a aquellos otros —que fueron muchos— que apoyaron y ratificaron, sin ambages, mi crónica informativa frente a los timoratos y manipuladores.

»Hoy, la incredulidad se ha quedado estancada; pocos adeptos consiguió últimamente. Los postreros sucesos están dando la razón a los que, hace escasos días, fueron impresionados por la extravagante aparición. No han pasado ni cuatro días desde que estuve, de nuevo, en Vegas. Allí, en un bar, y en presencia de personas que me permitieron publicar sus nombres, surgió una enjundiosa conversación. Pablo Jiménez, dueño del bar y concejal del ayuntamiento de Nuñomoral, algo escéptico al principio, juraba por sus cuatro hijos la visión de la noche del día 12, cuando, en compañía de otras personas, observó unos objetos luminosos que se elevaban hacia la atmósfera. Y contó el caso de los dos parapsicólogos venidos de Cáceres, a los que no les funcionaron sus máquinas fotográficas cuando intentaban captar aquellos extraños objetos.

»Y allí hablaron también otras personas, relatando cómo en el lugar de las apariciones estuvo antiguamente una cruz de ánimas; cómo en sus inmediaciones, en la traída y llevada curva de la carretera de Arrolobos, han ocurrido ya cuatro accidentes. Se hablaba, igualmente, de los ruidos nocturnos aparecidos en tal pago, semejantes a piedras que rodaban pendiente abajo, sin llegar al río. El señor Florentino Segur puede dar cuenta de tales ruidos en los tiempos en que se dedicaba al aguardo del jabalí. A colación salió, asimismo, el caso de un señor de Cambroncino que tuvo el valor de disparar, hace ya algunos años, sobre una monstruosa figura que se le interpuso. Al día siguiente moriría, de forma extraña, en su aldea. Y aquel otro caso de un señor de Casares de las Hurdes, casado en La Pesga, residente actualmente en Barcelona, que, al dirigirse al pueblo de su mujer, a la altura de Vegas de Coria notó cómo una sombra se introducía en su vehículo, causándole terrible espanto. La sombra no desapareció hasta que el auto traspuso el puente de La Pesga.

»Esta misma noche, cuando escuchaba atentamente en el bar de Pablo, pude comprobar algo más. Heliodoro Segur Martín y Paco, un maestro de La Pesga, llegaron con el susto encaramado en sus espaldas. Habían visto, en la fatídica curva, las luces del misterio. El número de testigos se incrementaba...

»Hasta aquí, y por ahora, mis líneas. Espero que con

ellas se haya despejado y aclarado un poco el ambiente enrarecido que se ha venido respirando en Vegas de Coria.»

No supe qué partido tomar. Ante el chorreo de nuevos datos me sentí discretamente reconfortado. En estas situaciones, toda pista es bien venida. Pero, junto a la cal, despuntaba también la arena. El supuesto lance del señor de Cambroncino —acaecido años atrás y que yo había asociado al «gigante de negro»— deshinchó en parte mis velas, haciéndome dudar de la autenticidad de los sucesos de Vegas. En honor a la verdad, las informaciones periodísticas se me antojaron un laberinto tan confuso como sospechoso. Que los jóvenes investigadores no se escandalicen de las dudas de este viejo «correcaminos». Parafraseando a Kant, si el error nunca es tan útil como la verdad, sí lo es, en cambio y con frecuencia, la incertidumbre. Después de todo, ¿qué es la inteligencia? ¿No fue concedida a manera de brújula para navegar en el océano de la existencia? O para ser más rigurosos: ¿no es la duda la inseparable sombra de la inteligencia?

Y el cansancio y la soledad abreviaron tan esquinadas reflexiones. ¡Ah, la soledad! ¡Cuán necesaria en el peregrinaje de todo investigador! Es tan precisa para la imaginación como la compañía para el carácter.

«¿Gigantes fantasmagóricos?» «¿Luces y ruidos misteriosos?» «¿Una cruz de ánimas?» «¿Sombras que penetran en casas y automóviles?» «¿Sustos de muerte?»... ¿Qué demonios era aquel caos? ¿En qué nueva locura estaba a punto de penetrar?

Y, de pronto, aquella borrascosa mañana del 22 de febrero me vi rodando impetuoso hacia Mohedas, a la búsqueda del río Los Ángeles —curiosa coincidencia—, natural y sureña frontera con la comarca jurdana. Lo inminente de la investigación, el reencuentro con lo desconocido y —¿a qué ocultarlo?— la posibilidad de darle cara a alguno de los enigmáticos fenómenos descritos por los vecinos apagaron a ratos las razonables dudas.

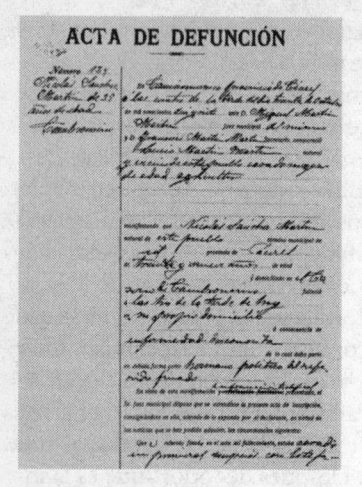

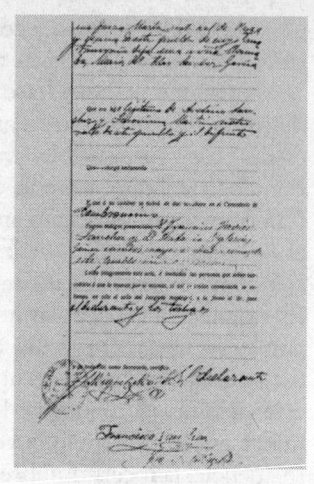

Acta de defunción del «mártir de Cambroncino».

A la izquierda, Estefanía García Sánchez, mujer de «Colás».
A su lado, María del Pilar Sánchez García, hija de los anteriores y esposa de «Nisio».

«Merodear», lo que se dice «merodear» alrededor de Las Hurdes, sí constaba en mis viejos cuadernos de viajes. Sin embargo —para mi escarnio y vergüenza—, jamás había puesto los pies en tan sin par maravilla de la Naturaleza. Y digo bien.

Nada más dejar atrás el pueblo de Caminomorisco, en las Bajas Hurdes, apenas a 16 kilómetros de Vegas de Coria —mi teórico «centro de operaciones»—, sentí la necesidad de orillarme en la tortuosa carretera que porfía, curva a curva, con picachos y collados. En las cumbres, por encima de interminables bosques verdinegros de pinos, madroñeras y castaños, destellaban mentirosas nevadas de cuarzo, en dura competencia con el lustre azabache de estirados pizarrales exfoliables. Cortinas de luz se desplomaban blancas, oblicuas y tiradas a escuadra entre los celajes nubosos. Y como en otras ocasiones, di gracias a los cielos por aquel respiro antes de la batalla.

A media mañana, aburrida a orillas del cansino río Jurdano, apareció Vegas. Y fiel a los viejos hábitos destiné un tiempo a la inspección de la aldea y sus alrededores. Un conocimiento lo más exhaustivo posible del escenario de los hechos facilita siempre la labor del investigador, asistiéndole en el proceso de comprensión de lo que allí pudiera haber ocurrido. Desde el improvisado mirador, antes de entrar en la cerrada curva de la izquierda que evita la casa forestal de «Bon Agua», Vegas de Coria se dibuja como un cruce de caminos. Consulté el mapa y deduje que una de las carreteras —la que asciende con penuria hacia el oeste— debía conducir al pueblo de Arrolobos. En algunas de aquellas curvas, expoliadas a la encabritada sierra del Cordón, venían registrándose las supuestas «apariciones» del tenebroso personaje de negras galas. Y presa de una familiar excitación fui grabando en la memoria y en las cámaras fotográficas las imágenes de los barrancos que se derraman a uno y a otro lado del asfalto. ¿Tendría esta vez la fortuna de topar con las escurridizas criaturas que persigo desde hace años?

En sentido opuesto a la de Arrolobos distinguí una segunda vía, la que se empina en busca de Nuñomoral. También allí, como iría descubriendo, habían acontecido sucesos dignos de mención.

En cuanto a la ruta que se aleja hacia el nordeste, rumbo a Río Malo de Abajo y Sotoserrano, resultaría de estimable interés en la resolución del quebradero de cabeza en que, al fin y a la postre, iba a convertirse el dichoso caso del «gigante de negro».

Vegas dormitaba en una engañosa paz. Acurrucada al pie de los macizos verdiazules de la serranía de la Corredera, la aldea apenas respiraba. Sólo el rojo de los tejados desafiaba insolente lo humano y lo divino. Un puñado de campesinos, a lo lejos, daba vida al verde viejo de los árboles, al verde maduro de los olivos y al verde joven de la vega que los laboriosos jurdanos han pedido prestada al río. El paraje, recóndito, bellísimo y conquistado por unas gentes sin doblez, destapó en mi memoria una de las constantes del fenómeno ovni: la frecuente «elección» por parte de los tripulantes de estas astronaves «no humanas» de escenarios apartados del bullicio urbano. Lugares sencillos y poco sujetos a la «intoxicación» de toda índole que abruma y asfixia a las populosas concentraciones humanas. (Puede que la contundencia de algunas de estas expresiones pille en «fuera de juego» a los no avisados. He aquí una de las sólidas certezas, extraída en estos años de investigación: los ovnis —me refiero, naturalmente, a los casos genuinos— son vehículos, naves o astronaves tripulados o controlados por civilizaciones ajenas a la Tierra. La experiencia y el sentido común así me lo dictan. A diferencia del pusilánime hacer y decir de los seudoinvestigadores —más pendientes del «qué dirán» que de los datos—, a estas alturas de la «película» no estoy dispuesto a pasar por necio. La «sinceridad» revestida de «cientificismo» de que hacen gala los ufólogos «de salón» no es otra cosa que un disimulo refinado para atraerse la confianza de los ingenuos. Dicho queda.) Al menos sobre el papel, aquel remoto valle jurdano encajaba en la abundante casuística de encuentros, más o menos cercanos, con los ovnis y sus «pilotos» en territorios no saturados por el hombre.

Rematadas las primeras tomas fotográficas, así como unas breves observaciones en mi «cuaderno de campo», descendí sin prisas, estacionándome en el centro de la larga calle y carretera que divide Vegas de norte a sur. Y allí permanecí por espacio de largos minutos, sujeto a la curiosidad y a las desconfiadas miradas de matronas y paisanos. Fue un presentimiento. Quizá me estaba precipitando. ¿No hubiera sido más sensato entrar en el pueblo de la mano de una persona, vecina o buena conocedora de los lugareños, que aliviara resquemores y lógicas suspicacias? Pero, como siempre, la intuición, el instinto —llamémosle como queramos— aconseja en voz baja. Y en lugar de prestarle oídos y dar media vuelta, a la búsqueda de Félix Barroso, el corresponsal en Nuñomoral y hombre introducido y respetado en la comarca, caí en el pecado de la autosuficiencia. Como predicaba France, «la razón, la soberbia razón, es caprichosa y cruel. La santa ingenuidad del instinto es la única verdad, la única cosa cierta que la Humanidad puede captar en esta vida ilusoria, en la que las tres cuartas partes de nuestros males proceden del pensamiento». Que los jóvenes investigadores no echen en saco roto la pequeña-gran lección que estaba a punto de recibir. Los veteranos saben que cada pesquisa es diferente. Está sujeta a mil factores: a la naturaleza del caso, a la idiosincrasia de las gentes, al grado y tipo de difusión previa por parte de los medios de comunicación, a la propia actitud del ufólogo y, en fin, a una constelación de pormenores, a veces tan aparentemente irrelevantes como el horario laboral de los testigos, la climatología reinante o la caña de cerveza que uno acierte a compartir en el lugar y momento oportunos. «A investigar —éste es mi lema— se aprende investigando». De momento, a pesar del esfuerzo de muchos de nosotros, la comunidad científica no ve con buenos ojos a esta joven disciplina —la ufología—, que parece desequilibrar y poner en tela de juicio muchos de los «dogmas» establecidos. Pero todo llegará. Estoy seguro. ¿Es que existe alguna verdad que no haya sido perseguida en sus comienzos? En lo que al ovni se refiere, a esta segunda mitad del siglo XX le ha tocado en suerte la fase más dura, ingrata y, al mismo tiempo, fascinante de cualquier investigación. Era Oscar Wilde el que definía el progreso como la realización de la utopía. ¿Y qué somos nosotros, los investigadores del fenómeno extraterreste, sino unos «utópicos adelantados», unos «notarios» de lo que, algún día, será espléndida normalidad? He compartido y seguiré compartiendo la «profecía» de Tennyson: «Este hermoso y viejo mundo en que habitamos no es sino un niño que todavía lo llevan en su cochecito. Paciencia. Dadle tiempo para que ejercite sus miembros; hay una mano que guía.» Al igual que el joven abandona el hogar para volar hacia su futuro, así ocurrirá con la especie humana. La Tierra será «cuna y hogar». Las estrellas, el prometedor porvenir.

Y hablando de «porvenir», el de este infeliz investigador en Vegas de Coria no tardaría en nublarse. La sucesión de errores pasaría factura, recordándome, muy a mi pesar, que en la investigación ovni «todos somos perpetuos principiantes».

¿Por dónde arrancar? Repasé de nuevo la lista de presuntos testigos del «gigante de negro», decidiéndome por el bar de Pablo Jiménez, vecino de Vegas y, en aquel tiempo, concejal de Nuñomoral, amén de testigo de las «luces» que, al parecer, habían evolucionado sobre el valle y que, en una apresurada interpretación, pudieran guardar relación con el poco común «ensabanado». Algo había aprendido en veinte años de periodismo, en especial en las añoradas etapas como reportero de sucesos. En todos los núcleos humanos —con más razón cuanto más pequeños—, las noticias tienden a concentrarse en media docena de establecimientos públicos: tabernas, panaderías y colmados preferentemente. En estos «mentideros» —moderna versión del «ala del pájaro» o fuente pública de tiempos pasados—, un investigador medianamente avispado puede recabar los nombres y pistas mínimos para «echar a andar». Y hacia uno de aquellos «centros sociales» de la apacible Vegas encaminé mis pasos e intenciones, ajeno al desastre que se avecinaba.

Pablo, el propietario, se hallaba ausente. Primer contratiempo. La esposa, recelosa ante aquel forastero, abrió el portón de las evasivas. Y en tono alto y atrincherado alertó a la parroquia. Segundo contratiempo. No hay tortura más insufrible para un tímido que la descarga de una docena de inquisidoras miradas. Resumí y dulcifiqué mis propósitos con el tacto de un canónigo, haciendo extensivas las preguntas sobre el «gigante de negro» a cada uno de los silenciosos paisanos. Y el ambiente se espesó. Varias de las cervezas y pitarras oscilaron nerviosas ante la súbita deserción de sus consumidores. Tercer contratiempo. El bar empezaba a oler a chamusquina. Insistí y peleé, procurando no perder los modales. Los que seguían acodados en la barra pelotearon un par de cuchicheos y, en tono severo y por toda respuesta, me recomendaron que «no molestase». Y los primeros párrafos de aquella carta publicada en el *Hoy* de Badajoz acudieron a mi memoria, abriendo una vía de agua en el coraje de este imprudente investigador. Queramos o no, la injusta «leyenda negra» que se abatió hace lustros sobre Las Hurdes es causa aún de lógicos recelos entre los que allí habitan. ¿Qué podía esperarse entonces de un comienzo tan deficientemente planeado? Y una vez más pagaron justos por pecadores. El personal de Vegas de Coria estaba harto de chanzas. Poco importaba que aquel extraño hablara en serio. Algunas sangrantes reseñas de Prensa —con *Interviú*, cómo no, a la cabeza— habían desbordado la paciencia de los lugareños. Sencillamente, sólo aspiraban a olvidar y a que les olvidasen. Nueva lección para los jóvenes investigadores.

La suerte estaba echada. Lo supe antes de abandonar el bar. Aun así, haciendo acopio de fuerzas, sacudí aquellas primeras cenizas, lanzándome con decisión calle arriba. Pero la noticia de la presencia en el pueblo de «otro intruso que buscaba información» tomó alas, ganándome la partida. Durante horas, preguntas y pesquisas sólo contribuyeron a remover sentimientos, enturbiando mis relaciones con el pueblo. Pocas veces, en mi largo discurrir tras los ovnis, he experimentado el fracaso y la impotencia como en Vegas de Coria. Durante la jornada sólo coseché silencios, portazos, negativas y gestos adustos. En cuanto a los testigos principales, todos —sospechosamente— «acababan de abandonar el pueblo». Ya anochecido, Pablo Jiménez, el concejal, terminó de encharcar mi reblandecido entusiasmo, negando que hubiera sido testigo de luces extrañas. Un par de bajonazos en el timbre de voz y la mirada esquiva le delataron. Algo ocultaba. Y firme y cortés vino a sugerir que, por mi propio bien, olvidara la historia. Curiosamente, nadie en el pueblo se atrevió a descalificar las «apariciones». Como ocurre con frecuencia, los problemas de los testigos-ovni llegan después de los avistamientos y por causa de los humanos. El instinto, a pesar de las apariencias, me decía que, en efecto, allí habían tenido lugar unos sucesos poco comunes. Que las gentes no desearan hablar y recordar era harina de otro costal.

Necesitado de un respiro y, sobre todo, de un sosegado examen de conciencia, busqué asilo en la fonda Hurdano, en la vecina población de Nuñomoral. La hospitalidad y las viandas de Crescenciano Duarte de Dios, el patrón, aliviaron lo suyo a este cuasi derrotado peregrino. Un vino macho, una sopa sin química y una mañosa tortilla preñada de longaniza de la buena me devolvieron a la vida. Y puse en orden los pensamientos. ¿Qué había fallado? ¿Por qué todo un pueblo me cerraba las puertas? Aunque no es mi intención caer en el orgullo que se oculta siempre bajo la falsa humildad, tuve que reconocer que tan sonoro fracaso sólo era atribuible a una pésima combinación de falta de reflejos y precipitación. Había llegado tarde y otros —abusando de la confianza de los vecinos— manipularon el asunto, haciendo de Vegas el blanco de hirientes chascarrillos. Sin comerlo ni beberlo, este investigador estaba recogiendo las tempestades sembradas con anterioridad. Bueno era aprender de mis propios errores. Como decía Publio Siro: «La prudencia suele faltar cuando más se la necesita.» Y yo, sinceramente, había sido un imprudente. «Todo proyecto —explica Teognidas— debe ser meditado por lo menos tres o cuatro veces.» Con más razón con semejantes antecedentes. Tenía que estrenar otra táctica. No soy hombre que renuncie con facilidad. Así que, esa misma noche, activé los silenciosos motores de la paciencia, esbozando un plan que no daría sus frutos hasta bien entrado el año 1986. Los insensatos que se complacen en tacharme de «mercantilista» tienen en esta laboriosa y paciente investigación un duro escollo. Si mi natural inclinación tuviera algo que ver con lo que apuntan estos malnacidos, lo lógico es que —devorado por ese pretendido afán de lucro— me hubiera aprovechado de las primeras y confiadas manifestaciones de los testigos a la Prensa, «montando» un relato tan inmoral como rentable. No es ése mi estilo. Al contrario: a mayor dificultad, mayor estímulo. Si Vegas de Coria había sido escenario de las correrías de un insólito «gigante de negro», yo lo descubriría. El secreto poder de todo investigador está más en el tiempo y en la paciencia que en la fugaz brillantez.

¿A qué clamar a los cielos? ¿No soy de los que afirman que «nada es azar»? Pues bien, a la mañana siguiente ten-

Juliana Expósito García, hija de Estefanía en segundas nupcias.
(Foto de J. J. Benítez.)

Andrea Expósito, con su esposo, Ángel Alonso.
(Foto de J. J. Benítez.)

Manuela Iglesias Iglesias, hija de María «la Habanera», mostrando el deteriorado retrato de su madre. Manuela cumplió diecisiete años el 21 de octubre de 1917, fecha del «encuentro» de «Colás» con el «espanto». Según esta vecina de Cambroncino, Pepa, su tía, su madre y el amigo «Colás» regresaban de Plasencia con tres caballerías cargadas de cal para las escuelas cuando divisaron la «luz».
(Foto de J. J. Benítez)

dría ocasión de ratificar lo que ya sé: en los asuntos por los que circula este pecador todo se halla «atado y bien atado». El certero adagio de Sterne —«Dios atempera el viento para el cordero trasquilado»— parecía concebido para mí. Con mejor tino que en la jornada precedente, elegí presentarme en el Hogar Escolar de Nuñomoral. Allí sostuve una cordial y fructífera conversación con el maestro y corresponsal del diario *Hoy*, Félix Barroso. Escuchó y comprendió mi «tragedia», brindándome su estimable influencia. Pero, convencido de que resultaba más honesto y útil no forzar voluntades, decliné la oferta. Deseaba ganarme la confianza de los lugareños, sí, pero sin recurrir a fórmulas más o menos impositivas. De acuerdo con mi plan, todo debería llegar «rodado» y sin brusquedades. No tenía prisa. Como escribía Ruskin, «siempre hubo en el mundo más cosas de las que los hombres pudieran ver, para que caminasen lentamente; no lo verán mejor si marchan veloces».

Barroso amplió detalles sobre los sucesos de Vegas. Él había tenido la fortuna de acceder a las fuentes mucho antes de que la atmósfera se enrareciera. Y fue rotundo: las gentes de Las Hurdes son sencillas y enteras. ¿Qué necesidad había de emborronar la vida de un pueblo con relatos tan aparentemente absurdos? A la corta y a la larga, las historias del «gigante de negro» sólo estaban acarreando disgustos y problemas. En su opinión, Nicolás Sánchez Sánchez, el joven peón agrícola y vecino de Vegas, era una de las piezas clave en semejante rompecabezas. Él parecía haber tenido la más intensa y diáfana experiencia con el terrorífico ser de negro. La comarca le estimaba, disfrutando de una merecida fama de hombre serio, adusto, y poco dado a calentarse los cascos con «músicas celestiales». Y el personaje en cuestión quedó grabado en mi memoria.

Muy pronto, compartiendo un mismo fervor por las viejas leyendas que —a Dios gracias— adornan aún las tierras de España, Félix fue encauzando la charla hacia «otros sucedidos» que iluminaron mi insaciable curiosidad. Dos de ellos, en especial, me atraparon al momento. Del primero ya tenía noticia. En parte era el causante de mi presencia en Las Hurdes. Estoy hablando del caso del señor de Cambroncino, localidad igualmente jurdana y asentada entre Caminomorisco y Vegas. El paisano en cuestión —un tal «Colás»— había disparado contra un «espanto» que, según el rezo popular, tuvo la audacia de interponerse en su camino. Al poco moriría en forma no menos extraña. Eso era todo. Al menos, eso era lo que había llegado a oídos del inquieto corresponsal. El «incidente» —fuera o no leyenda— circulaba de antiguo por la región. Pero nadie, hasta entonces, parecía haberse preocupado en serio de esclarecer los supuestos hechos. Y, cómo no, este «trasquilado investigador» fue a caer en la sutil trampa de los cielos, embarcándose en el arduo menester de averiguar los entresijos que llevaron a la tumba al vecino de Cambroncino.

En cuanto al segundo «sucedido» —el caso del «tiu Mona»—, mi informante tampoco estuvo en condiciones de alargarse. La novedad, creí entender, acababa de presentarse —también es «casual»— de labios de un antiguo alumno, pariente lejano del tal «tiu Mona». Para martirio de un servidor, el asunto se perdía en la noche de los tiempos. Pero, como ocurriera con «Colás y su espanto», la memoria popular lo mantenía incorrupto. Abreviando: el «Mona» de marras había vivido una increíble aventura al cruzarse con otro «espanto» que le retó a pelear. Y los jurdanos de por aquel entonces juraban que su compadre había salvado el pellejo merced al certero golpe propinado con una hogaza de pan que cargaba el susodicho «tiu Mona». Félix Barroso prometió volver a entrevistarse con el muchacho, en un intento de levantar nuevos datos.

Tampoco es cuestión de negarlo. Ambas historias emanaban cierto tufillo fantástico que me colocó en guardia. Las

Hurdes, como otras zonas olvidadas de la mano de los gobernantes, que no de la Providencia, ha padecido siglos de miseria y oscurantismo. Y ya se sabe: la incultura —dicen los doctos— hermana pronto con la superstición. (Sobre el particular habría mucho que negociar. Nueva York, por citar un tópico, es en la actualidad un hervidero de crédulos, fanáticos y supersticiosos.) La triste realidad es que, hasta 1922, año de la visita de Alfonso XIII a los jurdanos, este «suizo» rincón de la geografía hispana no disponía de escuelas y carreteras. Pero, aun aceptando que del analfabetismo pueda derivarse un estimable índice de superstición, ¿cómo casar esa falta de letras con una imaginación popular tan sobrada? Algunas de las supuestas leyendas que me disponía a remover aparecían repletas de «imágenes» bien conocidas de los investigadores-ovni. Y adelanto un pensamiento que no es mío: ¿no será que la ausencia de información deforma los sucesos reales camuflándolos —con el paso del tiempo— con la herrumbre de la fantasía?

Disquisiciones aparte, lo cierto y verdadero es que —quizá en un bondadoso ceder de la Providencia— quien suscribe se entusiasmó con el «Colás» de Cambroncino y el «Mona» de Martilandrán, otro hermoso pago jurdano. Y mire usted lo que son las cosas del ovni: el viaje resultaría harto provechoso.

Sin embargo, antes de someter el primero de los casos a juicio severísimo, apuré, hasta donde me fue dado, el asunto del malhallado «gigante» de Vegas. Con la lección bien aprendida pasé de puntillas sobre el vecindario, hipotecando las siguientes jornadas en una exhaustiva y siempre saludable «ronda de conversaciones» con las «fuerzas vivas» del lugar. Médicos, sacerdotes, maestros, boticarios, concejales y Guardia Civil de los enclaves próximos tuvieron la amabilidad y santa paciencia de responder a mis cuestiones, encaminadas a sopesar la salud mental y buen hacer de los posibles testigos. No hubo quien insinuara la más tenue sospecha sobre la integridad moral de estos vegueños. Sí detecté, en cambio, entre algunos —muy pocos— simpatizantes o afiliados al antiguo partido de Alianza Popular un ladino deseo de rentabilizar los sucesos de Vegas, de cara a las cercanas elecciones municipales de mayo de aquel año de 1983. Uno de esos «pájaros» —carente de escrúpulos— llegó a propalar la descabellada idea de que «el asunto de los ovnis y de la figura monstruosa» obedecía a una campaña de desprestigio, orquestada por «Extremadura Unida», otra de las formaciones políticas afincada en Las Hurdes. La ridícula maniobra no merece mayores comentarios.

Ni qué decir tiene que cada noche, concluido el acopio de información, mi sufrido automóvil y yo cumplíamos la promesa —absurda para muchos, lo sé— de velar oscuridades, en la inútil pero excitante ensoñación de ver aparecer al «gigante ensabanado». Las curvas, oscuros pinares y precipicios bíblicos que forman un todo entre los pueblos de Arrolobos, Río Malo de Abajo, Nuñomoral y Cambroncino podrían dar fe. Sin embargo, como digo, amén de algún que otro susto —fruto de mis miedos y del bronco aleteo de las águilas perdigueras y otras aves de rapiña—, este incurable soñador sólo cosechó fríos y humedades sin cuento.

Si los vivos, a veces, no hablan, ¿qué se puede esperar de los muertos? En pesquisas como la de Cambroncino, el sabueso —mientras Dios lo permita— debe multiplicar sus patadas e interrogatorios. La irremediable ausencia del testigo principal así lo exige. Y el amigo «Colás», como cantaba la leyenda, hacía tiempo que había conocido su hora. ¡Qué digo tiempo!... Las primeras informaciones me dieron vértigo: Nicolás Sánchez Martín —éstas eran sus gracias— «cambió de vía» a principios de siglo. Del «veinte» se entiende. (El que no se consuela es porque no quiere: de haber acaecido en el «diecinueve», la burla de los dioses hubiera sido de juzgado de guardia.)

La nefasta experiencia en Vegas me animó a alterar los papeles. Y durante mi permanencia en el acogedor Cambroncino espanté de mi vocabulario el concepto de «investigador ovni», de tan famélicos frutos en la mencionada y vecina población. Así, y sin faltar por ello a la verdad, mis idas y venidas estuvieron acreditadas por el título —algo cursi, lo sé— de «recopilador de leyendas y tradiciones». Pero, como sentenciaba mi abuela, la contrabandista, «bien está lo que bien acaba». Mano de santo, señor. El pueblo, esta vez, se abrió sin sombras ni segundas intenciones.

Para empezar —y debo reconocer que el asunto me animó hasta límites lejanos—, la supuesta leyenda no parecía tal. «Colás» no era un personaje irreal. Había nacido, vivido y fallecido en aquella recóndita aldea de tejados apizarrados y calles —es un decir— laberínticas y polvorientas. Tiempo habría de verificarlo en los escasos documentos que se conservan sobre su persona.

El ingreso en la veintena de casas que da vida a Cambroncino no pudo ser más triunfal. El primer vecino que me salió al paso —Isidro Martín Martín, que por aquel marzo de 1983 montaba ya los setenta y tres años— dijo saber de «Colás» y de su infortunio. El encuentro con el «espanto» había sido tan mayúsculo y su muerte tan precipitada e inexplicable que el suceso corrió como la pólvora y, durante muchos lunarios, no se habló de otra cosa en tan olvidados parajes. Mi amable contertulio no recordaba excesivos detalles. Por aquel entonces no había traspuesto la infancia. Pero sí guardaba en la memoria la estampa de «Colás»: «Alto, seco y fuerte, capaz de cargar un mulo sobre sus hombros.»

—Muy endemoniado tuvo que ser el «enganche» —sentenció el viejo— para despachar al caballero.

—¡Ah, comprendo! —tercié sin comprender—. El tal «Colás» era de noble cuna...

Isidro, económico en palabras pero con la dulzura de

El regato donde se produjo el «encuentro» entre «Colás» y la «luz». Al fondo, el camino que siguió el jinete hacia Cambroncino.

«Don Vito», el médico que trató de salvar la vida de «Colás», acompañado de su esposa.

«Botón de fuego» utilizado por «Don Vito» en la curación de «Colás». *Abajo*, el artilugio metálico que se sometía al fuego, hasta que la punta alcanzaba la incandescencia. *A la derecha*, la «pera» que se utilizaba como fuelle para —a través de una goma— mantener el hierro al rojo. *Arriba, a la izquierda*, un «pirograbado» efectuado por Víctor Sánchez con este mismo cauterio.

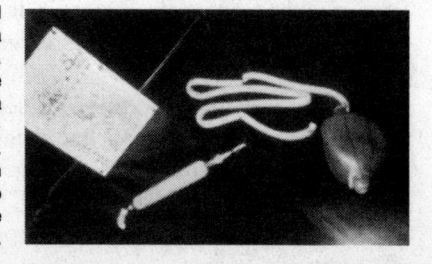

todo lo que empieza a caducar, sonrió con la mirada. Y aclaró, benevolente:

—La nobleza de cuna, joven, no la pinta la sangre, sino el corazón. A lo que me refiero, usted perdone, es a la guisa o manera en que marchaba «Colás». O sea: a lomos de caballería...

Y dejándome llevar por tan oportunísimo «guía» —cuán vivo deleite puede uno experimentar al percibir la mano de la Providencia—, me entregué en cuerpo y alma a la revisión e interrogatorio del censo de los octogenarios de Cambroncino. No era mal capítulo, no señor. Y aunque en el transcurso de los divertidos careos salió a colación la existencia de algún que otro pariente del «caballero Colás», a quienes, obviamente, estaba en mi ánimo visitar, preferí no angustiarme y dar primero una cumplida cuenta de las versiones del vecindario.

Debió de ser mi obra buena de aquel día. Ancianos como Manuela Iglesias Iglesias, Marcelina Marcos, Teresa Iglesias Rubio o Juan Marco Martín, «el de los pucheros», por no hacer larga y cansina la lista, se sintieron gratamente sorprendidos y felices al poder rememorar un hecho que —según ellos— «la juventud de hoy no cree ni entiende». Por supuesto, ante mi sorpresa, cada uno de los informantes dejó claro y asentado —por aquello de las suspicacias— que «ponía la mano en el fuego» por «Colás». Ni uno solo dudó. A ninguno se le pasó por las mientes achacar el encuentro con el «espanto» a inventivas o cuentos de viejas. Otra cuestión era definir y delimitar la verdadera naturaleza del «espanto». Ahí, como era natural, hubo de todo. Pero, en lo sustancial, la coincidencia fue asombrosa. Tal y como lo escucharon de labios del infeliz «Colás» —el más «joven» de los contertulios rondaba ya los ochenta y cinco calendarios—, así lo han ido transmitiendo y así lo recibió quien esto escribe. Y así —por la gracia del Señor— queda impreso para la pequeña-gran historia.

«Ocurrió antes de la visita del rey.»

Los viejos jurdanos se referían al ya mencionado Alfonso XIII. Esto me dio una pista. Hablaban, pues, de una época anterior a 1922. Fue inútil «marear la perdiz». No hubo forma de ponerlos de acuerdo. Unos se remontaban a 1910 y otros al nacimiento de los «años veinte». Desistí. Con un poco —o un mucho— de suerte, quizá la solución durmiese en los archivos parroquiales.

«...Corrían los primeros días de noviembre. "Colás", trabajador y cabal como pocos, tenía sus negocios y aparcerías. Criaba cerdos, vendía fruta y arrimaba el hombro a cualquier menester. Sepa usted que no le hacía ascos a nada. Y un buen día, satisfecha la venta de unos marranos en el mercado de Ahigal, cuando deshacían lo andado, camino del pueblo...»

No me cansaré de insistir en el significativo fenómeno de las coincidencias. A pesar de haber sido interrogados por separado, los ancianos, cada uno en su lenguaje, fueron perfilando idénticos nombres y circunstancias.

«...y a punto de asomar por el puerto, una "luz" en la distancia les obligó a cavilar. Flotaba sobre el río y muy cerca de Rivera Oveja...»

Al observar que hablaban en plural me interesé por la compañía. Entonces apuntaron la identidad de otras dos vecinas de Cambroncino, ya desaparecidas: María Iglesias, *la Habanera*, y su hermana Pepa. Todos, al parecer, regresaban de Ahigal.

«...y las mujeres, siempre medrosas, estimaron más prudente pernoctar en Rivera Oveja. Aquella "luz" —dijeron— no era cosa de hombres. Así que, con el miedo en el cuerpo, se acostaron. "Colás", en cambio, que no sabía de flaquezas, siguió monte abajo, con la única compañía de la mula y un machete que imponía formalidad con sólo mirarlo. Pero, cuando se disponía a cruzar la torrentera, el "espanto" voló a su encuentro, esperándole al otro lado del río. "Colás" y la bestia salvaron las aguas y, nada más pisar tierra firme, la "luz" le dio cara, cortándole el camino. Ahí empezó el calvario. "Colás", en su derecho, hizo por pasar. Pero los "espantos", sepa usted, no entienden de razones. Y echando mano de su señor cuchillo le gritó como si tal: "¡O te apartas o te aparto!" Bien sabe Dios que hablaba en serio. Y en ésas estaba cuando —según relató a los suyos— la "luz" avanzó de golpe y porrazo, buscando las patas de la caballería. Y entre coces y brincos, la mula se zafó al fin del "espanto", ganando como pudo —y "Colás" con ella— las tierras de su propiedad. La impresión y el "mal aire" le dejaron postrado y sin aliento. Y duró tres días.»

Ésta, pizca más o menos, fue la versión de la vecindad que le había conocido. Un testimonio coincidente, narrado con espontaneidad y sin aparente estela de fabulación. Un suceso —milagro de la tradición oral— conservado durante más de medio siglo y que, al distanciarse de Cambroncino y de los contemporáneos de «Colás», empezaba a sufrir las lógicas deformaciones. Por ejemplo: ninguno de los ancianos mentó la palabra «sombra». Y tampoco se habló de arma de fuego. Haciéndose eco de lo pormenorizado por la Pepa, *la Habanera*, y el propio «Colás», repitieron una y otra vez un término sobradamente familiar entre los investigadores-ovni: la «luz». Pero necesitaba pulir el «sucedido». Aún flotaban en el aire de la investigación más de uno y más de dos interrogantes. Y en jornadas sucesivas dediqué mi atención a los parientes del infortunado «Colás». Estefanía García Sánchez, esposa del testigo principal, natural de La Pesga y pieza clave en esta historia, hacía tiempo que había sido liberada de la trivialidad humana. Los papeles confirmaban su fallecimiento en 1953, a los sesenta y dos años de edad. Tuve que resignarme. Pero, según mis noticias, no todo estaba perdido. Dos de las hijas de Estefanía (en segundas nupcias) y un yerno de «Colás» deambulaban aún por este mundo de miserias. Y los dioses y la «nave nodriza»[1] fueron compasivos con este voluntarioso pero poco despierto investigador. «Nisio», el hijo político, y Juliana Expósito García, una de las hembras, se hallaban por aquellas fechas en Cambroncino.

La conversación con Dionisio —«Nisio»— Martín, de setenta y seis años, esposo que fue de María del Pilar Sánchez García, hija del célebre «Colás», no arrojó demasiadas luces sobre el acontecimiento. Básicamente, y no era poco, su declaración fue casando, punto por punto, con las ya rescatadas. Después de no pocas restas y sumas, «Nisio», eso sí, centró la posible fecha del encuentro con el «espanto». Partiendo del óbito de su mujer, acaecido en 1973 y cuando sumaba cincuenta y ocho años de edad, y contemplando que la referida hija de «Colás» contaba alrededor de dos o tres años en el momento del fallecimiento de su padre, la historia en cuestión tuvo que ver la luz alrededor de 1917. El dato me dio escalofríos. Me hallaba embarcado en la reconstrucción de un lance más antiguo que la pana...

«Nisio», según las matemáticas, sólo era un niño cuando «Colás» y la mula arribaron a Cambroncino en tan trágicas circunstancias. Sin embargo, insisto, el percance fue tan sonado que nada ni nadie lo ha desterrado de su memoria. Afinó más que los demás, incluso, en la fecha del suceso: «entre el 1 y el 2 de noviembre». Resultaba significativo —muy significativo— que, por encima de la casi faraónica muralla de los sesenta y seis años que le distanciaban del supuesto 1917, el anciano conservara vivo y lozano el cuadro

---

1. El lector encontrará la expresión «nave nodriza» con cierta frecuencia. Se trata —digámoslo así— de una metáfora (?) de uso personal que resume y simplifica buena parte de mi filosofía, ya expuesta, en torno a la «causalidad» y a esa fascinante «programación-protección» que parecen ejercer determinados tripulantes de los ovnis sobre los investigadores. ¡Que el cielo me pille confesado ante semejante revelación! *(N. de J. J. Benítez.)*

de tan amarga aventura. Señal inequívoca de que se ajustaba a una sólida realidad. Richter hablaba con verdad al elogiar la memoria de los viejos: «Es el único paraíso del que no pueden ser expulsados.» Ojalá nosotros hubiéramos sido educados en el arte de la transmisión oral... Paradójicamente, la moderna y aplastante fórmula de comunicación entre los humanos es tan veloz como fugaz. Mientras los jóvenes parecen especialmente dotados para el olvido, los viejos —Dios les bendiga— disfrutan del don de recordar.

«Poco más puede decirse del pobre "Colás" —manifestó "Nisio"—. Se sabe que fue enterrado en Cambroncino, pero eso es como no saber nada.»

Tampoco era cuestión de embarazar al yerno con un dilema filosófico. Aunque la desidia haya borrado cruz y nombre del camposanto, el recuerdo de «Colás» pervive y, muy probablemente, nos sobrevivirá. Está claro que no desaparece lo que muere, sino aquello que se olvida. Y el caso, a mi corto entender, parecía forjado por manos «no humanas», con una evidente «intencionalidad propagandística». Puesto que repudio el azar, ¿qué otra explicación justificaría la incorruptibilidad del hecho y el descenso de un investigador en tan remotos paisajes y paisanaje?

Pero actuemos con cautela. Antes de arriesgar una hipotética interpretación sobre el sospechoso «espanto», convenía ahondar en las pesquisas.

El conclave con Juliana Expósito García —juro que no pude evitarlo— fue casi un festejo. Tampoco era habitual, digo yo, que a tan esquinado ángulo del mapa nacional —léase Cambroncino— llegasen todos los días forasteros empecinados en desempolvar misterios y otras curiosidades. Así que, con razón o sin ella, nada más inaugurar la charla con la hija de Estefanía (esposa del ya, para mí, como de la familia «Colás» Sánchez Martín), la casa tomó un aire de tertulia, pero a lo grande. Al amor de la curiosidad fueron presentándose dueñas y dueños, zagales y zagalas y cuanta gente menuda fue capaz de afanarse un sitio. Y lo que fue más rentable: algunos sobrinos del protagonista de nuestra historia. Entre ellos, la locuaz Agapita, hija de María Josefa Martín Martín, hermanastra, a la sazón, del referido «Colás». (No se alarme el lector ante semejante zarabanda de parientes. En Las Hurdes, hasta hace bien poco, la consanguinidad estaba a la orden del día.)

Y la voz cantante, como cabía suponer, corrió por cuenta de Juliana. Aunque sus cincuenta y cuatro años no le habían dado para conocer al difunto «Colás» —sepultado, según todos los indicios, en tiempos de la primera guerra mundial—, sí era «depositaria de la más pura tradición», como proclamaría un cursi.

«Buena era mi madre, la señora Estefanía...»

Con la sagaz inteligencia que Dios me ha dado, no fue muy laboriosa la correcta interpretación de tan natural comentario. Deduje, en fin, que su señora madre les había mortificado con el suceso del «espanto» hasta decir basta. Y no le faltaba razón a la pertinaz Estefanía. Porque, vamos a ver, respetando las apariciones de Fátima —acaecidas al otro lado de la frontera y «causalmente» en el mismísimo año—, ¿de qué otro «sucedido mágico» podía vanagloriarse Cambroncino y, si me aprietan, el resto de la comarca? «Colás», queramos o no, había sido el primer «mártir» de los «espantos». Por lo menos de los «tiempos modernos»...

La «secuencia» fue impecable. Juliana Expósito, ayudada aquí y allá por Agapita y demás parentela, hizo una exposición ajustadísima. No hubo forma de que entrara en contradicción con las restantes versiones. Es más: el estrecho, natural y prolongado contacto con su madre (Juliana permaneció al lado de Estefanía por espacio de veinticuatro años) le había dado acceso a detalles poco conocidos por la vecindad. Por ejemplo: que «Colás», en pleno litigio con la «luz», recibió un extraño e invisible golpe que le despidió de la mula.

«Jamás supo por dónde amaneció semejante trompada, ni quién o qué fue el causante de tamaña desvergüenza.»

No le faltaba razón a Juliana. También supe que «Colás» llegó «traspuesto» y que, a pesar de su pública y reconocida valentía, «presentaba la color de la cera». Y que, tras confesar a los suyos tan lamentable e injusta desgracia, el «susto» terminó por humillar al hombrón, necesitando de cama y cuidado. Y a los nueve días —no a los tres, como calculaban los viejos— se lo llevó Dios. Y no por falta de dineros —que los tenía— y mucho menos por negligencia de los facultativos, que llegaron de Casar de Palomero y Pinofranqueado. La causa del fallecimiento se me antojó un renglón de especial interés en la lectura del caso «Colás». Pero, por más que trajiné en la memoria de los allegados, la información se presentó tibia y poco digerible. Hubo una clara división de opiniones: unos hablaron de pulmonía y otros —los más— de «susto de muerte». Estefanía confesó a Juliana que fue menester aplicarle «botones de fuego». Aun así, «la sangre siguió congelada»...

Al escuchar la palabra «pulmonía» traté de averiguar si «Colás», dada la proximidad del río Los Ángeles, se había refugiado o caído en las aguas. Negativo.

«Apareció seco —corrigió Juliana—. "Colás" no era de los que retrocedían cuando le amparaba la razón.»

Entendí por «botones de fuego» una suerte de pleonasmo: un remedio casero muy generalizado en décadas pasadas, y que, con el auxilio de un instrumento metálico, por lo general un hierro candente, actuaba como un cauterio. Pero aplacemos las lucubraciones sobre la misteriosa muerte.

La imposibilidad de trasladarme en aquellos días a la ciudad de Cáceres, lugar de residencia de Andrea Expósito, hermana de Juliana, me forzó a congelar las investigaciones con los parientes. La reconstrucción de los hechos, sin embargo, dentro de las lógicas limitaciones que imponía el suceso, había llegado prácticamente a su fin. Y el resto de

Teresa Iglesia Rubio, nacida en 1900, vecina de Cambroncino y testigo de otro «espanto» hacia el año 1930.
(Foto de J. J. Benítez.)

El «tío Juan», en pleno «responso». A su lado, su hijo Sixto.
(Foto de J. J. Benítez.)

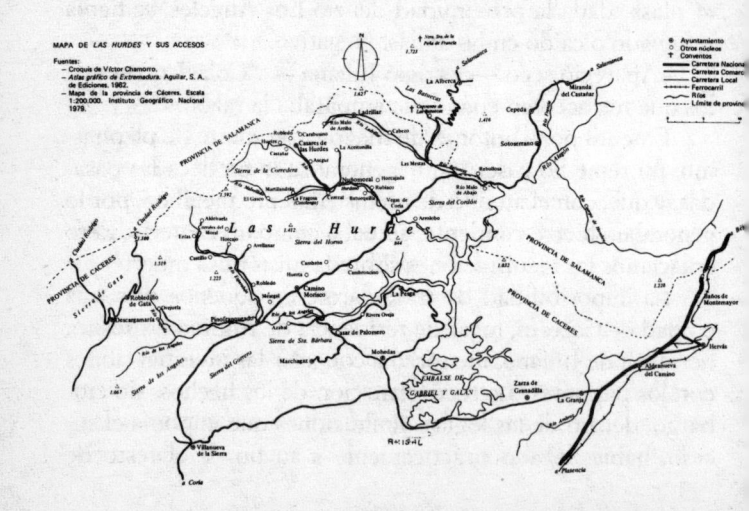

MAPA DE *LAS HURDES* Y SUS ACCESOS

aquella semana me embarqué en la misión de peinar la comarca, en la utópica esperanza de hallar con vida a alguno de los médicos que —según vecinos y familiares— habían atendido a «Colás» en sus postreros días. ¡Qué digo «utópica esperanza»! Mi empeño fue digno del más ingenuo de los franciscanos. Sesenta y seis años a la contra eran una eternidad. Ni don Vito, de Casar de Palomero, ni don Hilario, de Pinofranqueado, estaban para confidencias. Los venerables «galenos» que, presumiblemente, vieron extinguirse al «mártir de Cambroncino», no estaban. Miento. Aunque muertos y enterrados, sí «estaban» en la memoria de los jurdanos. (¿Qué tendrían los antiguos médicos «de cabecera» para que el sulfúrico del tiempo no haya desfigurado sus nombres y estampas?) Como ya veía venir, nadie supo darme razón de una urgencia tan remota. Hablar de principios de siglo era como mentar al *australopitecus* de Kenia.

Y en un golpe de timón puse rumbo a los archivos oficiales. En honor a la verdad, aunque tenía frente por frente la presencia física de amigos y deudos de «Colás», nuestro protagonista —desde el estricto y escrupuloso cristal jurídico— sólo era una ficción. Más de un «vampiro» podría alegar que el caso en cuestión obedecía más a mi calenturienta imaginación que a una «realidad científicamente contrastada». Peores infundios se han dicho y publicado.

Y con la cristiana ayuda de Feliciano Ventura, cura párroco de La Pesga; de Antonio Puerta, secretario del ayuntamiento de Caminomorisco, y de Fausto Lucio, del Archivo Diocesano de Cáceres, entre otros, el afán de este tozudo investigador se vio satisfecho. Al carecer de seguridad en la fecha del fallecimiento fue menester una exploración de legajos y libretes, a la antigua usanza. Es decir, folio a folio y «tente-tieso». Pero todo tiene su encanto en la apasionante investigación-ovni, incluyendo estos «macheteos» en la polvorienta historia. Y la segunda década del siglo XX fue despiadadamente removida hasta que, en una de aquéllas, la «nave nodriza» tuvo piedad de todos. «La del alba sería» cuando, entre perplejidades, en el archivo del Obispado de Coria se dejó caer todo un regalo de la Providencia. Allí, durmiendo un sueño ininterrumpido de sesenta y seis años, yacían amarillentas dos hojas que venían a compensar con creces las penurias, fracasos y sacrificios de aquellas semanas. Sólo los investigadores entregados en verdad a su labor pueden compartir y comprender conmigo la íntima satisfacción de esos instantes. Allí descansaba —milagrosamente intacta— el acta de enterramiento de Nicolás Sánchez Martín. Era la primera vez, en medio siglo largo, que alguien se ocupaba y preocupaba de aquel desaparecido jurdano. La primera vez que otro ser humano —algo «loco», lo reconozco— le rescataba del olvido. Y, como digo, me sentí feliz. Dicho documento —reproducido íntegramente en estas páginas—, además de ratificar la «personalidad jurídica» de «Colás», aportaba algunos datos de interés. Pero, antes de proceder a comentarlos, justo será que el lector conozca tan preciado texto. Para eso estamos. El folio en cuestión, marcado con el número ocho, reza así:

Núm. 8. Cambroncino

Nicolás Sánchez Martín, casado con Estefanía García Sánchez.

En Cambroncino, provincia de Cáceres, Diócesis de Coria, día treinta y uno del mes de octubre del año mil novecientos diez y siete.
yo, el infrascripto pbro don Vicente González Montero, cura párroco de la iglesia parroquial de Sta. Catalina Virgen y Mártir del mismo pueblo, mandé dar sepultura eclesiástica al cadáver de Nicolás Sánchez Martín, natural de este pueblo, de treinta y nueve años de edad, casado con Estefanía García Sánchez, ésta natural de La Pesga, él natural y vecino de este pueblo. Falleció en este pueblo a las tres de la tarde del día

anterior sin que exprese el género de muerte la papeleta del Juzgado municipal de Caminomorisco. Era hijo legítimo de Nicolás Sánchez, natural de las Escás [ininteligible] *de Pinofranqueado y de Jerónima Martín, natural y vecina de este pueblo. Recibió los santos sacramentos de Penitencia Viático y Extremaunción. Fueron testigos del sepelio Primitivo Iglesias y Florentino Iglesias de esta vecindad. Y para que conste lo firmo fecha ut supra.*

VICENTE GONZÁLEZ MONTERO

El paciente y más que santo seguidor de estas tan zozobrantes correrías entenderá ahora el porqué de mi nada exagerado júbilo. El bueno de «Colás» no era fruto de un sueño febril. Y tampoco de la superstición, aunque —eso sí— llevaba camino de instalarse en la «mitología casera».

El acta, como vemos, era toda una señora acta. Allí figuraban pormenores de inestimable valor. La memoria de los ancianos —fechando el suceso en «los primeros días de noviembre»— apenas había errado en una semana. La inhumación del cadáver fue practicada el 31 de octubre de 1917. Y el escribano, riguroso, hace saber que el fallecimiento tuvo lugar «a las tres de la tarde del día anterior». Si los familiares estaban en lo cierto, y el «mártir de Cambroncino» sobrevivió nueve jornadas, el nefasto encuentro con el «espanto» tuvo que acaecer el 21 de ese mes de octubre, domingo. Y había más. «Colás» murió a los treinta y nueve años. Una precisión que, unida a la cacareada fortaleza del protagonista, podía proporcionar sabrosas y muy sensatas reflexiones respecto a la posible «dolencia» que le llevó a la tumba. Una «dolencia» que, como dejaba caer el puntilloso párroco, «no constaba ni en la papeleta del juzgado», que ya es decir...

Tampoco era mi intención dejar en evidencia lo rubricado por el reverendo don Vicente González Montero, a quien no pude besar las manos por razones obvias. Lo escrito, escrito estaba. Pero era mi deber confirmar la fecha exacta del óbito. Para ello —y volviendo al latazo de la oficialidad— sólo cabía una fórmula: dar con la «partida de defunción», suponiendo que existiese. En ocasiones, yo mismo me asombro ante este pedernal que Dios me ha dado por cabeza. Cualquier ufólogo «de salón» se hubiera felicitado con el hallazgo del acta de enterramiento. ¿A qué emperrarse entonces en tan desgastadoras obstinaciones? Imagino que la tozudez es una sabia compensación de la Naturaleza ante la escasez de luces... Estoy resignado.

Me apresuro a advertir —aunque la sagacidad del lector me dice que no es necesario— que, en esta ocasión, las pesquisas no fueron ni la mitad de engorrosas. Los nombres y fechas en mi haber hicieron de esta etapa de la investigación un puro «llaneo», si se me permite la licencia ciclista. Y otra venturosa mañana llegó a mi poder el casi prehistórico documento. La partida de defunción de Nicolás Sánchez Martín confirmaba y bendecía —civilmente, claro— lo expuesto en el libro V, folio 166 v., número 8 del tomo de defunciones de la parroquia Santa Catalina de Cambroncino. El amigo «Colás» había muerto el 30 de octubre de 1917.

Las siguientes y obligadas patadas de este «correcaminos» tuvieron por escenario la cercana localidad de Rivera Oveja. Mi objetivo tampoco era manco: sondear la memoria de los octogenarios, a la búsqueda de recuerdos que pudieran redondear lo acaecido en aquella jornada del 21 de octubre de 1917. Y la «nave nodriza» estuvo sembrada...

Durante una apretada jornada, los ancianos —auxiliándose mutuamente en tan inusual «parto»— fueron desempolvando la memoria, colmando a este servidor de ustedes de un júbilo que sólo los investigadores «de campo» pueden medir con justeza y justicia.

La «frescura mental» de vecinas como Magdalena González y Bienvenida Mohedano Mohedano, entre otros, todos ellos contemporáneos del «mártir de Cambroncino», me permitió confirmar la veracidad de la enigmática «luz» que sobrevoló R. Oveja. Al parecer, «Colás» y las hermanas «habaneras» —como era de suponer— no fueron los únicos testigos del «espanto». El suceso conmovió a media aldea. Un tal Julián Sánchez, ya fallecido, al descubrir la «luz» en las proximidades del molino donde trabajaba, llegó incluso a echar mano de la escopeta, dispuesto a «calentar» al supuesto bromista. Pero, al comprobar que «aquello» poco tenía de persona, optó por lo más prudente y razonable: abandonar el lugar y rezar.

Y se cuenta también que otras dos mujeres, residentes en Sotoserrano, adoptaron la misma y sabia decisión de las acompañantes del amigo «Colás». Al descubrir la «luz», presas del miedo, se instalaron en la casa de la tía Candela, negándose a emprender la marcha. Y las erráticas evoluciones del «espanto» se prolongaron durante buena parte de aquella noche-madrugada, saturando los ánimos de los ribereños de malos presagios y temores.

Y guiado por Emiliano Domínguez Iglesias, natural de Cambroncino y yerno de la referida Bienvenida Mohedano, tuve acceso al recóndito paraje donde —según el vecindario— se registró el desafortunado «encuentro» entre «Colás» y el ovni. Una intrincada y agreste cañada por la que murmura un regato que recibe el nombre de «Vanogal». Un perdido rincón, a cosa de quinientos metros del pueblo, que apenas si ha modificado su belleza y silencio desde 1917. Y exploré el vado, verificando que, en efecto, sus aguas cristalinas eran de escasa profundidad, permitiendo el cómodo paso de hombres y caballerías. Y a pesar de los años transcurridos, allí, en pleno escenario de los hechos, experimenté una intensa emoción: mitad tristeza, mitad rabia. ¿Cuál era el sentido de aquella muerte? Y sin saber muy bien por qué, me hice con un pequeño ramillete de flores silvestres y lo arrojé a la mansa corriente, como un humilde recuerdo y homenaje a la memoria de un hombre valiente que, en solitario, no dudó en enfrentarse a lo desconocido.

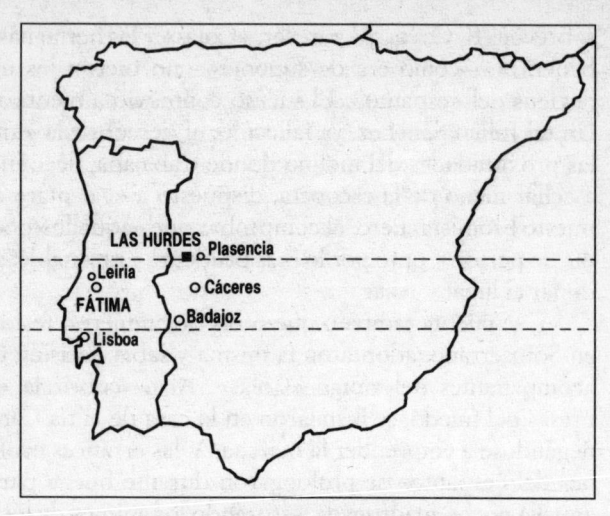

La región portuguesa de Leiria y Fátima se encuentra a poco más de cien kilómetros, en línea recta, de Las Hurdes.

Y la «luz» se lanzó hacia las patas de la caballería.

Durante un tiempo, la «misteriosa muerte» de «Colás» me dio que pensar. Intensifiqué las pesquisas y, finalmente, fui a dar con los archivos del médico que le había tratado en aquellos postreros nueve días. Lamentablemente, la revisión de los cientos de papeles, libros y legajos del cirujano Víctor Sánchez Hoyos, el célebre «Don Vito», en la que fuera su consulta en Casar de Palomero, no contribuyó a esclarecer el problema. El querido y eficiente galeno había fallecido en 1953, a los noventa y un años de edad y después de cincuenta de continuado ejercicio en Las Hurdes. Con el paso de las décadas, muchos de sus escritos habían sido destruidos. Pero no he abandonado. Con la colaboración de sus hijos —en especial de Constancia Sánchez Martín— sigo empeñado en la búsqueda del «historial clínico» del «mártir de Cambroncino». Dada la pulcritud y meticulosidad de aquel profesional de la medicina, es más que probable que, en alguna parte, se conserve aún un relato pormenorizado de la «enfermedad» que llevó a «Colás» a la sepultura. Es cuestión de paciencia. Y mientras eso llega, me aventuraré a avanzar algunas de las posibles causas que pudieron desencadenar el fatal desenlace. A la vista de lo narrado, de los «síntomas» y de la crucial utilización de los «botones de fuego», los médicos consultados coinciden en la hipótesis de una «neumonía estafilocócica».

Todo pudo arrancar con una exposición, por parte del caballero «Colás», a los efectos de una radiación ionizante, de naturaleza desconocida y procedente de la «luz» que se interpuso en su camino y que se introdujo entre las patas de la mula. Esta radiación,[1] de baja frecuencia a juzgar por la

---

1. Las radiaciones, como es sabido, son partículas energéticas oxidantes que producen agua oxigenada (H_2O_2) en los tejidos que atraviesan. Destruyen las proteínas del protoplasma celular, interfieren la mitosis, producen gran calor intracelular y, en suma, liquidan las células, liberando grandes cantidades de histamina e histaminoides. *(N. de J. J. Benítez.)*

sintomatología, con un escaso poder de penetración, afectaría sin duda a la piel. La casuística ovni está repleta de casos de testigos que han sufrido toda clase de quemaduras, como consecuencia de la aproximación a dichas naves. El suceso de Imjärvi, en Finlandia, en enero de 1970, es clásico. Pues bien, la radiación pudo afectar a amplias áreas de su cuerpo, originando quemaduras de segundo o de tercer grado, amén de otros síntomas típicos: vómitos, diarreas, etc. En 1917 y en un ambiente rural como el de Cambroncino, con unas condiciones higiénico-sanitarias más que dudosas, el salto de las quemaduras a una infección generalizada era casi inevitable. Y surgiría lo que en medicina se conoce como «infección oportunista», protagonizada, casi con toda seguridad, por «estafilococos». Estos gérmenes se dan en la piel y en el ambiente, aunque en condiciones normales son inocuos. En una primera fase aparecería una forunculosis. De ahí la práctica, por parte de «Don Vito», de los «botones de fuego». Estos forúnculos surgen en quemaduras de segundo grado y, en especial, en las de tercero. La aplicación del hierro candente buscaría la cauterización. Pero, a falta de antibióticos adecuados (la actual era de estos fármacos arranca en 1940), la forunculosis no tardaría en dar paso a una septicemia generalizada (la infección se traslada a la sangre) que, a su vez, desembocaría en una bronconeumonía, con graves destrozos en el pulmón. De ahí que los parientes y convecinos de «Colás» hablaran de una «pulmonía» como la causa final de su muerte. En el fondo no estaban equivocados, aunque la «raíz» del problema era otra. Ni qué decir tiene que todo este proceso puede ser fulminante; más aún en aquel remoto tiempo y lugar, sin los medios adecuados para atajar el mal. El infeliz jurdano debió de morir entre fuertes dolores, provocados, en buena medida, por el sistema de cauterización. En mi visita a Cáceres, Andrea Expósito —hija de la esposa de «Colás» (en segundas nupcias)— me ratificaría este extremo:

«El dolor que soportaba era tal que, en un momento determinado, le soltó una bofetada a mi madre. En quince años de matrimonio, jamás le levantó la mano...»

Así podría quedar cerrado el caso del «señor de Cambroncino». Pero me he hecho el resuelto propósito de «comprometerme». ¿Qué posibles «lecturas» se desprenden de un suceso tan lejano como grave? Veamos.

En primer lugar, el «espanto» con disfraz de «luz» me recordó al punto una de las variantes —casi rutinaria— del fenómeno ovni. No olvidemos las expresiones del personal: «la luz flotaba sobre el río», «aquella luz no era cosa de hombres», «el espanto voló a su encuentro», «la luz le dio cara, cortándole el camino», «la luz avanzó de golpe y porrazo»...

Se trataba, en suma, de una «luz» que se comportaba inteligentemente. Que acudió al encuentro de «Colás». Que le aguardó al otro lado del río. Que, nada más producirse la advertencia del jinete, se disparó hacia la mula. Que, en fin, merodeó lo suyo por Rivera Oveja. El «detalle» de la «luz» entre los remos de la bestia viene a consolidar la hipótesis de un ovni de reducidas dimensiones y que los investigadores, no sé si en un alarde de imaginación, hemos dado en llamar *foo-fighters* o «bolas de fuego».[1] Algo viejo, viejísimo, en ufología. Pudiera tratarse de sondas —no tripuladas, obviamente— catapultadas desde las naves y que, gracias a su naturaleza y mínimas proporciones (oscilan entre los treinta y cincuenta centímetros), resultan ideales para «operaciones especiales».

«Colás», en definitiva, no se enfrentó a una nave, en el sentido literal de la palabra, sino, muy posiblemente, a un

---

1. El término *foo-fighters* fue inventado en la segunda guerra mundial por los pilotos norteamericanos. *Foo*, corrupción inglesa de *feu* —«fuego» en francés— y *fighter*, «avión de caza» en inglés. Con estas palabras, los pilotos de uno y otro bando designaron a las desconocidas bolas de fuego o de luz que avistaban con frecuencia en sus incursiones aéreas.

«artilugio» teledirigido. Y seguimos en 1917, no lo olvidemos. Por aquel entonces ¿qué potencia mundial disfrutaba de armas tan guapas?

Sigamos con las matizaciones.

Si nos ajustamos al hilo de lo narrado, poco antes de la dramática «reunión» a orillas del río, los caminantes divisaron la luz «en la distancia». Según parece, al coronar el pequeño puerto que se alza a espaldas de Mohedas —de apenas 420 metros de altitud—, la inesperada presencia del «espanto» les obligó a cavilar, llenando de pavor a las mujeres. Analicemos un par de detalles. ¿Se trataba de la misma «luz» que, a no tardar, iba a presentar cara? En principio me inclino a creer que no, aunque todo es posible en esta enrevesada «viña del ovni». El razonamiento es elemental. Si el «intruso» —como contaron— flotaba sobre el río y muy cerca de Rivera Oveja y si la distancia, en línea recta, desde dicha aldea al lugar de observación (el puerto) podía oscilar alrededor de los cuatro o cinco kilómetros, ¿cómo entender que alcanzaran a distinguirlo? Un punto luminoso de escasos centímetros —a cuatro mil o cinco mil metros— resulta poco perceptible. Y lo que ya no casa ni con cola es que se aterrorizasen. Si la Pepa y *la Habanera* —mujeres de una pieza sin duda— optaron por pernoctar esa noche en Rivera Oveja, es porque «aquello» no tenía nada de normal. Presumiblemente presentaría un aspecto, como refieren otros testigos ovni, infinitamente más espectacular que una humilde candela. En la lejanía, repito, para que la «luz» les moviera a espanto tenía que ser tan intensa como magnífica. En conclusión: lo más verosímil es que el *foo-fighter* no viajara solo y que la primera «luz» correspondiera a una «nave de exploración». «Hombre —argumentarán los entendidos—, también cabe una segunda teoría: que ambos "espantos" fueran un único objeto.» Ciertísimo. Dada la sublime tecnología que esgrimen estos «seres», ese ovni «de bolsillo» también podía disfrutar de una magna y sin par capacidad de transformación. Prodigios más portentosos se han visto y —espero— se verán en próximos relatos.

Sea como fuere, no distraigamos la atención con menudencias y —echándole valor— vayamos al fondo del negocio. Si el pacífico «Colás», aceptémoslo así, tuvo la mala pata de encararse con un ovni, ¿cómo comprender e interpretar tan folloneros modales? La lógica humana, naturalmente, se torna hosca e intratable. Y con razón. ¿Qué necesidad había de cortarle el paso y, digo yo, de meterse en pleitos con una inocente y proletaria mula?

Socarronerías aparte, el asunto se las trae. Mientras no se demuestre lo contrario, el caso de «Colás» seguirá marcando un hito en la pequeña-gran historia de la ufología hispana, peninsular y no sé yo si continental. Estamos —se dice pronto— frente al primer «encuentro ovni» conocido, «con resultado de muerte».

Habrá quien trate de quitarle hierro al asunto insinuando que pudo tratarse de una fatal casualidad. Sinceramente, permítanme que lo dude. E intuyo que empiezo a deslizarme por el filo de la navaja... Dejando a un lado, y sólo por el momento, el ya mencionado fenómeno del «nada es azar», ¿cómo explicar tanto «despiste» por parte de los tripulantes de esas naves? Amparándonos en la tecnología que les acompaña, no tendría nada de particular que tuvieran plena constancia de la lenta aproximación a Rivera Oveja del jinete y las comadres. Y es evidente que se «dejaron ver» a placer. Y, por si aún podía flotar alguna duda, «volaron al encuentro» de «Colás», esperándole al otro lado de la corriente. Y puede que los ingenuos insistan: «¡Es que marchaba armado!» Si estas astronaves son capaces de bloquear los radares civiles y militares y de detectar —Dios sabe cómo— la presencia de un ser vivo a muchas millas a la redonda, ¿cómo no iban a controlar el machetón de «Colás»? ¿Qué clase de amenaza podía representar, por muy albaceteño que fuera? La bibliografía ovni nos ofrece un dilatado catálogo de casos, más o menos parecidos, en los que, ante la violencia humana, los responsables de esas naves se han limitado a inutilizar las ametralladoras y misiles de los «cazas», a inmovilizar a los testigos o, sencillamente, a ignorarles olímpicamente. Díganme ustedes si es normal que tan mágica superioridad se venga abajo —por muy a principios de siglo que estuvieran— ante un modesto jurdano «echao p'alante». Y, además, por un quítame allá esas pajas...

Mi hipótesis es otra. Y puede que suene a maldad. Pero —¡por Dios!, no lo olvidemos— ¿en qué campo nos movemos: en el de la lógica humana o en el de una «ilógica lógica» exterior? Creo haberlo expresado. El fenómeno ovni es «el absurdo» por excelencia. De ahí que resulte tan arriesgado tratar de «centrifugarlo» en laboratorios y ordenadores. Otro gallo nos cantaría si fuéramos capaces de dar prioridad a esta premisa. Pero entremos en la tesis que me escuece.

Apostaría doble contra sencillo por la «no improvisación». Si, como creo, no existe el azar en el «universo ovni», ¿por qué hacer una excepción del caso «Colás»? El encuentro y la muerte del jurdano —así de claro— pudieron estar fría y minuciosamente calculados. Pero, Señor, ¿en base a qué retorcida y maquiavélica idea? Como es natural, sólo puedo sospecharla.

¿Quizá para dejar constancia histórica de su presencia en una época y en un lugar? Puestos a lucubrar, ¿por qué no? Los investigadores sabemos de miles de casos en los que —inexplicablemente— el ovni de turno, en lugar de posarse y sentar sus reales en el desierto de al lado, «elige» las cercanías de la única casa habitada en quinientos kilómetros de radio. También es casualidad... ¿Y qué pensar de aquel solitario pescador que faena en cualquiera de los anchos océanos y que —¡vaya por Dios!— termina con un ovni por sombrero? ¿Sigo con las «casualidades»? No merece la pena. El escéptico puede consultar en las estanterías y sacar conclusiones.

Toda una imagen histórica: los testigos observan las anormales evoluciones del «sol» durante el 13 de octubre de 1917 en Cova de Iría (Portugal).

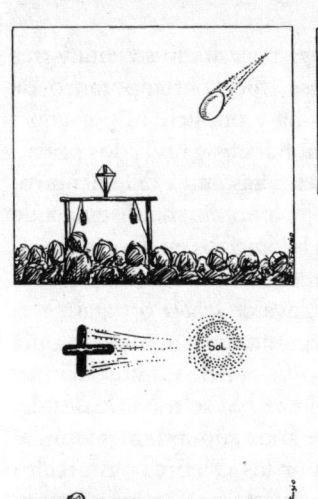

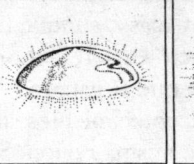

Representaciones de algunas de las muchas observaciones ovni registradas en el otoño de 1917 en la región de Leiria. *Arriba, a la izquierda*, un «foo-fighter» similar al que provocó la muerte del vecino de Cambroncino, observado el 13 de octubre por María Carreira. *En el grabado de la izquierda*, un objeto cruciforme «saliendo del sol» el 13 de setiembre. *En la imagen superior*, otros dos ovnis que «acompañaron» a las «apariciones oficiales», según descripción de Joel de Deus Magno *(izquierda)* y del doctor Pereira Gens *(derecha)*. *(Cortesía de Joaquim Fernandes y Fina D'Armada.)*

¿O es que les movía el deseo de «experimentar»?

Le asiste a usted toda la razón al pensar así: podrían haber escogido al señor padre de cualquiera de los «pilotos» del ovni... Volvemos al principio de tan irritante dilema. La lógica terrestre —y no hay otra— se rebela. No es fácil asimilar la o las posibles justificaciones para tan poco caritativo «trabajito». Si en su ánimo estaba conseguir que los hombres del futuro supieran de su existencia en los albores del siglo XX en España, ¡vive Dios que lo han logrado! Pero ¡a qué precio! Obviamente, las intenciones de algunos de los seres que nos visitan poco o nada tienen que ver con lo que en la Tierra hemos dado en llamar «ética». Conviene acostumbrarse a esta idea. Y no he dicho que todas esas entidades extrahumanas estén cortadas por el mismo patrón. A cada uno lo suyo... Estamos donde estamos: en el caso «Colás», muerto y sepultado por obra y gracia de un ovni.

Y antes de dar paso a otras curiosas pesquisas, un último apunte que me resisto a silenciar y que —usted verá— viene a redondear el embrollo.

El caso «Colás», aunque haya necesitado setenta y tres años para lucir en letra impresa, fue contemporáneo de otros sucesos que sí ganaron fama y publicidad por aquel 1917. Unos acontecimientos simultáneos y ubicados prácticamente en la misma región. Siete días antes del encontronazo con el ovni de Rivera Oveja, a no mucha distancia de Las Hurdes —poco más de cien kilómetros en línea recta—, alrededor de setenta mil ciudadanos asistían estupefactos al llamado «milagro del sol» en Cova de Iría (Portugal). Y el no menos pasmado lector se preguntará: ¿qué relación puede ver este insensato entre el *foo-fighter* de Cambroncino y las apariciones marianas de Fátima? No se trata de desplegar un prolijo informe en torno a los supuestamente milagrosos hechos protagonizados por los célebres pastorcillos lusitanos. Es posible que un año de éstos me anime a contar, en profundidad, «todo» lo que, en verdad, ocurrió en aquellos parajes no sólo en 1917, sino mucho antes. Es del dominio público el asunto de las repetidas «presencias» de una entidad que, según Lucía, Jacinta y Francisco, se autoproclamó como la Virgen. Y también lo fue, como digo, el multitudinario «milagro» de un sol que «se agitó, cambió de emplazamiento y se precipitó sobre la multitud» en una histórica mañana del 13 de octubre de 1917. «Casualmente», una semana antes del caso «Colás». Lo que, por supuesto, jamás trascendió —al menos con el ímpetu de las «apariciones oficiales»— fue la intensa «oleada ovni» que acompañó estos prodigios. Una «oleada» que se abatió pertinaz a lo largo de casi seis años y sobre la franja hispanoportuguesa comprendida entre los 39 y 41 grados. Durante ese tiempo, y con especial y machacona insistencia en la primavera, verano y otoño de 1917, decenas de portugueses, extremeños y salmantinos fueron testigos de las evoluciones de toda clase de «objetos voladores».[1] Los investigadores Joaquim Fernandes y Fina D'Armada, entre otros, han hecho un exhaustivo acopio de casos, citando nombres, lugares y pormenores.[2] En esas recopilaciones se dibuja un buen número de ovnis de pequeño tamaño, casi siempre luminosos y de gran movilidad que sobrevolaban campos y aldeas antes,

---

1. He aquí algunos ejemplos, recogidos por los investigadores Carmen Pérez de la Hiz y Saturnino Mendoza. Hacia la primavera de 1917 se recogía el comentario popular de que en la noche de un viernes, en dirección sudoeste, se vio pasar lo que se describe como «troncos ardiendo». Se trataba de unos diez o doce objetos alargados y llameantes que sobrevolaron Torrejoncillo, Coria y alrededores. Entre agosto y setiembre, en la zona de Berlanga y Azuaga, varios mineros que iban al trabajo al amanecer, en la zona cercana a lo que fue la antigua plaza de toros, vieron un extraño objeto en forma de mesa, con cuatro patas y una torreta con una luz. Cuando intentaron acercarse comprobaron con gran susto que «aquello» se elevó, marchando en dirección a Berlanga, donde también fue visto. Por esos días aparecieron animales muertos en algunas fincas de los alrededores, con extracción de sangre.

2. *Intervención extraterrestre en Fátima*, 1981.

durante y después de las «apariciones mayores». Sirvan de botón de muestra tres ejemplos espigados de la amplia casuística:

«13 de setiembre de 1917, en la región de Assentiz, al este de Fátima. Joaquim Vieira declaraba: "De repente vi pasar una cosa parecida a una pompa de jabón, como las que los niños acostumbran a fabricar con los canutillos."

»Ese mismo día, en Cova de Iría, la criada Emilia Alves era testigo del paso de otro minúsculo objeto: "Vimos una bolita blanca, que parecía de algodón en rama y que se dirigía hacia los niños. Y desapareció donde ellos estaban. Era como un puño de grande o poco más."

»Octubre de 1917, en la misma comarca. María Carreira describe así un fenómeno de similares características: "Por el poniente vimos una estrella, una bola, intensamente redondeada, como un balón, muy bonita, con los colores del arco iris, pero más vivos... Pasó muy veloz y desapareció a un palmo del suelo."»

Este enjambre de *foo-fighters* se paseó audaz e impasible ante muchedumbres y solitarios testigos. Y otro tanto ocurrió con ovnis de mayor porte: majestuosos globos luminosos, objetos cruciformes, naves cilíndricas, «nubes» coloreadas que se reían de las muy serias leyes climatológicas, misteriosos «huevos» gigantescos con siluetas humanas en su interior, etc. Y todo ello, magistralmente aliñado con la pléyade de fenómenos que escolta siempre la presencia de los «no identificados». A saber: zumbidos «como de abejas», agitación en el ganado, «luz sólida» a la manera de rampas, «cabellos de ángel» que se precipitan a tierra al paso de las naves, relámpagos en cielos cristalinos y sonoras explosiones. Y entretanto los intrépidos «ases» de la aviación humana dando brincos y jugándose los ojos en primitivos y destartalados aviones de lona y madera. ¡Toma castaña!...

Si semejante «belén», con perdón, pudo obedecer a un «plan» meticulosamente programado y ejecutado por los tripulantes y propietarios de ese ejército de ovnis, no es descabellado imaginar y deducir que la incursión a Rivera Oveja formase parte de los «cotidianos vuelos de reconocimiento» —o algo similar— por la región. Las Hurdes, bien mirado, amén de caer a un paso, debían de constituir un especial atractivo para tan avanzadas civilizaciones. Los hábitos, tradiciones y la peculiar forma de vida de los jurdanos de 1917 no eran moco de pavo. En cuanto al encadenamiento en las fechas —13 y 21 de octubre—, ¿no suena a sospechoso? Hasta el más recalcitrante de los escépticos tendría que admitir la sombra de los inductores de los vecinos sucesos de Fátima en el caso «Colás». Ésta es mi sincera y fundada creencia. Pero, admitiendo una única «paternidad» en ambos hechos, ¿quién es el quijote que se atreve a esclarecer tan opuestos comportamientos? A juzgar por lo que se ha investigado y publicado, mientras en Fátima se derrochaban prodigios y mensajes en favor de la paz, del amor universal y de la espiritualidad, al otro lado de la frontera se «cepillaban» sin piedad a un sencillo y humilde jurdano. Y digo yo: ¿no somos todos hijos de Dios? ¿O será que, incluso en los negocios celestiales, todo es relativo y cuestión de interpretación? Y de nuevo la lógica humana se ve trampeada por la lógica no humana. A ver si, al final, el bueno de Montaigne gastaba razón cuando decía: «El razonamiento produce diversas apariencias. Es un vaso con dos asas, que podemos tomar con la derecha o con la izquierda.» Ante el caso del «mártir de Cambroncino», sin pretender hacer un chiste fácil, ¿con qué «asa» nos quedamos?

Por cierto, y ya que hablamos de «cuestión de interpretación», concluiré mi paso por Cambroncino con otras dos experiencias vividas por sendos vecinos y que, a la hora del «juicio particular», arrojan mucha luz sobre la ancestral asociación «ovni-religión». Un «matrimonio» que sólo a partir de la carrera espacial ha entrado en fase de «divorcio». Por fortuna para todos, desde que el hombre ha entreabierto las puertas de los vuelos orbitales y lunares, a la mayoría de los testigos-ovni no se les ocurre ya vincular este fenómeno a «milagros celestes» o a «prodigios sobrenaturales». En otros tiempos —ahí está Fátima—, el avistamiento de estas naves y de sus tripulantes era motivo de veneración religiosa, de santo temor de Dios, de oportunísima ocasión para confesar los pecados y de todo lo contrario... Según las circunstancias y el quién, el ovni podía pasar a la posteridad como «manifestación diabólica y fuente de muchos males». A los hechos me remito.

El primero de los casos en cuestión fue protagonizado por Teresa Iglesia Rubio, nacida en Cambroncino y con el siglo. Y cosa curiosa y altamente positiva para el investigador: en 1983, momento del interrogatorio, la abuela no había modificado un ápice su inicial criterio. Lo que vio, allá por el año 1930, seguía siendo «cosa de poco fiar, más propia de Satanás y su gentuza que de la santa madre Iglesia». La buena mujer ni sabía de ovnis, ni falta que le hacía. Pero su relato —a la vista está— encaja de perlas en lo que ya conocemos y venimos persiguiendo con tanto ardor como dudosa fortuna.

—Pues verá usted, joven —confesó la anciana, al tiempo que aclaraba voz y recuerdos con un tiento de dulce y oloroso vino de pitarra—. Eran tiempos mozos. Por el treinta, si no recuerdo malamente. Volvíamos de Ahigal. Con servidora, en santa compaña, viajaban otras tres o cuatro vecinas. Pero no me pregunte nombres. Le podría cambiar a fulanita por menganita. Y tampoco es eso, ¿no le parece?...

—Dice usted pero que muy bien, abuela.

—Pues eso. Total, que por culpa del marrano que llevábamos amarrado por una pata se nos hizo de noche por el puente del Casar de Palomero. Y al ganar una casona en ruinas se presentó la «lucina» y, con ella, un ruido que nos dio

«Y aquella columna de luz —explicó el "tío Juan"— lo esclareció todo a mi alrededor: campos, agua, montes...»

la puntilla. Hasta el cerdo se puso incómodo... ¡Ay Dios, qué espanto! Era como el foco de un camión. Y allí se quedó, en mitad del camino, digo yo que a vernos venir. Pero ya mi madre y otros buenos cristianos nos tenían advertidos sobre estas cosas de Satanás y su puñetera madre. Así que, siguiendo la conseja, nos arrodillamos e imploramos misericordia a los cielos. Y dijimos a coro: «Que el Señor me retire eso, que no quiero verlo.» Mano de santo, hijo. Nada más cantar la plegaria, la luz (que de seguro nos estaba escuchando) se hizo a un lado, volando hacia el arroyo. Y mucha rabia y disgusto debió de causarle nuestro rezo porque, al punto, se volvió triste y se agitó.

Después de no pocos rodeos y tiras y aflojas creí interpretar la «tristeza y agitación» de la luz como un descenso en la intensidad luminosa y alguna suerte de vibración, respectivamente.

Hubiera sido poco cristiano —y no sé si hasta anticonstitucional— que este metomentodo hubiera tratado de alterar los esquemas mentales de aquella buena mujer de ochenta y tres años con una versión más moderna y ajustada a la realidad. Si la «luz» —para ella— era cosa de Satanás o de perniciosos infieles, bendito sea.

El segundo caso tenía también su enjundia. Y poco faltó para que Juan Marco Martín, el «tío Juan», siguiera la triste suerte de «Colás». Me costó Dios y ayuda persuadirle para que narrara lo acaecido en aquel junio de 1921. Y no porque el afable anciano de ochenta y siete años se negara a revivir lo sucedido, sino como lógica consecuencia de la sordera que padecía y de la confusión que, a todas luces, suscitó en él la grabadora. En mi ajetreada vida profesional me han tomado por inspector de Hacienda, agente del Gobierno, «testigo de Jehová», cura párroco, detective privado, espía, funcionario del catastro y hasta reportero del NO-DO. Pero jamás me habían confundido con un «cazatalentos». Y eso fue lo que ocurrió con el «tío Juan». Necesité una hora larga para convencerle de que mi interés hacia su honorable persona no iba por el cante. Aun así, el viejo se despachó a su gusto, animando y salpicando la conversación con las más variadas coplas y «corridos», que, obviamente, he suprimido.

—Fue en la siega del centeno. Es decir, y yo se lo digo por si usted no cae, en el mes de junio. Este viejo tenía entonces veinticinco abriles. Pero ¿de verdad no quiere que le cante?...

Las cuentas, menos mal, salieron a la primera. Juan, nacido en 1896, sufrió esta amarga experiencia a los cuatro años del incidente protagonizado por su vecino y amigo «Colás».

—... Habíamos afanado unas tierras entre cuatro paisanos. Y todas las noches nos reuníamos en las fanegas para «matar el gusanillo». Es decir, y yo se lo aclaro por si usted no cae, a la espera del jabalí. Servidor se presentó el primero y esperé arrimado a la «tronconera» de una encina, con la escopeta de pistón terciada sobre el brazo izquierdo. Y en eso estaba cuando, entre el blanco y el negro de la caída de la tarde, vi llegar una luz que se aposentó en lo alto de una charca. Y dije yo: «Ya la hemos jodido. Un pescador...» ¿Seguro que no quiere que le cante?...

El «tío Juan» no aguardó parecer alguno. Y cantó. Ya lo creo que cantó.

—¿Por dónde iba? —manifestó al concluir el romance y sin perder compostura.

—Por lo del pescador...

—Pues eso, que la habíamos jodido. ¿Cómo iba uno a soltar la pólvora con otro cristiano frente por frente? Pero la «lucina» se mudó de charca y voló hacia la orilla del río. Y me dije: ¡Ay, hermano mío, que eso no es un pescador! Y ni corto ni perezoso me hice con cuatro o cinco piedras, dispuesto a espantarla. Tampoco era cuestión de perder el viaje por culpa de un «espanto».

—Pero, ¡hombre de Dios!, ¿desde cuándo se ahuyentan los «espantos» a cantazos?

—En la tierra de usted no sé. Aquí era la costumbre. Acepté sumiso.

—Y cuando me disponía a lanzar la primera piedra sobre la charca, ¡bendito sea el nombre del Señor!...

El «tío Juan» contagió su nerviosismo a la boina, restregándola y removiéndola de su natural emplazamiento.

—Le juro por mis muertos que no era mi intención lastimar al «espanto». Sólo trataba de meterle un poco de formalidad. Pero ya... El que se cagó, con perdón, fue éste, su seguro servidor. La «luz» adivinó mis intenciones. Y nada más levantar el brazo creció y creció. Y se hizo más alta que la torre del pueblo. Si le digo que aquella columna de fuego rondaba los cien metros, le digo poco. Era ancha y fondona por abajo y bien afilada por los cielos. Y todo a mi alrededor se esclareció. Podía ver el centeno, el río, la charca y los campos como si aquella mala hora fuera la del *angelus*. Y nada, al poco, en un silencio de velatorio, se fue haciendo chiquinina y triste, hasta apagarse del todo. Allí se quedó el «tío Juan», sentado, con las piedras en la mano y rezando a los santos y difuntos que gozan de los merecimientos divinos.

—¿Y qué rezó?

—¿Qué iba a ser? El responso contra los «espantos». ¿Quiere que se lo cante?

—Hecho.

—Pues atienda: «Soberano eterno Dios... (ininteligible)... la súplica votiva del bienaventurado san Antonio... tu confesor alegre... (ininteligible)... tu Iglesia... (ininteligible)... para que siempre sea fortalecida con auxilios espirituales y merezca gozar en los prometimientos de Nuestro Señor Jesucristo... en el nombre de nuestro Señor... Amén.»

»La juventud, con tanta «tele» y discoteca, se ríe de lo humano y de lo divino. Pero yo le juro que no exagero ni esto... El miedo me dejó como muerto. Y no hice por salir de «Las Muas» hasta no ver al «matagañanes».

El «tío Juan» se refería al lucero del alba.

—... Y no me importa confesarlo. Al llegar a Cambroncino tuve que encamarme. Y padecí dos días de calenturas y pesadillas. ¿Hace otra pitarra? ¿Seguro que no quiere que le cante?...

2

Donde se explica que los ufólogos «de salón» son necios, pero no tontos • Otra vez tras el rastro de un «hijo de la casta de Satanás» • De cómo buscando al «tiu Mona» tropecé con el «dios de Martilandrán» • Torre de don Miguel: el investigador se queda «en cueros» • Una «matanza» —de marranos se entiende—, una hogaza de pan, un «forastero áspero y volatinero» y una «luna en to lo alto» • Si es usted carbonero, ¡ojo con los tíos «escarramarraus»! • Eran tiempos en los que curas y civiles no habían perdido la vergüenza • Donde se ve que, de vez en cuando, conviene confiar en la Santa Madre Iglesia • ¿Sabe usted si al «niño Jesús» le da ahora por robar sandías? • La morrocotuda sorpresa de doña Elvira: el «anuncio del ángel» se cumplió • Vegas de Coria cae como fruta madura • Todo empezó con una «llamarada» • De cómo un oportuno «mecagüen Satanás» puede salvarle a uno de un «gigante con sotana» • «¿Somos personas o qué?» • En Vegas hubo ovnis y más que ovnis • Unas fotos oportunísimas

Tenía motivos para sentirme discretamente satisfecho. La investigación del caso «Colás», si no brillante, había resultado útil. La secuencia de tan antiguo suceso ovni —que amenazaba con caer en la órbita de lo legendario— se hallaba a buen recaudo. Modestia aparte, el rescate *in situ* de los testimonios orales de los vecinos y parientes que sobrevivieron al «mártir de Cambroncino» podía valorarse como positivo. Algunos de esos testigos no tardarán en desaparecer. Como «notario» de esa otra realidad que nos envuelve había dado fe en el lugar de autos y con las personas y documentos directamente implicados. ¿Qué más podía hacer? Por supuesto, y estoy preparado para ello, cuando estas pesquisas nazcan a la luz, por el mero hecho de haber sido trabajadas por un servidor, se verán sujetas a los corrosivos juicios de los «vampiros» y ufólogos «de salón». Otras muchas han padecido la misma suerte. Adivino los comentarios y «notas a pie de página» en los pontificales trabajitos de uno de estos «sumos sacerdotes» de la ufología hispana (valenciano por más señas): «Se hace necesaria la encuesta directa del caso, puesto que la única información disponible, aunque profusa, procede de fuentes periodísticas.» En otras palabras, que los profesionales del periodismo somos de poco fiar. No cabe duda de que la labor de cualquier investigador —sea cual fuere su especialidad— está siempre sujeta a corrección. Y quien esto escribe —Dios me libre— no es una excepción. Pero, digo yo, a la hora de localizar testigos, de someterles a interrogatorio, de valorar sus testimonios, personalidad y rastrear documentos, ¿quién puede ofrecer mayores garantías de éxito, al menos en teoría? ¿Un profesional de la información con más de veinte años de experiencia en toda suerte de sucesos y litigios o un perito industrial al servicio de una fábrica de automóviles que, en sus ratos libres, «investiga por correspondencia»? Ésta es la triste realidad de la ufología. Por supuesto, siempre queda la esperanza de que estos «vampiros» prediquen con el ejemplo y visiten Las Hurdes, «abriendo de nuevo» la investigación del caso «Colás». Los investigadores «de campo» estaríamos encantados si fueran capaces de obtener más y mejores resultados. Lo malo es que eso cuesta tiempo y dinero... Y, ya se sabe, los ufólogos «de salón» son necios, pero no tontos. Es más sencillo, cómodo y rentable «descalificar» un caso «a distancia y desde la poltrona» que bregar por esos mundos de Dios, a la caza y captura de «Expósitos», «Nisios», «tíos Juanes» y otros paisanos que, para colmo, «carecen de títulos universitarios». La obsesión de estos hipercríticos por la «titulitis» es digna de psiquiatra. Como si la honorabilidad de un ser humano dependiera de sus doctorados o del más o menos extenso *curriculum* en sus tarjetas de visita... «El honor y la vergüenza —decía Pope— no son inherentes a ninguna condición.» Y yo digo más, parafraseando a Píndaro: prefiero a esos sencillos hombres del mar o del campo, que han fraguado su sabiduría en las cotidianas lecciones que otorga la Naturaleza, que a los engreídos de ciudad que todo lo han aprendido en los libros. La credibilidad de un testigo-ovni, por centrar la cuestión, puede oscilar a causa de múltiples vientos, pero nunca, en principio, porque aparezca vestida de pana o tocada con boina. Quienes desconfían de entrada de estos «aldeanos», por el mero hecho de que su barniz cultural sea más endeble, deberían leer las *Memorias* del cardenal de Retz. En ellas aparece una frase lapidaria: «Más frecuentemente nos engaña la desconfianza que la confianza.»

Y dicho esto, volvamos a lo que importa.

Otros casos y aventuras me mantuvieron alejado de Extremadura hasta bien entrado el otoño de 1983. De acuerdo con el plan trazado en Vegas de Coria dejé correr la primavera y el verano. Como apuntaba Voltaire, «el tiempo es justiciero y pone todas las cosas en su sitio». Pero, a pesar de la extrema delicadeza de que me hice acompañar en esta segunda visita a los pagos del «gigante de negro», el tiempo transcurrido no fue lo suficientemente «justiciero». Y aunque encontré muy dulcificado el antaño arisco rostro de los vegueños, las circunstancias «colgaban aún verdes y desabridas». Algunos de los testigos principales, para más *inri*, con Nicolás Sánchez a la cabeza, se hallaban ausentes. En esta ocasión no se trataba de evasivas, sino de verdades como puños. Unos andaban por Salamanca, «a la vendimia», y los otros por Cáceres, siempre al apaño del pan y la sal. Así que, paciente y resignado, me limité a ir sembrando confianzas y a cosechar datos de «segunda fila», que no era poco. Pero de todo ello hablaremos en su momento.

Doña Josefa Crespo Azabal, contemporánea del señor padre del «tiu Mona».
(Foto de J. J. Benítez.)

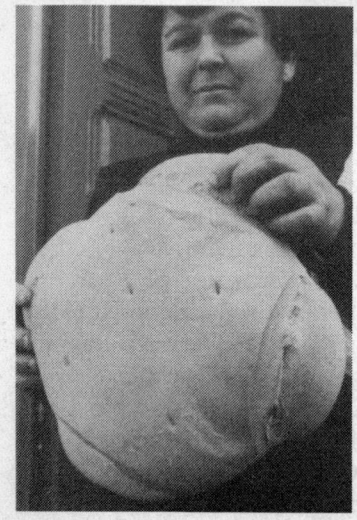

Típica hogaza de pan jurdano, muy propia para descalabrar «humanoides folloneros». Dieciocho «perras» le costó a Juan Martín.
(Foto de J. J. Benítez.)

El investigador, en mi modesto parecer, debe procurar viajar a los escenarios-ovni con más de uno y más de dos proyectos en las alforjas. De esta forma, si la Providencia tiene a bien torcer uno de ellos, no hay por qué caer en la desolación. Y esto fue lo que le tocó vivir a este escarmentado «correcaminos» en su nueva peripecia por tierras jurdanas. En la «recámara», entre otros sucesos de menos calibre, aguardaban el del «tiu Mona», de Martilandrán, y el no menos apetitoso del «ángel anunciador», de Garganta la Olla. Ambos habían sido pospuestos por una u otra razón. Pero su hora estaba cantada.

Y por aquello de economizar energías —el pueblecito de Martilandrás apenas dista siete kilómetros de Nuñomoral, donde había sentado de nuevo mis reales— y porque por algún sitio conviene empezar, centré las escasas luces que Dios me ha dado en la búsqueda del «tiu Mona».

Las primeras y flojas noticias, como fue dicho, procedían de Félix Barroso, el corresponsal de Prensa. Había prometido arañar el asunto con nuevos tientos y pesquisas. Y cumplió. En aquel invierno de 1983 llegaba a mis pecadoras manos una carta de su puño y letra que, entre otras cosas, decía:

«...Paso, a continuación, a transcribirte textualmente el caso del que te hablé, narrado por José Crespo Miguel —antiguo alumno mío—, natural de la pedanía de Martilandrán: "El mi tiu de mi padri, que le llamaban 'El Gargu de Martilandrán' y también 'el Tiu Mona', subía una nochi de Nuñomoral a Martilandrán; al llegá a la altura del 'Valli del Sapu', alguien se le cruzó en el caminu y lo jupó a peleá.

»"El mi tiu jundeó ensiguía al hombri forastero en metá del caminu, pero al cabu de un ratu esi hombri comenzó a ganá terrenu y agarró al mi tiu pol el pescuezu. Entoncis el tiu de mi padri lo palpó y vio que era todu áspero y diju: '¡Dios mío!, ¿con quién estoy yo peleandu?'

»"Cuandu el mi tiu estaba ya mediu ajogau, pudu alcanzal el pan que llevaba y le dio al hombri con él en la cabeza, en la frenti...

»"Entoncis se vio comu un resplandó y el hombri desapareció pa lo altu."»

En resumen y «traduciendo» del jurdano: que el «galgo» de Martilandrán, marchando una noche por el valle del Sapo, fue a topar con un «forastero» con muy malas pulgas. Un «áspero» que le retó a pelear. Un «hombre» que, concluida la contienda, desapareció en las alturas. Y el nuevo desafío logró «calentarme».

No por esperada fue peor recibida. Cualquier investigador encaja mal la noticia del fallecimiento de un testigo. Es lógico que así sea. Con la desaparición del «tiu Mona», en 1971, fueron enterrados también muchos y, sin duda, ricos detalles acerca del extraño duelo en el valle del Sapo. Tenía, pues, que valerme de la tradición, apuntalada —como en el caso del señor de Cambroncino— por parientes y personas que le hubieran conocido y escuchado. Estaba seguro que, tejiendo y destejiendo, parlamentando con unos y otros y acechando paciente en cada relato, los cabos sueltos de aquel aparente «cuento de viejas» terminarían por reunirse, adquiriendo cierta solidez. Aunque el asunto —una vez más— destilase el familiar licor de la fantasía, mi obligación era descender a las profundidades del mismo. Entiendo que el investigador debe encarar su trabajo como lo hace un cirujano: con la mayor asepsia posible, con talante decidido y sin prejuicios. Como sentenciaba Séneca, «jamás se descubriría nada —y mucho menos en el turbulento "universo ovni"— si nos considerásemos satisfechos con las cosas descubiertas».

Como era de esperar, la historia del «tiu Mona» resultó moneda de uso común entre los más viejos de Martilandrán. Todos, con mayor o menor lujo de pormenores, hicieron alusión al tremendo susto padecido por Manuel Martín Crespo, alias *el Galgo*, en una remota noche de principios de siglo, cuando tuvo la desgracia de tropezar con «un hijo de la casta de Belcebú». No caí en la estupidez de polemizar con los ancianos. Para ellos, como en otros pagos y pedanías de Las Hurdes, estos encuentros con «luces y seres espantosos» siempre habían sido y seguían siendo «cosa de Dios o del Diablo». A ver, ¿qué otra conclusión podían sacar de un ser bajito y áspero que, sin mediar aviso ni razón, le corta el paso a un honrado hijo de Dios y, tras intentar estrangularlo, vuela hacia una «luna»? Que yo sepa, a ningún «santo» le da por aparecerse a los caminantes con tan marranas mañas. Conclusión de los octogenarios: «un forastero tan perverso y volatinero sólo podía buscar el alma del "tiu Mona"». ¿Y quién faena en tales menesteres? «Sólo Satanás y sus correligionarios.»

El dato de la «luna» —ratificado una y otra vez— me recordó algo. Pero no quise «remover el cocido» antes de tiempo. Los bien dispuestos contemporáneos de Manuel Martín me remitieron al vecino pueblecito de Fragosa. Allí vivía uno de los pocos sobrinos vivos del «tiu Mona». Y me froté las manos de pura satisfacción. Mi gozo, sin embargo, no tardó en esfumarse. Jesús Crespo, de cincuenta y dos años, amable y parlanchín, accedió a contarme lo que, a su vez, le había narrado su señor tío. Y ante el desconcierto de este servidor de ustedes, el paisano se arrancó con una historia que no supe dónde encajar:

«Esto debió de ser por el año 1930. Un día de cruda lluvia, mi tío acertó a divisar por la parte alta del pueblo a un hombre descalzo y desnudo de cintura para arriba que cargaba una muy pesada cruz. Y quiso ayudarlo. Lo invitó a comer, pero el forastero no aceptó. Y "tiu Mona" observó que, a pesar de la tormenta, el individuo se hallaba seco. Entonces quiso ofrecerle abrigo. Pero se negó también. Y llegó a poner a su alcance una chaqueta. Inútil. El peregrino declinó la invitación. Y antes de desaparecer le dijo "que ese año no tendría dónde meter el vino". Y así fue. Jamás se vio una cosecha como aquélla.»

Desde entonces, este enigmático personaje con la cruz a cuestas —de cuyas andanzas tuve cumplida cuenta en otros parajes jurdanos— fue bautizado como el «dios de Martilandrán». Pero no andaba yo en la persecución de tales prodigios, por muy apetecibles que fueran. Lo mío era el «tiu Mona». Y mire usted por dónde, el pariente del susodicho —inexplicablemente— sabía del lance del valle del Sapo bastante menos que los abuelos y que este desconsolado trotamundos. Al principio, esta «laguna» en la memoria de Jesús Crespo me hizo dudar. ¿Y si todo fuera una invención o la inevitable corrupción de otro suceso, ocurrido Dios sabe dónde? Procuré tranquilizarme. La milimétrica coincidencia en los testimonios de los ancianos —con pelos y señales— no podía ser una burla del Destino. Al *Galgo* le había sucedido algo espectacular. Tan horroroso y fuera de lo corriente como para flotar entero en el recuerdo de sus convecinos. Y activando la nada heroica virtud de la paciencia (por eso dice Leopardi que, a pesar de su apariencia, es la más bizarra de las condiciones humanas), empecé por el principio. Y, día a día, fui cayendo como un halcón en cada uno de los pueblos y alquerías en los que —según mis noticias— habitaba un hipotético informador. Salté de Martilandrán, Fragosa, Nuñomoral y Rubiaco a las alturas de Robledo de Arriba y Casas del Castañar, pasando por las volcanidades de El Gasco, hacia la merindad de Pinofranqueado y las riberas de Caminomorisco. Y el agotador periplo —los investigadores «de campo» lo saben— sirvió para rendir muy buenas y provechosas cuentas. Los comentarios y avisos sobre el «tiu Mona» fueron impecables. Tanta y tan solemne unanimidad no era cosa de echar en saco roto. Me hallaba en el buen camino, aunque un pelín equivocado. De aquel medio centenar de tertulias que figuran en mis cuadernos y cintas magnetofónicas —amén de material para escribir un solo y sonoro libro sobre otras mil supuestas leyendas y sucedidos— vine a sacar en claro que, en aquellas

«Y aquel ser de menguada estatura voló hacia lo alto, entrando en una "luna".»

fechas, diciembre de 1983, las piezas clave para desenredar el embrollo del valle del Sapo se hallaban — por capricho de la fortuna— en otra remota localidad del oeste cacereño, en plena sierra de Gata: Torre de don Miguel. Allí me remitieron los íntimos del «tiu Mona». Allí descansaba *el Galgo* de Martilandrán y, si la justicia divina no había dispuesto lo contrario, allí debían de residir aún dos testigos de excepción: la esposa del contrincante de Belcebú y una hermana de aquélla. Y no había más en la galería de posibles confidentes de «primerísima mano».

Aún lo recuerdo con justa cólera. Cólera contra mí mismo, se entiende. Ojalá los jóvenes investigadores del fenómeno ovni aprendan de este nuevo e irreparable error. Decía que aún rememoro tan calamitosa decisión con cristiano disgusto. Revisé los mapas y, en efecto, la localidad de Torre no se levantaba a una distancia preocupante. Pero en lugar de dejarme llevar por el instinto, que no hacía otra cosa el pobre que reclamar mi urgente presencia en la villa del desconocido don Miguel, le di esquinazo, suspendiendo temporalmente las indagaciones. La proximidad de las fiestas navideñas me obligó (?) a regresar a mis lares. Esto suena a justificación, pero, la verdad sea dicha, no tengo perdón de Dios. Algún sabio dijo que, «a diferencia de los humanos, los dioses jamás se justifican». Que los aspirantes a investigadores tomen, pues, buena nota: si la sutil intuición le empuja a uno en una determinada dirección, ¡por amor de Dios!, no lo duden: síganla. Una hora, un día, una semana o un mes de demora pueden ser fatales. No sé si exagero, pero lo curioso es que la «nave nodriza», en estas circunstancias, suele «avisar». Y yo, borracho de kilómetros, no supe interpretar el «toque de atención». El caso es que, a punto de abandonar Las Hurdes, el viejo y leal Renault 18 dijo «basta». Una poco común avería en la llave de contacto me dejó a merced de los lobos en plena serranía jurdana. Aún no sé muy bien cómo llegué hasta la casa de Juanito, «el de Cádiz», en Nuñomoral. Allí, el de Olvera, único «manitas» de la mecánica en cincuenta kilómetros a la redonda, me hizo una faena de aliño. Perforó la llave y, con el concurso de un rústico anclaje a base de alambres y cuerdas, y encomendándome —conviene decirlo— a la corte celestial, me desvié hacia Plasencia, a la búsqueda de un taller con todas las bendiciones apostólicas. Lo curioso es que, al modificar el itinerario de regreso al País Vasco —eligiendo la carretera C 512, menos comprometida que la solitaria ruta que pone freno al embalse de Gabriel y Galán—, me coloqué a un tiro de piedra, como quien dice, de Torre de don Miguel. Pero, ni por ésas... Aunque los indicadores en el cruce de Villanueva de la Sierra me entraron por los ojos como un film en cinemascope, anunciando la aldea de don Miguel a poco más de veinte kilómetros, el aturullamiento provocado por la avería pudo con todo. Ahora, asomado a la distancia, intuyo que el fallo técnico en cuestión fue muy pero que muy raro. Según las anotaciones del «cuaderno de bitácora», el cuentakilómetros de mi dócil compadre marcaba por aquel diciembre de 1983 la nada manca cifra de ciento cuarenta mil kilómetros. Pues bien, en toda esa larga marcha no se había presentado una sola avería tan sin fundamento. Que cada cual lo interprete según sus luces.

Y un remordimiento poco usual, lejano pero punzante, me mantuvo inquieto durante las semanas siguientes. Ahora sé que el pecado de omisión se limita a aullar en los confines del alma. Pero, aunque no ladre a nuestro alrededor como el resto de los pecados, es tan implacable como el que más. Y bien que lamenté no haber obedecido aquel impulso.

Al penetrar en Torre de don Miguel, ya en 1984, la noticia de la muerte de Victoriana Crespo Azabal, acaecida en diciembre del año anterior, abrió los ojos de este aprendiz de casi todo y maestro de nada. Con el tránsito a mejor vida de la esposa del «tiu Mona» me había quedado en cueros.

Aquélla sí fue una desgracia irreparable. Sobre todo para quien esto escribe. Dudo mucho que sus parientes llegaran a sentirse tan desconsolados como servidor. Y durante horas —presa de un ataque de rabia— deambulé por las carreteras, tragándome media sierra de Gata. Y dado mi proverbial despiste, poco faltó para que me colara en la vecina Portugal. Pero justo será que reconozca también la fina sabiduría del dicho evangélico: «A Dios Padre no es preciso pedirle. Él sabe. Basta con darle gracias.» Así que —«sabiendo que sabe»— me abandoné en sus manos y, sacando fuerzas de flaqueza, regresé a Torre, con la esperanza de hallar con vida al último de los testigos: Josefa Crespo Azabal, hermana de la difunta, cuñada del desaparecido *Galgo* y madre del desmemoriado Jesús Crespo.

Cuán cierto es que Dios aprieta, pero no ahoga. Esta vez caí de pie. Aunque algo pachucha, doña Josefa, a sus setenta y seis años, era todavía capaz de acarrear leña, de enmendar el huerto, de cuidar de una partida de gatos —a cuál más rufián— y, por encima de todo, de ordenar sus recuerdos.

Fue menester vencer unas primeras y naturales suspicacias. En esta oportunidad me tomaron por «picapleitos». No sé a cuento de qué, pero la abuela se emperró en que servidor estaba allí para confiscar la herencia del «tiu Mona». Bien mirado, no iba desencaminada. Pero la «herencia» que yo buscaba era de otra índole. Y al final, más aburrida que convencida, aceptó contarme lo que sabía. Y empezó ratificando la historia del «dios de Martilandrán». El mismísimo «tiu Mona» se lo había relatado al amor de aquel fogón y con tanto recogimiento como admiración. En cuanto al «forastero» que le salió al paso en el valle del Sapo, doña Josefa puso los puntos sobre las íes desde un comienzo. Se santiguó y arrancó con algo que ya avanzaran los más lúcidos octogenarios y que no he descubierto por no atizar el humo de la confusión.

«Ese pleito con el Maligno —que Dios nos proteja— lo contaba el "tiu Mona", sí, pero no fue a él a quien le sucedió, sino a su señor padre: Juan Martín Crespo. Yo, por aquel entonces, era una niña. Y se lo escuché relatar como cien veces. Y siempre con la voz mudada...»

Doña Josefa accedió a mis requerimientos. Y el «cuaderno de campo» hizo las veces de improvisada pizarra. Si ella había nacido en 1907 y el suceso aconteció cuando contaba seis o siete años, era matemático que fuéramos a parar a 1913 o 1914.

«... De lo que sí estoy segura —añadió con la viveza que proporcionan siempre determinados hechos históricos— es de que fue poco antes del estallido de la primera gran guerra. En esos tiempos andaban las cosas muy revueltas por causa de los derrotados que volvían de Cuba...»

La abuela, con excelente tino, hizo alusión a los españoles que, a partir de 1899, concluidas las guerras cubanas, fueron repatriados a sus hogares.

«... Sabrá usted, que parece muy letrado, que la famosa sarna llegó con los "cubanos".»

Este «letrado», lo confieso, tuvo que echar mano de las enciclopedias. La memoria de doña Josefa era de «órdago a la grande». En efecto, en 1918 se registró un «sarnazo» que infectó medio país y que, según todas las fuentes, pudo entrar de la mano de los que retornaban de la contienda caribeña.

«... A lo que iba —siguió apabullándome la abuela—. Una noche, hallándose Juan Martín en una típica "matanza" (usted sabrá que hablo de marranos), ocurrió que se terminó el pan. Y ya me contará usted qué viene a ser una "chacinada" sin vino o sin pan... Pero, en vista de la mucha oscuridad que había caído sobre Martilandrán, ninguno de los presentes dijo aquí estoy yo. ¿Quién, en su sano juicio, se iba a aventurar a esas horas de la noche por los malos caminos que llevaban por aquel entonces a Nuñomoral? Y el padre del *Galgo*, que los tenía bien puestos (usted me entiende), dijo que sí, que él se hacía cargo del "paquete". Fue inútil que trataran de retenerle. Ya ve usted, señor abogado, de qué pellizco puede hacer un hombre una cuestión de honor. ¡Pobre cristiano!

»Y desoyendo razones se echó al fresco y a la nocturnidad, a la búsqueda del inoportuno pan. Y decía el viejo que, nada más pisar Nuñomoral, la divina Providencia vino a premiar su caminata y sacrificio con una crujiente hogaza de dos kilos y medio. Y más contento que unas pascuas reemprendió el camino de la fiesta. Pero, al enderezarse por la vereda que clareaba en el valle del Sapo, se le presentó un "hombrico"...»

O sea, un hombre de poca monta, agregué por mi cuenta.

«... ¿De poca monta? Según... Al Juanito le pareció un "niño". Quizá no levantase lo que levanta un saco de castañas...»

Eché unas apresuradas cuentas mentales y deduje que el «hombrico» debía rondar el metro, o poco más. Interesante. Muy interesante.

«... Pero, ¡"mecagüen" el "niño"!... ¡Vaya educación! Durante un rato no pasó nada. El uno miraba al otro y el otro al uno. Y el padre del *Galgo*, con la mosca detrás de la oreja, le echó un par de avisos. Pero el "forastero" siguió mudo y en mitad del sendero. Así que, aburrido con tanto teatro, el de Martilandrán tiró "p'alante". Y ahí se le vieron las intenciones al muy hijo de Satanás. Si el Juanito buscaba evitarle por la izquierda, pues allí se plantaba el muy pendenciero. Que hacía por pasar por la derecha, ídem de ídem. Estaba claro que venía pidiendo guerra. Y sin más saltó sobre el pescuezo de Martín, apretando como lo que era: un endemoniado. Y el de Martilandrán se orinó en los calzones. Y no porque fuera un "cagarrutas" o un miserias, sino por lo que acertó a palpar. El "espanto" —contaba cuando se le pasó la fiebre— era áspero como el pellejo de

Julián Iglesias, vecino de Martilandrán y contemporáneo de Juan Martín, señalando la casa donde vivió el padre del «tiu Mona». En primer plano, María Cruz Vizcaya, otra convecina del hurdano que «peleó» con el «chancas de hierro», como denominaron también al extraño ser. *(Foto de J. J. Benítez.)*

Don Luis Díaz Escudero, cura párroco de Garganta la Olla, mostrando el libro de bautismo en el que aparece registrado Ángel García Hernández. *(Foto de J. J. Benítez.)*

Reproducción del texto del acta de bautismo.

un encinar. Fue entonces cuando se dio cuenta de que peleaba con un ser de otro mundo. Era todo negro y trajeado con un "cuero" nunca visto. Y siguió "ajogándole" el muy hijo de la gran puta... Hasta que, medio derrotado, el cristiano echó mano de lo único que cargaba: la pieza de pan. Y a puro mordisco y a pura patada, Dios quiso que el Maligno aflojara una pizca. Ahí le esperaba el de Martilandrán. Y levantando el redondel fue a estrellárselo en "toa" la frente. El puñetero retrocedió y, en lo que cuesta abrir y cerrar un ojo, salió "pa" las alturas, metiéndose en una "luna" blanca. Y decía el Juanito que "to" se puso de día, con una luz que no daba sombras.

»Cuando entró en la "ranchería" no parecía hombre, sino cadáver. Y dicen que decía: "¡Si no llega a ser por el pan!..." A puro golpe le hicieron volver en sí. Y hasta calenturas le entraron. Y durante muchos días se le vio como atolondrado, con los ojos perdidos y el pescuezo "amoratao" por causa de la judiada.

»Desde aquel asalto se negó a buscarse la vida durante la noche. Y cada vez que se veía en la obligación de cruzar el valle del Sapo, procuraba afanarse la compaña de otros cristianos.»

La odisea de este jurdano bien merece un par de comentarios. Partiendo de la base de que no encuentro razones que pudieran hacerme dudar de la autenticidad del hecho, siempre narrado con unas matizaciones impropias de la época, ¿a qué conclusiones puede llegar el investigador? ¿Cómo es posible que en los años 1913 o 1914 se describa en Las Hurdes un objeto circular y luminoso, similar a una «luna»? No perdamos de vista que en 1910, por citar un ejemplo, Fabre hacía volar el primer hidroavión. Algún reticente podrá insinuar que lo visto por Juan Martín entra de lleno en los dominios de los helicópteros. A estos «vivos» conviene refrescarles la memoria: la primera ascensión de un autogiro tuvo lugar en Getafe (Madrid), en 1923. Y para sí hubiera querido el bueno de Juan de la Cierva, inventor de aquel «embrión» de helicóptero, el secreto de tan sospechosa «luna». Hoy, en ufología, esas «lunas» son el pan nuestro de cada día. Viene a ser una de las descripciones ovni más socorridas.

¿Y qué decir del «malvado forastero»? La menguada talla, que llevó al padre del *Galgo* a confundirle con un «niño», es otra de las abundantísimas constantes en los encuentros con tripulantes. Seres de un metro y poco de estatura, cuya indumentaria tampoco encaja en las modas de principios de siglo. Y, para colmo, con capacidad de «autopropulsión», por simplificar la cuestión.

Lo de los «modales» del «áspero volatinero» es capítulo aparte. Y uno, al igual que en el caso del señor de Cambroncino, pierde la brújula de la razón y de la lógica. En ambos sucesos —sospechosamente próximos en el tiempo y en la geografía— nos enfrentamos con una agresividad (no me atrevo a usar la expresión «mala leche») tan diáfana como inusual en el fenómeno ovni. ¿Qué santos principios cósmicos podría haber violado el inocente Juanito para provocar así la ira de los cielos? Y sigo planteándome la misma cuestión: ¿sería este «cantamañanas» del espacio del mismo «equipo» que «actuó» en Fátima? Después de todo, 1913 o 1914 no estaban tan lejos de 1917. ¿O es que, retomando la espinosa «lectura» del «nada es azar», todo había sido igualmente planeado para dejar huella y constancia histórica? Puestos a lucubrar, también es extraño que en toda una señora «matanza» faltara un alimento tan a la mano como el pan. ¿Y no cabe pensar lo mismo de la singular cabezonería del paisano, empeñado en hacer sus buenos kilómetros a las tantas de la noche y en solitario? Veo venir a los «vampiros», catalogando el incidente del valle del Sapo con sus acostumbradas salidas «de pata de banco». Más o menos al estilo del caso de Aroche, en la provincia de Huelva en febrero de 1969, en el que toda una familia fue testigo de las evoluciones de un ovni. Si en aquella ocasión, uno de estos ufólogos «de salón» —bautizado por A. Ribera como «el repelente niño Vicente»— se atrevió a «explicar» el avistamiento como «una fuga de exiliados portugueses», no tendría nada de particular que el caso de Martilandrán fuera reducido a cenizas, dando por hecho y por bueno que el «forastero» no era otra cosa que un «sarnoso cubano con una notable intoxicación etílica entre pecho y espalda». Tiempo al tiempo...

Y a tiempo estoy, antes de entregarme a la obligada narración del «ángel anunciador» de Garganta la Olla, de abundar en estos «infernales lances» con otra de las peripecias, igualmente protagonizada —a decir de los antiguos jurdanos— por «Maese Satanás» en persona. Todo un lujo.

Esta vez resumiré la escaramuza. Ocurrió en el Salto del Agua, un paisaje poco menos que virginal en la sierra de la Fragá, en el término de El Gasco. Y fue «como en los años del hambre»; es decir, hacia los cuarenta. Allí acostumbraban a laborar los carboneros de la región. Uno de ellos, Antonio Domínguez Crespo, se hallaba una noche en la dura e ingrata penitencia de convertir las cepas de brezo en carbón. Y cuentan y me contaron —entre otros Rufino Crespo, sobrino del interfecto, y José Aceituna, quizá el único fabricante del mundo de «pipas» de piedra volcánica— que, en mitad de las tinieblas, le empezó a rondar una «luz». Y siguiendo la costumbre, don Antonio, el carbonero, la interpeló con una voz. En mala hora. Como fulminante respuesta al griterío, la «luz» se le vino encima. Y, ¡oh prodigio!, de ella amaneció un «tío» alto como un pajar, de rostro «desfigurao» y «patas negras, como de cabra». La viva estampa del diablo, en opinión de los jurdanos. Y allí fue a instalarse, «to escarramarrau» (expresión popular que, en una traducción libre, vendría a describir a un individuo que se sienta sobre la lumbre). «Y no se quemaba el condenao.» Y platicó con el Antonio hasta que apareció «la estrella que da luz a América». Y el «pecado» le previno: «De todo esto que te he revelado no dirás nada a nadie. Y mucho menos de lo último.» Y así mismo le aconsejó que no fuera tan bocazas y que no acostumbrara a dar voces en la oscuridad. El carbonero, a partir de tan infausta noche, no volvió a subir en solitario a las carboneras de El Gasco. Y nadie logró arrancarle una sola palabra sobre el discurso del «desfigurao». Moriría a los sesenta y seis años, al precipitarse por un puente. Y el secreto de tan singular tertulia yace con él en el cementerio de Fragosa. «Claro que, por aquel entonces —justificaba el Aceituna—, andaba mucho dios por estos pueblos... O sea que, dentro de lo que cabe, estos coloquios con "gentes del abismo" no eran tan infrecuentes. ¿Y sabe usted por qué? —cargó las tintas el Aceituna—. Porque aquéllos eran todavía tiempos en los que curas y civiles conservaban la vergüenza.»

Curioso: un ser con patas «como de cabra». ¿Dónde había escuchado una historia parecida?

Tendré que hacer un esfuerzo y dejar para mejor ocasión mis particulares hallazgos en Marruecos, Estados Unidos, Brasil y País Vasco sobre estos curiosísimos personajes con «pies de chivo». Unos seres que entraron por vez primera en mi agenda mientras recorría Extremadura y de cuya existencia real —aunque parezca increíble— no tengo la menor duda. Y a qué viene tan rotunda seguridad, se preguntará el lector. Muy simple. Ni el «Pancho» (su dramática aventura fue relatada en mi anterior obra, *La punta del iceberg*) ni el carbonero de El Gasco supieron jamás de las apariciones de estos «humanoides caprinos» en los mencionados países y viceversa. ¿Cómo explicar entonces coincidencias tan puntuales y alejadas entre sí en lo geográfico y temporal?

Pero estamos en lo que estamos. En aquellas fechas, mi segundo proyecto —de cierto rango— había sido bautizado con el pomposo y, en apariencia, irreverente título de «el án-

Santos y Dionisio García Niguerol, hermanos del padre de Ángel. Al fondo, Juana López Martín, que dio refugio en su casa a la madre del «anunciado».

Ángel García Hernández, junto a su madre, Gervasia Hernández Basilio. *(Foto de J. J. Benítez.)*

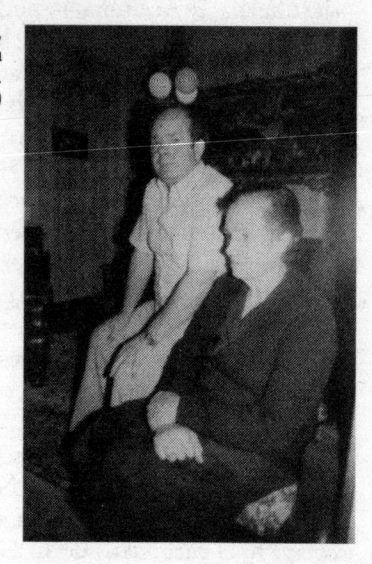

Ángel, el hombre cuyo nacimiento fue «anunciado» por un «ángel», junto a J. J. Benítez.

gel anunciador». Y una vez perfilado el caso del señor padre del «tiu Mona», centré mis afanes en la localización del personaje que, al parecer, era causa y motivo de tan singular historia.

Lo que en realidad figuraba en mis archivos tenía la fugaz solidez de un *flash*.

«El primero de octubre de 1934 —rezaba el aviso—, en la aldea cacereña de Garganta la Olla, una anciana había vivido un misterioso encuentro con un ser de baja estatura y traje brillante. La mujer se encontraba trabajando en el campo, muy cerca de Garganta, cuando el curioso individuo apareció en un despeñadero próximo. En aquel instante, la anciana escuchó en su cabeza una voz que le anunciaba el nacimiento de un nieto. La mujer trató de aproximarse al ser, pero éste comenzó a correr, desapareciendo de la vista de la testigo.

»Intrigada y asustada, la señora volvió a la aldea, y comprobó entonces que el "anuncio" que había recibido era cierto: su nieto acababa de nacer.»

La noticia concluía en los siguientes términos:

«Suponiendo que el "anuncio" procedía del Cielo y que dicho ser era un ángel, la familia impuso al recién nacido el nombre de "Ángel".»

No era gran cosa, pero en peores y más famélicas circunstancias me he visto...

Lo que sí me llamó poderosamente la atención —aceptando la pureza del suceso— fue el brusco giro en el comportamiento y en la filosofía de estos *seres*. De la muerte y agresividad testimoniadas en Las Hurdes saltábamos ahora al polo opuesto: una inexplicable «cooperación» con la vida. El «absurdo universo ovni» de nuevo...

No pocos favores le debe este «trotamundos» al austero y servicial cura párroco de Garganta la Olla. Meses atrás, interesado como estaba en el esclarecimiento del caso del «ángel», había puesto en sus manos una primera y elemental comprobación: averiguar si, en efecto, por aquel octubre de 1934 fue registrado en los archivos parroquiales el bautismo de un tal «Ángel». A qué correr innecesariamente por el mapa, quemando pólvora en salvas, si lo contado por los parroquianos no aparecía donde era justo que apareciese. Y el buenazo de don Luis Díaz Escudero —aunque la Santa Madre Iglesia no comulgue con las heterodoxas ocurrencias de este «hijo pródigo»— se tomó el recado con tanto esmero como eclesiástica paciencia. En un principio —lo reconozco con «vergüenza torera»— dudé de todo: de la existencia del acta, de la veracidad del sucedido y hasta del buen hacer del curita. Si el hecho «pintaba oros», ¿por qué no había salido a la luz pública?

Y un buen día, cuando casi tenía olvidado el negocio, don Luis me hacía llegar la siguiente y detonante misiva:

«Estimado señor: aunque sea con un poco de retraso, le deseo feliz Navidad. En cuanto al asunto sobre el nacimiento de un niño en octubre de 1934 le puedo informar de esto:

»Existe tal nacimiento en esas fechas, poniéndose al niño por nombre ÁNGEL. Es hijo de Petronio García Niguerol y de Gervasia Hernández Basilio. Los cuatro abuelos del referido niño ya han fallecido, como asimismo el padre, viviendo la madre, pero reside en Talavera de la Reina (Toledo), donde actualmente reside también el señor en cuestión y donde regenta un pequeño comercio-tienda. Lo que no he sido capaz de averiguar es la dirección del mismo, pues, aunque aquí tiene tíos carnales por ambas partes, ellos mismos la desconocen.

»Pero un hermano de su padre sí recuerda haber oído a su madre que tuvo eso. El señor vive aquí, en Garganta la Olla, donde ha puesto su residencia, una vez que se ha jubilado, ya que la abuela a que usted se refiere era la abuela paterna. Su nombre era ELVIRA NIGUEROL NIETO...»

El párroco, prudente, no se pronunciaba ni a favor ni en contra de lo que pregonaba la voz popular. Hablar de «mi-

Un «ángel» sobre una «bola luminosa» apareció ante Elvira Niguerol.

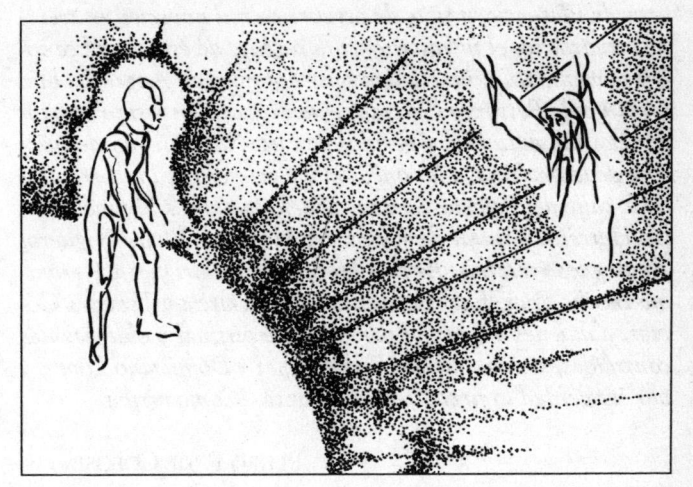

lagro» en los años treinta y en un paraje tan recatado como Garganta la Olla no era propio. Bastante había hecho el hombre con llenarse de polvo hasta las cejas en la revisión de los legajos. Y con este «as en la manga» entré en tromba en la ora añil, ora dorada, ora esmeralda plaza porticada de la aldea gargantina que ya, a fuerza de visitas, viene a ser como mi casa.

El primer y obligado movimiento consistió en asomarme al libro de bautismos y regocijarme con la lectura de aquellas humildes pero decisivas diecisiete líneas tan pulcramente manuscritas. En el tomo 24, folio 253 y número 78 aparecía el pequeño-gran testimonio que, en principio, me autorizaba y animaba a seguir en la investigación.

Dice así:

En la villa de Garganta la Olla, provincia de Cáceres, diócesis de Plasencia, a siete de octubre de mil novecientos treinta y cuatro, yo, el infrascrito, cura regente de ésta, bendice solemnemente un niño a quien puse por nombre Ángel. Es hijo legítimo de Petronio García Niguerol y de Gervasia Hernández Basilio, naturales y vecinos de ésta. Nació, según declaración de la madrina, a las once del día primero de los corrientes en la calle del Palacio. Son sus abuelos paternos Manuel García Herrero, natural de Casas del Monte, y Elvira Niguerol Nieto y los maternos Andrés Hernández Rodríguez y Gerónima Basilio Díaz. Fueron padrinos Juan García y Teodora Gómez, a quienes advertí el parentesco espiritual y obligaciones contraídas, siendo testigos Pedro López y Domiciano López, y por ser verdad lo firmo, fecha ut supra. *(Como arriba)*

Pedro P. de Colosia

Con la ayuda de los numerosos parientes que todavía guardan casa y hacienda en Garganta no fue muy laboriosa la siguiente fase del sondeo. Doña Elvira, protagonista del encuentro con el «ángel», llevaba más de treinta años bajo tierra. Según el volumen de defunciones de la parroquia (tomo 15, número 91), había dejado de sufrir un 5 de junio de 1951. Un «carcinoma» (cáncer de recto) se la llevó por delante. Contaba entonces setenta y tres años de edad.

No sé muy bien por qué me entretuve en aquel inocente e insustancial «juego». Lo más probable es que carezca de importancia. Los que me conocen un poco saben de mis aficiones por la cábala y la numerología. Pues bien, aunque el «descubrimiento» no tenga mayor entidad, no quiero condenarlo al olvido. Y mucho menos teniendo en cuenta que nos movemos en un continuo «trasiego mágico». El caso es que, al hojear aquellos librotes, «sentí el impulso» de sumar las cifras que tenía ante mí. Puedo prometer, y prometo, que no hubo premeditación ni segundas intenciones. Lo hice sin más. Tomé, como digo, las «17» líneas del acta de bautismo, los números ya mencionados que presenta el libro («24», «253» y «78») y las dos fechas igualmente citadas: 1-10-1934 y 5-6-1951, correspondientes al nacimiento del nieto y al óbito de la abuela, respectivamente. Sorpresa: los dígitos resultantes de las sumas configuraban un familiar guarismo: «1934», el año clave en aquel nuevo laberinto. Ahí queda, para solaz de los esotéricos y como víctima propiciatoria en el acoso y derribo a que nos tienen acostumbrados los «santos y separados» (léase «fariseos») de la ufología.

La familia, allegados y convecinos de Elvira Niguerol Nieto formaron una «piña» en torno a este investigador, desempolvando encantados la historia de las «Majaíllas», nombre de la finca donde ocurrieron los hechos. Como creo que es obligación de todo «sabueso» medianamente impuesto, me reservé cuanto sabía —incluyendo las certificaciones parroquiales—, procurando así no condicionar las espontáneas declaraciones de mis informantes. Dos de ellos, en especial, hijos de doña Elvira —Dionisio y Santos García Niguerol—, setentones pero brillantes como patenas, aportaron muy precisos y preciosos datos. El asunto estaba «fresco» en sus memorias. A fin de cuentas «sólo» habían transcurrido cuarenta y pico años. Ninguno de ellos —el cura es testigo— tenía entonces idea, ni referencia, de lo manifestado en el acta del bautismo. Sin embargo, y a eso voy, «acertaron» hasta en la hora del feliz alumbramiento: las once de la mañana. En esos momentos, justamente, a cosa de cinco kilómetros del pueblo, en las «Majaíllas», doña Elvira tuvo la «visión». Cada amanecer se trasladaba con su esposo desde su casa, en la calle del Horno, en Garganta, hasta las tierras que tenían en aparcería con un tal Juan, dueño de la mencionada finca. Allí cuidaban de las plantaciones de tabaco, de los melones y sandías y de cuantos selectos frutos han dado fama a la muy señorial e imperial comarca de la Vera.

«Y a una hora del canto del ángelus —vea usted cómo son las maneras de la Providencia—, la abuela vio lo que vio. No estaba sola, no, señor, pero para el caso, como si lo hubiera estado...»

¿Y eso?, me dejé caer, felicitándome con demasiada precipitación ante lo que supuse unos testigos «extras».

«La Elvira se hallaba en compañía de Juan, hijo del patrón, un tal Toribio, de Pasarón, y de otros braceros. Pero, por más que miraron y remiraron en la dirección apuntada por la abuela, nadie distinguió "cosa maravillosa alguna". ¿Y qué dirá usted que vio?...»

Eso —tercié impaciente—, ¿qué vio?

«...Una "cosa" redonda y reluciente. Y encima, una criatura hermosísima, como un "niño Jesús".»

Así que sólo ella acertó a distinguir semejante preciosidad...

«Mismamente. En un primer arranque —cosa de aldeanos— imaginó que alguien buscaba beneficiarse de sus sandías. Usted entiende. Y se lo hizo saber al hijo del dueño. "Un niño —decía— se ha presentado en pie, sobre esa bola de luz, y no sé yo qué se trae entre manos."

»Total, que la Elvira, más pendiente de sus sandías que de las maravillas del Señor, echó a correr hacia la criatura. Pero, antes de que pudiera darle alcance, "niño y bola" desaparecieron. Entonces —contaba ella medio arrepentida por la falta de respeto y sus muy terrenales pensamientos— fue cuando empezó a zumbarle por debajo de la cogotera aquella manía del nacimiento del nieto. Y se la hizo saber a su marido. Pero nadie la creyó. La abuela, sin embargo, que no tenía un pelo de tonta, siguió en sus trece. Y tanta murga dio y repartió, afirmando que "aquello" era un aviso del cielo, que no tuvieron más remedio que hacer la vista gorda y adelantar el regreso a Garganta. Ya puede usted suponer la sorpresa de doña Elvira y los temblores de huesos de don Manuel, su incrédulo esposo, cuando les anunciaron que —justo a las once— la Gervasia había parido un varón. La impresión fue tan morrocotuda que la abuela necesitó de uno o dos días para templar humores y acercarse hasta la calle del Palacio, a fin de visitar a nuera y nieto...»

Y de común acuerdo la familia aceptó la sugerencia de doña Elvira: aquel niño, cuyo alumbramiento había sido «anunciado» por los cielos, recibiría el nombre de «Ángel». Y así fue y así consta. Y si lo que le fue relatado a este atónito investigador se corresponde con la verdad —¿a santo de qué iba a montar doña Elvira semejante follón?—, uno no puede por menos que santiguarse y declararse «inútil total». ¿Dónde está la lógica? ¿Quién era este Ángel García Hernández, nacido en un remoto y paradisíaco «Belén» cacereño, para que su arribo al mundo fuera advertido a bombo y platillo?

Sólo había una forma de intentar despejar la incógnita: entrar en contacto con él; hablarle y que me hablara.

Y sin más rodeos ni preámbulos fui a instalarme en la industriosa ciudad de Talavera de la Reina. Repasé la guía telefónica y, de entre los tres únicos abonados con idénticos nombres y apellidos —«A. García Hernández»—, fui a ele-

Vegas de Coria, escenario de las apariciones de un «gigante ensotanado» y otros «colegas». Al fondo, a la derecha, la carretera y los terraplenes de Arrolobos.

Nicolás Sánchez Sánchez, testigo del primer y terrorífico «encuentro» de los acaecidos en Vegas. *(Foto de J. J. Benítez.)*

Eusebio Iglesias y su hijo Florián.

gir el que me dictó la intuición. Acerté de pleno. De esta forma me fue dado conocer al segundo protagonista —no sé si debería hablar del primero— de tan sin par suceso.

Ángel, que andaba por los cincuenta, resultó un caballero de extrema sencillez. Regentaba un negocio de perfumería y vivía feliz y apaciblemente con su familia. En principio, por lo que pude deducir, su vida —aunque algo agitada en las primeras juventudes— discurría con normalidad. Hasta esos momentos, nada extraordinario —excepción hecha del «anuncio» del «ángel»— le había salido al paso. Y con idéntica modestia y naturalidad, sin conceder excesiva importancia a lo ocurrido aquel 1 de octubre de 1934, aceptó responder a mis preguntas. Su abuela, madre y demás parientes le habían puesto al cabo de la calle en lo que más le concernía: el suceso de las «Majaíllas».

«Aquella experiencia —comentó Ángel justificando a doña Elvira— me convirtió en el nieto predilecto. Y mi abuela tuvo más de veinte. Pero me preguntaba por el parto. Tengo entendido que fue normal, sin complicaciones y con la ayuda de una partera.»

Doña Gervasia Hernández Basilio, madre de Ángel, que asistió complacida a la reconstrucción de los hechos, ratificó las palabras de su hijo, añadiendo otro par de detalles que no sé yo si podrían guardar relación con el «porqué» del misterioso «anuncio»:

«Me quedé en estado, sabe usted, y mi familia me echó de casa. Durante un tiempo me recogió Juana López Martín, una de mis cuñadas. Pero, a raíz de lo de las "Majaíllas", todo se arregló. Y la paz se hizo de nuevo entre nosotros. La aparición del "ángel" —o lo que fuera— llegó como un "aviso" de los cielos...»

«Según mi abuela —prosiguió Ángel, dando por buena la insinuación de doña Gervasia—, fue un milagro. Ella se encontraba en el interior de un secadero de tabaco (o muy cerca, quizá a las puertas del mismo) cuando se le presentó el "niño y la bola luminosa". Pero no escuchó palabra alguna. Se limitaba a repetir que era muy hermoso, que parecía un "niño Jesús" y que, de pronto, sin venir a cuento, una "voz" en su cabeza le anunció el nacimiento de un nieto. Siempre contaba el mismo relato. Y puedes estar seguro de algo: mi abuela no era fantasiosa. En aquellos tiempos y en aquel lugar el misticismo sonaba a lujo. Sinceramente, jamás se me ocurriría dudar de su honradez. Si dijo que lo vio es que lo vio. Hablaba, incluso, de sus manos y ropas. Decía, por ejemplo, que presentaba una especie de blusa roja y que permaneció con los brazos extendidos. Se asemejaba a un "niño". Seguramente por su corta estatura. Y le miró todo el tiempo desde lo alto de una "cosa redonda y luminosa".»

Sea como fuere, lo cierto es que la historia del «ángel» marcó la infancia de aquel otro «Ángel».

«¡Y no sabes hasta qué extremos! Primero me hice monaguillo. Después, a los dieciséis años, al salir de Garganta, ingresé para fraile. Salamanca, Ciempozuelos, Córdoba, Sevilla, Jerez y, en 1956, América. Allí permanecí una larga temporada. Al cumplir los veinticuatro, comprendiendo que aquél no era mi camino, solicité dispensa del Papa y regresé a España. Entonces corrí de aquí para allá, desempeñando los más variados oficios: mozo de comedor con una marquesa, psicólogo en un centro para deficientes mentales, jefe de almacén en un restaurante, enfermero de varios hospitales, conserje en un edificio de apartamentos y, por último, también en Madrid (en Leganés, para ser exactos), me ocupé de un bar, a medias con uno de mis hermanos. Y la Providencia quiso que nos tocara la lotería. Entonces lo dejé todo y me vine a Talavera. Aquí monté este negocio y aquí crecen mis hijos.»

Al preguntarle si se sentía «especial» o «especialmente designado» por los cielos, acompañó su respuesta con una significativa sonrisa de complicidad. Como si yo —pobre diablo sentimental— conociera de antemano la contestación.

«¿Y tú me lo preguntas? Desde siempre, estimado amigo, pesa sobre mí una clarísima sensación de "protección". ¿Cómo podría explicártelo? Viene a ser como si "alguien" invisible, pero muy real, estuviera a mi lado permanentemente. Eso me proporciona una notable seguridad.»

Era suficiente. Al menos para mí, que sé muy bien de esa «presencia». En cuanto al futuro de este aparentemente común y sencillo ciudadano de Talavera, ¿quién puede avanzar una predicción? Si el azar no existe, es probable que el último capítulo de la historia que arrancó en 1934 en las «Majaíllas» no haya sido escrito todavía. Y prometí volver. Entretanto sólo me atrevo a trazar unos someros apuntes, puramente especulativos, sobre este moderno «anuncio celestial». Los muy ortodoxos en materia religiosa —los veo venir— clamarán al cielo, reclamando un fuego que me extinga. Pero, la verdad sea dicha y salvando las distancias, ¿cuándo y dónde se han repetido unos sucesos como los referidos en los textos evangélicos? No se me interprete mal. Tampoco es cuestión de hacer creer al personal que en Garganta la Olla ha nacido un «mesías». A lo que voy es a la «forma». Si el hecho fue cierto, como así parece, ¿por qué utilizar esta fórmula, tan bíblica y aparente? ¿Por qué la «criatura y la bola de luz» sólo fueron observados por la abuela? En el campo ovni y en multitud de las llamadas apariciones marianas suelen ocurrir fenómenos similares. Parece como si la «visión» estuviera especialmente preparada para uno solo de los testigos. Naturalmente, tengo mis dudas acerca de la «naturaleza angelical» de aquel pequeño personaje. ¿Desde cuándo esos espíritus puros e inmateriales visten de rojo y precisan de esferas luminosas a sus pies? Quizá lo observado por doña Elvira estuviera «más cerca» de lo que hoy entendemos por «avistamiento ovni» que de una manifestación estrictamente «espiritual». Y que conste que el término «ángel», cuyo significado es «mensajero», encaja de lleno en el lance de las «Majaíllas». Otra cuestión es el «porqué» de semejante «tinglado». ¿Buscaban, como insinuaba doña Gervasia, la reconciliación de la familia? A primera vista suena a desproporcionado. ¿O es que en la vida de Ángel García Hernández debe producirse algo que mueva a reflexión a otros muchos?

Pues la singladura de Vegas de Coria —que en ella sigo, aunque no lo parezca— estaba dando las últimas boqueadas. Casi sin sentirlo, enredado en otros menesteres de parecido corte, fui alcanzando la madurez de aquel año de 1986. Plutarco me hubiera comprendido. «La paciencia —escribió en la *Vida de Sertorio*— triunfa en sus empresas mejor que la misma fuerza.» Mi plan, fraguado tres años atrás, hizo despuntar la esperanza muy poco a poco. Cada cinco o seis meses, creo haberlo dicho, regresaba a Las Hurdes y lo intentaba de nuevo. Y estas asiduas visitas —como no puede ser menos entre gentes de noble condición— terminaron por derruir las iniciales desconfianzas. Y un 6 de octubre, sin nervios ni estridencias, el «rompecabezas» empezó a ordenarse por sí solo. Bueno, no exactamente por sí solo. Pero, en beneficio de la propia historia, esta vez ahorraré al lector el complicado andamiaje de nombres, relaciones y viajes que me fueron aupando hasta el nudo de tan insólitos sucesos. El caso, como veremos, fue más complejo e interesante de lo que llegó a airearse en aquellos días de febrero y marzo de 1983. La Prensa, quizá por falta de tiempo, confundió fechas y hechos, simplificando y relegando las apariciones del «ensabanado» a febrero de 1983. En realidad, las cosas empezaron a complicarse a principios de noviembre de 1982...

Todo arrancó en la madrugada del día 10. A eso de la una, Eusebio Iglesias y su hijo Florián, de cincuenta y cinco y veintitrés años, respectivamente, se afanaban en la descarga de un material de construcción. Y cuando se hallaban en pleno trabajo, introduciendo el terrazo en una casa en obras, los vegueños, en el silencio de la aldea, escucharon un extraño ruido. «Algo parecido a un lamento.» Y antes de que

Una de las célebres curvas de la carretera de Arrolobos, donde fueron observados los misteriosos personajes de negro. Vegas de Coria al fondo. *(Foto de J. J. Benítez.)*

La casa de «Colás» y Jesús Sánchez, a las afueras de Vegas. Señalado con la flecha, el lugar del encuentro con el «gigante de negro». En este mismo paraje se registraría la aparición de la «llamarada» azul que vieron Eusebio y Florián Iglesias. *(Foto de J. J. Benítez.)*

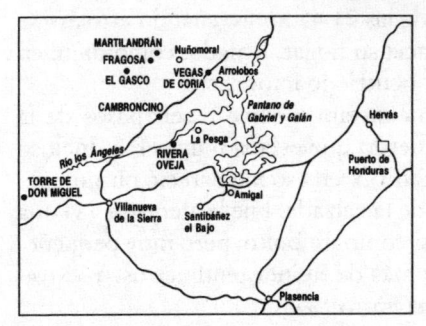

Eusebio y Florián alcanzaran a comprender de dónde y de quién podían proceder esos quejidos, «toda la carretera se hizo una llamarada». En ese lugar, prácticamente en las afueras de Vegas, la carretera que lleva a Arrolobos discurre casi al pie de la referida casa en la que nuestros protagonistas hacían acopio del terrazo. Una casa que, curiosamente, se levanta muy próxima a la de Nicolás Sánchez Sánchez, otro de los testigos del célebre «gigante».

«La llamarada, de un color azul-butano, se desparramó a todo lo ancho de la calzada. Quizá tuviera un metro de altura. Y al cabo de un minuto poco más o menos, desapareció. Fue algo increíble, sin ruido, sin explicación posible. Allí, como usted sabe, no hay ningún almacén de combustible. Fue visto y no visto. Y nada más extinguirse, los perros aullaron con desesperación.»

A la mañana siguiente, Florián, lógicamente intrigado, retornó al lugar.

«Pero no observé mancha ni quemadura alguna. La carretera estaba normal. Aquella "llamarada", o lo que fuera, no dejó rastro ni olor.»

Esa noche del jueves, 11 de noviembre, se registraría el segundo «incidente». Cabe incluso la posibilidad de que ocurriera el mismo miércoles, 10. El protagonista, el citado Nicolás Sánchez Sánchez, no tenía muy clara la fecha exacta del desagradable encuentro con el «gigante de negro». La cuestión es que, a eso de las 21.45 horas, cuando «Colás» se retiraba en solitario hacia su hogar, situado, como digo, en las afueras del pueblo, ocurrió lo imprevisto:

«Puede que me encontrara a cinco o seis pasos de la puerta de la casa. Recuerdo que estaba muy cerca. Incluso llevaba la llave en la mano. Y en eso me pareció oír un quejido. Venía del centro de la calzada. Fijé la atención y vi una "cosa" oscura. Algo así como un bulto, pero muy pequeño. No creo que levantara más de treinta centímetros. Y extrañado me dirigí a su encuentro...»

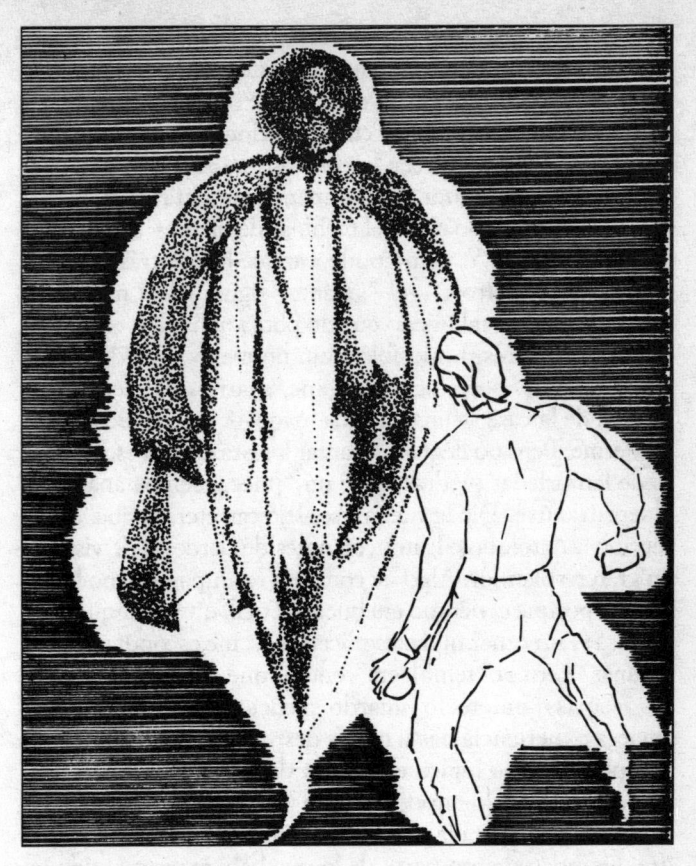

«Y "aquello" empezó a crecer y a crecer, haciéndose enorme.»
Y ante la aterrorizada mirada de «Colás» surgió una figura de más de dos metros.

Nicolás, que por aquel entonces sumaba veintisiete años, era y es un hombre templado. Aun así, lo que acertó a ver le heló la sangre en las venas.

«... Y cuando estaba a cuatro o cinco pasos, "aquello" empezó a crecer y a crecer, haciéndose enorme. Y me encontré frente a una figura de dos metros de altura o más que avanzó con un ruido como el rechinar de dientes. Se me puso la piel de gallina. Y, como pude, caminé hacia atrás, retrocediendo unos metros. Y el "gigante" siguió hacia mí. ¡Jesucristo!, me entró tal miedo que no podía ni hablar. Quise llamar a mis padres. Imposible. Aún no me explico de dónde saqué ánimos, pero, agachándome, agarré dos piedras del murete de la casa —una en cada mano— y me dispuse a defenderme. Pero no llegué a levantar los brazos. En eso, a punto de lanzarle las piedras, solté un "¡mecagüen Satanás!". Y el ser se detuvo. Dio la vuelta y se alejó carretera arriba, en dirección a Arrolobos. Entonces, antes de perderlo de vista, vi un gran resplandor. Algo así como un relámpago. Y no lo entiendo, porque el tiempo era bueno. Total, que arranqué para mi casa y, sin cenar ni dar explicaciones, me escondí entre las sábanas. Pero la "temblaera" era tal que no pude dormir.»

«Colás», en efecto, guardó silencio. Nadie supo de su amarga experiencia hasta meses después. Eso sí, durante un tiempo y ante la lógica extrañeza de amigos y convecinos, hizo lo posible y lo imposible para recogerse en su domicilio antes de que cayera la noche. En cuanto a Florián y a su padre, tampoco dieron parte de lo que habían visto y oído en aquel mismo paraje.

Con la paciente ayuda de Nicolás Sánchez pude esbozar el «retrato robot» del enigmático desconocido que le salió al paso:

«Forma humana, por descontado. De gran talla y envergadura. Hombros anchos. Cabeza redonda, voluminosa y perfectamente separada del tronco. Brazos interminables y curvados. No llegó a distinguir las facciones.

»Se cubría con una suerte de "túnica" o "sotana" negra, muy amplia y con vuelo, que caía por debajo de las rodillas. Mangas anchas y una "capa", también rabiosamente oscura, que flotaba en el aire. No recordaba la forma de los pies, aunque sí estaba seguro de que se deslizaba sin tocar el asfalto. Parecía ingrávido, con un caminar lento y sin aparente flexión de rodillas. Al girar y darle la espalda lo hizo de una vez, al estilo de los robots.»

En opinión del testigo, la intenciones de semejante engendro no eran las de invitarle a echar un mus, precisamente.

Y la traumática experiencia, como digo, quedó «congelada» en lo más recóndito de su memoria. Y así permaneció por espacio de tres largos meses. Tomen nota los jóvenes investigadores sobre este interesante «detalle».

Pero antes de hacernos cargo del segundo «acto» de esta desconcertante historia —ocurrida en febrero de 1983—, conviene completar el esperpéntico «cuadro» con un tercer «incidente», registrado esa misma semana; posiblemente el sábado, 13 de noviembre. El protagonista —Eusebio Iglesias, de cincuenta y seis años— supo guardarlo también como algo muy suyo.

«¡Usted me dirá! ¿Qué otra cosa podía hacer? ¿Contarlo y pasar por loco? Pero lo que yo vi volviendo de Arrolobos a Vegas va a misa. Serían las nueve y media o diez de la noche. Servidor marchaba a pie, junto al mulo. Y al entrar en la curva peligrosa —la de la Cruz de Ánimas— tuve que detenerme: uno de los sacos, el de los repollos, empezaba a torcerse. Y cuando trasteaba sobre la bestia vi moverse una sombra a mis espaldas. Avanzaba hacia mí por la orilla del terraplén. ¿A qué distancia? Quizá a veinte o treinta metros. Al principio la confundí con alguien de Arrolobos. Pero me extrañó. Era todo un "chopo". ¿Usted ha visto la sombra que da un hombre al sol? Pues eso. E intrigado y una miaja inquieto, le grité:

»—¿Somos personas o qué?

»No se dignó contestar. Y al llegar a mi altura se apartó una pizca y dijo, pero muy bajito y con voz ronca:

»—¿No me conoces?

»—¡Mecagüen diez! —Y en lo que cuesta parpadear saltó por el terraplén. No le engaño si le digo que poco faltó para que ensuciara los pantalones. Atienda usted: ésas no son personas de la Tierra. Era alto y fino como una estatua. Con más de dos metros y todo en negro. Y los brazos enormes.»

Hasta aquí, tres sucesos —a cuál más cargado de morbo—, registrados en 1982 y de los que los medios de comunicación no se hicieron eco o lo hicieron con tanta superficialidad como embarullamiento y sólo a partir de febrero de 1983. Durante esos meses todo quedó reducido, por tanto, a un íntimo y personal secreto de tres de los trescientos vecinos de Vegas. Y muy probablemente así hubiera continuado de no haber sido por aquel agitado día de San Blas. También es intrigante que la nueva experiencia recayera en Florián Iglesias...

Ese jueves, 3 de febrero, nuestro hombre —al igual que sucediera con su padre— retornaba a Vegas de Coria, procedente del vecino pueblo de Arrolobos.

«Podían ser las siete de la tarde. Ya estaba oscureciendo. Marchaba solo y montado en el mulo. Y, de buenas a primeras, a poco más de treinta metros, vi aparecer a un "tío" por el centro de la carretera. Se acercaba a la carrera. Y me dije: "¿Quién será?" No parecía muy alto. Vestía un ropaje azul oscuro, con una línea blanca en un costado. Y al verme abandonó la calzada, saltando como una liebre por el barranco. Y lo hizo limpiamente, sin remover ni una sola de las piedras del canchal. Lo que más me extrañó fue su actitud. ¿A qué huir de mi presencia? Si se trataba de alguien conocido (y por aquí nos conocemos todos), lo lógico es que hubiera seguido su camino y que replicara a mi saludo. Bajé de la caballería y le vi alejarse hacia el río. Corría bien el condenado. Y en eso acertaron a coincidir tres muchachos, vecinos de Vegas. Montaban en bicicletas. Eran Joaquín Sánchez, Germán y Cristino Domínguez. Circulaban en dirección a Arrolobos. Se detuvieron a mi lado y, al verle, experimentaron lo mismo que yo: un "mosqueo" total. Y la emprendieron a pedradas con el fugitivo. Ahí se terminó la excursión de Arrolobos. Y los cuatro, con más miedo que siete viejas, ganamos los ochocientos o mil metros que nos separaban del pueblo.»

La noticia, esta vez, quizá por el mayor número de testigos y la extrema juventud de tres de ellos, no pudo ser amordazada. Y sacudió la plácida languidez de la aldea. Los comentarios, como es de suponer, tiraron más hacia la chanza y el pitorreo que en favor de los conmocionados vecinos. Sólo «Colás», Florián y Eusebio guardaron un respetuoso y calculado silencio. De momento, temiendo caer también en el escarnio popular, dieron la callada por respuesta. Sin embargo, la honestidad de «Colás» debió de retorcerse lo suyo ante la incredulidad de sus paisanos. Y al día siguiente se desbordaría. Como escribía Lacordaire, «el honrado es el que mide su derecho por su deber».

Esa tarde-noche del 4 de febrero, curiosos e intrigados, los tres ciclistas de la jornada anterior volvieron a las curvas de la carretera de Arrolobos. Y al descender por lo que recibe el nombre de el Canchal se toparon con una segunda, negra y larguirucha figura.

«Paramos las "bicis" a cuarenta o cincuenta pasos. Caminaba de frente hacia nosotros y por el filo de la calzada. Era alto y delgado y no parecía llevar nada en las manos. Y antes de que pudiéramos reaccionar se precipitó por el talud, desapareciendo. ¿Cómo es posible que no se rompiera los huesos? Esa barranca tiene más de veinte metros de caída...»

Como alma que lleva el diablo irrumpieron los testigos en Vegas. Y tan alterada debían presentar la color que sus paisanos cayeron en un mar de dudas. Y ahí estaba «Colás», con la escopeta cargada. Fue la primera vez que se atrevió a desvelar su encuentro con el «gigante de negro». Y detrás lo hicieron Eusebio y Florián. Y el pueblo, ante la reconocida seriedad de los nuevos testigos, dijo «amén». Las burlas no desaparecieron, no, señor, pero, cuando se gastaban, los necios de turno tenían sumo cuidado en hacerlas bailar a espaldas de los protagonistas. Una semana más tarde —hacia el miércoles, 9 de febrero—, Jesús Sánchez, hermano de «Colás», recibía otra cumplida «sorpresa», también a las puertas del hogar familiar. Un segundo «gigante» —en esta ocasión con «sotana» blanca— estuvo a punto desencuadernarle. Y el aterrorizado vegueño entró a lo justo en la casa, atrancando el portón. A partir de ese momento creyó a pie juntillas la versión de su hermano.

Y el pueblo se vio sumido en un desagradable clima de terror. Para colmo, ese fin de semana, una decena de vecinos, entre los que se hallaba «Colás», fue testigo de las evoluciones en el cielo de varios objetos silenciosos y de gran luminosidad.

«Los vimos en diferentes noches. Se movían sobre el río. Tan pronto se hacían pequeños como aumentaban de tamaño. Siempre en un color amarillento. Una de las veces permanecieron varias horas sobre Vegas. A pesar de la lluvia estuvimos observándolos con toda claridad. Después, ya se sabe, empezaron a decir que si eran los faros de un coche, que si los mozos habían subido al monte con linternas y papeles encendidos, qué sé yo...»[1]

1. Según un oficio facilitado por el Observatorio Meteorológico de Cáceres a este investigador, durante los seis primeros días de febrero de 1983 predominaron sobre Vegas de Coria los cielos despejados o escasamente velados por nubes altas (cirros y cirrostratos). La presión atmosférica era elevada (entre 1 025 y 1 032 milibares). A partir del día 6 comenzó a

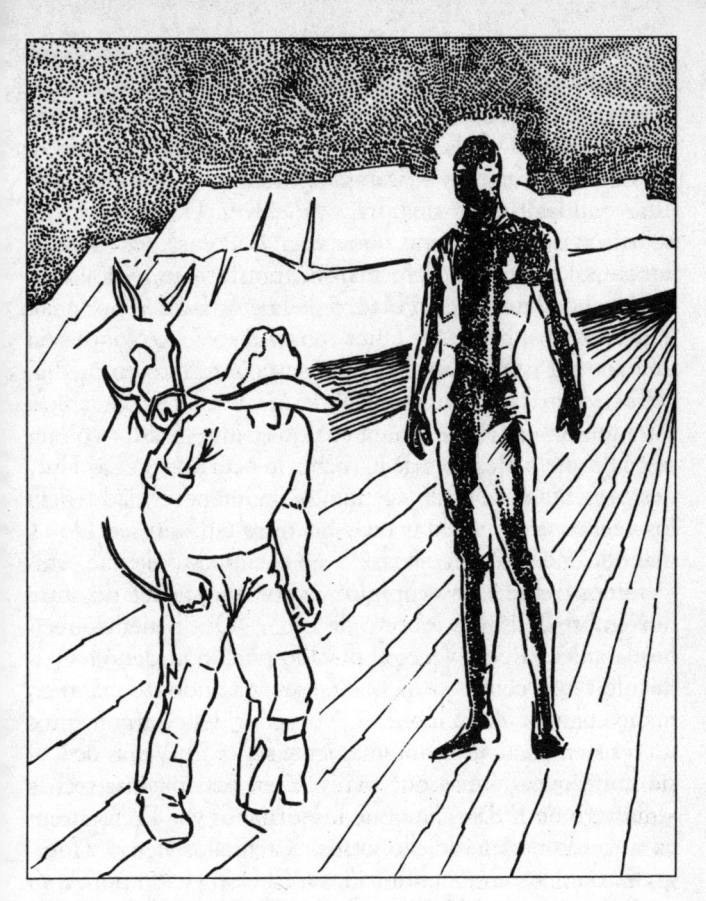

«¿No me conoces?», respondió la alta figura de negro.

---

aparecer nubosidad de tipo bajo (cúmulos), al tiempo que la presión iba descendiendo. A partir del 11 menudearon las precipitaciones, registrándose fuertes nevadas. Entre el 14 y el 17 se inició un temporal de lluvias que duraría casi hasta finales de mes. *(N. de J. J. Benítez.)*

Según mis indagaciones, cuando el ambiente de Vegas se hallaba en plena ebullición, tanto la Guardia Civil como un grupo de vegueños efectuaron diferentes rastreos por los alrededores de la población, con resultados negativos. Como afirmaban muy sensatamente los testigos de los ovnis, estas batidas fueron siempre *a posteriori*. Después, con la aparición de las primeras noticias en la Prensa, los sucesos, lamentablemente, se deformaron, transformando la apacible localidad jurdana en blanco de la mordacidad nacional. Y los testigos, hartos de tanta coña y mercadeo, adoptaron una actitud refractaria. Algunos se quitaron de en medio. Otros, los más, se aliaron con el desdén y sellaron sus labios. Para mí, sin embargo, y para cualquier investigador con un poco de vuelo, después de lo dicho, lo ocurrido en Las Hurdes presenta el sello de «genuino». ¿Qué necesidad tenían los vegueños de inventar unas historias tan «sin sentido» y diabólicamente enrevesadas? Y en el supuesto de que estuviéramos frente a un «complot», ¿por qué silenciarlo entre noviembre de 1982 y febrero de 1983? ¿Qué beneficio recibió la aldea? Pocas veces el plácido pueblo jurdano ha padecido tanto como en dichos meses, pasando de mano en mano como la «falsa monea». No, señor. Estos argumentos no resisten un análisis mínimamente serio. En Vegas de Coria hubo ovnis y más que ovnis. Y en esas mismas fechas —febrero de 1983—, aunque los jurdanos y la Prensa nunca tuvieron noticia de ello, otros extremeños vieron y fotografiaron a los «no identificados». El caso vivido por Argimiro Pereira puede ilustrar cuanto afirmo. En esos días del mencionado mes de febrero, nuestro hombre —técnico en reparación de televisores— viajaba a bordo de su automóvil por el puerto de Honduras, muy próximo a la localidad cacereña de Hervás.

«Fue al atardecer. Yo me dirigía a Santibáñez el Bajo, muy cerca del pantano de Gabriel y Galán. Y en la soledad del puerto acerté a ver una luz extrañísima. Paré el Citroën

Argimiro Pereira mostrando las dos fotografías obtenidas en el puerto de Honduras.

Imágenes del ovni visto y fotografiado por Argimiro Pereira en las mismas fechas de los sucesos de Vegas de Coria. En la foto superior, el objeto, de gran luminosidad, se desplaza a escasa distancia del terreno. Es posible que el «foo-fighter» que provocó la muerte del señor de Cambroncino presentase una forma y color muy semejantes. En la segunda toma, el ovni se eleva. Instantes después —según el testigo— desaparecería en lo alto a gran velocidad.

C-8 y, sin pérdida de tiempo, eché mano de la cámara fotográfica que siempre llevo conmigo. Recuerdo que tenía puesta una película Kodak (DIN 100) y disparé. Era una luz anaranjada, color "butano", que se desplazaba despacio y con un movimiento ondulante. Parecía "algo" gaseoso, como una pompa de jabón. Y se deslizaba por una de las laderas del monte, quizá a cuatro o cinco metros del terreno. En el instante de hacerle la primera foto calculo yo que no estaba a más de quinientos metros de mi posición. ¡Era increíble! Volaba sin ruido y con una facilidad pasmosa. En ocasiones se deformaba un poco. Yo era plenamente consciente de que "aquello" no era normal. Y a los pocos segundos tiré la segunda foto. Y nada más apretar el disparador —como si el objeto "supiera" cuanto yo hacía—, se elevó a toda velocidad, desapareciendo de mi vista.»

Las fotografías fueron reveladas un mes más tarde. Y por esos caprichos del Destino durmieron en el olvido por espacio de dos años. Servidor tuvo acceso a ellas y a la honorable figura de su dueño, merced a la oportuna advertencia de Antonio J. García Román, otro esforzado y joven investigador cacereño. Y uno, que se pasa la vida en una pura pregunta, vuelve a las andadas: «¿Por qué este interesante documento, captado en plena fiebre del "gigante de negro" de Vegas y a cosa de ciento treinta kilómetros de distancia, no vio la luz pública en el momento oportuno?» Tiene usted razón al pensar así: ¿y cuál es el «momento oportuno» en el mágico «universo ovni»? Quizá, dándolo a conocer años después y borrando la sombra de un posible «oportunismo», se fortalezca la secuencia de Las Hurdes. Una comarca que, por supuesto, tampoco fue la excepción en lo que a avistamientos se refiere. El estudioso puede repasar la casuística de aquellos años de 1982 y 1983. Si su bibliografía y archivos son mínimamente decentes se quedará «pasmao». En contra de lo que han venido proclamando los «calientapoltronas», hubo ovnis «a mogollón», si se me permite la familiaridad.[1] ¿A qué extrañarse entonces de los casos de Vegas? Y antes de echarse de nuevo a los caminos, este «escribano a la fuerza» quisiera hacer algunas muy breves consideraciones en torno a las «ensotanadas» criaturas que vieran «Colás» y el resto de la parroquia. Así, en frío, al lego en la cuestión ovni estas peripecias podrán sonarle a chino. Pues no, señor. «Forasteros» como éstos, con «sotanas» y «capas» (no sé yo si a la española), han sido vistos en los más dispares pagos del globo. Y otro tanto podría decirse de los «relámpagos» y «llamaradas» que acompañan sus fugaces apariciones. Incluso el repelente rechinar de dientes y los «quejíos» son relativamente comunes en la investigación ufológica. He aquí otro abanico de manifestaciones que merecería un sesudo estudio. ¿Cuántas de estas «infernales»

1. Espero que el caro y paciente lector sepa perdonar el presente «ladrillo». Pero entiendo que es ilustrativo. He aquí un puñado de casos, de entre los muchos que se registraron en los últimos meses de 1982 y buena parte de 1983 en la Península: cuatro ovnis sobrevuelan isla Cristina (Huelva) (28-9-82 y 1-10-82). Objeto no identificado sobre la torre de control del aeropuerto de Cuatro Vientos (Madrid) (10-10-82). Ovni en la vertical de Ponferrada (León) (13-10-82). Numerosos testigos observan un ovni en Fuencarral (Madrid) (23-10-82). Un ovni de gran luminosidad moviliza al pueblo de Villalba de Lampreana (Zamora) (12-1-83). Otro objeto sobre Huesca (6-1-83). Aterrizaje ovni en León (19-3-83). Un ovni maniobra alrededor de una casa en Escurial (Badajoz) (2-4-83). Varios testigos y un coche patrulla de la policía describen un ovni en Orense (27-4-83). Enorme bola luminosa en La Mola (Barcelona) (25-5-83). Ovni fotografiado en Cáceres (febrero-83). Miles de testigos presencian el paso de un ovni en Sabadell (6-6-83). Varios objetos «barren» buena parte de las islas Baleares, mitad sur de la península y Portugal (12-7-83). Estos ovnis, captados en los radares de la Defensa, provocan la salida de cazas de la Fuerza Aérea. Semanas más tarde, el Grupo Popular presenta una interpelación parlamentaria sobre los objetos vistos en Madrid. El ministro de la Defensa reconoce la existencia de objetos no identificados, pero se guarda en la manga la audaz incursión de uno de estos ovnis en la zona de seguridad de la base naval de Rota (Cádiz). A lo largo de esos meses de julio, agosto y setiembre los casos ovni se contaron por decenas. La lista resultaría poco menos que agotadora. *(N. de J. J. Benítez.)*

escenas no habrán sido asociadas en la antigüedad —incluso en el siglo XX, como hemos visto— a Satanás y a los inquilinos del averno? Y ya ve usted lo absurdo de esta vida: nada más escuchar el improperio contra el Maligno, el «gigante» de Vegas dio la vuelta y se quitó de en medio. Y ya que estoy en ello, pregunto: ¿quién asustó a quién?

Y otro tanto puede decirse de esa capacidad de «levitación» por parte del monstruoso ser de negro. La ufología sabe de múltiples encuentros en los que los humanoides se desplazan sin tocar tierra, ora flotando, ora a saltos, ora como si llevaran un «motor» en los pies.

¿Y qué añadir en relación a sus fastuosas facultades, que les permiten salvar barrancas y canchales de veinte metros y más? Mayores maravillas se han visto —y se verán— entre esta tropa de «forasteros».

Respecto a la críptica «respuesta-pregunta» de la «sombra» a Eusebio Iglesias —«¿Es que no me conoces?»—, mi desconcierto, francamente, es tan notable como el del aterrorizado vegueño. ¿Qué pudo querer decir con semejante réplica? Por más que insistí y presioné, el testigo no supo relacionar a la extraña criatura con nadie conocido. Ni vivo ni muerto.

Lo que ya no resulta tan corriente en este prodigioso «universo ovni» —y conviene subrayarlo— es uno de los «detalles» descritos por «Colás». En los primeros instantes del «encuentro», lo que reclamó su atención no fue el «gigante» propiamente dicho, sino un «bulto» del tamaño de un ladrillo, ubicado en mitad de la carretera. Pues mire lo que le digo, maestro: pasar de ser un mojón a un «tío de sotana» y de dos metros en un abrir y cerrar de ojos, eso, digo yo, son palabras mayores. Que recuerde, fue en Canadá donde acaeció «algo» similar. El 19 de setiembre de 1963, a eso de las ocho de la noche, cuatro niños avistaron un ovni. Y del objeto se desprendió una especie de «caja». Los muchachos, intrigados, se aproximaron a ella y, cuando se hallaban a tres o cuatro metros, «de la caja vieron alzarse la figura de un hombre». Era un ser muy alto: de unos tres metros y vestido como un «monje», con un ropaje blanco. El ser emitió un extraño sonido —como un gemido—, estiró los brazos y se movió hacia los niños. Y los testigos huyeron aterrorizados.

La coincidencia resulta altamente curiosa. Ni que decir tiene que esta información, procedente de Canadá, jamás llegó a oídos de los vecinos de Las Hurdes.

Y uno, perplejo y desconcertado, se pregunta de nuevo: ¿a qué nos enfrentamos? ¿Qué clase de entidades nos visitan? ¿No sería más prudente liar los bártulos y afanarse en otros menesteres menos «chungos»?

Menos mal que, en estas lides, siempre surgen «listos» que tienen explicación para todo. Y viene a mi malvada memoria aquella lapidaria frase de otro «vampiro», afincado en San Sebastián y que, a pesar de su doctorado en Informática, vuela de «oídas» como los murciélagos: «Todo hace pensar —soltó refiriéndose a los ovnis— en la existencia de un fenómeno mal conocido, probablemente relacionado con la física atmosférica.» ¡Genial! ¿Qué dirían el pobre señor de Cambroncino o el paisano de Martilandrán si levantaran la cabeza? Uno piensa que esta ufología de nuestros pecados está llena de «cantamañanas»...

3

Donde se da razón de un oportuno sueño • Persiguiendo a una «dama de cristal», voy a tropezar con un «primo» del «gigante» de Vegas • Saucedilla: un «tío» con un «ventilador bajo la saya» • ¿Cuándo se ha visto a un humanoide con una cicatriz en el rostro? • Tres meses antes, otro sospechoso aterrizaje ovni • Hablando de estilos, ¿no es el humor un chaleco salvavidas? • «Lo» de Zafra, señor mío, es cosa de no creer • Catorce años de silencio • Donde se demuestra, una vez más, que la palabra «casualidad» es una blasfemia • Un «papá noel» en la carretera • Donde el señor Trejo repite susto y con un ovni con setenta «tubos de escape» • Si el caso Zafra fue un «experimento sociológico», servidor es la Sofía Loren • Los tripulantes de Baracaldo y los tenebrosos y «confidenciales» manejos de los «vampiros» • Donde se insinúa que los «tíos de la cabina telefónica» y el «magiclic» eran unos consumados «actores» • Un «as» en la manga de este «sainetero» • Y de cómo «prepara» el Destino los «encuentros» de este «inventor» • Ahí van otras dos primicias que harán saltar las lágrimas de mis incondicionales, los ufólogos «de salón» • También los etarras han tropezado con humanoides

Embarcado en esta literatura de «cabotaje» —es decir, sin perder de vista «la costa de lo íntimo»—, el lector sabrá comprenderme. En realidad, ¿qué vendría a ser una investigación sin el aderezo de las anécdotas y de las pequeñas confesiones del investigador? Quizá en eso, y mía es toda la culpa o el posible mérito, se diferencia también el «sabueso de campo» del «calienta-poltronas».

He necesitado dos días para decidirme. ¿Lo cuento o no lo cuento? Y empujado por la máxima de Chamfort me he liado la manta a la cabeza. El célebre literato francés decía que «en las cosas grandes los hombres se muestran como les conviene mostrarse; en las pequeñas, en cambio, lo hacen como son realmente». Pues bien, al menos en «lo» de Argimiro —asunto de poca monta, sin duda— me desnudaré como entiendo que soy en realidad. Y al que Dios se la dé, san Pedro se la bendiga...

Veamos cómo puedo sintetizarlo. Entre los episodios «extraños» que me toca vivir con regularidad se encuentra uno muy reciente: el de Argimiro Pereira. Como fue dicho, este cacereño vio y fotografió un ovni en las mismas fechas de los sucesos de Vegas de Coria. Servidor tuvo acceso a los documentos en 1985. Y el asunto quedó archivado entre otros cientos de casos, a la espera de su posible difusión. Total, que a la hora de poner en orden y redactar las vivencias en Las Hurdes, la importante contribución de Argimiro se borró de mi memoria. Y muy probablemente no habría sido incluida en el presente trabajo —con el consiguiente desdoro hacia mi persona— de no mediar un «oportunísimo y sospechoso sueño». Tuvo lugar en la noche del 22 al 23 del presente mes de mayo de 1990. (En el momento de redactar estas líneas son las 14 horas del 24 del referido mayo.) Esa madrugada —cosa insólita en mí, que soy capaz de dormir en el palo de un gallinero— me desperté sobresaltado. En la memoria revoloteaban frescas unas imágenes y un nombre, protagonistas de la recientísima ensoñación. Eran las fotografías que aparecen en el capítulo precedente —con el ovni captado en el puerto de Honduras— y la identidad de su autor: Argimiro Pereira. Por supuesto, ya no fue posible conciliar el sueño. Aquel nombre y las tomas del objeto continuaron orbitando en mi cerebro con una insólita y pertinaz insistencia. A la mañana siguiente, sin entender las razones del sueño, me dejé llevar por la intuición. Descendí a los archivos y —¡oh maravilla de las maravillas!— mis ojos se abrieron como fiambreras. El olvidado caso había acontecido justo en febrero de 1983 y, obviamente, merecía un respeto. Y digo yo: ¡cuán fino hila la «nave nodriza»! Y digo más: si este libro se encuentra también bajo su «tutela», pues bendito sea Dios... Lo dijo el Maestro: «Hombres de poca fe. Si vuestro Padre cuida del ropaje de los lirios, ¿cuánto más de vosotros, sus hijos?»

Y dicho esto, prosigamos con las «casualidades».

Por aquel invierno de 1984, a caballo entre Las Hurdes y la comarca de la Vera, otra apetitosa noticia me hizo correr por el mapa, visitando Navalmoral de la Mata. Una mujer «transparente» hacía de las suyas en plena carretera nacional V, a la sombra, como quien dice, de Almaraz. Uno de los testigos de esta dama «de cristal» —un camionero— se la había llevado por delante con su poderoso vehículo. Miento. En realidad la «atravesó». Y cuando el conductor se detuvo, derretido ante la supuesta catástrofe, los cabellos se le erizaron como escarpias: la «mujer» seguía en pie, en el centro del asfato, como si la embestida de un «quince toneladas» fuera pura brisa marinera.

Y en ello estaba, procurando atar cabos en tan «loca» y deliciosa historia cuando, en una de las visitas a Radio Navalmoral —el primer medio de comunicación que se hizo eco de las «correrías» de la «incombustible señora»—, un jovencísimo investigador, Gonzalo Pérez Sarro, me habló de Saucedilla. En esta localidad de la comarca de Arañuelo, equidistante de Casatejada y la mencionada Almaraz, habían tenido lugar unos sucesos que, así, a golpe de buen cubero, me resultaron familiares. ¿Un «gigante de negro»? ¿Y también en 1983?

Y metido en la bulla aplacé temporalmente las pesquisas en torno a la «dama de cristal», en beneficio de un caso que —de ser cierto— dejaba por mentirosos a los que se habían mofado de Vegas de Coria. Y tras escuchar las prime-

La localidad cacereña de Saucedilla. Siete meses después de los sucesos de Vegas de Coria, los vecinos vivieron un miedo y una angustia similares.

Mari Carmen Ramos, testigo del «gigante de negro», en el lugar del primer encuentro. *(Foto de J. J. Benítez.)*

Avenida de González Amézqueta, en plena entrada a Saucedilla. Aquí tuvieron lugar dos de los misteriosos «paseos» del «hombre vestido de mujer».

ras y virginales impresiones de los testigos —grabadas en primicia por el voluntarioso Gonzalo Pérez—, dibujé en mi mente un borrador de lo que pudo ser aquel mes de octubre en Saucedilla.

«Se sabía de la existencia, al menos, de tres testigos. Todos mujeres y coincidentes en la descripción del "gigante" que, con el mayor de los desparpajos, se había paseado por las calles de la villa: muy alto, con una especie de vestido talar y tan "fúnebre" como el "ensotanado" de Vegas.»

Ya puede usted imaginar, maestro del alma, el sofoco de las jovencitas que acertaron a cruzarse con semejante «torre».

Y durante un tiempo —en ocasiones en la grata compañía del investigador de Navalmoral y en otras a cuerpo descubierto— fui «peinando» el hospitalario paraje, haciéndome con el timón del inesperado caso. La fortuna, esta vez, estaba de cara. A pesar del año transcurrido, los «incidentes» no habían adquirido la resonancia pública que tuvieran y sufrieran los ya descritos de Las Hurdes. Eso me salvó, permitiéndome una más cómoda investigación.

He aquí lo fundamental de aquellos días de insomnio en los que, como sucediera en Vegas de Coria, se vio envuelto el paisanaje de Saucedilla:

Mari Carmen Ramos, una mocita de catorce años, regresaba al atardecer a su domicilio. Y lo hacía en solitario, por la avenida Juan José González. Las fechas exactas fueron difíciles de precisar. Y en la soledad de la vía urbana, de cara y por la acera contraria, distinguió a un «ser» de considerable altura: entre dos y tres metros...

«Tenía el perfil de un hombre —manifestó la muchacha—, pero vestía como una mujer. Nunca supe cómo llegó hasta allí. Y ambos seguimos avanzando. El uno hacia el otro. Supongo que nos aproximamos a cinco o seis metros. Y de pronto, ante mi espanto, cruzó la avenida, metiéndose en un callejón situado a mi derecha. ¿Qué pudo transcurrir hasta que me asomé a la calleja? ¿Cinco segundos? Pues ya no estaba. Se había esfumado. Y ese lugar no tiene salida, ni tampoco pudo ocultarse en puerta o hueco algunos. ¡Qué susto!»

Creo que el sexo femenino, amén de otras notables cualidades —que para sí las quisiera el varón—, disfruta de una aguda capacidad de observación. En especial en lo que a «trapos» se refiere. Y la testigo, en su condición de mujer, hizo gala de esta virtud:

«... El vestido le llegaba a los pies. Era negro y por la parte inferior se agitaba como si lo moviera un ventilador. Caía a plomo, sin cinturón ni ataduras. Yo diría que resultaba bastante holgado, porque no se le apreciaban las formas de las piernas. Tenía un ligero brillo. Y creo, aunque no puedo asegurarlo, que se tocaba con algo parecido a un gorro. No sé si era esa prenda la que dejaba en sombra la cara. La cuestión es que no acerté a ver sus facciones. Quizá se debiera también a la penumbra reinante...»

Otro de los aspectos que alarmó y puso en guardia a Mari Carmen —por si eran pocos— fue el singular «caminar» del «gigante».

«... Aunque no se le veían los pies, no tocaba el suelo. Eso lo recuerdo muy bien. A no ser, claro está, que, en lugar de zapatos, tuviera un motor. La palabra correcta sería "deslizamiento". Aquel "individuo" se movía como si corriera sobre un patín. Y lo hacía sin prisas. Como si la "excursión" fuera algo habitual...»

La zagala —usted dirá— aterrizó en su casa con el corazón en la boca. Pero, consciente del ridículo que podía hacer si se aventuraba a contar lo sucedido, optó por callar. El secreto, sin embargo, tenía las horas contadas. Y a los dos días se fue de la lengua. Muy pocos le dieron crédito, ésa es la verdad. La gente menuda —siempre menos «intoxicada» que los adultos— sí aceptó la palabra de Mari Carmen. Y un atardecer, en compañía de sus dos hermanos más pequeños, la testigo recorrió algunas de las calles menos transitadas del pueblo, con la esperanza de volver a ver al del «patín».

«... Al asomarnos a una esquina lo descubrimos a lo lejos. Yo no sé si se trataba del mismo personaje. Estaba bastante oscuro, pero nos llamó la atención su cara: era redonda y blanca como la luna. Y resplandecía y destacaba en medio de las tinieblas. Y también los ojos. Los chicos huyeron despavoridos. Yo aguanté unos segundos. Quería estar segura. Al final, el miedo pudo más y salí corriendo.»

Esa noche, según el vecindario, los perros se mostraron inquietos, aullando sin cesar. Y la noticia, primero a media voz, empezó a circular por la tranquila parroquia. Pero no tardaría en engordar. Otra jovencita —cuya identidad no estoy autorizado a revelar— había tropezado en un puente con «un hombre descomunal y vestido de negro hasta el suelo». Aquello desquició a grandes y chicos. Y los hombres del pueblo primero y la Benemérita después, alertados ante los «paseos» del insólito «gigante», montaron guardia y le dieron la vuelta a Saucedilla. Las infructuosas batidas sólo contribuyeron a elevar la tensión y el comadreo. Y la situación alcanzó el clímax cuando el «gigante del patín» se dejó ver por cuarta y quinta vez. La testigo —María del Mar Mariscal, que entonces contaba trece años de edad— relató así su primer sobresalto:

«Regresaba a casa por la avenida...»

El hecho tuvo lugar en la ancha calle de González Amézqueta, escenario también del primero de los encuentros de Mari Carmen Ramos.

«... Había oscurecido. Quizá fueran las nueve de la noche. Caminaba sola por la orilla izquierda de la carretera. Y, de pronto, lo vi en el centro de la calle. No puedo explicar cómo apareció, ni de dónde surgió. Estaba allí, quieto, mirándome. Me entró un miedo horroroso y me detuve. Lo tenía bastante cerca: como a unos cincuenta pasos. Recuerdo que le iluminaba una de las farolas de la avenida, situada a su izquierda. Era muy alto (desde luego rebasaba los dos metros) y daba sombra. Vestía como una mujer. O, más exactamente, como una monja. El "hábito" (todo negro) caía hasta el suelo. Las mangas eran anchas y ocultaban las manos. Yo, al menos, no se las vi. La cabeza, en cambio, aparecía descubierta. Tuve la impresión de que era bastante alargada. Y a los pocos segundos dejé de verlo. Y le aseguro a usted que no se movió. Sencillamente, desapareció.»

La adolescente —presa del pánico— salió como un tiro hacia su domicilio, un chalet ubicado cerca de la mencionada avenida. Al reconstruir este suceso sobre el terreno, en compañía de la testigo, pude apreciar que la distancia que les separaba no excedía, en efecto, los sesenta metros. A esas horas de la noche, en octubre y con la proximidad de la farola, la iluminación era bastante aceptable. Desde el poste donde se detuvo María del Mar la visibilidad resultaba impecable. Y dado que, en aquellas fechas, el terreno que se abría a uno y otro lado de la carretera era prácticamente un campo abierto, lo lógico es que, de haberse alejado, la muchacha lo hubiera visto.

Y llegó la quinta «aparición». Ocurrió una semana después y, poco más o menos, a la misma hora. En mi opinión, una de las más interesantes.

«...Acababa de recoger la mesa y me disponía a sacar la basura...»

María del Mar se hallaba en esta ocasión en su hogar. El chalet presenta en su zona frontal un pequeño jardín, cerrado por un seto de 1,80 metros. En la esquina izquierda de este rectángulo —observándolo siempre desde la fachada de la casa— se alza una cancela de hierro, provista de un largo cerrojo y el correspondiente candado y perfectamente empotrada entre sendas columnas de mampostería de dos metros de altura. La espaciosa puerta, de doble hoja, permite el acceso de los vehículos al garaje de la vivienda, practicado a unos ocho metros, frente a la referida cancela. Casi

María del Mar Mariscal (a la izquierda) «tropezó» con el gigantesco ser en dos oportunidades.

El jardín de la familia Mariscal. Señalada con la flecha, la columna junto a la que fue observado el extraño «visitante».

María del Mar, a la derecha de la imagen, en la posición en que se encontraba el «hombre» de casi tres metros. Frente a la cancela de hierro, el garaje del chalet. Desde dicho lugar observó la testigo al misterioso ser.
(Foto de J. J. Benítez.)

en el extremo opuesto a dicho enrejado se abre una segunda puerta, de menores dimensiones y armada también con un cerrojo. Estas columnas que escoltan la verja principal resultarían muy útiles a la hora de determinar la talla aproximada del misterioso «paseante» de Saucedilla.

«... Salí al jardín y, cuando estaba a punto de entrar en el garaje para depositar el cubo, volví a verlo. Sentí que me moría. Estaba dentro del recinto del chalet, por delante de la columna de la izquierda y de cara a mí. Era el mismo tipo de la carretera. Podría jurárselo. Alto, altísimo y con aquella vestimenta negra y hasta el suelo. Y con la mano derecha me hizo señas para que me acercara. Movía los labios, pero no escuché nada. Quizá fuera el miedo. No lo sé... Y sin soltar la basura di la vuelta, entrando en la casa como una loca. Los gritos alertaron a mi padre, que salió de inmediato, cuchillo en mano. Yo fui detrás, pero ya no estaba. Había desaparecido de nuevo.»

En esta oportunidad, el encuentro con el «gigante de negro» fue más nítido. La muchacha se detuvo a nueve metros del formidable visitante. De acuerdo con sus apreciaciones, la cabeza del «tipo» se hallaba a un metro, aproximadamente, del remate de la columna que tenía a su espalda. Esto permitió fijar la talla del «angelito»: entre 2,90 y 3 metros.

En cuanto a su aspecto, María del Mar aportó algunos detalles complementarios:

Cabeza descubierta y rostro «apepinado». Frente despejada y cabello liso, aplastado y peinado con raya en medio. Ojos redondos, oscuros y nariz afilada. Labios finos y largos y mentón puntiagudo e imberbe, al menos, sin vestigio de barba. Y lo más curioso: una especie de cicatriz en la mejilla izquierda. La testigo se reafirmó una y otra vez en lo que decía. La señal en la cara —muy pronunciada— tenía todo el aspecto de la secuela de una herida. Es más: en el primer encuentro, en mitad de la avenida, también creyó verla. De la mano derecha colgaba «algo» que —con muchas reservas— identificó com un «bolso». En cuanto al brazo izquierdo, permaneció desmayado a lo largo del cuerpo. Los pies, como en la ocasión anterior, no eran visibles.

Para la muchacha y su padre, el ingreso y posterior desaparición del extraño personaje en el chalet era un enigma. A esas horas, las puertas se hallaban cerradas. Incluso aceptando que hubiera podido manipular el cerrojo de la cancela más chica, desplazándose hasta el extremo opuesto del jardín, junto a las columnas de ladrillo, ¿cómo hizo para quitarse de en medio? La irrupción del señor Mariscal en el exterior fue rapidísima. Apenas si transcurrieron unos segundos. En el supuesto de que alcanzara a escapar por esa segunda puerta, lo lógico es que hubieran advertido su enorme humanidad. Y otro detalle inexplicable: ¿por qué el mencionado cerrojo no se hallaba descorrido?

A mis preguntas sobre hipotéticas huellas, manchas o quemaduras en el rincón donde permaneció y fue visto el «gigante», la familia replicó negativamente. Tampoco el seto o las plantas próximas presentaban alteración alguna.

Aunque costase aceptarlo, el «tío del patín» —¡y vaya «tío»!— parecía disfrutar del poder de materializarse y desmaterializarse a su antojo. Una facultad, lo sé, bastante común entre muchos de los tripulantes de los ovnis. Por cierto, casi lo olvido. Aunque no pude o no supe levantar un solo testimonio que confirmara la presencia de los «no identificados» sobre el pueblo en esas fechas, Saucedilla sí había sido escenario del descenso de uno de estos objetos tres meses antes. Exactamente, en la tarde-noche del 12 de julio. Es decir, uno de los días «calientes» de la ya mencionada «oleada», ovni sobre España y Portugal. Las vecinas Eduarda Redonda y Emiliana Badillo fueron testigos del despegue de una intensa luz que se hallaba posada a las afuerzas de la población, en plena carretera. Al verla subir, en silencio y en mitad de un torbellino de polvo, se asustaron y regresaron al pueblo.

Años atrás —y el asunto bien merecería un par de reflexiones—, otros vecinos, entre los que se encontraba la familia Ramos al pleno, asistieron maravillados al aterrizaje de otro ovni, a poco más de cien metros del bar que regenta el padre de la referida Mari Carmen Ramos. Allí permaneció entre cinco y diez minutos, elevándose a continuación con rapidez e «iluminando campos y casas con una claridad como la de la soldadura autógena». Si algunas de las civilizaciones que nos visitan parecen actuar sin prisas —poco menos que prescindiendo del concepto humano del «tiempo»—, ¿sería insensato especular acerca de la «intencionalidad» de dicho aterrizaje? ¿No es mucha «casualidad» que, en la ancha Extremadura, los tripulantes del objeto fueran a elegir como «testigos» a la familia Ramos, con la pequeña Mari Carmen en primera fila? Cosas y casos más retorcidos se han visto, mi querido y servicial Sancho...

Y otro tanto podría decirse del ovni del 12 de julio. ¿Tomó tierra en Saucedilla, tres meses antes de las visitas del «gigante de negro», por puro azar? Que los pijoteros echen mano del cálculo de probabilidades y deduzcan porcentajes. De entre los 504 750 kilómetros cuadrados del solar hispano, el ovni de marras «elige» un campito de Saucedilla. De entre los casi diez mil pueblos que blanquean España, los ocupantes de estas naves se «deciden» por uno de apenas trescientas almas: Saucedilla. Y de entre los treinta millones largos de españoles que mantienen la verticalidad en los últimos tiempos —mire usted por dónde—, los ovnis «hacen sus cuentas» y comprenden que «hay que mostrarse» a media docena de testigos de Saucedilla. Y de esa media docena —puntillosos que son—, a una familia en particular: los Ramos. Sin comentarios.

Y puestos a gastar formalidad, sigamos con el dichoso «azar». ¿Qué conclusiones arrancaría un hábil «sabueso» al examinar las curiosas «coincidencias», en formas y maneras, entre los «gigantes ensotanados» que se buscaban la vida por Vegas y Saucedilla?

Apuntemos algunas y que Dios reparta suerte:

Ambas «tropas» —a decir de los paisanos y paisanas— «aparecían y desaparecían». Curioso.

Ambas «tropas», en lugar de caminar como Dios manda, «se deslizaban, como flotando». Más curioso aún.

Ambas «tropas» lucían tallas que ni la NBA.

Ambas «tropas» eran partidarias de la «moda eclesiástica» (sin ánimo de ofender). Unos, también es cierto, algo más «modernos»: con «bolso» incluido.

En ambos pagos —antes o después de los encuentros— se detectó la presencia ovni.

Y en ambos pagos, en fin, amén de batidas, carreras y terrores, se dio otro «archiconocido» fenómeno ufológico: los aullidos y la excitación de los perros. (Que yo sepa, los nobles canes no leen ciencia-ficción.) Como tendremos oportunidad de contemplar en sucesivas aventuras, los animales acusan la proximidad de estos objetos y de sus «pilotos» antes y mejor que los humanos.

Servidor, bromas parte, entiende que los muy serios sucesos de Las Hurdes y Saucedilla guardan mayor y más estrecha relación de lo que puedan aparentar. El «qué buscaban» con tales «exhibiciones» es un dilema irritante que, por ahora, pertenece al «secreto del sumario». Al de «ellos», claro.

Y permítanme un inciso. Puede que esta literatura «de cabotaje» —aparentemente frívola en ocasiones— no sea del agrado de más de uno. ¿No es una insolencia —clamarán los «vampiros» y demás acólitos—, y hasta un paso atrás, un tratamiento tan poco «barbudo» del fenómeno de los «no identificados»? Replicaré con una frase de Wilhelm Raabe: «El humorismo es un chaleco salvavidas en la corriente de la existencia.» Soy de los que creen que, cuanto más solemne, trascendental y dramático es el problema que nos ocupa, más a mano debemos tener «eso» que nos diferencia de los animales: el sentido del humor. Al menos, de vez en cuando. Hubiera sido la mar de sencillo tirar de conceptos y expresiones como «índices de extrañeza y credibilidad», «zonas de baja fiabilidad testimonial», «diseño de un resumen modelo», «proceso de depuración en el tratamiento de anomalías» y otras zarandajas que, emboscadas en el ropaje del rigor científico, sólo buscan deslumbrar al incauto. ¿Por qué será que ese estilo babea siempre en las plumas de los «calienta-poltronas»?

Y una vez desahogado el «tigre de Bengala» que llevo dentro, sigamos con el inexorable Destino. Lo que me dispongo a narrar a renglón seguido es cosa de no creer. Tan es así que, de no ir empeñada la palabra de un amigo —guardia civil por añadidura—, yo mismo me haría cruces...

Dirá usted, concienzudo lector, que abuso de mi frase favorita: «nada es azar». ¿Qué hubiera hecho en mi lugar, de haber vivido la «mosqueante» peripecia de Zafra? Pero vayamos a lo que mandan los cánones: al principio.

La culpa de este nuevo enredo la tuvo otro supuesto «gigantón». Sucedió en noviembre de 1968. Hoy, a veintidós años vista, sonrío para mis entretelas. Por aquel entonces, sin embargo, el panorama para los escasos investigadores «de campo» de la ufología hispana era desolador. Imaginen el «negocio»: en dicha fecha, un anónimo ciudadano que circulaba en automóvil por la carretera de Zafra (Badajoz) a Huelva fue a tropezar con un personaje nada usual y de más de dos metros de estatura. La noticia, algo es algo, llegó a oídos de la Prensa y el 19 de ese mismo mes de noviembre se publicaba una reseña sobre el particular. Conviene recordar a las actuales y lustrosas generaciones que, en la década de los sesenta, muchos de los españolitos seguíamos padeciendo los efectos —nunca bien esclarecidos— del «queso y la leche en polvo» que «regaló» USA a la España de posguerra.

Eduarda Redonda y Emiliana Badillo, vecinas de Saucedilla, asistieron al despegue de un ovni que se había posado en plena carretera, en las inmediaciones del pueblo.

La familia Ramos. Años antes de los encuentros de su hija Mari Carmen con el «gigante de negro», un objeto fue a posarse a cien metros de su casa.

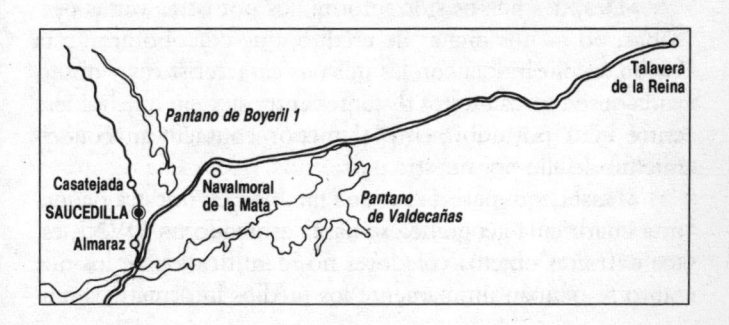

En otras palabras: alcanzar el listón de los dos metros era casi un insulto a la media nacional.

El responsable de la nota periodística en cuestión —un tal Tomillo— hacía alusión a varios avistamientos ovni, muy frecuentes, por cierto, en aquel año de 1968. Sin embargo, como se verá, no aportaba información sobre la identidad del individuo que, al parecer, había observado al «fulano» de dos metros y pico. Pero mejor será que el lector juzgue por sí mismo. He aquí el texto íntegro de la crónica, publicada en el *Hoy* de Badajoz:

«Todo empezó con una llamada telefónica de un amigo que nos merece el mayor crédito, informando a este corresponsal que, cuando viajaba con sus familiares, en la carretera de Villafranca a Almendralejo, vio aparecer en el firmamento una refulgente bola roja que desapareció al instante en el horizonte, produciendo por espacio de segundos un a modo de chispazo o irradiación luminosa de una intensidad insólita, dejando entre las nubes como una estela en zigzag que tardó en disolverse dos o tres minutos. Al presenciar este extraño fenómeno había parado el coche, siendo alcanzado por un vehículo de la policía de tráfico, observando también sus ocupantes la sorprendente estela, intercambiando conjeturas sobre "aquello" que acababan de ver.

»Así se nos dijo por si queríamos dar noticia de ello, y así lo hacemos, sin agregar comentarios.

»Después hemos sido informados por otras varias personas, no menos dignas de crédito, que corroboraron esta visión, explicándola con las mismas características y observada desde otros puntos distantes entre sí, y sin que hubiera entre ellas posteriormente el menor contacto ni conocimiento de ello por nuestra parte.

»Hasta aquí parecía ser que también en nuestra pequeñita cuadrícula geográfica se había asomado un OVNI, estos extraños objetos voladores no identificados de los que tanto se ocupan últimamente los medios informativos universales, observados de vez en cuando en la Patagonia o en Mozambique (ponemos como ejemplo), y que ahora, simultáneamente, son detectados en todas las latitudes con frecuente persistencia, sembrando toda una psicosis colectiva, agravada por el cine, los programas televisivos y el género novelístico de ciencia-ficción.

»Pero es que aún hay más. Tres miembros masculinos de una familia (también amiga) divisaron desde su azotea un fuerte círculo luminoso sobre el suelo de un predio rural denominado "Las Navas", en la carretera de Huelva, que, por no estar muy lejos de su domicilio, les animó a investigar personalmente. Bastante antes de acercarse al sitio desapareció el fenómeno, no observando ni en las proximidades ni en el lugar la menor huella o causa de él.

»En la misma carretera Zafra-Huelva, poco más o menos a la altura del antedicho predio de "Las Navas", nos cuentan que el usuario de un automóvil que marchaba a una media de 60 km/hora, se vio bruscamente frenado, no respondiendo sus mandos durante los escasos segundos que el coche se deslizó sin velocidad por una zona de escasos metros, volviéndose a embalar inmediatamente. El conductor, buen mecánico, se hacía cábalas sobre la extraña y momentánea avería técnica, cuando a su regreso, en el mismo sitio, volvió a ocurrirle, por lo que ya, desconcertado, mientras el coche se deslizaba casi parado, miró a un lado de la carretera, "viendo la figura de un hombre como de dos metros de altura con destellos verdes", y al volvérsele a embalar el coche escapó horrorizado y contó su singular aventura.»

El aviso del corresponsal concluía con un párrafo muy «a la española», en el que, sin embargo, se dejaba entrever una remota pista.

«... Todo esto ha dado lugar a que en la ciudad —la reseña aparecía fechada en Zafra— se susciten estos días los más variados comentarios y opiniones. Hasta el punto de no dar importancia a los objetos voladores y a las luces, ya que la presencia física de cualquier hombre alto y forastero que nos visita se sigue con ojos recelosos, aunque después resulte ser algún turista, perfectamente identificado, que se aloja en el Parador Nacional de Turismo.»

Pasando por alto la desafortunada «gracia» del señor Tomillo, que no parecía estimar la inteligencia de los pacenses, lo cierto es, como digo, que en esas últimas líneas se deslizaba una hipotética posibilidad. Si los comadreos en torno al encuentro con el «hombre de destellos verdes» habían prosperado en Zafra, era lógico pensar que el testigo vivía en dicha ciudad o, cuando menos, que lo comentó a su paso por la misma. Algunos de los «heroicos» ufólogos «de campo» de los sesenta trataron en vano de arañar nuevos datos. Al automovilista de marras se lo tragó la tierra. Y el caso, como quien dice, entró en un proceso de «momificación». Y así permanecería —«incorrupto»— por espacio de catorce años. En 1978 —démosle a cada uno lo suyo—, la historia de la carretera de Zafra daba un pequeño respingo, al ser publicada en uno de los habituales «ladrillos» del ya mencionado «vampiro» valenciano. El asunto sólo mereció ocho líneas. ¿Qué otra cosa podía esperarse de un «calienta-poltronas»? Decía así:

«Jueves, 14 de noviembre de 1968 (22.45 h). Zafra (Badajoz).

»Un testigo estaba en el kilómetro 3 de la carretera de Zafra a Huelva cuando vio una forma humana inmóvil a un lado de la carretera, a 30 metros de distancia. Tenía una altura de 2 metros, con brazos anormalmente largos y ropas verdes fosforescentes; la cara era sólo una zona negra. El coche del testigo empezó a fallar, su reloj se detuvo, rompiéndose el muelle real, y se oyó un sonido similar al producido por un viento huracanado, aunque no soplaba viento.»

La escuálida «aportación», como veremos, se hallaba preñada de errores. Lógica consecuencia de la «investigación» practicada por estos ufólogos «de salón» que, como los buitres, esperan a que otros «maten la pieza» para caer sobre ella como carroñeros.

¿Por dónde iba? Sí, me refería al desolador panorama del «caso Zafra». En esos años, la «caza y captura» del anónimo testigo fracasó una y otra vez. Para colmo, el señor Tomillo, que quizá hubiera podido arrojar algo de luz, fallecía en julio de 1975. Servidor tuvo conocimiento del laberinto hacia 1977. Y durante años, enfrascado en otras persecuciones, lo dejé dormir. A decir verdad, la conmovedora ingenuidad de que hice gala en aquellos primeros tiempos me inclinó a prestar oídos al sibilino vocerío de los «vampiros». Poco a poco iría descubriendo el verdadero rostro de esta «raza de víboras». ¿A qué embarcarse en tan titánica y absurda búsqueda? El automovilista, insisto, podía ser vecino de Zafra, pero las seguridades no colmaban una modesta cuchara sopera. ¿Y si estábamos ante un forastero, de paso por la región? Cabía también la posibilidad de que fuera uno de los seiscientos mil habitantes de que constaba entonces la provincia de Badajoz. La espiral de hipótesis entraba así en un horizonte sin fronteras. Y el «gigantón» siguió en el «limbo» ufológico.

Hasta que, en noviembre de 1982, el Destino dijo: «Aquí estoy yo.»

Por esas calendas, este peregrino andaba embarcado en la reconstrucción de otros dos sonados sucesos: los encuentros con tripulantes en Villafranca de los Barros y Talavera la Real. Y quiso la «nave nodriza» que, en aquel ir y venir por la entrañable Extremadura, terminara fijando estos ojitos en la cercana Zafra. Y dudé, cómo no. ¿A qué meterse en camisa de once varas después de catorce años? Las cosas, obviamente, lejos de mejorar, tenían que haber empeorado. Pero, en uno de esos enigmáticos arranques que me caracterizan, me desafié a mí mismo. Algún día, lo sé, esta pasión por el «más difícil todavía» me llevará a la tumba. No me arrepiento, por supuesto. ¿O es que existe alguna forma

El «gigante» vestido con ropas de mujer, en el interior del jardín de la familia Mariscal. En su mano derecha portaba «algo» parecido a un bolso.
La columna situada a espaldas del ser sirvió de referencia para calcular su altura.

más hermosa de recibir a la parca que con las «botas puestas»? «La suerte —escribía Virgilio— ayuda a los audaces.» Y yo, en mi atrevimiento, corrijo al padre de la *Eneida*. «La suerte, no; la Providencia, sí.»

Y «providencialmente» —y vuelvo al «nada es azar»—, en esta festiva ocasión, no hubo necesidad de poner «patas arriba» a los catorce mil habitantes de la histórica Zafra. Uno es muy suyo y no se achica así como así...

Y cada vez que reflexiono sobre ello me hago la misma pregunta: ¿de quién fue la «genial intuición» de marcar aquel número telefónico? ¿De la «nave nodriza» o de servidor? Estoy convencido de que este «miope sabueso» no hizo otra cosa que «materializar el télex procedente de las alturas».

El sentido común —en su implacable marcaje a la intuición— se desgañitó, recordándome lo absurdo de la intentona. Zalamea de la Serena se alza a más de cien kilómetros de Zafra. Aun así, misteriosamente rebelde, me puse al habla con un excelente investigador: Víctor Sierra Moreno. La conversación se ha mantenido anormalmente fresca en mi precaria memoria. Le interrogué sobre el supuesto testigo, brindándole los misérrimos datos de que disponía. Como era de suponer, no tenía idea de su paradero. Y en su bondad prometió «mover algunos hilos». Me hice cargo de la dificultad del «regalito». Esto acontecía el jueves, 4 de noviembre. Y pacté una segunda llamada para el sábado, 6.

Ese día, como si de coser y cantar se tratase, me hacía con el nombre, apellidos y dirección del impenetrable testigo de la carretera de Zafra. El «milagrito» no lo hubiera mejorado ni Lourdes.

Atónito, me interesé por la «mágica fórmula» de Víctor. Mi servicial amigo se hallaba tan perplejo como un servidor. He aquí la rocambolesca secuencia que me permitió llegar a nuestro hombre:

«Después de remover Roma con Santiago —me explicó

Sierra Moreno—, y cuando estaba a punto de darme por vencido, sucedió "algo" que, de no contar con un testigo, no me atrevería a comentarte. Al día siguiente de recibir tu llamada, viernes, nos tocó una rutinaria operación de vigilancia en una de las carreteras próximas a Zalamea...»

Aclaro que mi comunicante prestaba entonces sus servicios como guardia civil en el cuartel de la referida localidad de Zalamea de la Serena.

«... Mi compañero, Pedro del Pino, y yo nos situamos en un paraje denominado los Argallanes. Ese fin de semana, el flujo de cazadores era intenso. Y a eso de las seis de la tarde, por pura rutina, decidimos parar a uno de los muchos automóviles que circulaban en dirección a Higuera. Lo recordaré mientras viva. Se trataba de un Ford Granada. Ya te digo que fue una elección absolutamente al azar. Solicitamos la documentación y, al comprobar que el conductor era de Zafra, me vino a la mente tu petición. Le interrogué sin demasiado convencimiento, ésa es la verdad. Tenías que haber visto la cara de aquel hombre. No sólo le conocía, sino que, además, era amigo suyo... ¡Dios bendito! ¿Cómo era posible?»

Eso mismo me pregunté y aún me lo sigo preguntando. Los incrédulos y los amantes de las matemáticas pueden tomar papel y lápiz —les sugiero mejor una computadora— e intentar «racionalizar» el lance. Ahí van algunos de los «ingredientes» a «cocinar»:

1. Zafra: 14 000 habitantes y 1 603 turismos.

2. Extremadura: 1 100 000 habitantes aproximadamente.

3. Licencias de caza en la comunidad extremeña: alrededor de 70 000. De éstas, 874 corresponden a Zafra.

4. Parque automovilístico en la citada comunidad autónoma (únicamente referido a turismos y al año 1982): 50 504 en Cáceres y 77 884 en Badajoz.

5. Plantilla de la Guardia Civil de Tráfico en Badajoz: 127.

Manuel Trejo, mostrando el «dibujo-robot» del humanoide que observó en la carretera de Zafra. El testigo contaba entonces treinta y siete años de edad. *(Foto de J. J. Benítez.)*

J. J. Benítez fotografiando a Manuel Trejo Rodríguez en la carretera que une Zafra con Burguillos del Cerro. *(Foto de J. L. Barturen.)*

Pues bien, con estos parámetros —por ceñirnos a Extremadura—, ¿cuál es la probabilidad matemática de que una pareja de la Benemérita, a cien kilómetros de Zafra, acierte a detener un coche y que su conductor sea cazador, vecino de Zafra y amigo del anónimo testigo?

Para aquellos que, como servidor, tengan oxidados los estudios de estadística, aquí tienen el resultado, elaborado por un aventajado discípulo de Pitágoras: Manuel Audije.[1] La probabilidad asciende a UNA entre CINCUENTA MILLONES. Si con semejante «caravana» de ceros a uno no se le caen los «palos del sombrajo», como decía el tío Eusebio, el de Vegas, es que «no es persona de este mundo».

Y como si me hubiera tocado el gordo de Navidad, así me presenté a las puertas del domicilio de Manuel Trejo Rodríguez, en Zafra. El hombre, amable como él solo, se mos-

1. «... Estimando que los cazadores de Zafra que se hicieron al monte en ese día —explica Manuel Audije en su informe— fueran dos tercios del total y que en cada vehículo marcharan cuatro, se obtiene un total de 146 automóviles. Aceptanto tres vías principales de acceso para dicha ciudad, contamos con lo siguiente: un parque móvil flotante y diario de 200 turismos (más-menos). Un parque móvil propio que sale y entra en la proporción de 1/10; es decir, 100 vehículos (más-menos). Y otros 100 turismos del parque móvil propio entrando y saliendo, como consecuencia —ese día— del mayor flujo de cazadores. Esto nos lleva a un total de 400/3 = 133 vehículos que desfilaron ante la Guardia Civil. El factor de probabilidad que primeramente surge es éste: ¿cuántos de esos 133 turismos podrían corresponder a cazadores? El cálculo arroja un total de 0,3659 coches. En segundo lugar, ¿qué probabilidad existe de que "el cazador" salga ese día de caza y, además, pase por el control de la Guardia Civil? Probabilidad de que salga: 2/3. Probabilidad de que pase por el control: 1/3 (vías de acceso). Probabilidad conjunta: 2/3 · 1/3 = 2/9 = 0,22. En tercer lugar, ¿qué probabilidad existe de que el coche en el que viaja sea controlado-interceptado?: 1/133 = 0,0075, en el caso de que sólo fuese interceptado un coche durante todo el servicio. En cuarto lugar: ¿qué probabilidad hay de que tu petición de ayuda sea atendida por uno de los guardias civiles?: 1/2 = 0,5 y 1/127 = 0,0078. En quinto lugar: ¿qué probabilidad hay de que «el cazador» conozca al testigo?: 1/14 000 = 0,0000714. Es decir: más-menos 1/50 000 000.»

tró lógicamente extrañado. Habían transcurrido catorce años desde aquel noviembre de 1968. En todo ese tiempo, ya lo he mencionado, el señor Trejo se mantuvo en un hermetismo conventual. Circunstancia que decía mucho en favor de la autenticidad del caso, como saben de sobra los investigadores ovni.

Pues bien, aquí está, en primicia, su encuentro con el extraño personaje y algo más...

«Esa noche, hacia las ocho, tomé mi automóvil —un Citroën, un "once ligero" francés— y, como tenía por costumbre, me dispuse a viajar al cercano pueblo de Burguillos del Cerro, a dieciséis kilómetros de Zafra, dirección Jerez de los Caballeros. Por aquel entonces, aunque soldador de profesión, me dedicaba también al transporte de picón. (Una suerte de carbón menudo, muy utilizado en los antiguos braseros.) Y ésa era mi intención: cargar unos cuantos sacos en Burguillos y retornar a casa.

»Recuerdo que llovía y que encontré algunos bancos de niebla. Y a cosa de cuatro o cinco kilómetros de Zafra, cuando circulaba por una curva, el coche me hizo un "extraño". Dio un bandazo e, inexplicablemente, luces y motor se vinieron abajo. Fue rarísimo. El automóvil se hallaba en perfectas condiciones. Y, sin embargo, se movió "como si lo meciesen". Pero el problema fue momentáneo. Recuperé en seguida el empuje y la iluminación y, un tanto "mosca", eso sí, continué hacia mi objetivo, cavilando acerca de lo que había sucedido.

»Dos horas necesité para adquirir y cargar los quince o dieciséis sacos de picón en la baca y en el interior del Citroën. Los llevaba hasta en el asiento delantero. Y reemprendí el viaje de regreso a Zafra. Y a las 22.50 horas penetré en una curva bastante pronunciada: de unos treinta grados. Marchaba en tercera y a no demasiada velocidad: entre cuarenta y cincuenta kilómetros por hora y con las luces "largas". Y a una distancia de unos trescientos metros distinguí a la derecha de la carretera, sobre la cuneta, a un "hombre" que, en un primer momento, confundí con un motorista de la Guardia Civil. Y en segundos el coche volvió a fallar. Y entre "tirones" pegó un segundo bajonazo. Me quedé sin luces y, como es lógico, levanté el pie del acelerador. Nada más rebasar al "individuo" —quizá a veinte metros— todo se normalizó. Esta vez, a pesar del susto, decidí parar. Y me fui orillando, hasta detenerme a un tiro de piedra del increíble personaje. Descendí, pero, ante mi sorpresa, el fulano había desaparecido...»

Como suele ser bastante habitual en estos casos, «misteriosa e inexplicablemente», mientras duró la experiencia, Manuel Trejo no acertó a cruzarse con un solo vehículo.

«... ¿Que cómo era el individuo? Esa imagen la tengo grabada a fuego. Pasé a su lado, como es natural, y lo suficientemente despacio como para retener detalles. No resultó tan alto como dijo la Prensa. Me pareció normal. Entre 1,70 y 1,80 metros. Se hallaba de frente al turismo. Las piernas permanecían juntas y los brazos caídos a lo largo del cuerpo. Vestía un "traje" ceñido, como los buzos, con muchísimas lucecitas rojas, verdes y azules. Era increíble. Yo diría que tenían el tamaño de una lenteja. Quizá menos. Parecía un árbol de Navidad... Y al llegar a su altura, aquella "feria" multiplicó su luminosidad. La cabeza y las manos, en cambio, estaban en sombra. Las facciones y el cabello, todo en negro, no me llamaron la atención. Eran como los nuestros. El pelo, eso sí, era un poco más largo de lo normal. En cuanto a los dedos, se distinguían a la perfección. Quizá llevara guantes, no lo sé... Los pies lucían igualmente en negro. Calzaba algo similar a unas botas.

»No estoy seguro, pero creo que, al ponerme a su altura, se movió ligeramente. La experiencia no se la deseo a nadie. Pasé miedo, sí, señor.»

Como buen mecánico, nada más retornar a su domicilio se preocupó de revisar a fondo el turismo. Pero no consiguió detectar un solo fallo. Una vez fuera de la «zona de influencia» del «luminoso viandante», todo funcionó a la perfección. A la noche siguiente, al efectuar el mismo recorrido, el Citroën no experimentó alteración alguna. Ni en la primera curva, ni tampoco en la segunda. Y la confusión de Manuel Trejo se agudizó. Las «sorpresas», sin embargo, no habían terminado. Dos noches después del encuentro con el insólito «papá noel», el vecino de Zafra, que continuaba sus labores de transporte de picón, repetía experiencia y susto.

«Hacia las once de esa noche —explicó Trejo— abandoné Burguillos con otro cargamento. Pero, cosa rara, cuando llevaba recorridos unos doscientos metros, detuve el automóvil. Allí, a la izquierda de la carretera, hay una fuente. Y bebí a placer, llenando una botella.»

Al preguntarle qué entendía por «cosa rara» replicó sin titubeos:

«Hombre, lo lógico es que hubiera bebido en el pueblo. Acababa de dejarlo atrás. Además, ¿por qué entrar en el coche con las manos manchadas de carbón y bajarse a doscientos metros? Porque eso fue lo que hice. Y mientras me aseaba, una luz apareció por encima de la sierra que se levanta al oeste. No pude remediarlo. Sentí miedo. Aquella luz, como el nácar, no era normal. No se escuchaba el menor ruido. Se desplazó sobre los montes y, a los tres o cuatro minutos, regresó al punto donde la había visto por primera vez. Y con un extraño desasosiego me metí en el Citroën, arrancando hacia Zafra. Ésa fue otra. No consigo explicarme por qué no di la vuelta y me refugié en Burguillos.

»Y poco a poco fui serenándome. La luz se quitó de mi vista y durante los siete primeros kilómetros no pasó nada. Pero, al subir el puerto de Alconera, se presentó por mi derecha. Y esta vez se metió casi encima del coche. El Citroën, sin embargo, respondió a las mil maravillas. Yo no puedo decir lo mismo. Me temblaba hasta el carnet de identidad. Y al coronar el puerto me detuve. Y aquel objeto se paró en el

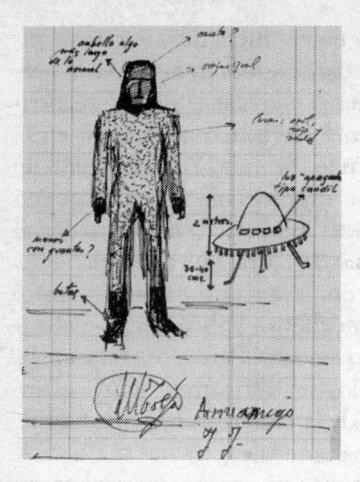

Dibujo del humanoide de Zafra, según la descripción del testigo. Al pie, la firma de Manuel Trejo. A la derecha, un esquema del ovni divisado por el automovilista.

Víctor Sierra Moreno, en la actualidad comandante de puesto en el cuartel de la Guardia Civil de Zalamea de la Serena. *(Foto de J. J. Benítez.)*

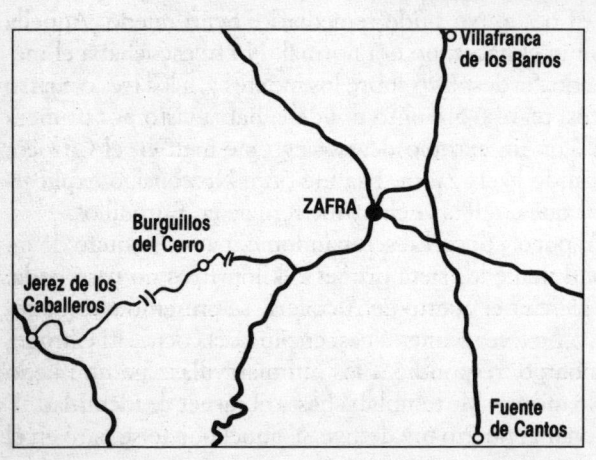

aire, a cincuenta o sesenta metros, en diagonal con el turismo. A través del parabrisas la visibilidad era perfecta. Me recordó la forma de un limón partido por la mitad. Tendría unos seis metros de diámetro y brillaba con un blanco intenso. Presentaba un "trípode" y un montón de "tubos de escape", repartidos a lo largo de la circunferencia. Podían estar separados entre sí a razón de 25 o 30 centímetros. Y no creo que superasen los 15 o 20 cm de longitud...»

De acuerdo con la fórmula de la longitud de la circunferencia, y si Manuel Trejo no erraba en sus cálculos, del ovni «colgaban» alrededor de setenta «tubos de escape».

«... Digo que serían "tubos de escape" porque arrojaban fuego. Unas llamaradas como las de un soplete en acción. Y emocionado, nervioso y asustado, sólo se me ocurrió hacerle señales con las luces del coche y quedarme embobado. Y al poco, en mitad de un fuerte silbido, el "chisme" empezó a moverse, desapareciendo en el cielo a toda "pastilla". Y se hizo pequeño como una estrella. No sé si tendrá importancia para un investigador como tú. Lo cierto es que, mientras lo observaba, los ojos empezaron a lagrimear. Y la irritación duró unas horas. ¿Cómo es posible si ni siquiera salí del coche?»

Manuel Trejo —apostaría el cuello— recibirá cumplida respuesta a esta y otras interrogantes cuando, a partir de la aparición de este libro, se vea abordado por los acólitos y demás «vampirizados» al servicio de los ufólogos «de salón». Y lo más probable es que la conclusión final a que lleguen estos «doctos» aspirantes al Premio Nobel sobre el personaje que se cruzó en el camino del vecino de Zafra no sea otra que la ya apuntada hace tiempo por el «repelente niño Vicente» de la ufología hispana. Comentando los casos de encuentros con estas figuras solitarias, el valenciano de marras se descolgó con la siguiente sentencia: «... creemos deben más bien tomarse como "apariciones" de índole diferente, probablemente de raíz psicológica».

Cuánta razón tenía De Bonald al declarar que «la suficiencia no excluye el talento, pero lo compromete». No sabía yo que una «aparición de raíz psicológica» —caso del «papá noel» de Zafra— fuera capaz de «calar» un coche y dejarlo a «dos velas»... ¿Y qué decir del reloj Avanti-Crom que portaba el testigo y que, justo al penetrar en el radio de acción del humanoide —perdón: de la «aparición psicológica»—, se declaró en huelga de agujas caídas, deteniéndose a las 22.50?

Y puestos a alimentar «maldades», recomiendo a los jóvenes investigadores que comparen estas declaraciones del testigo con la «noticia» publicada en 1978 por los «calientapoltronas». ¿Cómo es posible que estos «rigoristas» de la ufología se aventuraran a lanzar semejante «chorizo»? En las ocho líneas mencionadas he llegado a contabilizar siete «meteduras de remo». A saber: el testigo NO estaba en el kilómetro 3 de la carretera de Zafra a Huelva. La «forma humana» NO estaba a 30 metros de distancia. Tampoco tenía 2 metros. Los brazos NO eran anormalmente largos. Las ropas NO eran verdes fosforescentes. La cara NO era una zona negra. Y tampoco se oyó un sonido como un viento huracanado... Moraleja y «aviso a los jóvenes navegantes de la ufología»: «el diablo es más diabólico cuando parece respetable».

Esa misma noche del «encuentro» con el «papá noel», el señor Trejo fue a coincidir en el bar de Enrique Hernández, en Zafra, con un amigo y compañero de trabajo. Cuán cierto es que el mundo es un pañuelo. Porque el paisano y convecino —Manuel Morán— también había sido testigo de excepción del aterrizaje de un ovni..., pocos días antes. Casi con seguridad, Morán fue el primero que supo de la enojosa experiencia vivida por el automovilista.

«...Recuerdo que Manuel Trejo —me comentó conmovido— se echó a llorar. Traía un susto de muerte. Y también es casualidad que esa noche fuera a tropezar con servidor. Y le creí, por supuesto. Días atrás —el 12 de octubre—, mi hijo Manuel; un sobrino (Álvaro Morán); Eduardo Ortiz, un vecino y quien le habla tuvimos la suerte de ver uno de esos objetos. Ocurrió alrededor de las doce y media de la noche. Los muchachos lo vieron primero. Venían por la carretera y observaron un gran resplandor. Me avisaron y subimos a la azotea de esta misma casa. Y efectivamente: a unos quinientos metros, sobre la zona de la ermita de Belén, lucía impresionante un disco luminoso. Y allí permanecimos un rato, perplejos. Hasta que los jóvenes, en su inconsciencia, propusieron bajar y caminar hacia el lugar. "Perro que no conozcas —les dije— no le toques las orejas." Pero no escucharon mi consejo. Y salí con ellos. Eduardo, si mal no recuerdo, se quedó en Zafra. Y nos fuimos aproximando al campo sobre el que flotaba el artefacto. Curiosamente no hacía ruido alguno. Y al tomar una bifurcación se apagó, desapareciendo. Yo volví a sugerir que regresáramos, pero los chicos, entusiasmados y sin miedo, decidieron continuar por el camino que lleva a la ermita. Y a cosa de trescientos metros apareció de nuevo, pero posado en el suelo. Los perros de las huertas de los alrededores empezaron entonces a aullar. Eran como lamentos. Y nos aproximamos a unos doscientos metros del objeto. Podría tener unos diez de diámetro. Presentaba la forma de una media naranja, pero alargada. En realidad era una masa oscura, con muchas luces de colores en el filo superior. Las había violetas, rojas, azules y giraban. El silencio, excepción hecha de los aullidos y de un intenso zumbido (no sé si de los cables de la luz o del teléfono), era sobrecogedor. Y cuando estábamos a doscientos metros se apagó por segunda vez, desapareciendo. Total, que decidimos regresar. Y al poco se presentó de nuevo, esta vez un poco más alejado (alrededor de trescientos metros) y también en tierra. Entonces optamos por separarnos, con el fin de rodearlo. Fue inútil. Al instante se esfumó por tercera vez. Y ya no volvimos a verlo.»

La audaz «odisea» de este grupo se prolongaría durante casi tres horas. Pero no fueron los únicos que acertarían a verlo. Desde la cercana localidad de Burguillos del Cerro, otros vecinos —que departían en el casino— observaron igualmente las increíbles evoluciones de un ovni de similares características.

La nave —o las naves—, en definitiva, se había «paseado» por la región.

Por especial condescendencia con el lector —a quien estimo adulto y sobradamente preparado para sacar conclusiones sobre los menesteres que me ocupan en este trabajo— he dado un brinco en el caso Zafra. ¿A qué comentar lo que brilla con luz propia? Que el señor Trejo tuvo a su vera una entidad física y «no humana» está claro. Que las irregularidades en el turismo y en el reloj de pulsera fueran provocadas por dicho ser o por la nave que, casi con toda seguridad, se hallaba en las proximidades, poco importa. Y tampoco es cuestión de poner en tela de juicio la aproximación del ovni en la segunda noche. ¿No es hora ya de llamar al pan pan y al vino vino? En 1968, y tampoco en la actualidad, no había una sola potencia mundial que disfrutara de armas o vehículos como el descrito por el vecino de Zafra. ¿A qué andarse por tanto con remilgos y frases afectadas? En un reciente congreso de ufología, celebrado en Madrid, varios de los ponentes —algunos muy jóvenes— llegaron a la conclusión de que el fenómeno ovni «obedecía a una manipulación total de tipo sociológico». Y estos «muchachos», que se autoproclaman la «tercera generación ufológica», profetizaron sin rubor: «Ello nos permite esbozar ya el final de la historia de los ovnis.» ¿Dónde he oído yo insensateces como éstas? ¿Manipulación sociológica? ¿También en Zafra, con un «papá noel» en la calzada y un artefacto en las alturas? ¿No suena a lujo y despropósito? Sobre todo, teniendo en cuenta que se tomó como «conejillo de indias» a un modesto y solitario transportista de picón que no soltó prenda en catorce años. Y «manipulación», ¿por parte de quién? Si en verdad fue un «experimento sociológico», servidor es la Sofía Loren...

Lo que sí me parece digno de reflexión en los «encuen-

Un objeto de gran luminosidad le salió al paso al automovilista de Zafra.
Las ventanillas presentaban una luz más apagada: tipo «candil».
«Y me quedé embobado a la vista de semejante máquina.»

tros» protagonizados por Manuel Trejo —y entro en el fondo del problema— es el «comportamiento» de estos seres. En parte, llueve sobre mojado. ¿Qué pintaba ese «ser» a las 22.50 horas en una carretera comarcal y justo en el momento en que circulaba el solitario vecino de Zafra? «Casualidad», dirán los escépticos. ¿Y no es mucha «casualidad» que, dos noches después, al mismo automovilista, en idénticos paraje y hora, se le ponga un ovni por sombrero? No más insinuaciones y comentarios. Como decía el abate Galiani: «La casualidad es la más férrea de las leyes con que se enfrenta el hombre. Su significado se nos escapa por falta de datos.»

Y cosa harto divertida: el caso Zafra, como veremos *ipso facto*, ha terminado convirtiéndose en un bumerang. Una arma arrojadiza que ha dejado en evidencia, una vez más, a los ufólogos «de salón» y a sus «testaferros». Me explico. En el año 1977, el entonces reportero J. J. Benítez investigaba y daba a conocer un descenso ovni —con salida de tripulantes— en la localidad vizcaína de Baracaldo. Hasta aquí, «todo normal». Pero, por esas veleidades del Destino, uno de los «vampirizados», con residencia en Bilbao, recibió la «orden» de «reinvestigar» el asunto, enviando el informe a la «cúpula» de los «calienta-poltronas». Durante las pesquisas que llevó a efecto este seguro servidor de ustedes se produjo una circunstancia, relativamente común en ufología: los testigos optaron por ocultar sus nombres. Y como tengo por norma, respeté su voluntad. Pues a lo que iba. Haciendo gala de una envidiable preparación policiaca, el «testaferro» de marras no fue capaz de ubicar a uno solo de los testigos. Conclusión de los «vampiros», a la que dedicaré unas palabritas después de la exposición del caso Baracaldo: «los supuestos testigos, dado que no aparecen, no existen. Puede que todo se trate de un sainete».

Cuán cierto es que por la boca muere el pez. A pesar de los muchos años transcurridos, en los que el señor Trejo no pudo ser localizado, a ninguno de los «vampiros» se le ocurrió «descalificar» el tema Zafra, atribuyéndolo a un «sainete» potenciado por la Prensa. Otra cosa habría sido si la historia, en lugar de dormitar en una «tierra de nadie», hubiera llevado la firma de este «advenedizo ufológico» que les habla. En ese supuesto, si Manuel Trejo, como los protagonistas de Baracaldo, hubiera elegido el anonimato, a este investigador le habría cantado un gallo muy diferente. Esta vez, sin embargo, las cañas se volvieron lanzas.

Pero, antes de seguir desenmascarando a estos «sepulcros blanqueados», demos cumplida razón de lo que sucedió aquel 29 de octubre de 1976 en un solar próximo al cementerio baracaldés. La investigación practicada cerca de los dos testigos principales, de un tercero —abuela de uno de ellos—, sobre el terreno, en los laboratorios y con otros vecinos de la referida población vizcaína arrojó el siguiente resultado, publicado en parte el 5 de enero de 1977 en el desaparecido rotativo *La Gaceta del Norte*:

El suceso acaeció poco antes de las ocho y media de esa tarde. Un total de seis niños se hallaban jugando en las cercanías de un terreno tapiado, existente entre la calle El Rosario y el colegio San Ignacio Gorostiza y a corta distancia del citado camposanto.

«Pasábamos el rato a las puertas del cementerio, muy cerca de la iglesia de San Vicente. Y de pronto escuchamos un ruido raro, como el de la televisión cuando se estropea y "hace nieve". Entonces vimos bajar "aquello". Era un aparato parecido a una "cabina telefónica". Pero sólo nos dimos cuenta nosotros. El resto siguió jugando. E intrigados nos acercamos a la entrada de la "campa". Y desde allí, como a unos treinta metros, presenciamos la escena.

»La "cabina" fue a posarse detrás de unos arbustos. Tenía bastante altura: más de tres metros. Y por su parte inferior se veían tres "patas". Despedía una luz roja y blanca por las cuatro caras. Pero no distinguimos focos, ni "pilotos". La luminosidad salía por todas partes a la vez. Entonces se abrió una portezuela ovalada —hacia adentro— y el interior apareció iluminado con un color rojo fuego. Y salieron dos "hombres". Primero asomaron la cabeza. Después sacaron el cuerpo. Parecían jugadores de baloncesto. Eran muy altos. Seguramente pasaban de los dos metros. Vestían como los "hombres-ranas", con trajes negros, pero sin la raya amarilla..., y con cinturones muy brillantes, de unos quince centímetros de anchura y abrochados por encima del ombligo. Y con movimientos lentos caminaron hacia una de las tapias del solar. Ahí nos empezó a entrar miedo. Pero la curiosidad fue más fuerte. Sólo se les veían los ojos. Relucían como diamantes. No acertamos a distinguir nada más. Los cuerpos se hallaban completamente cubiertos por los trajes. Y al llegar al muro, situado a unos tres metros de la "cabina", uno de ellos lo palpó con suavidad. Acto seguido le atizó tres o cuatro golpes más fuertes. Las manos también eran negras. Presentaban una especie de manoplas. En eso, al golpear la pared, debieron darse cuenta de nuestra presencia porque nos miraron. Pero siguieron a lo suyo. Retrocedieron hacia el centro del solar y, cuando llevaban caminados unos diez o doce pasos, se volvieron en dirección al muro que acababan de tocar. Y uno de ellos echó mano de una especie de "funda" situada en la cintura, en el costado izquierdo, agarrando un aparato estrecho y largo, del estilo de los encendedores de chispa para las cocinas de butano: un "magiclic". Nos fijamos bien. Los dos portaban "fundas" iguales y en el mismo sitio. Pero sólo uno sacó el "arma": justo el que no había golpeado la tapia. Y extendió el brazo. Entonces oímos un ruido, como el que produce un muelle cuando salta. Y al instante apareció un "rayo" verde oscuro que alcanzó el muro de ladrillo. En la zona de "salida" era finito, pero, conforme se alejaba del "~clic", iba ensanchándose, hasta "engordar" unos cuarenta o cincuenta centímetros. Y así estuvieron un rato. De vez en cuando nos miraban, como si desconfiasen.

»Y al poco, el "rayo" cambió de color. Se hizo blanco y

terminó por desaparecer. Y el individuo regresó el aparato a su "funda". Y ahí, prácticamente, se "despidieron". Despacio, con aquellos andares lentos, volvieron a la "cabina". Uno metió primero la cabeza y luego el resto del cuerpo. El otro esperó unos segundos, vigilante. Y acto seguido hizo la misma maniobra. Ahí dejamos de verles porque, muertos de miedo, salimos por piernas.»

Según los familiares, ambos muchachos entraron en sus respectivos domicilios «muy asustados, pálidos y víctimas de una gran excitación». Uno de ellos presentaba un sarpullido en pecho, espalda y manos. A la mañana siguiente, sin embargo, las manchas rojas habían desaparecido. Este testigo confesaría a su abuela lo que acababa de presenciar. Y en la jornada inmediata —30 de octubre—, la mujer y el niño se personaron en el solar, comprobando, en efecto, un desconchado y una zona quemada en el muro, así como un árbol desgajado y un área de hierba y maleza aplastadas.

En esas mismas fechas —según pude averiguar antes de que saliera a la luz pública el mencionado reportaje periodístico—, varios vecinos de la ciudad de Baracaldo fueron testigos de la presencia en los cielos de un enorme objeto discoidal que llegó a evolucionar a poco más de trescientos metros del suelo.

Cuando, en noviembre, este «sainetero» tuvo conocimiento de lo ocurrido se apresuró, como es natural, a interrogar a los testigos, visitando el solar en cuestión. Y pude comprobar por mí mismo los destrozos en el referido árbol, el aplastamiento del pasto y el desconchado en la tapia. Éste abarcaba un paño de pared de 1,15 m de altura por 0,75 m en la zona más ancha. Curiosamente, por más que indagué, al pie del desconchón no quedaba un gramo del revestimiento. El perímetro, tiznado, presentaba señales inequívocas de chamuscaduras. El muro, aunque sucio y descolorido, no ofrecía unas huellas como aquéllas en ninguno de los restantes y más pequeños desconchones que lo salpicaban y que, obviamen-

El árbol sobre el que descendió la «cabina telefónica» en un solar de Baracaldo. La mitad de su ramaje quedó en el suelo. *(Foto de Gras.)*

El lugar del descenso ovni en Baracaldo.

Uno de los testigos, mostrando el desconchado que causaron los seres sobre la tapia. Conviene puntualizar que la difusión de esta imagen, dada su escasa calidad técnica, no comprometió en su momento (1977) y menos en la actualidad, el deseo de permanecer en el anonimato por parte del protagonista.

te, tenían un origen muy distinto. En cuanto al árbol —cuya imagen se reproduce en estas páginas— había sido guillotinado sin piedad: la mitad de sus ramas yacía en tierra.

Y uno, a pesar de su fama de «sainetero», trató de hacer las cosas dignamente. Además de interrogar a los testigos por separado y en repetidas oportunidades y confeccionar un informe acerca de la «estabilidad emocional y psicológica» de los niños, de sus costumbres, aficiones, etc., tuve la elemental precaución de hacerme con todo género de muestras: ramas desgajadas, hojas, corteza y leña del árbol sacrificado por la «cabina telefónica», hierba y maleza presumiblemente en contacto con el objeto y una bolsa repleta de restos de los ladrillos y del cerco chamuscado. Y ese material fue puesto a disposición de tres laboratorios: dos pertenecientes a la universidad, y el tercero, a una escuela de ingeniería.

Los resultados arrojaron una información más que interesante que, en definitiva, venía a corroborar lo ya sabido: «algo extraño había sucedido en la "campa" baracaldesa». Pero —y esto tampoco lo saben los «vampiros»—, dado que una de las copias de los análisis terminaría en las garras de los servicios de inteligencia militar, voy a tomarme la licencia de posponer su difusión. Lo haré en un futuro próximo, en un trabajo dedicado, en exclusiva, a los «ovnis y los militares». La gravedad del asunto lo merece.

Pero, como entiendo que sería una desconsideración dejar al lector con la miel en los labios, ahí van un par de «pinceladas» sobre lo descubierto por los científicos:

«1. En las ramas seccionadas del árbol —cuyo corte se registró en sentido descendente—, las prospecciones al microscopio han detectado partículas de naturaleza metálica, procedentes, sin duda, del agente que propició el desgarro. Resulta de gran extrañeza que en la composición de tales partículas aparezcan...

»2. Respecto a los análisis practicados en hierba y demás flora, el grado de desecación supera el 85 por ciento, no pudiendo atribuirse, a juzgar por la estructura y estado de los componentes químicos de los haces, a la acción del fuego, sino a una fuente de estimable calor...»

La afilada perspicacia del lector habrá intuido por dónde van los tiros. «Algo», en efecto, y no precisamente de «raíz psicológica», fue seccionando la mitad del árbol —de arriba abajo— y dejando su «huella» a nivel microscópico. Y los «vampiros» argumentarán: «todo muy lógico. Los niños baracaldeses treparon a la copa (a cinco metros de altura), fueron cortando las ramas y, de paso, para confundir al "sainetero", depositaron entre los intersticios de la madera decenas de partículas metálicas microscópicas cuya aleación para sí quisiera la NASA...».

Lástima no poder revelar los nombres de dichos niños. Serían firmes candidatos al Premio Nobel.

Como vemos, el «bumerang Zafra» ha puesto las cosas en su sitio. Que servidor silencie la identidad de un testigo no significa que el caso sea fruto de mi imaginación. En mis archivos descansan en estos momentos tal cantidad de sucesos-ovni que, sinceramente, precisaría diez años para entregarlos a la publicidad. ¿Qué necesidad tengo de «inventar»? El encuentro en el tercer tipo de Baracaldo fue tan real como falaz la insinuación publicada por los «testaferros» de los «calienta-poltronas.»[1] Uno de estos individuos —L. H.

1. El 20 de mayo de 1985, el rotativo *La Gaceta del Norte*, de Bilbao, publicaba una carta, firmada por Luis A. Gámez y Juan M. Gascón, en la que se lanzaban las siguientes «lindezas» hacia este «sainetero»: «Ese digno periódico *La Gaceta del Norte*, en su edición número 26247, del miércoles 5 de enero de 1977, bajo el título "¿Descenso de un OVNI?", publicaba una crónica firmada por J. J. Benítez, según la cual un OVNI y sus ocupantes habían sido observados por unos niños en una oscura campa de las proximidades del cementerio de Baracaldo (Vizcaya).

»En nuestro empeño por investigar tal misterio y comprobar la autenticidad del mismo, decidimos contactar con el responsable de la noticia, a fin de que nos facilitase la dirección de los testigos, para poder así reencuestarles y contar con un testimonio fidedigno. Nuestra solicitud al perio-

Franch—,[2] refiriéndose a los niños de la «campa» baracaldesa, bordó el rosario de desatinos lanzados contra dicho caso, con una idea «preñada de rigor y seriedad científicos». «Los testimonios infantiles —sentenció esta mente lúcida— no tienen la suficiente entidad como para sustentar *per se* la veracidad de un caso.» Que se lo cuenten a los «niños de Fátima»...

---

dista Benítez se hizo telefónicamente y también por escrito, sin que hasta la fecha dicho señor nos facilitara tal información. Sin embargo, como la noticia también había aparecido publicada en una revista mexicana por el mismo periodista, siendo acompañada en esta oportunidad por la fotografía de uno de los pequeños testigos del evento, procedimos a desplazarnos al lugar de autos con el fin de averiguar lo que en realidad había ocurrido allí años atrás. Localizamos el solar del barrio de San Vicente donde se produjo el suceso y preguntamos a personas de la zona que llevan allí residiendo muchos años. Curiosamente nadie, ni siquiera una maestra a quien mostramos la fotografía del niño, supo darnos datos en relación con los testigos.

»Viendo que no podíamos tener un conocimiento directo de los hechos, dado que nadie conocía a los testigos, en nuestra visita preguntamos a la gente de los alrededores del solar acerca de si había tenido noticia del suceso. La mayoría de los encuestados no tenían noticia de que hubiese sucedido algo parecido en el barrio. Sólo una persona, el dueño de una marmolería cercana, nos dijo que había conocido el suceso gracias a la noticia de Prensa. Esto nos extrañó, dada la notable densidad de la zona. Además, el dueño de la marmolería nos dijo que, de haber ocurrido realmente los hechos, todo el barrio tendría conocimiento de su existencia. Estas gestiones fueron realizadas a mediados del año 1983, sin que hasta hoy se haya podido progresar en la investigación, dada la falta de ayuda de Benítez y el anonimato de los presuntos testigos.

»En definitiva, consideramos que existe un gran porcentaje de probabilidades de que todo se trate de un sainete; una broma ideada bien por los niños o bien por terceras personas, cuyo objetivo sería el periodista que divulgó los hechos.»

2. Este buen señor —Dios lo tenga en su gloria— protagonizó en 1983 el primer juicio de la historia de España con los ovnis como fondo. En la sistemática persecución de que soy objeto por parte de los «vampiros», este personaje, de la mano de *Interviú* y del señor Biosca, alias «Antonio José Alés», me puso a caer de un burro. Lógicamente me querellé y los tribunales le condenaron. Algún día me animaré a publicar el voluminoso *dossier* de tan jugosa historia y las «comprometedoras» cartas que lo arropan.

Como el lector deducirá sin apuros de la nota que aparece a pie de página, la «labor de investigación» de estos señores fue, lo que se dice, «un ejemplo de eficacia y buen hacer científico». Viendo que no podían localizar a los testigos, se dieron una vuelta por los alrededores, preguntando aquí y allá..., nueve años después. Y menos mal que el dueño de la marmolería recordaba el artículo de Prensa. En cuanto a la famosa fotografía del niño, copia de copia y empañada, como es natural, por las tramas de los viejos sistemas de reproducción periodística, ustedes dirán... No lo hubiera reconocido ni su señora madre.

Pero observen la «mala uva» que destila la carta de marras. «En nuestro empeño por investigar tal misterio y *comprobar la autenticidad del mismo*, decidimos contactar con el responsable de la noticia, a fin de que nos facilitase la dirección de los testigos, para poder así *reencuestarles* y *contar con un testimonio fidedigno.*»

Me reafirmo en lo dicho: este investigador que les habla es un «advenedizo» y sus trabajos deben ser «reencuestados». Son ellos —los «calienta-poltronas»— los que disfrutan de la posesión de la Verdad. Triste cruz la de los investigadores «de campo»... Vamos a ver si el tiempo y la justicia divina alivian nuestra carga.

Pero no he terminado con la dichosa carta. Los firmantes denuncian mi falta de colaboración y, utilizando la fuerza de las «verdades a medias», dejan entrever qué clase de «pájaro» es el periodista J. J. Benítez. Lo que no dijeron —siguiendo su habitual y subterráneo estilo— es que yo les manifesté con toda claridad que «no podía facilitar la identidad de los testigos, en tanto en cuanto no me fuera expresamente autorizado por los mismos». Y lo que tampoco escribieron es por cuenta de quién trataban de «reencuestar» el suceso. Dos años después (1985), en un boletín editado por estos «sumos sacerdotes» de la ufología y bajo el «riguroso» título «Baracaldo (Vizcaya): los humanoides estaban

Una de las ramas desgajadas por el ovni de Baracaldo.

Dos seres altos, con cinturones y ojos luminosos, salieron de un objeto con forma de «cabina telefónica» en un solar abandonado de Baracaldo.

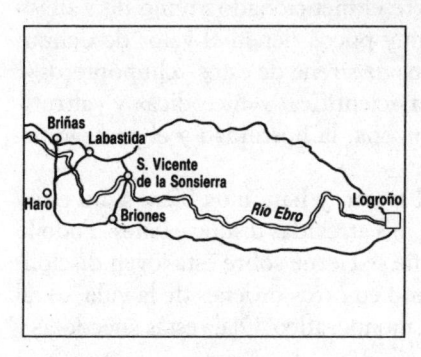

de guasa», uno de los que lamentaban mi «falta de ayuda» en la carta de *La Gaceta* se delataba y delataba los torpes manejos a los que me vengo refiriendo. «A mediados de 1983 —manifestaba el "vampirizado"— llegó a los autores una *sugerencia* de Vicente-Juan Ballester Olmos en la que se nos *alertaba* sobre la importancia de un supuesto avistamiento OVNI, con presencia de humanoides, ocurrido en la localidad de Baracaldo en diciembre de 1976...»

Lo que tampoco saben estos «testaferros» —y tendrían que haberlo sospechado— es que «el diablo sabe más por viejo que por diablo». Gracias a Dios, mi particular servicio de información tiene los dedos tan largos que, incluso, se halla infiltrado en la «cúpula» de la ufología «de salón». Y a los pocos días de recibir la primera llamada telefónica del señor Gómez, servidor estaba al cabo de la calle respecto al «mandamás» que le había encomendado el «trabajito». Porque, en el fondo, no se llamen ustedes a engaño, las intenciones de la «cúpula» no eran tan limpias ni honestas como parece deducirse de lo publicado en la «carta al director» y en el boletín de los «sepulcros blanqueados». Y, naturalmente, me curé en salud. En parte, obligado por la sagrada lealtad a unos testigos. Por último, porque era consciente de la negra sombra que se cernía sobre mí. Que los jóvenes investigadores analicen estos pantanosos terrenos por los que discurre el mencionado «reino de Taifas» de la ufología y que muy pocos tienen el valor de denunciar. ¡Ojo con los cantos de sirena de estos «chupópteros»! Detrás de la apariencia «científica», «metódica» y «altruista» se esconden la ponzoña, la hostilidad y el protagonismo, caiga quien caiga.

Y se preguntará el lector, y hará muy bien, si no estoy exagerando un pelo en mis atrevidas disquisiciones. Todo lo contrario. La basura que se cierne sobre esta joven disciplina —la ufología—, como en otros órdenes de la vida, es tal que merecería un libro monográfico. Ojalá estas anécdotas y breves incursiones a lo «tenebroso» sirvan para esclarecer posturas y distinguir quién es quién. Con eso me conformo.

Y volverá a preguntarse el lector: ¿qué pruebas tiene este malvado J. J. Benítez que demuestren los «manejos» de la «cúpula vampiresca»? Unas cuantas. Y algunas, tan retorcidas y diabólicas, que no me atrevo, de momento, a airearlas. Sí voy a incluir una, muy «blanda» por cierto, pero que habla por sí sola. Se trata de una carta, con el sello de «confidencial», fechada en abril de 1984 y que mis «infiltrados» se apresuraron a remitirme. Lean y disfruten. No tiene desperdicio:

«Querido amigo:

»Quiero llevar a tu ánimo, privadamente, una reflexión a la que no he podido escapar a raíz de la detallada lectura de las últimas publicaciones de J. J. Benítez. (El caballero autor de la misiva, Ballester Olmos, se refería a mi libro *La punta del iceberg*.)

»He notado en *algunos* (el subrayado no es mío) relatos de casos OVNI dados a publicidad en los últimos años, especialmente en presuntos incidentes dotados de alta extrañeza, una serie de detalles generalmente constantes que me preocupan por sus posibles implicaciones. Esta comunicación quiere compartir esta preocupación con algunos de mis amigos y colaboradores más cercanos.

»Ejemplo de ello es el caso del supuesto guardia civil descrito en las páginas 129 a 143 de *La punta del iceberg* (Planeta, 1983):

»— Un solo testigo (que mantiene anónimo) o, si se citan varios, éstos son desconocidos. Su existencia sólo se deduce del "testimonio" del entrevistado.

»— Redacción con abundantes licencias literarias o desarrollo novelado.

»— Gran lujo de detalles, a pesar de tratarse de testigos de poca formación, de haber transcurrido muchos años y/o de ser el testigo muy joven, etc.

»— Acumulación de muchas características típicas (huellas, efectos en el testigo, etc.).

»— Inclusión de características atípicas (gran duración del incidente).

»— Comportamiento anómalo del testigo (da muestras de gran valentía hacia el OVNI y luego no quiere que su nombre se asocie al caso...).

»— Casual hallazgo del caso (come en una venta y se topa con el testigo de un aterrizaje; coge a un autoestopista y éste tuvo un encuentro cercano...).

»— Aparición de características asombrosas: por ejemplo, en el caso del guardia citado:

»camión que se desplaza sin sonido,

»camión que se volatiliza fantasmalmente,

»OVNI que se desvanece.

»Sin olvidar tampoco que algunos de éstos han ocurrido en la misma provincia, Cádiz, que él conoce especialmente bien por su nacimiento (creo).

»Aparte de la seguridad que tengo de que Benítez gusta de admitir, sin dudar, las narraciones más insólitas que cualquiera le cuente —para su inmediata explotación—, los casos del tipo citado tienen más apariencia de creaciones literarias, de cuentos, que de exposición de hechos reales.

»Estos relatos no pueden ser corroborados, bajo la justificación de que ha empeñado su palabra con los testigos (a pesar de que la búsqueda de anonimato sabemos que hoy es poco habitual). Justificación que usa, precisamente, en varios de los casos más increíbles, como dije.

»Quiero participaros una mera *presunción*, que consideréis la posibilidad, no antes contemplada —al menos por mí—, de que alguno de los casos más sensacionales y anónimos de Benítez pueden ser INVENCIONES suyas. Sobre todo, aquellos casos dados a conocer en los últimos años, cuando la casuística OVNI es —a nivel mundial— casi nula.

»Dos corolarios se deducen de esto:

»1) Tratar de contrastar esta hipótesis mediante el agotamiento de todas las comprobaciones posibles, sobre sus casos, a nivel local, hasta que se llegue a poder afirmar la inexistencia de las personas que cita (verbigracia, el guardia civil en el caso nombrado). O mediante la confidencia directa, que mencione nombre y señas del testigo, que sean verificables.

»2) Practicar una EXTREMA CAUTELA con los casos de su procedencia, incluso mayor que la actual (basada ésta en su proverbial falta de capacidad crítica y su encuesta claramente sesgada), ante la eventualidad señalada.

»Si se llega a comprobar que practica *en un solo caso* esta malévola forma de creación literaria (ficción que hace pasar por realidad) sería la constatación de una forma de engaño y manipulación que habría que denunciar.

»La verdad es que me gustaría estar equivocado.

»Aguardo vuestras impresiones. Un abrazo.»

He aquí el auténtico y sibilino «rostro» de los que dicen enarbolar la bandera de la ufología científica y, por debajo, salpican cicuta. Mantuve en secreto la identidad de ese guardia civil, por expreso deseo del mismo, y así seguirá hasta que el interesado cambie de opinión. Podría mencionar algún que otro caso descrito por los «vampiros», en los que el testigo queda en el anonimato. ¿Vamos a dudar por ello de la veracidad del suceso? Pues no. De lo que sí dudamos es de la honestidad de muchos de estos mercachifles, capaces de etiquetar como «cuentos y creaciones literarias» lo que ha costado tantos esfuerzos, kilómetros y sacrificios y que, además, tienen al alcance de la mano. Basta con que salgan a las carreteras y expongan el tipo y la billetera... Por cierto, no sabía yo que intentar escribir con «abundantes licencias literarias o un desarrollo novelado» estaba reñido con la ortodoxia y el purismo ufológicos. Creo que era Cicerón el que enseñaba que «no basta con adquirir la sabiduría; es necesario también usarla». ¿Y qué mejor tratamiento

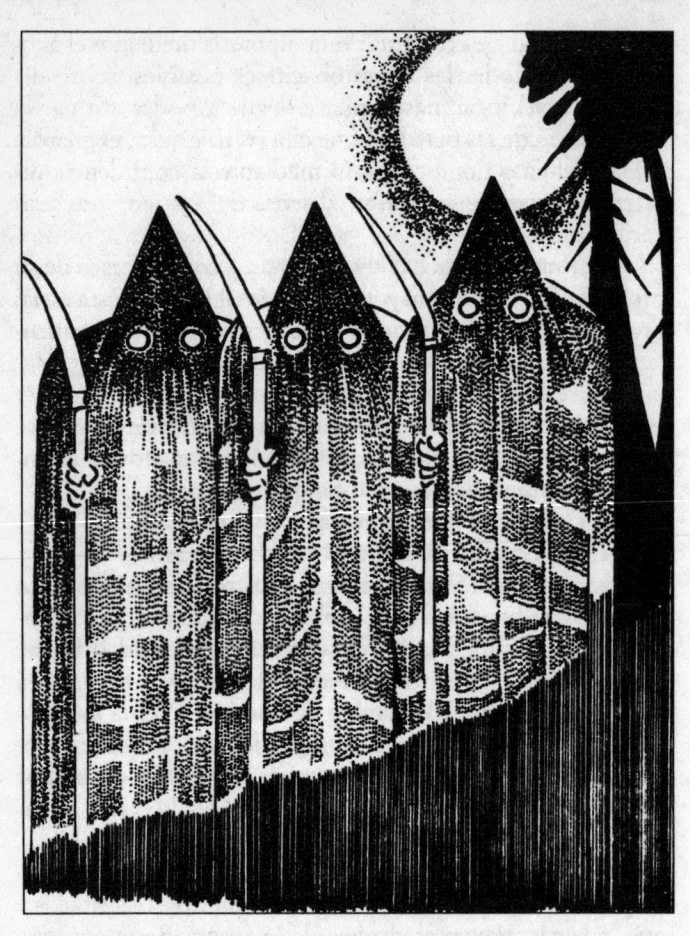

«Aquellos tres seres gigantescos me miraban con unos ojos grandes, rojos y que "parpadeaban" al unísono.»

para un asunto de tanta profundidad como un lenguaje asequible, justo y distentido? Pobres Séneca, Cervantes o Schopenhauer si levantaran la cabeza...

Hombre, perdono al autor de la misiva «confidencial» que confunda el lugar donde me gustaría morir (Cádiz) con el de mi nacimiento (Navarra). Lo que no le aguanto es que sugiera a sus esbirros que intenten sonsacarme, incluso «mediante la confidencia directa». En otras palabras: me llama «tonto de capirote». Y uno es sabedor de las escasas luces que le alumbran, pero tampoco se halla a oscuras.

El manoseado capítulo de mi «regusto por admitir toda suerte de narraciones insólitas, con el execrable fin de hacerme millonario con su fulminante publicación» lo dejo para el momento en que desvele algunos secretísimos documentos, con la firma de este «ganado», donde se aprecia que los «santos y separados» de la ufología no son tan comedidos y altruistas como simulan de cara a la galería.

Y un postrero puyazo al manso: si mi «proverbial falta de capacidad crítica» pudiera tener algo que ver con el hecho de que en mis libros y escritos difícilmente aparecen casos fraudulentos, sepan los que así me despellejan que la explicación es de sentido común: yo sí creo en los ovnis como astronaves no humanas. En consecuencia, me preocupo de difundir los encuentros e incidentes que estimo genuinos. De los sucesos «negativos» ya se encargan las «termitas y carroñeros» de la ufología. De esta forma —digo yo—, el juego queda más repartido.

Y hablando de «repartir», ahí va el último «leñazo». Hace tres años, en un diario levantino, uno de estos «cantamañanas» declaraba: «No tenemos la evidencia de que el OVNI corresponda a una máquina.» ¡Qué verdad es que no hay peor ciego que el que no quiere ver!... Por no salirme del «tiesto» que tengo a mano, ¿cómo deberíamos calificar la «cabina telefónica» que, sin el menor respeto ecológico, desgajó medio árbol en Baracaldo? ¿Como otra «manipulación sociológica»? ¿O quizá —siguiendo la moda que llega de USA y del Reino Unido— como un «rayo en bola» con un «magiclic» a la cintura?[1] Claro que los «vampiros» manejan explicaciones mucho más «ajustadas» a la hora de «esclarecer» el fenómeno ovni. Por ejemplo, la del neuro psicólogo canadiense Persinger: «el origen de los "no identificados" procede de una suerte de "tensión geotectónica" en la corteza de la Tierra que llega a generar una emisión de radiación electromagnética, la cual, en la longitud de onda visible, produce luminosidades que dan lugar a los avistamientos OVNI». Eso no lo supera ni Pinito del Oro...

Y puestos a largar «invenciones» —deporte al que, al parecer, soy tan aficionado—, pasemos ya a otras dos que, de seguro, harán saltar las lágrimas (de alegría se entiende) de mis incondicionales, los ufólogos «de salón».

Pero, con estos ajetreos, tratando de espantar «vampiros», a punto he estado de olvidar un ultimísimo detalle sobre el caso Baracaldo. ¿Han reparado ustedes en lo «rarito» del comportamiento de los «tíos de la cabina»? Si en verdad les interesaba la cochambrosa «campa», ¿por qué no descendieron a una hora más discreta? Pues no. Tuvieron que «dejarse ver» poco antes de las ocho y media de la tarde, justo cuando media docena de chavales jugaba en las proximidades. Y puestos a tomar tierra, ¿por qué hacerlo al pie de

---

[1] Por aquello del «qué dirán», y como viva muestra de la «simpatía» que despiertan en mí esos «rigoristas» de la ufología, traigo aquí la definición de «rayo de bola», tal y como la exponen esos ínclitos «investigadores»: «el rayo globular es una forma de electricidad atmosférica, que se manifiesta de improviso o desciende de una nube, tiene una forma esférica u ovoidal y un tamaño en torno a los 30 cm (aunque se conocen envergaduras de varios metros). Su "vida" dura solamente unos segundos (5 segundos la cifra media, el 10 por ciento de estos fenómenos excede los 30 segundos, y la más larga duración es de 15 minutos), siendo de color entre el amarillo y el rojo..., su velocidad va desde la estaticidad hasta los 100 km/segundo».

un árbol, dejando medio follaje en el suelo? El solar era lo suficientemente espacioso como para bajar sin tanto estropicio. Pues no, señor. ¡A por el árbol!

¿Y qué me dicen del «numerito» de la tapia? ¿Qué recóndito secreto podía guardar un anciano muro de ladrillo? Imagino que en el planeta quedan en pie miles de paredes similares y en parajes desolados. Si se hallaban embarcados en el sesudo y trascendental estudio de la cal y el ladrillo humanos, ¿por qué no investigar en el desierto del Sahara? Pues no, señor. Tuvieron que hacerlo en el corazón de una ciudad de casi doscientas mil almas. Y, además, con testigos. «Y de vez en cuando nos miraban», manifestaron los niños. ¿No resulta sospechoso? Creo que no hay que ser muy despierto para intuir que en ese aterrizaje ovni —como en tantos otros— había gato encerrado. En mi opinión, los seres de la «cabina telefónica» no pretendían otro objetivo que el de «ser vistos» y, consecuentemente, «dejar constancia». Y lo lograron, «representando todo un sainete». Y el «festival ovni» continúa.

Porque, díganme, ¿cómo debo clasificar lo sucedido aquel 22 de enero de 1981 en la ciudad de Huesca? No es que servidor lo vaya buscando, ni tampoco que haya perdido los cabales. Es que fue tal y como se lo cuento, por mucho que se empeñen los «urbanos» de la ufología. Aun así, y ya que me veo obligado a silenciar los nombres de los próximos testigos, adivino que lo que me dispongo a desvelar añadirá leña verde al fuego que los «inquisidores» avivan a mi alrededor. Menos mal que los tiempos de Calvino son historia. Pues vayamos con la primera «invención»...

Andaba yo por aquel entonces más contento que unas pascuas. El caso del encuentro con tripulantes en Robres, en la mencionada provincia de Huesca, se hallaba casi ultimado. Y tal y como acostumbro, una vez investigado, fue a parar a la «nevera». A pesar de lo que murmuran los «torquemadas» de turno —y creo que en este trabajo se refleja con precisión—, suelo tomarme mi tiempo antes de dar a la publicidad un suceso-ovni. Si el asunto parece auténtico conviene volver sobre él, procurando espaciar las pesquisas e interrogatorios. Merced a la «bandera de tonto» que me distingue y con la que navego por este mundo irredento, no resulta embarazoso preguntar a los testigos, todas las veces que sea preciso, acerca de sus experiencias. Y éstos eran mis planes en dicho enero de 1981. Esa tarde del día 22 me disponía a viajar hasta las poblaciones de Turis y Aldaya, en el levante, y desde allí —una vez «repasados» los encuentros cercanos ocurridos en dichas localidades—, seguir viaje hacia Murcia y Huelva, escenarios también de sendos «tropiezos» con los tripulantes de los ovnis. Pero, ya lo dice el adagio: «el hombre propone y Dios dispone».

Ese jueves —según consta en el minucioso «cuaderno de campo»— coincidieron en mi pecadora vida dos circunstancias, aparentemente insustanciales.

Una: esa mañana había adquirido en Huesca capital un ejemplar del diario vizcaíno *El Correo Español*. Como profesional del periodismo que fui y habitual devorador de periódicos, el asunto tampoco reviste excesiva importancia. En ese gesto, sin embargo, sí se produjo un «detalle» poco habitual en mí. Generalmente, cuando viajo, me gusta asomarme a los diarios nacionales y, en general, a los locales. No era muy normal, por tanto, que, en la añorada Huesca, para la que trabajé desde *El Heraldo de Aragón*, servidor se decidiera por un rotativo del País Vasco. Pero dejémoslo ahí.

Dos: lo que sí constituyó un quebrantamiento de mis costumbres fue lo acaecido a las cuatro y diez de esa tarde, frente al paso a nivel con barreras existente a las afueras de la capital oscense.[1] En esos instantes me hallaba a bordo de

---

1. Los «vampiros» están en su derecho de verificar el horario de trenes. Lo digo por lo de las «invenciones»... *(N. de J. J. Benítez [consumado «sainetero»].)*

mi «compadre», el flamante y recién adquirido Renault 18,[2] a la espera de que RENFE nos franqueara el paso. Y utilizo el plural («nos») con toda intención. Creo recordar que el número de vehículos detenidos frente a las vías era de seis o siete.

Y de buenas a primeras, por el flanco izquierdo de los turismos, descubro a un individuo que, pausadamente, camina arriba y abajo de la fila de coches. En esos momentos, el ejemplar de *El Correo Español* yacía olvidado a mi derecha, en el asiento contiguo. Supongo que en un movimiento reflejo, tratando de distraer aquel par de minutos de espera, fui a fijar mi atención en el «paseante». Y él hizo lo propio, centrando la mirada primero sobre el periódico vasco, y acto seguido en la lámina de este «correcaminos». E inclinándose hacia la ventanilla me hizo ver que deseaba preguntar algo. En décimas de segundo, con el tren a la vista, adiviné sus intenciones.

«¿Puede llevarme a Zaragoza?»

Aquellos que se pasan media vida en las carreteras me comprenderán. Por simple seguridad tengo por costumbre no admitir «autoestopistas». Y, cuando lo hago, obedece a circunstancias muy especiales o, sencillamente, porque me dejo guiar por la intuición. Y digo yo que fue el instinto lo que me animó a romper esta drástica norma. ¡Hubiera sido tan fácil decirle que no!... Las barreras, además, empezaban a levantarse. Y, sin embargo, treinta segundos después me veía circulando en dirección a la capital maña con aquel personaje a mi lado. Un hombre impecablemente trajeado, que resultó ser economista y vecino de una populosa villa guipuzcoana. La verdad es que, al menos por su aspecto, no en-

---

2. Comprado a plazos en la Navidad de 1980. Hoy, a 31 de mayo de 1990, está pidiendo la jubilación a gritos... Lo cuento por aquello de las suspicacias y murmuraciones acerca de mis esponjosas cuentas corrientes en el interior y en el exterior. *(N. de J. J. Benítez [«mercantilista»].)*

Los famosos «picaos» de San Vicente de la Sonsierra.

El castillo de San Vicente de la Sonsierra, escenario de los hechos narrados por el ex etarra.

La carretera que une San Vicente (al fondo) con Briones. A la derecha, la viña en la que se refugió «míster Huesca».
(Foto de J. J. Benítez.)

cajaba en el modelo habitual de «autoestopista». Él mismo, en el transcurso del viaje, me confesó que aquella circunstancia era excepcional. Trabajaba con su hermano en una empresa de transportes y, por un absurdo encadenamiento de contratiempos, había ido a parar a la estación de ferrocarril. Allí, dadas sus prisas, decidió tomar un taxi. Pero, al pasar junto a los turismos que aguardaban frente a las barreras, cambió de parecer. Y «eligió» a este servidor por el hecho de llevar un diario de su tierra. (Los «vampiros» no podrán quejarse. Aquí tienen «carnaza» para dar y regalar.)

Bien —clamará el sufrido lector para sus adentros—, ¿y adónde quiere ir a parar este «sainetero» con semejante «rollo macabeo»? Todo a su debido tiempo.

Y el hombre, afable y agradecido, tomó el mando de la conversación, deseoso —quiero suponer— de hacer más amena la hora que nos separaba de Zaragoza. Pues bien, entre las típicas e iniciales frivolidades que suelen manejarse en una de estas charlas entre dos extraños, mi acompañante formuló una pregunta que destapó la «caja de Pandora»:

«Y usted ¿a qué se dedica?»

Dependiendo del momento y de la persona, suelo responder «por activa o por pasiva». Amparándome en el argot taurino: con una «larga cambiada» o con un «natural». Y esta vez —Dios sepa, recompensar a la «nave nodriza»— me salió un soberbio muletazo, con la izquierda y aguantando el tipo:

«Persigo ovnis.»

En un primer momento atribuí su silencio a un elemental gesto de educación y cortesía. Tampoco era cuestión de partirse de risa en las narices del automovilista que acababa de auxiliarle. Pues no. La gravedad de su faz obedecía a otra razón. Y poco a poco fue llevándome a su terreno. Mejor dicho, al mío. Así supe de un extraño suceso que le tocó padecer en el año 1968 y del que jamás había hecho mención a persona ajena a su íntimo círculo familiar.

Pero antes de proceder al relato del «incidente», es mi deber adelantar una cuestión que, en cierto modo, convierte la historia en algo distinto y, que yo sepa, nunca visto en ufología.

Por esas enigmáticas «vibraciones» que emanan las personas, mi contertulio y quien esto escribe establecieron una súbita y sincera amistad. «Parecía como si nos conociéramos de toda la vida.» ¡Qué verdad es que la amistad no depende del «cuánto», sino del «cómo»! Para mí, en aquellos primeros tiempos, el caso de «míster Huesca» —así lo denominaré a partir de ahora por razones que, supongo, resultarán obvias para la mayoría— no traspasó las fronteras de lo «común y corriente» en la investigación ovni. Hasta que un día, parlamentando de menesteres distintos al de los «no identificados», vine a descubrir que aquel fornido euzkaldun de treinta y ocho años, al que su castigado semblante no hacía justicia, había sido miembro activo de ETA en la llamada «época histórica»: asesinato del inspector Manzanas, «proceso de Burgos», etcétera. Después de numerosas vicisitudes —encarcelamiento incluido—, este guipuzcoano había abandonado la organización terrorista al igual que hicieron otros «etarras históricos». Aquella circunstancia le dio un giro al asunto. En mi carrera como investigador me he echado a la cara toda clase de testigos: desde canónigos a campesinos, pasando por pilotos de combate y catedráticos. Pero jamás a un ex miembro de ETA.

Naturalmente, no era muy difícil bucear en el pasado turbulento de este mi nuevo amigo. Todo resultó cierto. Y así, en otra apabullante «casualidad», el Destino puso a mi alcance el primer encuentro conocido entre un «ex etarra» y tres humanoides. Imagino que el lector entenderá ahora el porqué del anonimato.

He aquí, en primicia, lo acontecido en aquella Semana Santa de 1968 en la localidad riojana de San Vicente de Sonsierra:

«Por razones que no vienen al caso —reveló "míster Huesca"—, yo me encontraba en ese pueblo en compañía de un amigo. Y después de cenar en una de las bodegas, decidí dar un paseo por los alrededores. Mi compañero se retiró a descansar y, sin elegir rumbo, dejándome llevar por mis propios pasos, fui a parar a las ruinas del castillo. La noche era tibia y, por espacio de algunos minutos, me entretuve deambulando por los recovecos de la fortaleza. Todo se hallaba a oscuras. Sin una alma. Bajo un silencio raro. Y fui a sentarme en uno de los patios a cielo abierto. Creo que me quedé adormilado. Hasta que, de pronto, en mitad del silencio, abrí los ojos sobresaltado. Te juro que nadie me tocó, ni me habló. Y un sudor frío me bañó de pies a cabeza. Frente a mí, en pie y a corta distancia —a cosa de diez metros—, se hallaban tres seres enormes: de más de dos metros de altura. Tenían los hombros exageradamente anchos y se cubrían con capuchones. La vestimenta, como una túnica, caía hasta el suelo. Vestían igual: de negro, y los tres sujetaban en sus respectivas manos derechas sendos artefactos que (por decirte algo) me recordaron una guadaña. Pero yo sé que no se trataba de ese apero de labranza. No sé si me explico...

»No se movían. Parecían estatuas. Y me miraban con unos ojos... No te rías por lo que voy a decirte. Eran grandes, rojos y parecidos a los de un sapo. Y lo más asombroso es que "parpadeaban" —no sé si la expresión es correcta— al unísono. Los seis se "apagaban y encendían" al mismo tiempo y con una cadencia matemática. En realidad fue lo único "vivo" que aprecié en dichos seres. Ni me hablaron ni hablaron entre ellos. Esto fue lo que más me asustó: el silencio que llenaba la escena.

»En los primeros segundos, tratando de racionalizar lo que tenía delante, pensé en los "picaos" de San Vicente. Ya sabes: los hombres de ese pueblo que, en Semana Santa, con la espalda al descubierto, se azotan con madejas de lana. Rechacé la idea. En primer lugar, esos penitentes visten de blanco y, aunque se cubren la cabeza con un embozado, las túnicas no son tan largas. Además, esa gente es muy respetuosa con sus tradiciones y jamás se dedicaría a bromear y a dar sustos de muerte a las dos de la madrugada en las ruinas de un castillo. Por otro lado, ¿cómo explicar la talla, corpulencia y los ojos de tales individuos? ¿Cómo podían sincronizar con semejante precisión la apertura y cierre de los tres pares de ojos?

»Como te digo, abandoné de inmediato la posibilidad de que estuviera ante unos bromistas. Me hubiera dado cuenta. No pretendo alardear de valor, pero puedes estar seguro de que, por las "circunstancias" que me ha tocado vivir, no soy una persona medrosa. Pues bien, ¿me crees si te digo que me acogoté? Es una reacción muy curiosa que, vosotros, los investigadores de estos fenómenos, deberíais estudiar. ¿Por qué un hombre hecho y derecho llega a perder los estribos en esas circunstancias? Me di cuenta de que me hallaba frente a algo desconocido y, sin duda, superior. Y la razón se negó a trabajar. Mi cuerpo se convirtió en una pura reacción química. Y el pavor me sacó de allí a los tres o cuatro minutos. La alteración era tan intensa que, incluso, al huir de las ruinas, tomé una dirección equivocada. Y corrí hacia Briones. Recuerdo que, en mi confusión, me refugié en una viña próxima a la carretera. Y allí permanecí, acurrucado y tembloroso como un niño, hasta el amanecer. Después, algo más sereno, reemprendí el camino hacia San Vicente. Y acertó a pasar una furgoneta de reparto de butano. Me recogió y fui a reunirme con mi compañero. Le conté lo que había sucedido pero, como es natural, no me creyó.»

A partir de entonces, «míster Huesca» eligió el silencio. Serían necesarios trece largos años para que, como fue dicho, se decidiera a abrir sus recuerdos, haciendo partícipe de su amarga experiencia a un extraño. Por mi parte, he

«Y aquel ser comenzó a "materializarse". Primero se formó la cabeza...»

añadido a tan prudencial actitud otros nueve años «extras». En ese generoso margen ha habido múltiples oportunidades de verificar que el testimonio del «ex etarra» es sólido como una roca. Tomen nota los «arribistas» de la ufología: al parecer, este «mercantilista» de los ovnis no tiene tantas prisas —como se dice— por difundir lo que investiga... Y no es el único caso. Como se ha visto, y continuaré exponiendo, mi «nevera» se halla rebosante de sucesos inéditos.

Y conviene puntualizar otro «detalle» de interés en el caso que nos ocupa: «míster Huesca», a pesar de los pesares, no cree en los ovnis. He sostenido largas conversaciones con él al respecto y, aunque respetuoso con las consideraciones de este investigador, «no le entra en la cabeza». En el fondo, esta postura fortalece su testimonio. A nuestro hombre no le interesa el fenómeno de los «no identificados». Él vivió una escena real que, por supuesto, no sabe ni quiere interpretar. Ahí nace y muere el asunto. Y la prueba es que jamás buscó rentabilizarlo. Jamás leyó un libro sobre ufología. Y, por supuesto, jamás oyó hablar de los casos de Argentina e Inglaterra, donde se registraron apariciones de seres «encapuchados», similares a los que viera en La Rioja. Dichos sucesos, además, ocurrieron y se dieron a la publicidad años después de 1968. Un año, como saben los seguidores y estudiosos del tema, de gran actividad ovni en el mundo y, en especial, en nuestro país.

Fue así, por culpa de un periódico y de un paso a nivel con barreras, como, por enésima vez, modifiqué los planes sobre la marcha, olvidando temporalmente los asuntos que me reclamaban en el reino de Valencia y en Andalucía. Y concedí prioridad a este escondido y valioso caso, protagonizado por «míster Huesca». Lo que no podía imaginar es que, meses antes de la investigación de este suceso, otros miembros de ETA entraban en contacto con ovnis.

Bien lo saben Dios y algunos de mis íntimos. He soportado la losa de la duda durante meses. ¿Debía lanzar a la publicidad estos casos? Existe un riesgo. Finalmente me he inclinado por el «sí quiero». Y que la «nave nodriza» nos proteja a todos... A decir verdad hubiera sido muy fácil sustituirlos. En mis archivos aguardan el oportuno alumbramiento un total de cuatrocientos encuentros con tripulantes, ocurridos en España. (Ya imagino a los «vampiros» sufriendo de vértigo al saber de tan rica casuística.)

Entiendo que el investigador debe saber compaginar la prudencia con el valor. Ambas actitudes, como el alba y el ocaso, precisan del momento justo. En ocasiones, el heroísmo o la cautela a destiempo pueden convertirnos en locos insensatos o en cobardes de solemnidad. Y servidor, aunque «sainetero», no quisiera incurrir en tales inconveniencias. Así que, ajustándome los machos, asumiré los posibles riesgos, desvelando el presente suceso de la mano de la templanza. Ojalá las circunstancias fueran otras y pudieran airearse nombres, lugares y personas que me acompañaron en la investigación y que pueden dar fe de cuanto voy a relatar. Quizá algún día...

Para regocijo de mis «amigos», los «narcisistas» de la ufología, no debo explicar ni el «cómo» ni el «cuándo» me fue dado llegar hasta estos testigos, ex miembros también de la tristemente célebre banda armada. Lo único que puedo decir es que el verdadero investigador «de campo» tiene la obligación de aparcar sus ideas personales, en beneficio de la causa para la que trabaja. Y no todos los días se presenta una ocasión tan espectacular: aquellos individuos —aunque parezca increíble— habían abandonado las armas a raíz de un encuentro ovni. He aquí, en nueva primicia, una síntesis de la historia, tal y como me fue contada por los propios interesados:

«Ocurrió en 1980. Aproximadamente, hacia el 15 de agosto. Viajábamos desde Madrid a Asturias. Y al pasar por la provincia de León nos detuvimos en una zona de castillos. Llevábamos unas tiendas de campaña —"canadienses"— y decidimos acampar en aquellas soledades. Por el lugar, de gran belleza, discurría un río. Cenamos y, a eso de las once, nos retiramos a descansar.

»En una de las tiendas —aclaró el testigo principal— nos hallábamos mi mujer, una cuñada y yo mismo. Pero no fue posible conciliar el sueño. "Algo" anormal nos sucedía o quizá estaba pasando a nuestro alrededor. El caso es que, de madrugada, de repente, todo se iluminó. Fue asombroso: la noche desapareció y el lugar se aclaró como si fueran las doce del mediodía...

»Y casi al unísono, en el aire, empezó a formarse una cabeza humana. Y surgió el miedo. Un terror indescriptible. Pero —no sé si podrás comprendernos—, al tiempo que se desencadenaba esta sensación de angustia y pavor, apareció otro sentimiento, tan real y poderoso como el anterior. Sé que resulta difícil de creer, más aún en nuestro caso. A la par que se "formaba" la cabeza nos inundó una extraña "corriente" de paz. Y el "ser" continuó "dibujándose" en el aire, hasta su completa y total definición. Y es curioso: su "materialización" parecía supeditada a nuestro grado de aceptación del fenómeno. ¡Es tan complejo describirlo!...

»Era un hombre. Eso saltaba a la vista. Pero un "hombre" de tres metros de altura. Aparentaba una edad media. Quizá cuarenta o cuarenta y cinco años. Y vestía una túnica blanca. Su rostro, muy bronceado, era perfecto. No sé cuáles son los cánones de la belleza, pero aquel tipo los superaba con creces. Jamás he visto cosa igual. El cabello, largo, tenía una asombrosa tonalidad blanca. Y los ojos, azules, destacaban del resto. No llevaba emblemas, ni armas, ni nada parecido. Irradiaba paz y confianza. Y al hablar, en efecto, movía los brazos. Y habló. Y sus palabras fueron la "llave" para modificar nuestro rumbo y nuestra filosofía en ciento ochenta grados... El impacto fue tal que yo, en aquellos momentos, hice por irme con él. Pero, al despedirse, hizo un gesto con la mano, recomendando "tranquilidad". Y en segundos desapareció. Y con él, aquella claridad. Y todo recuperó su ritmo normal. Todo menos nosotros, claro...»

La realidad —bendita realidad— es que, a raíz de este «encuentro», estas personas recapacitaron, dando por hecho que «había otros caminos». Desde entonces se hallan integradas en la dinámica de las «vías pacíficas».

Supongo que no es necesario recordar al lector que a estos individuos se les puede acusar de casi todo, menos de una cosa: de cultivar el noble arte de la fantasía. Dada la dudosa «espiritualidad» en que se mueven no creo que se sientan tentados por la lectura o profundización del fenómeno ovni y similares. De ahí que el caso en cuestión, como ya apunté, adquiera una especialísima relevancia. Que yo sepa, es la primera vez que alguien que practica la filosofía del cambio por el terror, «cambia», a su vez, como consecuencia de la materialización de un ser «no humano». Un «ser» y una «materialización» bastante comunes en ufología y que se inscriben en el capítulo de los llamados «celestes» o «muy altas entidades cósmicas».

Fue el Maestro —no yo— quien dijo: «No malgastéis el tiempo arrojando perlas a los cerdos.»

Está claro que Jesús de Nazaret no se refería a los «vampiros» de la ufología. Sin embargo, este «hacedor de sainetes», malvado como él solo, sí aprovecha la coyuntura y la coyuntural frase para recordar al lector en general y a los jóvenes investigadores en particular que casos como el que acabo de exponer difícilmente pueden ser comprendidos y admitidos por los amantes de los «listados» (si son negativos, tanto mejor) y de los «rayos en bola». He aquí otra parcela de la ufología —una de las más trascendentales— para la que se hallan castrados. Que los ídolos de la investigación mundial estén variando sus antiguas y cerradas concepciones, apuntando la posibilidad —dentro del maremágnum ovni— de «otras realidades», digamos «espirituales», poco les importa. En sus escritos, panfletos y conferencias magistrales siguen escatimando esa cara del fenómeno, replicando cuando se les pregunta que tales cuestiones no son dignas de un tratamiento serio y científico. No estaría mal que, por una vez y a título de ensayo, apagasen el frío de sus computadoras y probaran a aventurarse en la «jungla» de los «contactados». Victor Hugo, aunque en otra dirección, expresa esta misma idea y con una brillantez inigualable: «El hombre que no medita vive en la ceguera; el que medita vive en la oscuridad. No podemos sino optar entre las tinieblas. En esta oscuridad que hasta el momento presente es casi toda nuestra ciencia, la experiencia tantea, la observación acecha y la suposición va y viene.» Pero no. Estos individuos —que jamás hubieran logrado desembarazarse de su mediocridad de no haber sido por los ovnis— permanecen ciegos a las mil facetas de la Verdad y, lo que es peor, se burlan de los que son capaces de dudar y de investigar «hacia adentro». Debajo de su «dandismo intelectual» —como escribía Meredith— «acechan el miedo y el cinismo». Hagan la prueba: interroguen a estos «sumos sacerdotes» de la ufología por la «estela espiritual» de los «no identificados».

Y siguiendo la recomendación de «míster Huesca», me adentraré ahora en otro capítulo —el del miedo— que merecería, por sí solo, un tratado monográfico.

4

El miedo en los testigos ovni: toda una tesis doctoral • Donde se da cuenta del caso del rejoneador Peralta y el «tío del barará» • Somos nosotros —no ellos— los que tenemos prisa por desvelar el misterio • Sería de necios —y no sé si hasta pecaminoso— no formular la pregunta clave: ¿qué hacía aquel ovni en las dunas de Punta Umbría? • Dígame usted: ¿qué «bicho» podría tocarle los bigotes a un gato serrano? • En Ronda los tuve al alcance de la mano • Cincuenta huellas frescas de un «ser» con patas «reondas» como tuberías • ¿Dónde se ha visto que una «lavadora» ponga los pelos de punta a una familia castellana? • Fuentecén fue cosa de locos: «Satán» ladraba a la «lavadora» y ésta al perro • Otro «puyazo» a los «vampiros» • En Zamora, señor mío, también «cuecen habas» • Donde se narran las desventuras de un pescador, dos perros y un «mirón» con un motor en los pies • En Pusilibro, este «sabueso» también se hizo «aguas menores» • Por si no lo sabía, a los ingenieros también les tiemblan las piernas • De cómo dos «gigantes» gemelos descendieron en la autopista A-68 y de cómo se fueron sin pagar la factura del testigo

Entre los millares de casos ovni que se empujan en mis archivos no sé si sería capaz de contabilizar con los dedos de una mano aquellos en los que los testigos no han sentido miedo. Y puede que me sobren dedos...

Estamos, en principio, ante un sentimiento del que, naturalmente, no cabe avergonzarse. Leopardi lo manifestaba: «Son las cosas ignotas las que nos causan mayor pavor.» La mayoría de las personas que ha acertado a vivir la aproximación de una de estas naves, y no digamos de sus ocupantes, experimenta un terror químico. Sus reacciones son bien conocidas por los investigadores: paralización, intenso shock y, generalmente, fuga precipitada del lugar. Un análisis de la personalidad de estas gentes arroja casi siempre un resultado tranquilizador: se trata de individuos equilibrados, con unas razonables dosis de audacia y temor. ¿Por qué entonces esa huidiza actitud ante máquinas y seres de otros mundos? ¿Son esos miles de humanos una excepción o la regla? ¿Cuál sería el comportamiento de un hombre de reconocido valor? Estas interrogantes, en el fondo, encierran una duda de enorme trascendencia y para la que —por ahora— no hay respuesta: ¿cómo reaccionaría el colectivo humano ante un descenso público, oficial y masivo de seres ajenos a nuestra civilización? Quizá podamos intuirlo a la vista de la historia que me dispongo a relatar. Es sabido que en nuestra sociedad existen determinadas profesiones que han hecho del riesgo su *modus vivendi*. Hombres y mujeres que, día a día, se enfrentan al peligro y la muerte sin perder la sonrisa y la calma. En principio, pues, seres humanos entrenados «al límite». Y sin embargo...

Éste es el caso, como venía diciendo, de uno de estos «amantes de la parca» que, en su larga trayectoria, sólo recuerda dos momentos en los que el miedo estuvo a punto de hacerle perder los papeles: ante un toro y ante un humanoide.

Las primeras noticias en torno al suceso protagonizado por el célebre rejoneador sevillano Rafael Peralta Pineda entraron en la órbita de este investigador en agosto de 1982. El diario *Odiel*, de Huelva, levantó la liebre el 18 de ese mes, anunciando que, semanas atrás, en plena temporada taurina, el mundialmente celebrado torero de a caballo había sostenido una insólita «reunión» con un objeto no identificado y un ser de gran talla. Por aquellas fechas, el «correcaminos» que les habla se abría paso entre los blancos y verdes inverosímiles de la serranía gaditana, a la caza de unos muy sustanciosos aterrizajes ovni. Y faltó el canto de una peseta para que, imantado por la calidad del testigo, abandonara las luces y las sombras de Setenil de las Bodegas, Benamahoma y Algodonales, virando el rumbo hacia Puebla del Río, en Sevilla. En el último momento, sin embargo, sorprendiéndome a mí mismo, elegí rematar lo que llevaba entre manos y esperar. El instinto de este reportero, criado a los pechos de la vieja y sabia escuela de la vida, pregonaba calma. Y no erró el muy ladino.

El resto de aquel verano, alertados por la espectacular noticia, periodistas y curiosos de todos los pelajes cayeron sobre el particularmente afable rejoneador, atosigándole y «cerrándole en tablas». Este acoso —sin derribo afortunadamente— por parte de los medios de comunicación tuvo también su lado positivo. Durante semanas fueron apareciendo diferentes crónicas y entrevistas que, para un investigador, constituyen siempre, amén de una interesante fuente informativa, un excelente «laboratorio». Según consta en dichos recortes de Prensa, Rafael Peralta se limitó a repetir —una y otra vez— lo que había visto y oído. En ningún momento vi descender el fantasma de la contradicción. La historia se mantuvo sólida, sin cambios, desde la primera a la última de las declaraciones. Aquélla, en fin, era una buena señal. Por otro lado, analizando el asunto con frialdad, la publicidad que indudablemente se derivó de este hecho en poco o en nada vino a beneficiar al consumado jinete. Dudo mucho que necesitase de semejante trajín. La prueba es que, durante un tiempo, mantuvo la experiencia en los límites de su entorno familiar. Pero entremos ya en el «encuentro» propiamente dicho.

En diciembre de ese año, cuando estimé que las aguas habían vuelto a su cauce, establecí contacto con Peralta. Como verán los jóvenes investigadores, mi tesis sobre el «momento oportuno» en que uno debe aproximarse al caso no se halla sujeta a encorsetados parámetros. Cada suceso arrastra sus propias circunstancias y el «sabueso» debe sa-

Rafael Peralta y su esposa, Mercedes Revuelta, en diciembre de 1982.
(Foto de J. J. Benítez.)

Dibujos realizados por el rejoneador.

Cruce de carreteras donde tuvo lugar el encuentro de Rafael Peralta con un ovni y un ser de aspecto robótico.

ber discernirlas. Si en Vegas de Coria cometí un error al demorar mi presencia, en el caso del caballero andaluz la táctica de aguardar pacientemente fue más provechosa, sin duda, que la loca precipitación. Rafael Peralta, universitario, que en 1982 contaba cuarenta y tres años de edad, supo distinguir desde el primer momento que no se hallaba ante un simple periodista, ansioso de novedades más o menos sensacionalistas. Y se abrió de plano, afinando en los detalles y proporcionándome aspectos de su experiencia que no habían salido a la luz pública hasta entonces.

«Aquella noche del domingo 25 de julio —comenzó el rejoneador—, después de torear en La Línea y dejar a mi cuadrilla en Sevilla, tomé el Mercedes y me dirigí a Punta Umbría, donde veraneaba mi familia.»

«Mamen», su esposa, que asistió a nuestra primera y sosegada conversación en «Rancho Rocío», la finca de Peralta en Puebla del Río, ratificó las palabras del torero.

«...Iba solo y, poco más o menos hacia las cuatro de la madrugada, cuando me aproximaba al cruce de El Rompido, a corta distancia de la carretera de la izquierda —la que lleva a Punta Umbría—, divisé unas luces rojas y amarillas intermitentes. No se hallaban exactamente sobre la calzada sino en el interior, en dirección al mar y sobre la arena. Pensé en un accidente. "Algún coche o camión —me dije— ha volcado..." Así que fui parando, hasta detenerme a veinte metros del lugar donde brillaban las luces. Me bajé del automóvil y, pensando que quizá necesitaban ayuda, me encaminé resuelto hacia el sitio. Fue entonces cuando empecé a percatarme de que "aquello" no tenía pinta de accidente. Allí, en el suelo, se hallaba un objeto que yo no había visto en mi vida. Brillaba como la plata. ¿Has visto una bandeja iluminada por el sol? Algo parecido. Era casi cuadrado, con los cantos "matador" o achaflanados. Calculo yo que podía tener alrededor de cinco o seis metros de largo por otros tres o cuatro de alto. Entonces, confuso y con una extraña sensación en el estómago, consciente de que aquel artefacto no era normal, me detuve. Creo que pude llegar a diez metros, aproximadamente. En esos instantes reparé en el individuo que se hallaba a la derecha del objeto. Era alto. Su cabeza podía estar a un metro por debajo del "techo" del aparato. Esta referencia le daba una talla de 2,60 o 2,70 m. Los cálculos, como comprenderás, son estimativos. Total, que me quedé mirando, absolutamente perplejo. El "tío" aquel se hallaba de cara. Supongo que ya se encontraba en el lugar cuando acerté a aproximarme. No tenía brazos o, al menos, yo no supe o no pude distinguirlos. La cabeza aparecía cubierta con una especie de malla metálica. Era cuadrada y, como te digo, no le vi cabello ni facciones. En cuanto a las piernas, no partían de las ingles, como hubiera sido lo natural, sino de más abajo. Durante varios segundos me quedé mudo observándole, sin poder dar crédito a lo que tenía delante. Y en eso soltó un sonido extraño, muy difícil de reproducir. Parecía una "frase" gutural, seca y entrecortada. Algo así como "ba-ra-ra-rá"... Con cierto tono metálico, pero no demasiado. Y muy rápido. Por supuesto, no me sonó a ningún idioma conocido. Entonces reaccioné y le pregunté: "¿Qué dices?" Pero no hubo respuesta. Al punto, se dirigió al objeto y desapareció, supongo que en el interior. No me preguntes por dónde entró. No sé si lo hizo por un costado o por detrás. La cuestión es que, en un abrir y cerrar de ojos, el objeto se alzó del suelo y se alejó en silencio, rumbo al mar. Y yo, muerto de miedo —lo confieso sinceramente—, regresé al coche y allí permenecí un rato. Y te digo esto porque la impresión fue tal que necesité del orden de seis u ocho minutos para poder recordar dónde había metido las llaves del Mercedes. Por fin descubrí que las llevaba en el bolsillo. Arranqué y salí como un tiro. Al llegar a casa se lo conté a mi mujer. El reloj de cuarzo de pulsera, curiosamente, se había detenido en las cuatro y pico de la madrugada. Al cabo de dos o tres horas echó de nuevo a andar

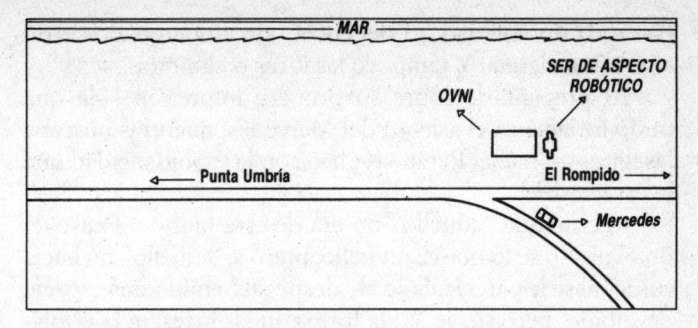

Situación del Mercedes de Rafael Peralta. Sobre la playa, el ovni y el tripulante de aspecto robótico.

Un ser de apariencia metálica y de gran altura se hallaba junto al objeto. El ovni, de gran luminosidad, aparecía posado entre la carretera y el mar.

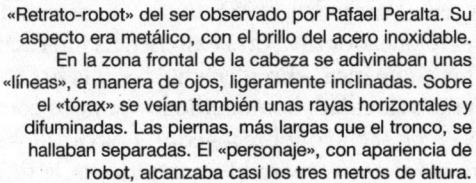

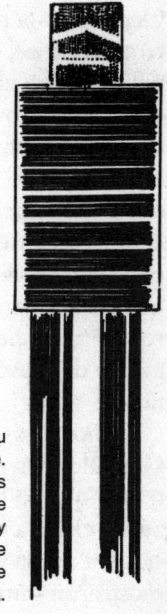

«Retrato-robot» del ser observado por Rafael Peralta. Su aspecto era metálico, con el brillo del acero inoxidable. En la zona frontal de la cabeza se adivinaban unas «líneas», a manera de ojos, ligeramente inclinadas. Sobre el «tórax» se veían también unas rayas horizontales y difuminadas. Las piernas, más largas que el tronco, se hallaban separadas. El «personaje», con apariencia de robot, alcanzaba casi los tres metros de altura.

con toda normalidad. El del coche, sin embargo, no sufrió alteración alguna. Y tampoco las luces o el motor...»

Al preguntarle sobre su primera impresión —la que pudo forjarse en el asiento del Mercedes, mientras buscaba las llaves—, Rafael Peralta replicó con la espontaneidad que le caracteriza:

«Pensé que "aquello" no era de este mundo. Pensé en un ovni. Yo sé lo que es un helicóptero y "aquello" no hacía ruido, ni se le parecía. Sólo al "despegar" emitió una especie de silbido, pero suave. Ni la forma, ni las luces, ni la velocidad ni tampoco la planta del ser tenían nada que ver con lo que sabemos y conocemos.»

Al día siguiente, el rejoneador y su esposa visitaron el lugar sin hallar huellas ni rastro del objeto o de su tripulante.

«...Puedo jurarte —añadió Rafael— que en toda mi vida sólo he vivido otra experiencia tan amarga como ésa. Ocurrió en la plaza del Puerto de Santa María. Un toro derrotó contra el estribo y me lanzó fuera de la silla. Caí de espaldas sobre el albero y el animal se me quedó mirando, a cosa de cuatro o cinco metros. No pestañeé. "Si me muevo me mata", pensé. Fueron segundos horribles. Y así permanecí hasta que la cuadrilla se hizo con el toro. Pues bien, el miedo llegó después, en el hotel. Una sensación que te deja la boca seca y que te agarrota los músculos. Esto mismo experimenté al llegar a Punta Umbría. Los dos o tres minutos que pude permanecer frente al ovni y al gigante transcurrieron entre la perplejidad y la sorpresa. Una vez en casa, el miedo dijo "Aquí estoy yo" y fue imposible conciliar el sueño.»

Años atrás, en el verano de 1951, en las marismas del Guadalquivir, el rejoneador tuvo otra experiencia interesante, aunque no tan dramática. «En plena noche, una luz cruzó los cielos a gran velocidad, iluminando los campos como si fuera de día y en un silencio sobrecogedor. Los caballos se mostraron muy inquietos y, tanto el encargado de la finca como yo, nos quedamos impresionados. Jamás habíamos visto cosa igual.»

Rafael Peralta, como creo haber mencionado, guardó silencio sobre lo acaecido en la carretera de El Rompido. Algunos días después, al comentarlo privadamente con un amigo, la noticia terminó por filtrarse, llegando a oídos de la redacción del diario *Odiel*.

En ese mes, en especial entre el 14 y el 17, otras muchas personas fueron testigos del paso de ovnis. En mis archivos figuran avisos procedentes de Murcia, Alicante, Córdoba, Cádiz y la misma Huelva. Es interesante destacar que ese miércoles, 14 de julio de 1982, hacia las tres y media de la madrugada, unos veraneantes procedentes de Madrid que ingresaban en Punta Umbría detectaron la presencia de un objeto que evolucionaba sobre el mar, frente al cruce de La Bota. Al llegar a la entrada del pueblo, a la altura de la curva denominada del Calé, los forasteros alertaron a varios vecinos que fueron testigos también de las silenciosas e increíbles maniobras del ovni. «En varias oportunidades descendió hasta casi tocar la superficie del mar, iluminándolo con gran intensidad.»

Pero vayamos con las «lecturas». ¿Qué impresiones recibe uno al conocer y examinar el caso protagonizado por el rejoneador?

En primer lugar —retomando el hilo conductor del presente capítulo: el miedo en los testigos-ovni— conviene reconocer que el ser humano, por lo menos a nivel individual, no se halla preparado para encarar el fenómeno. Si un profesional del riesgo, que en 1982 sumaba en su haber la friolera de dos mil quinientos duelos con otros tantos toros de lidia, reaccionó como queda dicho, ¿qué puede esperarse del común de los mortales?

Casi sin querer he ido a desembocar en el «ruedo» ignoto y oscuro donde dormitan las razones que podrían justificar el «no contacto» con la red social humana. Científicos, escépticos, curiosos, crédulos e investigadores llevamos años formulándonos la misma e irritante pregunta: «¿por qué no bajan oficial y claramente?». Posiblemente —según mi corto entender—, la del miedo no es la «gran razón». Pero sí un factor que no debe ser menospreciado.

A juzgar por los miles de testimonios cosechados en todo el orbe, la mayoría de las civilizaciones que nos visitan presenta una morfología «humana», con diferencias casi siempre livianas. «Eran como nosotros», suelen expresar los testigos. Servidor va más allá y se atreve a voltear el planteamiento: «somos nosotros los que nos parecemos a ellos.» No olvidemos que, si están aquí, es porque su tecnología y, en consecuencia, su antigüedad se lo permiten. En buena lógica, muchas de esas «humanidades» tienen que ser más ancianas que la nuestra. Evidentemente, si fueran iguales al hombre en lo que al grado de desarrollo tecnológico se refiere, no hubieran pasado quizá de sus lunas.

Pero también es cierto que en estos cuarenta y cuatro años que dura ya la llamada «moderna era ovni», los «pioneros» de la ufología hemos recogido un notable número de encuentros cercanos que apuntan la realidad de otros seres de aspecto físico «monstruoso», por utilizar un vocablo terráqueo. Supongo que el concepto y la interpretación de la «belleza», también a nivel cósmico, son relativos. Dostoievski recomienda no juzgarla: «La belleza —dice— es un enigma.» Y, queramos o no, esos tripulantes con un solo ojo, provistos de «pies caprinos», de aspecto robótico o con cara de rata, por mencionar algunos ejemplos, constituyen uno de los más refractarios misterios del siglo XX. La cuestión es si el hombre podría acostumbrarse a su roce. En el fondo intuyo que sí. Salvando las distancias, nuestra civilización acepta y convive con seres que no guardan el menor parecido con el «rey de la creación». Lo hace, incluso, con individuos de su misma especie, cuyas «monstruosidades» en el hacer, decir o pensar harían palidecer el tenebroso as-

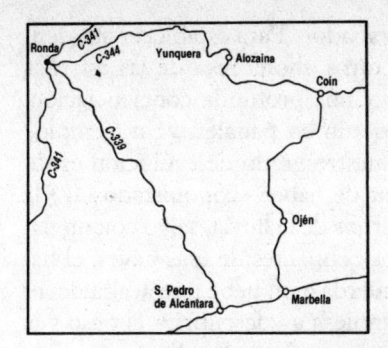

Una de las enigmáticas huellas de la serranía de Ronda. La mano sirve como referencia. *(Foto de J. J. Benítez.)*

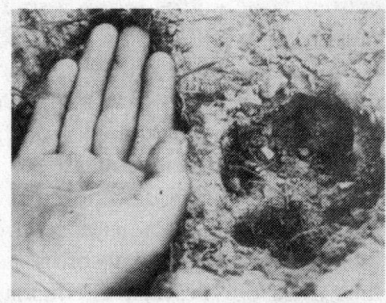

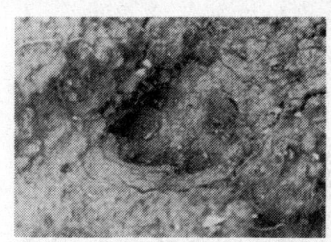

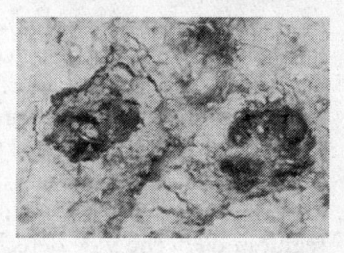

Según los expertos consultados, las huellas aparecidas en las estribaciones de la serranía de Ronda no pertenecen a ningún animal conocido en dichas latitudes. Llama la atención el enorme peso del «ser», que hundió el terreno reseco hasta diez centímetros, provocando fisuras alrededor de las pisadas. En la imagen izquierda sorprenden las pequeñas y redondeadas orlas, visibles en el ángulo superior derecho. En la fotografía derecha —según los expertos—, las huellas, por su borde de fractura irregular y por la profundidad, perecen provenir de un impacto muy violento sobre el sustrato, provocado por la presión enérgica de un objeto o miembro de relieve irregular (salientes amamelonados) y perfil circular. *(Fotos de J. J. Benítez.)*

pecto de un «gigante ensotanado». Para establecer ese definitivo «contacto» con los otros «hombres» de las estrellas se necesita, eso sí, tiempo y una profunda concienciación. Como quien dice, estamos aún en pañales. ¿Un ejemplo? Los tenemos a millares. Nuestro grado de evolución es todavía tan bajo que, a pesar de haber «conquistado» (?) la Luna, no sabemos defendernos de la lluvia, salvo con un paraguas. Comparado con los ocupantes de esas naves, el habitante de la Tierra me recuerda a un bebé que acaba de incorporarse en su cuna y empieza a «descubrir» el paso y la existencia de «otros seres» a su alrededor. Serán precisos muchos años antes de que esa criatura alcance a entender el complejo entramado que le circunda. ¿A qué persona, en su sano juicio, se le ocurriría tomar a ese bebé entre los brazos e intentar explicarle, por ejemplo, la teoría general de la relatividad o el funcionamiento de un motor de explosión? Algo similar —aunque conozco el riesgo de toda simplificación— nos está sucediendo con el fenómeno de los «no identificados». Somos nosotros —no ellos— quienes tenemos prisa por desvelar el enigma, sin percatarnos de que «hay un tiempo» para todo. Entre las pinturas rupestres y la «magia» del mando a distancia de un televisor nos separan del orden de veinte mil años. Los «pilotos» de los ovnis lo saben y, en mi opinión, actúan en consecuencia, demorando ese contacto final. Tiempo al tiempo. Y también intuyo que llegará el día en que las razas humanas de esta remota «canica azul», perdida en los «suburbios de una galaxia», se integrarán de hecho y de derecho en el «club cósmico». Y libros como el presente serán motivo de hilaridad, de ternura y de muy comprensible extrañeza.

Pero continuemos con las «lecturas» del caso Peralta...

Sería de necios —y no sé yo si hasta pecaminoso— no formularse la pregunta clave, padre y madre del «cordero»: ¿qué demonios hacía aquel ovni y el «tío» del «ba-ra-ra-rá» en las blancas dunas de Punta Umbría, a las cuatro de la madrugada y al borde de un cruce de carreteras? ¿Estirando las piernas? ¿Respirando la perfumada brisa marina? ¿Investigando el lugar? ¿Y qué interés podía guardar el paraje para la tripulación de semejante artefacto? Si uno se pasea por el arenal en cuestión descubrirá, a cierta distancia, una pequeña y nada extraordinaria caseta de la Cruz Roja, al servicio de los bañistas. Algo más a la derecha, en dirección al Rompido, un merendero como tantos otros y, frente por frente al nudo vial, una humilde marquesina destinada a la protección de los usuarios de los autobuses que hacen el servicio regular entre las referidas localidades. A su lado, una cabina telefónica y los correspondientes carteles anunciadores, habituales en cualquier confluencia que se precie. Y al fondo, entre cincuenta y cien metros —dependiendo de las mareas—, la mar. Eso era todo. Por más vueltas que le di al negocio y a la playa no fui capaz de desentrañar el misterio. A primera vista, amén de la hermosura propia de las tierras onubenses, el paño de arena parecía de lo más normalito. E indefectiblemente terminé cayendo en lo de siempre. ¿Por qué la nave fue a descender en el filo de la carretera y, casi con toda seguridad, minutos o segundos antes del paso del Mercedes del rejoneador? A doscientos metros arranca un denso arbolado de pinos «mediterráneos». Si no deseaban ser vistos, ¿no hubiera sido más lógico ocultarse en el bosque o, simplemente, tomar tierra lejos de la carretera? ¿Y a qué venía aquel derroche de luces? Sabemos de innumerables casos en los que los ovnis vuelan o aterrizan como sombras. En cuanto al «ciudadano» de casi tres metros y ataviado a la «moda robótica», ¿qué me dicen ustedes? ¿Descendió del «utilitario» para lanzar un «ba-ra-ra-rá» y santas pascuas? Hombre, también cabe la posibilidad de que se tratara de un admirador de Rafael Peralta que, ansioso por jalear a su ídolo, fue a esperarle a las cuatro de la madrugada a las puertas de su residencia de verano. ¡Y qué mejor piropo que un «ba-ra-ra-rá»!

Chuflas aparte, este pertinaz y tozudo «sabueso» se inclina por la ya consabida hipótesis del «nada es azar». Quizá en esta laboriosa, lenta y sutil misión de mentalización del género humano, «alguien», en las alturas, eligió al torero de a caballo. ¿Por qué no? El prestigio, la fama, la honorabilidad y el probado valor de este sevillano eran razones de peso a la hora de la selección. El resultado fue redondo: Prensa, Radio, Televisión y Agencias de Noticias hicieron volar el suceso, dándolo a conocer por medio mundo.

Y otro «detalle» curioso y significativo. El rejoneador guardó silencio, sí, pero, a la primera oportunidad en la que acertó a confesar privadamente su «secreto» —también es «casualidad»—, en la tertulia figuraba un hermano del director del diario *Odiel*... A veces pienso que, por mucho que se obstinen los testigos en el mutismo, si en los planes de estos «seres» se contempla la difusión del hecho, no hay fuerza humana que lo neutralice. No importa el tiempo. Tampoco las circunstancias y menos aún el empeñamiento de los hombres. Ahí tenemos los casos del señor de Cambroncino (ha necesitado setenta y tres años para salir a la superficie), del «tiu Mona» o de Zafra, sin ir más lejos.

También sé que las pruebas y argumentos que apuntalan esta teoría no pueden ser instalados en el laboratorio y que, en consecuencia, harán sonreír burlonamente a los escépticos y corrosivos. Si alguien puede razonar cualquiera de estos encuentros cercanos con una base sólida y, por supuesto, sin recurrir a la facilona vía de escape del azar, estaré dispuesto a considerarlo y, si fuera menester, a rectificar. Porque a uno, sepa usted, no se le caen los anillos a la hora de reconocer sus errores. Servidor —a diferencia de los «infalibles vampiros»— hace suya la sentencia de Goethe: «Tan pronto como se comienza a hablar, se comienza a errar.» Entretanto, lo poco o mucho que he ido aprendiendo con mis investigaciones me conduce a lo ya expuesto: «Todo, o casi todo, en la tela de araña ovni parece minuciosa y mágicamente concertado antes de que ocurra.» Incluso la mismísima existencia de los ufólogos «de salón». ¿Qué sería de este perverso «sainetero» si no pudiera mortificarlos?

Y ya que menciono la palabra «mortificación», vean los jóvenes investigadores y los curiosos del tema hasta qué punto un «correcaminos» puede ser zaherido por el Destino y donde más le duele.

Todo empezó por culpa de un ovni de grandes dimensiones...

Ya ha sucedido en otras oportunidades. Así que no sé por qué me quejo. Aquel 10 de marzo de 1978 me hallaba a unos mil kilómetros de Sevilla. La primera fase de la investigación del caso de Puente San Miguel, en Cantabria, marchaba como la seda. Y aproveché mi estancia en la Montaña para tantear otros encuentros cercanos con los tripulantes y con sus naves. Y en ésas estaba, mano a mano con el entonces director de las cuevas de Altamira, Felipe Méndez de la Torre, cuando, en un providencialísimo contacto telefónico con mi olvidado hogar, me pusieron sobre aviso: uno de mis «espías», entre el personal militar del radar de Constantina, en la mencionada provincia sevillana, reclamaba mi atención con urgencia. No era para menos. Las pantallas habían detectado un objeto de enormes proporciones evolucionando en los cielos andaluces. Una segunda llamada —esta vez a la Base Aérea de Morón— serviría para confirmar la presencia y el rumbo del ovni. Al parecer llevaba dirección sureste. Esa misma mañana, presa de un notable nerviosismo, enfilé las carreteras, volando, más que rodando, en un casi suicida intento de alcanzar al ovni. Poco antes del alba, tras ratificar que la gigantesca «nave nodriza» había sido vista en las proximidades de Ronda, irrumpí como una centella en la, comarcal 339, dispuesto a todo. Ahí, sin embargo, en la agreste serranía malagueña, fui a perder el rastro. El objeto se había esfumado. Los radares y testigos oculares que fueron guiando a este voluntarioso trotamundos enmudecieron. Y roto y desalentado, me enfrenté a un arduo dilema. A las puertas de la ciudad de Ronda se abrían cuatro direcciones: las carreteras comarcales 341 (hacia Teba, en el norte, y Jimena de la Frontera, en el sur), 344 (apuntando a Coín) y 339 (que moría en el mar). ¿Por cuál me decidía? Lo más probable es que ninguna ofreciera solución a mi «loco objetivo». Y allí, sentado al volante de mi «compadre», con el mapa de carreteras burlándose de mi infortunio, me «vino a la mente» una idea que hará sonreír de nuevo —¡y de qué forma!— a los «sumos sacerdotes» de la ufología. Ya ve usted: me dio por «jugar» con los números que identifican a las referidas vías comarcales. Sólo una sumaba 2: la 344. Y puesto que hacía tiempo que el sol alumbraba aquel sábado, once (11 = 1 + 1 = 2) le metí caña al paciente y sufrido «compadre», lanzándome hacia Yunquera, Alozaina, Coín y Alhaurín el Grande, si era menester.

El resto de aquella jornada —según consta en el «cuaderno de bitácora»— constituyó un solemne fracaso. Cuatro veces hice y deshice los noventa y pico kilómetros que separan Ronda de Coín. Ni en los alejados pagos de Guaro, Tolox, Gibralgalia, Casarabonela o El Burgo, ni tampoco en las localidades que se aprovechan de la carretera principal, supieron darle razón a este peregrino de lo absurdo del vuelo del ovni. Es más: el gesto de muchos de aquellos paisanos hubiera merecido pasar a la posteridad.

«¿Un qué, dice usted?»

«Un ovni», replicaba una y otra vez ante la lógica extrañeza de los vecinos.

Y con malas caras en ocasiones, sonrisitas y sarcasmos aquí y allá y generales encogimientos de hombros me vi asaltado por las tinieblas, el desánimo y el sueño. E incapaz de seguir devorando kilómetros fui a orillarme al socaire de la sierra Parda, y allí, en un duermevela interminable, aguardé el amanecer. Una vez más, la noche tomó forma de «ring». Y el sentido común y la intuición sostuvieron un combate

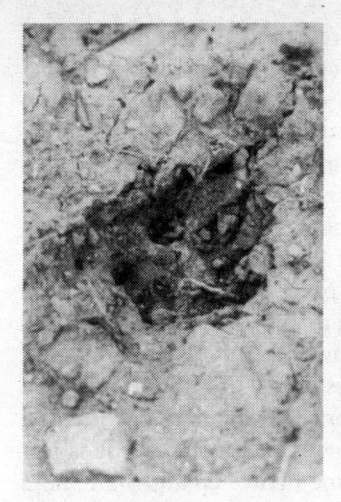

Entre el medio centenar de huellas, algunas, como las aquí expuestas, presentaban los dedos «afilados», como si la «criatura» fuera armada de uñas retráctiles.

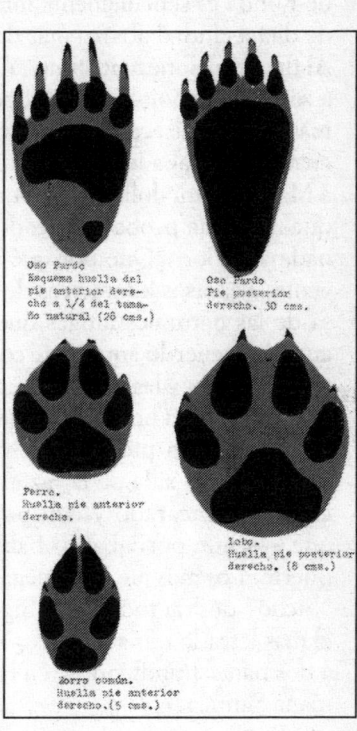

Oso Pardo
Esquema huella del pie anterior derecho a 1/4 del tamaño natural (26 cms.)

Oso Pardo
Pie posterior derecho. 30 cms.

Perro.
Huella pie anterior derecho.

Lobo.
Huella pie posterior derecho. (8 cms.)

Zorro común.
Huella pie anterior derecho. (5 cms.)

de cinco o seis horas. El primero, como es de suponer, llevó la iniciativa, castigando duramente a la segunda. Pero, inexplicablemente, ninguno de los «púgiles» resultó ganador o perdedor. «Algo», en lo más íntimo, me decía que conservara la calma. Eso sí, muy en lo íntimo. Al mismo tiempo era ridículo continuar en tan descabellado proyecto. La serranía de Ronda es sencillamente inmensa. Sólo el partido judicial de dicha ciudad abarca más de 1 300 kilómetros cuadrados. Al final traicioné al instinto. Y poco antes del alba, decidido a zanjar tan enojosa y estéril persecución, busqué el camino más fácil y directo hacia la civilización. Atravesé Coín y, cuando escalaba los 580 metros del puerto de Ojén, rumbo a Marbella, mi doliente estómago se encargó de recordarme que no había probado bocado desde el mediodía de la jornada anterior. ¿Que por qué me detuve en aquella remota venta, a escasos kilómetros de Ojén? A primera vista, a causa de las naturales fatigas que me acosaban. Sin embargo, cuando recuerdo aquel café con leche, las tostadas con manteca «colorá» y las noticias que corrían por la barra del establecimiento, ya no estoy tan seguro. Lo cierto es que parroquia y ventero pugnaban a voz en grito y sin recato por sentarse en la silla de la razón. Y todo, a cuenta de un «bicho» mal encarado y con patas «reondas como tuberías» que —según porfiaban— había rondado a media legua del puerto. Los más juiciosos negaban sistemáticamente: «¿Qué "bicho" podría tocarle los bigotes a un gato de campo?» Y el más letrado remachaba: «¿Y qué "bicho" serrano camina a dos patas, hundiéndose en la parcela como un paso de Semana Santa?»

La discusión, enroscada alrededor del enigmático «bicho», me dejó «cardiaco». Y sin mediar invitación me enganché en la bulla, tratando de esclarecer lo que creía haber oído. ¡Y había oído bien, vive Dios! En una propiedad que se alza en el término de Ojén alguien aseguraba haber visto un «bicho» con patas «reondas», caminando muy cerca de la casa principal. Pero eso no era todo. Esa misma mañana, las gentes del referido cortijo acababan de sepultar los restos de una gata, decapitada misteriosamente.

El lector podrá imaginar la perplejidad de este «sampedro» de poca monta, capaz de traicionar a su propia intuición.

Cuando irrumpí en el lugar, ubicado a unos catorce kilómetros en línea recta del paraje donde había pasado la noche, debía parecer un «espanto jurdano»: cámaras fotográficas en ristre, sin afeitar, con la mirada extraviada y más de mil kilómetros en la columna vertebral. Y fui a plantarme en mitad de un corrillo de lugareños que se hacían lenguas sobre lo ocurrido en la hacienda. Supongo que la presencia de aquel forastero —aterrizado en la zona unas seis horas después del suceso— debió de confundirles tanto o más que el incidente propiamente dicho. Pero tampoco era cuestión de ponerse a explicar lo que ni yo mismo lograba entender...

Lo importante es que estaba allí y que, después de no pocos parlamentos y tras garantizar el anonimato de los testigos y del nombre de la finca, me fue franqueado el paso a la historia y al escenario de la misma. El dueño —a quien mencionaré con las iniciales LB—, todavía con el susto en el cuerpo, me habló así:

«Serían alrededor de las doce de la noche. Mi hijo y yo estábamos viendo la televisión. A nuestro lado se encontraba el perro lobo. Y, de buenas a primeras, la pantalla se alteró. Aparecieron unas rayas y, casi simultáneamente, se escuchó un silbido. Primero lo oyó mi hijo. Después volvió a repetirse con nitidez. Y el perro, inquieto y nervioso, levantó la cola y las orejas, dirigiéndose hacia la puerta. Y comenzó a ladrar furiosamente. Nos miramos intrigados. En eso descubrimos que también los perros de los alrededores aullaban lastimeramente. Al principio, como es natural, pensamos en alguien que se acercaba a la casa. Así que, sujetando al pastor alemán por el collar, salimos al porche. Encendí la luz que alumbra la fachada y parte del terreno y tratamos de averiguar qué demonios pasaba. Yo, francamente, no vi nada. Pero mi hijo me señaló en la dirección del camino que asciende hasta aquí. «Ya viene fulano —comentamos—. Y borracho. ¡Menuda nochecita nos espera!»

El propietario del «rancho» me hizo ver que, en un primer momento, confundieron al extraño personaje con un vecino. Un paisano amante del «bebercio» que, cada vez que «agarraba una manga», tenía la costumbre de plantarse en la casa, dándoles la paliza.

«...Los andares de tipo eran tan raros que, sinceramente, creímos que se trataba de nuestro amigo. Pero, al fijar la atención, comprendimos que estábamos equivocados. Aquel ser caminaba "de lado". Venía hacia nosotros por el senderillo que sube hasta la casa. Primero "echaba" una pierna y luego la otra. Y así, paso a paso, fue acercándose hasta cosa de diez metros de la explanada. Y el perro, cada vez más excitado, comenzó a tirar violentamente, hasta el punto que casi me arrastra. A la luz del farol distinguimos dos "patas" de aspecto metálico, gruesas como tuberías, y con una tonalidad azul-acerada. Tenían que medir más de un metro. Pero no conseguimos ver el resto del cuerpo. Y alarmado le grité varias veces: "¿Quién está ahí?" Silencio. Nadie respondió. Y continuó su avance. Y al llegar junto a la piedra grande, justo en el sector donde la iluminación es más fuerte, le amenacé con soltar al perro. Debió de entenderme porque se detuvo. Pero lo increíble es que no hubo forma de verle la parte superior. Sólo los poderosos y largos "tubos". Y convencido de que "aquello" no era normal liberé al pastor. Desesperado, con el pelaje erizado como un puerco espín, salió en su busca. Y yo, más "quemado" aún que el animal, me fui detrás. Tú has visto y recorrido el lugar. Desde el porche al camino, a la carrera, no se invierten más de cinco segundos. Pues bien, ¡desapareció! Y tanto mi hijo como yo nos preguntamos: con ese andar lento, trabajoso y "de costado", ¿cómo pudo quitarse de en medio en segundos? Y otro fenómeno que nos llenó de perplejidad: el perro, en lugar de permanecer donde se suponía que se hallaba el monstruo, continuó camino abajo, ladrando rabiosamente. Absurdo, ¿no te parece?»

Pero la pesadilla para LB y su familia no había concluido. Con las claras acertarían a descubrir «algo» que terminó de abrirles las carnes.

Primero fueron las huellas. Personalmente sumé más de cincuenta. Dibujaban un cerco alrededor de la casa. Las más próximas aparecían a dos metros de las paredes. Eran circulares —de diez a quince centímetros de diámetro por otros ocho a diez de profundidad, según los casos— y prácticamente «gemelas». Formaban, en efecto, una «hilera», aunque no había forma de discernir el comienzo y el final de la «caminata». Arrancaban del sendero y rodeaban la vivienda, pero, naturalmente, también cabía la posibilidad de que fuera al revés. Lo cierto es que, en una y otra zona, las huellas surgían brusca y misteriosamente. La primera impresión es que el «ser» de piernas metálicas había paseado su «palmito» en torno a la casa y con una audacia digna de elogio. Pero ¿cuándo lo hizo? ¿Antes o después del incidente del porche? En uno u otro caso, ¿por qué los habitantes y los perros no lo detectaron? ¿Y por dónde y cómo logró esfumarse? El responsable de las pisadas tenía que ser extremadamente pesado o capaz de ejercer una fortísima presión sobre el duro y reseco terreno. Los «agujeros», separados entre sí a razón de treinta a cuarenta centímetros de media, formaban, como digo, una línea, coincidiendo con lo descrito por los testigos; es decir, con la marcha «de costado».

Y a pesar de la rotunda evidencia, solicité la colaboración de mis anfitriones, intentando reproducir unas pisadas similares. Fue imposible. Ni los perros, ni los carneros ni los seres humanos —por mucha presión que se aportara sobre sus extremidades— lograron hundir el terreno más allá de

La gata, recién exhumada. Cabeza y mano izquierda se hallaban «guillotinadas».
(Foto de J. J. Benítez.)

La goma para el riego aparecía aún doblada cuando fue fotografiada por J. J. Benítez. Señalado con la flecha, el lugar donde fue encontrada la gata. En la tierra se distinguía una pequeña mancha de sangre. En esta zona, extrañamente, no se registraron huellas.

El propietario de la finca, caminando por el escenario de los hechos. Por delante marcha el perro lobo. *(Foto de J. J. Benítez.)*

tres o cuatro milímetros. ¿Qué clase de individuo o animal podía haber rebajado la tierra hasta diez centímetros? La idea de un oso fue descartada por los propios lugareños. Primero, porque en la serranía de Ronda, lamentablemente, no queda este tipo de plantígrado. Segundo, porque la forma y relieve de las huellas no guardaban semejanza con el rastro de dichos mamíferos. Por último, porque, en el difícil supuesto de que hubiera sobrevivido alguna pareja, no era normal que descendiera hasta el paraje donde me encontraba, a poco más de veinte kilómetros de la costa. Con la segunda razón bastaba y sobraba para desechar la hipótesis.

Sinceramente, aunque no lo manifesté por no añadir más pánico al que ya flotaba en el ambiente, la magnitud del rastro me dio escalofríos. Aquel «ser» —según los cálculos realizados a posteriori— podía pesar entre trescientos y cuatrocientos kilos. Sólo así podían explicarse el acusado hundimiento del suelo y las fisuras que satelizaban cada huella. Los análisis de la tierra que había sido hollada no arrojaron, en cambio, un solo dato que pudiera esclarecer la naturaleza del «personaje».

En cuanto al segundo y macabro «hallazgo», registrado ese mismo amanecer, sólo contribuyó a disparar los ya alterados nervios del personal y a multiplicar mi confusión. A ochenta metros de la casa y muy cerca del senderillo donde fuera observada la pareja de «tubos andarines», uno de los lugareños fue a tropezar con el cuerpo mutilado de una gata. Por ese lugar discurre una goma destinada al riego. Pues bien, el campesino en cuestión —al comprobar que el agua no fluía por la manguera— fue revisando la conducción hasta llegar al filo del mencionado camino. Allí se hallaba el problema: la goma aparecía doblada y, junto a ella, el infortunado felino.

«...Es incomprensible —manifestó LB con gran pesar—. Esa gata, de apenas año y medio, vivía aquí, con nosotros, en el gallinero. Era muy ágil. ¿Cómo es posible que alguien extraño haya podido atraparla y mutilarla tan bárbaramente? Ni los zorros le hubieran dado alcance...»

Sin embargo, el animal —que debía parir en cuestión de días— no sólo fue capturado, sino, además, decapitado. Ni la cabeza ni la pata delantera izquierda aparecieron jamás. Y la familia, consternada, procedió a sepultar los restos. Esa tarde, accediendo a mi petición, LB y otro de los vecinos me acompañaron hasta el lugar donde había sido enterrado. Y procedieron a su exhumación. El cadáver, que llevaba cinco horas escasas bajo tierra, presentaba, en efecto, dos importantes mutilaciones. Al examinar el cuello, y aunque mis conocimientos de anatomía y disección no son todo lo brillante que uno hubiera deseado en esos instantes, creí apreciar un corte «limpio», sin desgarros aparentes. De haber sido la obra de un depredador, lo normal es que los tejidos, vasos, ligamentos, etcétera, aparecieran «deshilachados» y colgantes. El hueso y la musculatura que integraban el nacimiento de la pata delantera izquierda presentaban idéntico aspecto: habían sido seccionados «de un tajo» y perpendicularmente al eje de la citada mano.

Pero no era yo quien debía emitir un juicio sobre las extrañas mutilaciones. Y tras fotografiar al animal solicité permiso para trasladarlo y ponerlo en manos de los especialistas. LB, aunque algo perplejo ante lo insólito de la petición, terminó por aprobar mi ruego. Y la gata inició así un postrer «viaje», pasando por laboratorios, veterinarios y zoólogos de Málaga, Sevilla y Madrid.

Los exámenes y el veredicto final fueron unánimes. He aquí una síntesis de los mismos:

«Cabeza y mano fueron separadas mediante una acción mecánica. Probablemente con un bisturí o un instrumento cortante. El tejido óseo presentaba en la zona de corte un perfil sin rugosidades, indicio básico que apoya la hipótesis de un seccionamiento por medios artificiales y muy perfeccionados...»

Debo aclarar, aunque supongo que no es necesario, que ninguno de los expertos que trabajó sobre el cadáver de la gata fue informado de las «circunstancias» que rodearon su muerte.

«... El pelo del felino, directamente en contacto con el área mutilada, presenta asimismo, a través de la microfotografía (× 200), claros signos de chamuscado. Unas señales, sin embargo, que apenas son perceptibles en los restantes tejidos del cuello...»

En otras palabras, y tratando de «cristianizar» los términos empleados por los científicos: el «bisturí» o «instrumento» utilizado en el salvaje acto, amén de separar cabeza y mano «limpia y certeramente», quemó la corona de pelo limítrofe. Fue una lástima no poder aportar las partes «guillotinadas». Quizá hubieran arrojado algo más de luz en relación al «sistema» que propició semejante mutilación.

En el vientre fueron halladas y extraídas cuatro crías con, aproximadamente, cincuenta días de gestación. Es decir, teniendo en cuenta que el promedio es de cincuenta y cinco, los gatitos estaban a punto de ser alumbrados.

En mi opinión, atando cabos en esta terrorífica y nada edificante historia, los tres «capítulos» conocidos guardan relación: avistamiento o encuentro con los «tubos caminantes», huellas y muerte del felino doméstico. El orden en que acontecieron resulta más comprometido, aunque —la verdad sea dicha— poco importa. Lo que sí parece verosímil es que el «personaje» que se aventuró hasta las cercanías del porche pudo ser el autor del medio centenar de pisadas y de la eliminación de la gata. Y las preguntas brotan como un surtidor.

¿Fue esta «entidad» —por llamarla de una manera caritativa— la responsable de las interferencias en el televisor? ¿Provocó también los «silbidos»? Como saben los seguidores del fenómeno ovni, estas anomalías suelen ir asociadas a la presencia o proximidad de los «no identificados» o de sus tripulantes. Como navarro, apostaría doble contra sencillo a que, en los alrededores, aguardaba alguna nave e, incluso, uno o más «colegas» del sanguinario «pájaro». Aunque no pueda demostrarlo estoy convencido de que este «ser» formaba parte de la «tripulación» del gigantesco objeto captado por los radares horas antes y que me había forzado a atravesar media España. Aún hoy, doce años y tres meses después de la violenta experiencia, el recuerdo de aquella noche en el interior de mi vehículo, a catorce kilómetros del escenario de tan espeluznantes sucesos, me pone la piel de gallina. ¿Qué podía haberle ocurrido a este insensato si la pareja de «tuberías», en lugar de elegir la hacienda en cuestión, opta por bajar junto a mi «compadre»? A ratos —sólo a ratos— me formulo una cuestión que, a la vista de los hechos, me da escalofríos: ¿qué me deparará el Destino el día que, quizá, llegue a tiempo y me los encuentre de cara?

También el comportamiento de los perros encaja de lleno en la casuística ovni. Estos nobles animales —como otros muchos: caballos, vacas, patos, etc.— gozan de un especial y acusado sentido que les permite detectar la proximidad de «algo» o de «alguien» no usual. Sus aullidos, nerviosismo y terror constituyen una advertencia de estimable valor. En general, las personas acostumbradas al trato de estos fieles guardianes y compañeros saben distinguir cuándo los ladridos o la actitud del perro obedecen a la presencia o aproximación de alguien o algo «normal» y cuándo a «otra cosa» desconocida, capaz de transformar a animales valientes o especialmente adiestrados en «corderos temerosos y acobardados». Cualquier investigador «de campo» que se precie conoce, al menos, media docena de casos en los que, merced a estos «avisos», los habitantes de las zonas rurales han tenido ocasión de contemplar las evoluciones de objetos no identificados o las andanzas de humanoides. Atención, pues, al ganado y a los animales domésticos. En contra de lo que aseveran los «vampiros», todavía no conozco un solo perro

La flor silvestre quedó tronchada al paso de la «criatura». En esta imagen se aprecian con claridad lo que podrían ser las llamadas «almohadillas digitales», perfectamente ovaladas. Mario Sáenz de Buruaga, biólogo experto en rastros, llevó a cabo una interesante observación: el dedo izquierdo (señalado con la flecha) resulta extraño. No marca la uña y es mucho más puntiagudo que el resto. De ello pudiera deducirse que se trata de un dedo «regresivo» y, en consecuencia, que nos encontramos ante una pata tremendamente evolucionada. En mi opinión, el «hallazgo» del eminente biólogo —desde el prisma ufológico— constituye un interesante motivo de reflexión.

La anormal profundidad de las huellas —en un terreno reseco— hace pensar en un «ser» de enorme peso, superior a los trescientos kilos. Según los especialistas consultados, «estas pisadas son impresiones enigmáticas que combinan dos salientes aguzados en el borde superior, con un diseño redondeado en los bordes izquierdo y posterior, no asimilable a ningún rastro de las especies de la fauna española».

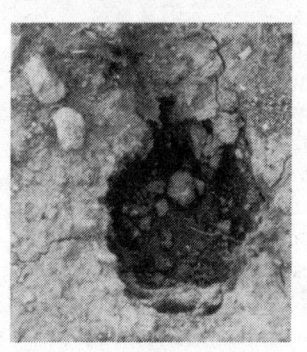

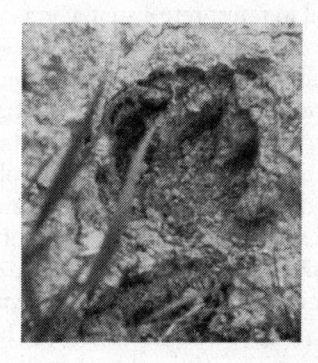

—por muy «pastor alemán» que sea— capaz de «montar un fraude ovni».

Pero, desde mi corto conocimiento, uno de los aspectos más asombrosos del caso Ojén lo constituye la «captura» de la gata. Si las diferentes autopsias descartan la acción de un depredador, ¿qué nos queda? El sentido común nos lleva hasta el misterioso «paseante». Ahora bien, ¿cómo logró aproximarse al felino? Creo que todos hemos sido testigos en alguna ocasión de las «gimnásticas» capacidades de estos mamíferos. Por muy preñada que estuviera, el formidable monstruo de patas aceradas no habría tenido éxito en la operación, a no ser que disfrutara del poder de inmovilizarla y a distancia. Algo que ya ha sucedido en otras oportunidades en el desconcertante «universo ovni». Pero, si la masacre tuvo lugar junto a la manguera de goma —allí, al menos, apareció el cadáver—, ¿por qué en la zona no fue detectada ni una sola pisada? Y si la gata fue ejecutada en otro paraje, ¿cómo llegó hasta allí? Los misterios se encadenan sin piedad. Y hablando de «misterios», me resisto a pasar por alto otro insignificante «detalle»: el plegamiento de la mencionada goma. Los que riegan a menudo lo saben. Estas dobleces son comunes y corrientes. Lo que ya no me parece tan «normal» es que fuera a producirse en plena noche y justo al lado de los restos mutilados del felino. Que cada cual lo interprete a su manera...

En lo que concierne a la despiadada decapitación y posterior desaparición de los miembros, honradamente, no consigo entenderlo. Si deseaban experimentar o trabajar con el indefenso animal, ¿no hubiera sido más fácil y «humano» apoderarse de él y devolverlo con vida? Y si, únicamente, deseaban «dejar constancia», ¿no era suficiente con el encuentro en el porche y con el medio centenar de huellas? La lógica, una vez más, se estrella contra el muro de la ilógica. Claro que, puestos a valorar, ¿qué podía importar un gato, por muy serrano que fuese, cuando han demostrado no tener escrúpulos con la sagrada vida de un hombre?

De «algo» sí estoy seguro: el aterrizaje de este «sabueso» en aquellos primeros días de marzo de 1978 en la serranía de Ronda no era fruto de la «casualidad»...

Como tampoco lo fue que ni uno solo de los especialistas en huellas a quienes presenté las imágenes supiera, con certeza, a qué animal podían pertenecer. Las consultas abarcaron todas las ramas posibles: zoología, paleontología, veterinaria, antropología, biología e incluso guardabosques.

La posibilidad de que estuviéramos ante un primate adulto (gorila, chimpancé, etc.) fue descartada. Según Esther Rebato, titular del Departamento de Biología Animal y Genética (Unidad de Antropología Física) de la Universidad del País Vasco, ni la disposición de los dedos, ni el tamaño y tampoco la profundidad de las improntas se correspondían con las de los grandes monos. Estos primates, además, caminan auxiliándose con las manos —más exactamente con los nudillos (sistema denominado *knuckle walking*)—, por lo que sus huellas son perfectamente reconocibles. Ni siquiera el más pesado de los primates —el gorila macho—, que puede oscilar alrededor de los doscientos kilos, hubiera dejado unas pisadas tan profundas en un terreno seco y compacto. Según los datos meteorológicos, en el citado mes de marzo de 1978, entre los días 1 al 12, las precipitaciones fueron prácticamente nulas. Sólo el viernes, día 3, se recogieron 8,9 litros por metro cuadrado. Las temperaturas máximas y mínimas —en dicho período— quedaron establecidas entre los 21 grados centígrados del jueves, 9, y los 5,4 de esa misma jornada y del lunes, día 6, respectivamente. También el viento hizo acto de presencia en los doce días mencionados, con rachas que oscilaron entre los 60 km/hora del sábado, 4, y los 19 km/hora del jueves, 9. En cuanto a los datos relativos a la jornada clave —la del sábado, 11 de marzo— fueron los siguientes: temperatura máxima (20 °C) a las 14.20 horas. Mínima (8,4 °C) a las siete.

«Un ser con patas metálicas, gruesas como tuberías, se aproximó hasta el porche de la casa. Le di el alto, pero, al no obtener respuesta, terminé por soltar al perro.»

Temperatura media: 14,2 °C. Humedad media: 80 %. Estado del cielo: despejado. Viento máximo (270°): 20 km/hora a las 6.50. En otras palabras, como ya mencioné: el estado del terreno —duro como una piedra— hacía inviable semejante profundidad, al menos para un animal conocido.

Tampoco los análisis desplegados por Francisco Purroy Iraizoz, catedrático de Zoología de la Universidad de León y uno de los más prestigiosos especialistas europeos en osos, arrojaron excesiva luz. No se trataba de un oso y, en el supuesto de que hubieran pertenecido a un cánido (perro, lobo, etc.), la profundidad de las mismas era excesiva. Por otra parte, los dedos laterales no aparecen «en línea», ni el conjunto de las huellas presentaba el característico «empaquetado» (muy propio de los lobos), con las pisadas distribuidas de dos en dos. (El lobo, por ejemplo, avanza la mano derecha y, detrás, la pata derecha.) Sencillamente: se trataba de un «animal desconocido». Como es lógico, en ninguna de estas pesquisas hice mención de la «trastienda» de la historia. El asunto fue planteado, lisa y llanamente, como un «enigma puramente zoológico». Naturalmente, una vez examinadas las fotografías, los expertos, curiosos e intrigados, se interesaron por las «circunstancias» que rodearon el suceso. Huelga decir que el escepticismo se dibujó en los rostros de todos ellos. Y es lógico. Yo conocía lo ocurrido y confiaba en la sinceridad de los testigos. Pues bien, una vez apuradas estas justas y obligadas comprobaciones; aparcada la posibilidad de que las huellas pudieran pertenecer a un animal, me reafirmé en la idea de que las pisadas eran obra de un ser «no humano». Justamente, el que había merodeado por el cortijo. El documento gráfico, con ello, alcanzaba —desde el prisma ufológico— un valor inestimable.

Los veo venir. Cuando estas investigaciones y aventuras sean del dominio público —calculo que para el otoño de 1990, Dios y mi editor mediante—, los «gregarios» del ovni, de acuerdo con sus costumbres, se lanzarán a la rueda de los casos, buscando la demolición de los mismos. No me extrañaría que los «calienta-poltronas» explicaran las huellas de la serranía de Ronda como la «lógica consecuencia de la irrupción en la hacienda de una partida de zíngaros ambulantes». En el suceso que está en puertas —ocurrido en la localidad burgalesa de Fuentecén— sucedió algo parecido. Ni uno solo de los «vampiros» se personó en el lugar de autos. Ni uno solo interrogó a los testigos. Ni uno solo examinó el terreno o recogió muestras. Pero, eso sí, al poco, el encuentro con este nuevo «ser» de apariencia robótica era calificado de «fraude». Bien, expongamos los hechos y que el lector juzgue.

El Destino «eligió» esta vez la pequeña población castellana de Fuentecén, 17 kilómetros al oeste de Aranda de Duero. Allí, en febrero de 1981, regentaba un bar el vecino de dicha localidad Luis Domínguez Díez, que entonces contaba treinta y siete años de edad. La vida discurría sin excesivos sobresaltos, como suele corresponder a estos laboriosos y apartados pagos. Pero una madrugada —la del 12 al 13 de febrero— «algo» insólito vino a marcar la existencia de la familia. He aquí la versión de los testigos, a quienes tuve la oportunidad de conocer e interrogar en diferentes ocasiones. Nunca, a pesar del intencionado tiempo que dejé transcurrir entre unas grabaciones y otras, modificaron el testimonio inicial o cayeron en contradicciones.

«Fue alrededor de las dos y media o tres de la madrugada. Cerramos el bar y, cuando me encaminaba a casa, ahí al lado, en la era, observé unas luces coloradas. Iba solo y lo primero que pensé fue en los pilotos de un coche. En esos días se habían producido varios robos en el pueblo. Así que, sospechando que pudiera tratarse de los ladrones, me fui para allá. Pero, cuando estaba a un centenar de metros, ¡coño!, las luces se elevaron, haciendo un extraño giro a la derecha. Me quedé como una estatua. Y la "cosa" aquella, en silencio, descendió de nuevo, posándose en el campo.

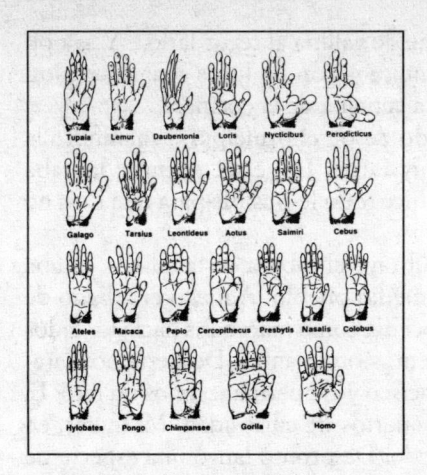

Manos derechas de diversos primates adultos, reducidas todas a la misma escala. *(A. Schultz.)*

Pies derechos de diferentes primates adultos, reducidos todos a la misma escala. Estas imágenes, como las de las manos, no guardan semejanza alguna con las huellas de Ronda. *(A. Schultz.)*

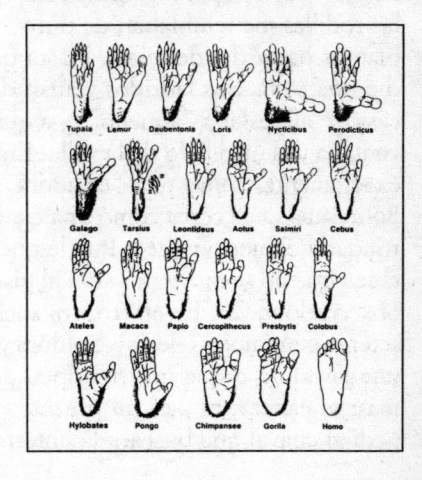

Aún se me pone la carne de gallina al recordarlo... Y salí pitando. Desperté a mi mujer y, con las luces apagadas, estuvimos viéndolo desde la ventana de la cocina.»

«A mí me dio miedo desde el principio —manifestó la esposa—. Era raro, muy raro... El perro, además, ladraba como un loco. Así que hice todo lo posible para que Luis no saliese...»

«Yo, en efecto —subrayó el cabeza de familia—, estaba dispuesto a levantar a medio pueblo. Aquello era digno de verse. Tan pronto retrocedía como marchaba hacia los lados y siempre con movimientos ondulantes. Despertamos también a mi hijo José Francisco y allí permanecimos un rato. El chico y yo, atónitos y muertos de curiosidad. Mi mujer, en cambio, muerta de miedo. De pronto lanzó una especie de foco o fogonazo hacia un palomar y el campo y las casas se iluminaron como si fuera de día. Mi esposa se retiró y el chaval y yo continuamos pegados al cristal de la ventana. A la media hora de empezar el "festejo" creí escuchar un ruido. Algo así como pisadas que se acercaban. Se lo comenté al niño y respondió que sí, que él también las estaba oyendo. Era un "tap... tap... tap" muy claro. Para qué voy a mentir: las rodillas me temblaban de puro "canguelo". Pero no sabíamos hacia dónde mirar. Hasta que *Satán*, el perro, nos dio una pista. Sus ladridos venían de la cerca que rodea la casa. Y allí estaba "aquello"..., a quince metros de nuestra ventana y al otro lado de la valla. Era como un cajón o, más exactamente, como una "lavadora": cuadrado y metálico. Sobresalía de la cerca como una cuarta. Por eso calculé que rondaría el metro y pico. Puede que 1,40 o 1,50. Le dije al chico que no se moviera y subí al piso superior con el fin de observarlo mejor. En efecto, era anchote, de unos sesenta o setenta centímetros de envergadura y exactamente igual que una lavadora o que un frigorífico pequeño. No le vi nada más: ni cabeza, ni pies, ni brazos... Bajé a todo meter y le pedí al chaval que buscara la linterna, ordenándole que no prendiera las luces. Entonces me hice con un cuchillo de monte y abrí la puerta, dispuesto a acercarme a la valla. Fue visto y no visto. Nada más poner el pie fuera de la casa escuché un ruido parecido al chisporroteo que hacen los cables de alta tensión. El "cajón" había desaparecido. Pero las luces rojas seguían en el suelo. Y en segundos se elevaron de nuevo, perdiéndose hacia la arboleda. Ya no volvimos a verlas.»

En total, la observación del ovni y del «cajón» metálico sumó entre cincuenta y sesenta minutos. En la segunda «fase» —en el encuentro cercano con la «lavadora»—, padre e hijo asistieron a otro insólito hecho:

«*Satán* ladraba y el objeto, desde el filo de la valla, contestaba con un segundo "ladrido" más lento y apagado. Puede parecer ridículo, pero te juro que así era. Nos dio la sensación de que imitaba al perro.»

Esa misma noche, nada más desaparecer el ovni, Luis y su hijo recorrieron los alrededores. Pero, a pesar de la nieve caída pocas horas antes, no lograron descubrir un solo rastro de la enigmática «lavadora parlante». Fue al día siguiente, al regresar de Roa, del colegio, cuando José Francisco advirtió a su padre de la existencia de una «zona quemada», justo en la era donde habían observado las «luces». Y ese viernes, 13, animado por algunos de los vecinos, el señor Domínguez Díez se decidió a poner el asunto en conocimiento del ya desaparecido diario *Pueblo*. Por aquellas fechas los periodistas Pablo Torres, Jesús Carrillo y Francisco Minaya dedicaban parte de sus esfuerzos profesionales a la muy loable tarea de difundir el fenómeno ovni. Y merced a sus buenos reflejos fue posible «rescatar el caso de Fuentecén y, lo más importante, examinar las huellas de la nave a las pocas horas del descenso. Tendrán que reconocer conmigo —y el puyazo va derecho al «morrillo» de los «vampiros»— que la acción de la Prensa, en ocasiones, no es tan nefasta como pretenden estos hijos de su madre. La noticia y las primeras impresiones vieron la luz pública el 18 de ese mes de febrero. Allí se daba cuenta, en efecto, de un área de cinco metros cuadrados, no exactamente «quemada», sino «desecada», como si una ola de calor se hubiera abatido sobre el terreno. Y en el «corazón» del punto de contacto del ovni con el suelo fueron descubiertos tres orificios circulares de unos treinta centímetros de profundidad por otros dos de diámetro, formando un triángulo equilátero de dos metros de lado. No hacía falta ser muy despierto para comprender que tales huellas podían corresponder al «tren de aterrizaje» del objeto. Algo muy común en ufología. Los periodistas, conscientes de la importancia del caso, tuvieron la precaución de recoger muestras, remitiéndolas a los laboratorios de la Junta de Energía Nuclear. Meses más tarde, el jefe de la seción de Información Nuclear, J. P. Díaz-Guerra, les comunicaba lo siguiente: «...Habiendo sido realizados por esa JEN los recuentos alfa, beta y gamma de las tres muestras remitidas por ustedes y que le adjuntamos, los resultados de estos recuentos indican que ninguna de ellas tiene carácter radiactivo, ya que los valores obtenidos son los correspondientes al fondo natural...»

Una semana después de la publicación del suceso tuve la oportunidad de corroborar, sobre el terreno, cuanto había publicado el rotativo *Pueblo*. Y en mis conversaciones con los testigos surgió algo más. Pocos días antes del encuentro con el ovni y el «robot», el mismo Luis Domínguez y otros vecinos habían presenciado las extrañas evoluciones sobre Fuentecén de unas «luces» rojas, muy parecidas a las observadas en la madrugada del 12 al 13. Una de ellas, incluso, fue a precipitarse contra la puerta de una de las casas, con el consiguiente susto de sus moradores.

Puede parecer que la tengo tomada con los «calientapoltronas». Nada más lejos de mi «angelical naturaleza». Lo que ocurre es que los investigadores «de campo» no debemos consentir que estos fulanos confundan con sus pantomimas a la opinión pública y a los jóvenes estudiosos. ¿Por qué el caso de Fuentecén fue catalogado como «fraude» por los «vampiros»? ¿Quizá porque Luis Domínguez cometió el «delito» de telefonear a la Prensa? ¿Porque la consiguiente aparición en los diarios le reportó una efímera publicidad personal? De acuerdo con esta regla de tres habría que cuestionarse también si las declaraciones de estos «sumos sacerdotes» a los medios de comunicación invalidan igualmente sus «trabajitos». El afán de protagonismo de este sencillo y modesto burgalés —al menos para los que le conocimos personalmente— brilló siempre por su ausencia. ¿Pueden decir lo mismo quienes se atreven a juzgarle sin haber pisado siquiera Fuentecén?[1] Claro que, a lo mejor, el «fraude»

1. He aquí dos de las numerosas «pruebas» que obran en mi poder y que vienen a confirmar la falsedad e hipocresía de muchos de estos «rigoristas» de la ufología. Mientras, de cara a «la galería», se presentan como «puros e intocables», bajo cuerda hacen llegar a sus «devotos» y «vampirizados» cartas y circulares como las presentes, animándoles a comprar y a difundir —a costa del bolsillo del «acólito», claro está— el libro de turno: «Me permito remitirte este documento con el propósito de informarte acerca de mi obra ... publicada por la editorial ... en sus colecciones ... Este libro es fruto de varios años de trabajo y está dedicado por entero al problema de los *encuentros cercanos* con ovnis en España, documenta la valiosa evidencia recogida de los casos de aterrizaje, reseña exhaustivamente casos comprobados de observación de presuntos tripulantes, analiza algunos de los más relevantes aspectos estadísticos del fenómeno y, en suma, trata de ofrecer una *alternativa científica* a la literatura sobre el tema escrita en castellano.

»Esta obra, profusamente ilustrada, ha pretendido enfocar el tema ovni desde una perspectiva universitaria y darle el tono de rigor que demanda la seriedad e importancia potencial de esta problemática, a la par que divulgar la fenomenología a un público que desconoce la abundante información de primera mano que los especialistas hemos acumulado en largos años de estudio.

»Te acompaño unos datos sobre mi libro así como una colección de reseñas y críticas publicadas, en donde hallarás las impresiones de destacados ufólogos internacionales como Jacques Vallée, Francesco Izzo, Miguel Guasp y muchos otros.

radica en la «exuberante imaginación» de este fontanero de pueblo, capaz de someter un área de varios metros cuadrados a una radiación calorífica superior a los ochocientos grados centígrados, desecando la hierba sin chamuscarla. A eso habría que añadir la «invención» de una «lavadora parlante», que se «entretiene» reproduciendo los ladridos de un perro y que no deja huellas en la nieve. Sin contar, naturalmente, con el engorroso «montaje» previo que representa ponerse de acuerdo con otros paisanos, a fin de que manifiesten —no a la Prensa, sino a este «sainetero»— que, días antes del encuentro, también observaron unas extrañas luces rojas sobre la localidad. Y todo esto con el sibilino propósito de aparecer en los «papeles»... Si los «santos y sepa-

---

»Te agradezco de antemano la recepción que sé darás a mi obra...»
¿Afán de protagonismo? No, por supuesto. Esta y otras «misivas», en las que, incluso, se proporcionan a los incautos las directrices y fórmulas para que el libro se venda más y mejor —conferencias, contactos con los periodistas, etc.—, sólo son y constituyen un medio «limpio y serio», a la medida del narcisismo de estos «sepulcros blanqueados». ¿Desean los jóvenes investigadores otra prueba? En julio de 1984, fechada en Valencia, este mismo «vampiro» hacía correr, sin el menor pudor, la siguiente carta circular: «Querido amigo: Tengo el gusto de informarte que en el número de agosto de la revista *Muy Interesante* se dará cobertura al tema ovni. Se incluirá un trabajo firmado por mí en el que señalo las principales características anómalas del fenómeno ovni, indico la necesidad de discriminar los casos...» El «aviso» concluye con una frase que habla por sí sola: «*Muy Interesante* se adquiere en los quioscos.»

Lo que no se menciona en estos «cebos» es que, para ofrecer esa «alternativa científica a la literatura escrita en castellano», la «abundante información de primera mano que los especialistas —dice— *hemos* acumulado en largos años de estudio» procede, en su mayoría, de una pléyade de esforzados investigadores «de campo», previamente «vampirizados». En mis archivos «confidenciales» figura una hermosa colección de cartas en las que estos dignos representantes de la ufología científica «exigen», «mandan» y «ordenan» a sus «lacayos» que les remitan «a la mayor brevedad» cuanto hayan podido investigar. Así se escribe la pequeña historia de la ufología hispana... *(N. de J. J. Benítez.)*

Luis Domínguez Díez, testigo de un aterrizaje ovni y del posterior encuentro cercano con un «robot». *(Foto de J. J. Benítez.)*

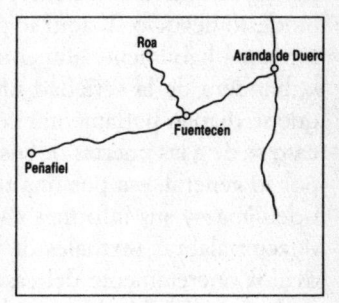

Luis Domínguez, con su hijo mayor José Francisco (en el centro), marcando el lugar del descenso ovni.

El testigo principal de Fuentecén con su esposa.

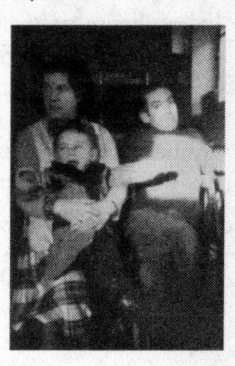

rados» se hubieran tomado la molestia de viajar hasta Fuentecén, habrían comprobado que el señor Domínguez no recibió un solo «duro» por sus amables y pacientes manifestaciones. Al contrario. Muchos de los que nos acercamos hasta él sólo le proporcionamos notables pérdidas de tiempo que, irremediablemente, redundaron «a la baja» en un modesto negocio. Y aquí se produce otra significativa «distorsión», hábilmente alimentada por los que dicen ostentar la bandera de la seriedad ufológica. Cuando son ellos los que se dignan parlamentar con un testigo —siempre que el caso se dé a las puertas de sus respectivas casas, claro está—, por lo general, esa persona resulta «honrada, seria, formal, fidedigna» y sus informes «articulados y sobrios». (Reproduzco palabras textuales de uno de estos «narcisistas» del ovni. Concretamente del caso Muñotello.) Cuando el peso de la investigación ha corrido por cuenta de otros investigadores «infieles», que no comulgan con las ruedas de molino de la casta vampiresca, entonces testigo y pesquisador caen en desgracia y la honradez y formalidad de uno y otro se ven difamadas. Éste es el caso de Luis Domínguez.

Por otro lado, si nos ceñimos a la casuística detectada en nuestro país por aquellas fechas, el aterrizaje y encuentro cercano en Fuentecén encajan de lleno en la «minioleada» ovni que —supongo— consta en los célebres «listados» de los «calienta-poltronas». Sólo entre noviembre y diciembre de 1980 fueron registrados más de cuarenta avistamientos en Marruecos, península Ibérica, Francia y Reino Unido. Y según mis archivos, desde enero a abril del año siguiente, se contabilizaron diecinueve casos conocidos en el solar hispano. Pero nada de esto guarda el menor valor para los ufólogos de «ideas fijas»...

En mi opinión, en los sucesos que ahora me ocupan —Punta Umbría, Ojén, Fuentecén y los que pasaré a detallar a continuación— nos enfrentamos a la realidad de unos tripulantes «robotizados» o «cuasi-robotizados». Algo que, como conocen los amantes de la astronáutica, no debería repugnar a la ciencia y tecnología humanas. A nuestra manera ya lo estamos haciendo en las incursiones a Marte, Venus, etc. La moderna era ovni rebosa testimonios más o menos similares a los ya expuestos. Parece claro, al menos para los investigadores, que los seres que nos visitan gustan desembarcar personalmente en nuestro mundo, pero también se aprovechan de las máquinas y robots que, sin duda, les acompañan. Aunque sólo sea —como se ha visto en las tierras castellanas— con la aparentemente ridícula y pueril intención de «imitar los ladridos de un perro.» Y díganme: ¿qué opinión les merece el susodicho «experimento»? Porque, si de eso se trataba, para semejante «viaje» podían haberse ahorrado las «alforjas». ¿O es que la sublime tecnología que adorna estas naves no se halla capacitada para «captar desde las alturas» las evoluciones y el sonido de un chucho? Y ya ve usted, caro lector, cómo, sin proponérmelo, vengo a desembocar en el común denominador de este trabajo: ¿«aparcaron» en los extramuros de Fuentecén, justo a la hora de cierre del bar del señor Domínguez, por puro azar? ¿Arriesgaron a casi doscientos metros de la nave a su «lavadora parlante» para «ladrarle» a *Satán*?

A buen entendedor...

Si en el lance de la «lavadora parlanchina» —cuán cierto es que la realidad supera siempre a la ficción— se cometió el «gravísimo pecado», según los «vampiros», de hacer partícipe del hecho a la Prensa, el que ahora salta al conocimiento de la opinión pública llega «virgen e inmaculado», al menos en lo que a medios escritos se refiere. El caso ha permanecido dieciséis años —ahí es nada— en la «nevera» de este «sainetero» y «cantamañanas» de la ufología. ¿Obtendrá la bendición de los «purpurados» del ovni? Apuesto mi bien ganada fama de «mercantilista y «advenedizo» a que no.

Tuve noticia de la experiencia por la que atravesó el zamorano Guillermo Rodríguez Riesco en los primeros días de mayo de 1978. El ya desaparecido investigador «de campo» Federico Acosta, primer juez en el mundo que tuvo la valentía de «levantar acta de un aterrizaje ovni», me había hablado del asunto en repetidas oportunidades. Y en dichos días, embarcado en un exhaustivo «peinado» de las tierras zamoranas, de cuyos resultados apenas he dado cuenta hasta el momento, fui al encuentro del mencionado industrial, residente en la capital de Zamora. El suceso, acaecido en la primavera de 1974, tuvo como escenario las orillas del río Esla, a espaldas del abandonado monasterio de Moreruela. Kilómetro arriba, kilómetro abajo, a una hora escasa, en automóvil, de la referida ciudad de Zamora. Y una vez más, unos perros, el miedo, un «personaje robotizado» y un ser humano vendrían a dibujar la escena:

«Era un jueves. Hacia las cinco de la tarde. Había acudido a pescar en compañía de otro amigo. Y siguiendo la costumbre nos distanciamos. Él fue a situarse a kilómetro y medio de donde yo estaba. Planté las dos cañas y me senté, a la espera de un feliz y rápido "acontecimiento". ¡Y ya lo creo que se produjo! Pero no en forma de pez...

»Recuerdo que tenía a mi derecha uno de los perros grandes: un boxer cruzado con bulldog. Una fiera. A la izquierda descansaba igualmente tranquilo otro chucho más pequeño. Y con la miraba fija en las cañas me entretuve haciéndole cosquillas al chico. Todo se hallaba en paz; en un agradable y acariciante silencio. Y de buenas a primeras, sin explicármelo, se alzaron y comenzaron a ladrar violentamente, con las orejas, colas y pelaje erizados como púas, en actitud amenazante. No me dio tiempo a pensar. Por mi derecha, a un centenar de pasos, distinguí a una "persona". Ésa fue mi impresión inicial. Me observaba atentamente y con el cuerpo inclinado hacia adelante. Era alto. Muy alto. Con una talla superior a los dos metros. Hombros anchos y

Un extraño «cajón» metálico —de color aluminio— se aproximó hasta la valla que rodea la casa del vecino de Fuentecén. Y comenzó a «imitar» los ladridos de «Satán», el perro de la familia.

cuerpo —no sé cómo explicarte— enfundado en una "vestimenta" metalizada y blanca. El cuello era largo. La cabeza, grande, rodondeada y sin cabello. Estaba inmóvil, con los brazos —digo yo— pegados al tronco.

»Durante segundos nos espiamos mutuamente. Los perros, cada vez más alterados, se revolvían furiosos, avanzando un par de metros y retrocediendo. No sé qué pudo ocurrirme. Quizá fuera el miedo, que me entró a camionadas. Quizá no. El caso es que empecé a sentirme como atolondrado. Me restregué los ojos, pero, al abrirlos, allí seguía el "individuo". E intuyendo un peligro grité: "¡*Riky*, ve por él!"

»Y los perros obedecieron, lanzándose en su busca. Pero antes de que hubieran recorrido veinte o treinta metros, el extraño ser se alejó monte arriba, deslizándose sobre el terreno como si tuviera un motor en los pies. ¡Madre mía! ¿Qué es eso?, me dije. Marchaba más rápido que los perros. Calculo que a unos cincuenta o sesenta kilómetros por hora. Y desapareció de mi vista. Los perros, entonces, alcanzaron el lugar donde había permanecido el "robot" —o lo que fuese— y allí se quedaron un rato, husmeando, ladrando y haciendo círculos. Cuando acerté a recuperarme un poco del espanto y del atontamiento que padecía llamé a los animales y, recogiendo las cañas, salí del lugar como alma que lleva el diablo. Me reuní con mi compañero, pero, inexplicablemente, no abrí la boca. Durante un tiempo, los perros continuaron excitados y agresivos. Y sin más me metí en el coche, regresando a Zamora. Y durante todo ese fin de semana, prácticamente hasta el domingo por la noche, me mantuve en un estado que no era normal. Apenas hablaba, casi no tomé alimento y pasaba muchas horas inmóvil, como paralizado. Francamente lo achaqué al fortísimo miedo y a la proximidad del ser. No le encuentro otra explicación.

»Al jueves siguiente, más tranquilo y en compañía de unos amigos, regresé al sitio. Les conté lo ocurrido, pero, como es normal, hubo "división de opiniones". Y por espacio de varias horas inspeccionamos la zona, a la búsqueda de posibles huellas. Nada de nada. Allí no se apreciaba rastro alguno: ni pisadas, ni hierba o maleza aplastadas... Y no lo entiendo porque, aunque no tocaba el suelo, el deslizamiento tenía que haber provocado alguna alteración.»

Según el testigo, ese desplazamiento se inició, casi con seguridad, como consecuencia del azuzamiento de los perros. El ser, mientras se alejaba por la suave pendiente, siguió «rígido como un poste», sin mover los hombros ni flexionar piernas o brazos.

«... Su apariencia, insisto, era semejante a la de un hombre, excepción hecha de su altura y del "uniforme" que le cubría: de una sola pieza y perfectamente ajustado al cuerpo. El color, blanco tirando a amarillento, también me extrañó.»

Los escépticos —y están en su santo derecho— podrán suponer que el pescador quizá padeció un «trastorno mental transitorio». Aceptado. Pero ¿y los perros? Después de todo fueron los primeros en captar la presencia del «individuo». Un «ser», como sucediera en Saucedilla, que «caminaba» sin tocar esta pecadora tierra e «impulsado» por una enigmática fuerza. Por supuesto no puede hablarse de una recíproca y malsana influencia. Ni el señor Rodríguez Riesco supo jamás del caso del «gigante del patín» ni las testigos de Saucedilla del «mirón» de Moreruela.

Y algo más que, entiendo, resulta tan humano y comprensible como triste. El terror, ciertamente, es libre. Y nadie, en esas circunstancias, puede prever sus reacciones. Pero, aun así, ¿por qué el ser humano —recordemos Ojén o el cuchillo de monte de Fuentecén— se inclina casi siempre hacia la violencia o la autodefensa? ¿Qué habría ocurrido en el Esla si, en lugar de azuzar los perros, el pescador hubiera dominado el miedo, tratando, por ejemplo, de comunicarse con el gigantesco «observador»? Lo sé. Es posible que esté pidiendo peras al olmo. Este «diablo sentimental» que les habla —con más de tres millones de kilómetros a sus espaldas y una «teórica notable preparación» en lo que a perseguir ovnis se refiere— se ha hecho «aguas menores» en más de una y de tres ocasiones, simplemente ante la sospecha —falsa como Judas— de la proximidad en las tinieblas de uno de estos objetos. Y como muestra, permítanme que les narre lo sucedido en una de esas largas esperas, en un remoto y solitario bosque del Pirineo...

Ocurrió en el otoño de 1977. Durante un buen puñado de días, este soñador dividió su tiempo entre la investigación y otra de sus pasiones: el «espionaje de los cielos nocturnos». Tal y como se cuenta en mi anterior libro —*La punta del iceberg*—, andaba por aquel tiempo de juventud en plena brega con un gigantesco y bermellón ovni que parecía encaprichado con los lunares firmamentos de la sierra Caballera, en el norte de Aragón. Fue un problema de «orgullo profesional». La famosa «nave de Pusilibro», uno de los picachos de aquel Pirineo que, a fuerza de ir y venir, se tomó como de la familia, había sido vista por decenas de oscenses e, incluso, fotografiada a placer. Y me propuse dar con ella. La única fórmula era plantar mis reales en los bosques, laderas y vaguadas que velan soledades junto al magnífico castillo de Loarre. Y en tan extremos y sugerentes confines —a casi 1 600 metros de altitud—, con las estrellas, el equipo fotográfico, mi «compadre», un par de bocadillos y mi agujereada y azabache conciencia por toda compañía, fui quemando noche a noche, atento al más débil lamparazo celeste. Y en una de aquellas vigilias, precariamente atrincherado en el interior del automóvil y tratando de espantar fríos y sueños con el concurso de ríos de café y océanos de voluntad, vino a suceder lo inesperado. Mejor dicho, lo muy esperado.

Según las anotaciones del «cuaderno de campo» estaban a punto de caer las cuatro de la madrugada. La luna, digo yo que compadecida, había puesto todo su afán en blanquear la modesta explanada en la que este inconsciente, voluntarioso y romántico «alcornoque» montaba guardia, a la espera —dónde se ha visto semejante desfachatez— de la aproximación o, puestos a pedir, del descenso de una de estas astronaves no humanas. Antes —más joven e impulsivo—, este «correcaminos» hubiera dado la mitad de su vida por un encuentro cercano con los tripulantes de los ovnis. Hoy también, pero menos.

Y un chasquido fue a sacarme de mis ensoñaciones. Procedía del flanco trasero del coche. Me revolví en el asiento, buscando el origen del nítido y rotundo topetazo con la carrocería de mi «compadre». Pero no acerté a distinguir sombra o movimiento algunos. Contuve la respiración, estirando los sentidos. A los pocos segundos, lo que interpreté como unas huidizas pisadas —esta vez frente al «morro» del vehículo— me hicieron girar hacia el parabrisas. Y un escalofrío —ajeno a la baja temperatura reinante— me agitó como un muñeco. No cabía duda. Alguien merodeaba en torno a este caballero de la triste figura. Más que «triste», acogotada...

Me empiné por encima del volante y, con más miedo que vergüenza, exploré los perfiles del coche. En mi proverbial torpeza vine a propiciar el derramamiento del café. Y aturullado, hecho un lío entre mapas y cuadernos, percibí una segunda serie de tableteos. Procedían de la banda derecha. Casi con seguridad, de la zona de la puerta trasera. Y la «loca de la casa» se soltó el pelo, haciendo desfilar por mi mente una docena de posibles «intrusos», a cuál más fantástico.

Ya ve usted: el miedo es como es. No hay que darle vueltas. En uno o dos minutos imaginé lo inimaginable. ¿Había descendido una nave en las proximidades? ¿Tenía a mi alrededor a sus ocupantes? Y el pánico —llamemos a las cosas por su legítimo nombre— fue a coronarme cuando, en mi-

La casa de la familia Domínguez en 1981. El «robot» se aproximó hasta la pequeña puerta que aparece abierta en la imagen. El testigo observó a la extraña «lavadora parlante» desde la ventana del servicio (la tercera por la izquierda).

Luis Domínguez, al fondo de la imagen, en el lugar donde permaneció el «robot» por espacio de unos veinte minutos.

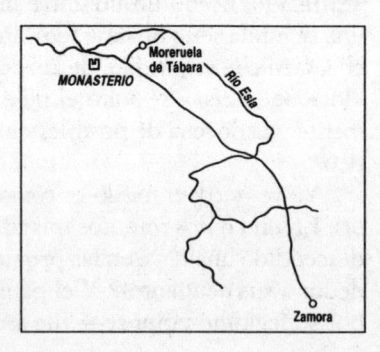

tad del angustioso trance, vine a descubrir a través del cristal de la mencionada puerta posterior la redondez de un ceniciento cráneo y las chispas de unos ojos húmedos y saltones que me observaban con avidez. La «criatura», difuminada en los grises de la madrugada, apenas remontaba una cuarta sobre la base del vidrio. Esta circunstancia y mi calenturienta imaginación hicieron el resto. Aquella cabeza desnuda, sin cabello, plateada por la Luna, tenía que ser propiedad de un individuo de un metro —o poco más— de estatura. Justo la talla de los abundantísimos humanoides enanos y cabezones, vistos en medio mundo por activa y por pasiva. Y la razón y el sentido común emigraron a otra galaxia. En su lugar fue a instalarse un pavor de plomo que dejó en evidencia mi supuesto «entrenamiento». Y a lo que voy. Descontrolado, con la idea fija y absurda de «repeler la agresión», me aferré a la botella y, lentamente, fui abriendo la portezuela, dispuesto a espantar al «visitante». Ahora comprendo el horror de los testigos. La ceguera derivada del pánico me imposibilitó, incluso, a lanzar una segunda ojeada al pequeño personaje.

No sé si fueron mis temblorosas piernas o el instinto de conservación quien se encargó de conducirme hasta el maletero del automóvil. Una vez allí, con los cabellos como espinas de chumbera, apuré las gotas de valor que aún me adornaban, avanzando hacia el «enemigo». Pero al verme, en lugar de paralizarme —que hubiera sido lo correcto en esta suerte de encuentros galácticos—, la «criatura» se limitó a menear la cola en señal de amistad. Y el intempestivo chucho —dócil como él solo— continuó durante unos instantes en la engañosa posición que había desatado mi «diarrea» mental: con las manos alzadas, descansando sobre la chapa. La única forma en la que el inteligente animal podía curiosear el interior del automóvil.

No sé qué fue más hiriente: el miedo que acababa de vadear o el espantoso ridículo que tomó el relevo. El historiador Livio definió bien esta situación: «El miedo se halla siempre dispuesto a ver las cosas más feas de lo que son.»

Y el lector podrá preguntarse si el «listón» profesional e intelectual puede influir a la hora de atar en corto al pánico. Ya lo hemos visto. El rejoneador y universitario Rafael Peralta no fue capaz de neutralizarlo. En cuanto a mí mismo —licenciado por la prestigiosa Universidad de Navarra—, ídem de ídem. Un desastre...

Pero, por aquello de las dudas y suspicacias, agregaré a la lista un caso extra. Un suceso protagonizado por una persona que, en teoría, dada su alta cualificación y cerebro frío y «cuadriculado» —ingeniero en Instrumentación de Procesos—, debería reaccionar con seguridad y templanza. Dejemos que los hechos hablen por sí solos.

Conozco al testigo desde hace años y por razones ajenas a mi actividad. Siempre le consideré un hombre estable, entregado a su trabajo y sin asomo de fantasía. En suma: como buen ingeniero, más inclinado por el racionalismo que hacia «historias de ciencia-ficción». Ese arraigado sentido de la profesionalidad es el que motiva, precisamente, que nuestro protagonista haya elegido silenciar su identidad. De momento, dicho está, el tema ovni no encaja en los cerrados horizontes de la ciencia oficial. Y, como una derivación lógica, tampoco las multinacionales se permiten y permiten excesivas alegrías sobre el particular. Sé de «altos ejecutivos» —testigos de ovnis— que han tenido que «echar marcha atrás» en sus manifestaciones ante la «espada de Damocles» de un fulminante despido.

RV —así denominaré a mi amigo—, casado, afincado en el País Vasco, catalán de nacimiento y que en aquel julio de 1988 contaba cuarenta y un años de edad, ha sabido guardar su experiencia con una intachable reserva. Fue la «nave nodriza» —siempre sutil y «milagrera»— la encargada de «transmitirme» la noticia a las pocas horas de registrarse y, por descontado, por los «laberínticos canales» que le son habituales.

En estos dos últimos años he sostenido varias conversaciones con él. He visitado el lugar donde acaecieron los hechos. Se han recogido y analizado muestras e investigado a fondo las diferentes «anomalías» detectadas en su automóvil y en las tarjetas de crédito que portaba en el momento del «encuentro cercano». He aquí una síntesis de lo ocurrido:

—Fue un día de labor. Creo recordar que el viernes, veintinueve de julio. Serían aproximadamente las tres de la madrugada. Regresaba de un viaje de trabajo por la autopista A-68. Había rebasado la ciudad de Logroño y, como te digo, empecé a notar un poco de sueño. Así que, sin dudarlo, me desvié de la ruta, penetrando en la primera área de descanso que me salió al paso. El «parking» en cuestión se encuentra en el kilómetro ochenta y dos. Viajaba solo y, al comprobar que en el lugar se hallaba estacionado un camión, me sentí tranquilo. Recuerdo que era un vehículo de gran tonelaje y matrícula francesa. Total, recliné el asiento, me puse lo más cómodo posible, y, en cuestión de uno o dos minutos, caí en un profundo sueño. Hasta que, de pronto, me despertaron una claridad y un extraño ruido. Algo así como un zumbido, pero muy leve. En un primer momento pensé en las luces de un coche o de algún otro camión, que entraba en el recinto. Pero no. La «claridad» procedía de mi derecha. Es decir, del campo situado junto al «parking»...

—¿Tienes el sueño «ligero»?

Mi pregunta fue satisfecha por RV y ratificada por Emma, su esposa.

—Todo lo contrario. Cuando duermo soy un tocho.

—¿Estaba encendida la radio del coche?

—No.

—¿Y cómo describirías esa «claridad»?

—Veamos si consigo explicarme. No es tan sencillo. Al despertarme y mirar hacia la derecha, aquella «luz» fue apagándose. Y el lugar recobró su aspecto normal; es decir, una oscuridad absoluta. Pues bien, en esos instantes, sin terminar de entender lo que pasaba, vi descender de la cabina al conductor del camión que tenía delante. Y se dirigió hacia mi automóvil. Un tanto alarmado salí del BX y, al llegar a mi altura, empezó a hablarme en francés. «¿Has visto? —me repitió varias veces—. ¿Has visto?» Y señaló el terreno ubicado a la derecha de los vehículos. Justo donde creía haber percibido la «claridad». Pero lo que vi fue «algo» muy extraño: una «negrura» que «ocupaba» buena parte de nuestro campo de visión, a lo largo y a lo alto. Al notar semejante «oscuridad» me quedé perplejo. De haber estado allí cuando ingresé en el «parking», los faros del coche tendrían que haberla detectado. Y no fue así.

—¿Qué hora era?

—Alrededor de las cuatro. Entonces, durante algunos segundos, permanecimos de pie junto al lateral izquierdo de mi coche y con la vista fija en aquella inmensa «mole negra».

—¿En qué estado se encontraba el chófer francés?

—Muy nervioso. Y en su excitación sólo acertaba a repetir las dos palabras antes mencionadas: «¿Has visto?» Pero ¿qué tenía que ver? Ante nuestros ojos sólo había una «cosa» oscura... Y de repente, ante mi propia extrañeza, le dije: «Vamos.» Rodeamos el BX y comenzamos a caminar en dirección a la «zona negra», por llamarla de alguna manera...

—¿Por qué «ante tu propia extrañeza»?

—Muy simple. Yo no soy curioso. Esa reacción mía fue total y absolutamente inexplicable. Por más vueltas que le doy no consigo entenderlo. Y cuando nos hallábamos a unos diez metros, más o menos, de la referida «mole», ocurrió «algo» que tampoco tiene explicación: el camionero y yo fuimos a «tropezar» con una «muralla» invisible. Dudo mucho que acierte a describirlo con precisión. Era como un «muro». Tanto él como yo lo tocamos. Mis gafas, incluso, se «hundieron» contra el rostro al entrar en contacto con la «barrera». Era increíble. Podría compararlo quizá a una especie de gelatina o a un material plástico, muy sutil pero lo suficientemente firme como para obstaculizar el avance. Se amoldaba a las manos y a la cara y, supongo, en el primer encontronazo pudo «retroceder» del orden de uno o dos centímetros. Sin embargo me pareció «algo» intangible. Fue en esos instantes cuando empezaron a temblarme las piernas. Entonces, estimado amigo, supe de verdad lo que es el miedo. De la reacción del francés no puedo hablarte. Pero supongo que fue similar a la mía. Y, de pronto, por si no teníamos suficiente con «aquello», la parte inferior de la «mole negra», para que nos entendamos, y en una longitud aproximada de seis metros, se iluminó ligeramente. No puedo decirte si ya estaban allí o si aparecieron en esos momentos...

—Disculpa: ¿cómo era esa iluminación?

—Podría describirlo como un «cambio de tono». No es que se encendiera una luz, no. Es que esa franja inferior de la «masa negra» se esclareció levemente. Pero seguía siendo una «claridad oscura». Comprendo que mis palabras son difíciles de entender. Pero lo que teníamos enfrente no era «normal»... ¿Qué ejemplo podría darte? Imagínate una enorme losa de mármol negro. Pero un negro «verdoso». Pues bien, así era el paño oscuro del que te hablo. Y al «iluminarse», ese «verde botella» se hizo un poquito más diáfano. Es decir, que no emitía luz, sino que vino a colorearse en sí mismo. Entonces, como te decía, esa «claridad oscura» nos permitió distinguir dos siluetas. Vuelvo a repetirte que no sé si estaban allí desde el principio o si, por el contrario, irrumpieron en esos momentos. Al verlas sentí un escalofrío. Y las piernas multiplicaron sus temblores. Eran, ¡Dios santo!, de una talla y una envergadura gigantescas. Calculé unos tres metros de altura y un ancho proporcionado. Y avanzaron hacia nosotros...

—¿A qué distancia podían encontrarse?

—Alrededor de cinco metros. Tenían un comportamiento poco ágil. No eran humanos, de eso estoy seguro,

«Un ser gigantesco me observaba atentamente», manifestó el pescador zamorano.

Guillermo Rodríguez Riesco, con sus perros.

Dos seres gigantescos, de unos tres metros de altura, aparecieron y caminaron frente al ingeniero y el camionero francés. «Parecían el reflejo el uno del otro.»

pero tampoco lo que entendemos por «robots». Si tuviera que decantarme por una «etiqueta», elegiría la de híbridos. Y algo curioso: «caminaban» al unísono y como si uno fuera el reflejo del otro. Es decir, cuando uno de aquellos «gigantes» avanzaba su pierna derecha, el segundo hacía lo propio, pero con la izquierda. Exactamente igual que en un espejo.

Y se movieron un par de pasos —no excesivamente largos—, girando a continuación de una forma extraña: como si lo hicieran sobre su propio eje. Y retrocedieron hacia la «mole negra», deteniéndose un poco más allá del punto donde les habíamos visto aparecer. Era increíble. Tanto «de cara», como de «espaldas», resultaban idénticos.

—¿Observaste facciones?

—Nada de nada. Ni ojos, ni boca, ni nariz... Ambas facetas, como te digo, parecían iguales. Unas moles inmensas, con extremidades superiores e inferiores, un tronco y una «masa» a manera de cabeza.

—¿Y el color de los «gigantes»?

—Similar al «verde botella» que tenían inmediatamente detrás.

—¿Se apreciaban manos y pies?

—No. Es más: no podría asegurarte que pisaran el suelo. Los brazos permanecían pegados al tronco y, en los cortos desplazamientos, se movieron ligeramente. En cuanto a la articulación de la rodilla, también me llamó la atención. Las «piernas» se doblaban un poco, pero no se apreciaban (o yo, al menos, no supe verlo) arrugas o movimientos. Y al quedarse plantados en esa posición final el pánico fue más fuerte y salimos corriendo hacia el coche.

—¿Tuviste la sensación de que os miraban?

—Sí, claro, aunque nunca supimos dónde estaba el «frente» o la «espalda». Y allí permanecimos un rato, parapetados detrás del BX y muertos de miedo. Entonces «aquello» se apagó...

—Perdona, ¿podrías explicar el porqué del miedo?

—Tengo una ligera idea. No es que detectáramos una actitud hostil o agresiva, pero tampoco infundían confianza. O sea: no me sentía seguro.

—¿Pudo influir la altura y corpulencia de los seres?

—Naturalmente. Aquella talla impresionaba.

—¿Se percibió algún sonido?

—Sí, pero muy débil. Fue en el momento en que se «prendió» la famosa «claridad» de la franja inferior. Entonces escuchamos una suerte de zumbido ligerísimo, muy propio de las altas frecuencias. Y al «apagarse» se extinguió.

—¿Tienes alguna idea de cómo desaparecieron los «gigantes»?

—Ninguna. Ni los vimos entrar ni salir. Sencillamente, al cabo de un rato, todo se oscureció. Y transcurridos unos minutos, la «mole negra» aumentó una pizca su luminosidad, alejándose en lo que podríamos llamar un «vuelo rasante» y ab-so-lu-ta-men-te silencioso.

—¿Qué forma tomó la «mole» al clarearse?

—Tampoco puedo definirla. Sé que mi campo de visión podía abarcar entre sesenta y setenta metros. Pero ignoro si era circular o si guardaba algún tipo de simetría geométrica. En el supuesto de que se tratara de un objeto discoidal, lo que yo apreciaba tenía que ser una parte del perímetro. Si haces unos simples cálculos te darás cuenta de que aquella «masa» rebasaba los cien metros de diámetro. Pero ahora sí estoy hablando por hablar. Sinceramente, no tengo constancia de la forma real. De lo que estoy seguro es de que era «algo» gigantesco y no humano. Jamás he visto tecnología tan sublime y perfecta. Te aseguro, amigo Juanjo, que el país que disponga de semejantes artefactos dominará el planeta a su antojo.

—¿Cuánto tiempo duró la experiencia?

—Alrededor de una hora.

—¿Y la observación de los seres?

—Entre quince y veinte minutos, más o menos. Como comprenderás, en esas circunstancias (estupefactos primero y muertos de miedo después), uno no se dedica a mirar el reloj... Lo que sí puedo decirte es que fue un tiempo sobrado y suficiente.

—¿Y cómo es posible que en ese dilatado espacio no apreciaras otros detalles?

—Porque no los había. Y yo disfruto de una excelente visión. Y más aún durante la noche. Todo era «liso». Uniforme. Tuve una impresión que quizá pueda parecerte descabellada. Pero te la diré: parecía como si los «gigantes» no fueran exactamente físicos, sino la consecuencia de una proyección.

—¿Una holografía?

—Algo así. Una especie de imagen tridimensional, perfecta y con volumen, pero proyectada.

—Háblame de nuevo del «giro» de los dos seres.

—Se produjo hacia adentro y sincronizado. Y permanecieron poco más o menos a la misma distancia a la que se encontraban el uno del otro: entre uno y dos metros.

—Al efectuar el «giro», ¿apreciaste algo especial en el perfil?

—Nada de particular. Bueno, quizá que los brazos no sobresalían. A pesar del ligero movimiento de los mismos nunca rebasaron la anchura del tronco.

—¿En cuánto calculas esa anchura?

—Un metro quizá.

—¿Las piernas se hallaban bien proporcionadas con el resto del cuerpo?

—No. La imagen general podía ser ésta: muy anchos, casi cuadrados en su parte superior, con dos «cilindros» a manera de extremidades inferiores. Dos «cilindros» largos y hermosos.

—¿Se produjo algún reflejo o destello en el momento del «giro»?

—Creo que no. El «parking», como te he mencionado, estaba a oscuras. Y tanto el camión como mi coche permanecían con las luces apagadas. En esos momentos, como comprenderás, no caímos en la cuenta de maniobrar e iluminar el lugar con los faros. En mi caso, al menos, fue un continuo reaccionar por instinto.

—¿Qué dijo el camionero al «tropezar» con esa «barrera» invisible?

—Soltó un taco. E imagino que los pelos se le erizaron, como a mí.

—¿Cuánto pudo durar el contacto con la «muralla»?

—No sé... Quizá un minuto.

—¿Recuerdas alguna alteración de tipo fisiológico?

—No. Aparte de miedo, tanto en esos momentos como en los días posteriores no tuve problemas de ninguna índole. Si te refieres al encontronazo con la «barrera», la verdad es que resultó de lo más inocuo.

—Imagínate por un momento que lanzas el BX contra ese misterioso «escudo». ¿Qué hubiera ocurrido?

—¡Hombre, qué ocurrencia! Yo, desde luego, a la vista de lo que tenía delante, no hubiera sido capaz. Pero, en fin, puestos a lucubrar, seguramente hubiera rebotado.

—¿Se te ocurrió palpar la «barrera» lateralmente?

—Sí, claro. Tanto el chófer como yo, al topar con el «obstáculo», nos movimos en un espacio de dos o tres metros, a izquierda y derecha, en un lógico intento de hallar una «salida».

—¿Era una «superficie» plana o curva?

—Mi impresión es que nos enfrentábamos a algo plano y vertical.

—¿Tropezaron también los pies?

—Por supuesto. Imagínate un enorme vidrio, pero elástico. Si caminas hacia él sin verlo, lo normal es que el primer impacto lo recibas en el rostro, tronco y rodillas y pies. Pues eso fue lo que sucedió. Después, al percatarme de la exis-

Fecha = Julio 1988
Hora = 3 a 5 madrugad.

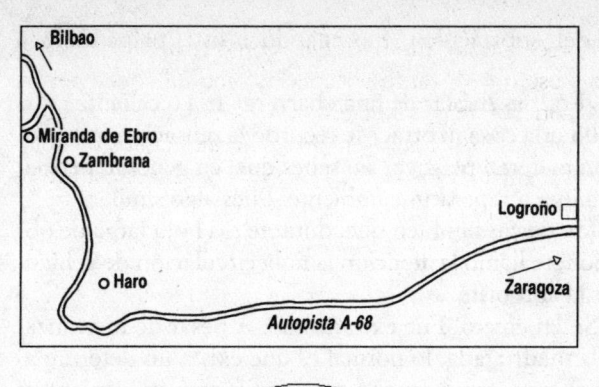

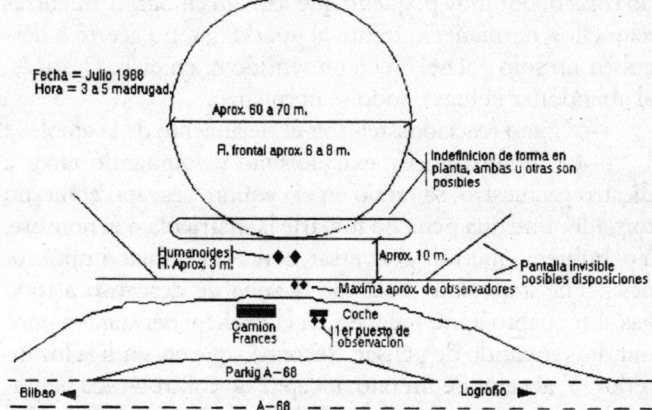

Aprox. 60 a 70 m.

R. frontal aprox. 6 a 8 m.

Indefinicion de forma en planta, ambas u otras son posibles

Humanoides
R. Aprox. 3 m.

Aprox. 10 m.

Pantalla invisible posibles disposiciones

Maxima aprox. de observadores

Camion Frances

Coche
1er puesto de observacion

Parkig A-68

Bilbao ◀ — — — A-68 — — — Logroño ▶

Esquema desarrollado por el propio testigo, el ingeniero catalán.

En primer plano, el terreno de la autopista A-68 próximo al «parking» sobre el que permaneció la gran «mole negra». Semanas después del «incidente», la maleza seguía tronchada y desecada, tal y como puede observarse en la imagen.

tencia del «obstáculo», fue cuando insistí, palpándolo a placer.

—¿Podrías hablar de una «barrera» fría o caliente?

—Ni una cosa ni otra. Me recordó la sensación que produce un material plástico. Tú sabes que, en general, permanecen a una temperatura ambiente. Pues algo similar.

—Me decías también que, durante esa hora larga de observación, te llamó la atención la nula circulación de vehículos por la autopista...

—Sí, en efecto. Fue extrañísimo. A pesar de lo avanzado de la madrugada, lo normal es que exista un determinado tráfico, por muy pequeño que sea. Sin embargo, mientras «aquello» permaneció frente al «parking», no acerté a descubrir un solo coche. Ni en un sentido ni en otro. Después, al abandonar el lugar, todo se normalizó.

—¿Cómo reaccionasteis tras el alejamiento de la «mole»?

—El chófer francés, excitadísimo y vomitando tacos a diestro y siniestro, se metió en el camión y escapó como un tornado. Fue una pena no tomarle la matrícula o el nombre. Yo hubiera querido conversar con él, cambiar impresiones... Fue imposible. Salió de la zona de descanso a todo gas. En cuanto a mí, me metí en el coche y permanecí unos minutos tratando de pensar. Recuerdo que encendí la luz interior. Y al cabo de un rato, incapaz de controlar los pensamientos, abordé la autopista. Rebasé al camión. Le toqué el claxon y él me respondió con tres o cuatro cambios de luces. A partir de esos momentos empecé a notar cierto tráfico en la autopista. Y, francamente, hay cosas que no logro asimilar. Por ejemplo: a los pocos minutos de adelantar al camionero francés dejé atrás a un segundo camión. Y yo me pregunto: ¿cómo es posible que en una hora larga no acertara a circular un solo vehículo frente al «parking» y, sin embargo, nada más dejarlo atrás empezara a rebasar toda clase de tráficos? No tiene sentido. Y te diré más. Recuerdo que al llegar al empalme con la vía que dobla hacia Burgos, el embotellamiento de coches era fenomenal. El atasco (me refiero a la dirección Bilbao-Zaragoza) se prolongaba prácticamente hasta el peaje de Altube.

RV, según declaraciones de la esposa, llegó a casa alrededor de las siete de esa mañana y en un estado de especial nerviosismo, impropio de él.

«Me hizo levantar —explicó Emma— y me contó lo que le había sucedido. Se hallaba tan excitado que no pudo dormir.»

Pero si el organismo del ingeniero reaccionó con normalidad, no puede decirse lo mismo de su automóvil, el referido Citroën modelo BX.

«A raíz del incidente —comentó el propietario—, la batería comenzó a fallar. Bastaba con pulsar el sistema automático de elevación de los cristales de las ventanillas para que se "viniera abajo". Y así continuó, como sabes, hasta diciembre de ese año 1988, en que, aburrido, opté por reemplazarla. Naturalmente, en cuanto detecté el fallo, me acerqué al taller de reparaciones. Los mecánicos no supieron razonar la avería. Era inexplicable. La batería se hallaba intacta y en perfectas condiciones. Además, en principio, no había razón para que fallase: el coche no tenía un año...»

También parte del flanco derecho del BX apareció misteriosamente alterado.

«En efecto. Tanto la ventanilla posterior como la curvatura del parachoques delantero presentaban unas deformaciones extrañas. Parecían "ampollas". Ambas zonas están constituidas por material plástico. El resto de la pintura que cubría ese costado —justamente el más cercano a la gran "mole negra"— no aparecía alterado.»

A juicio de los expertos, estos «bufamientos» en el parachoques y vidrio plastificado que protege la mencionada ventanilla posterior derecha sólo podían explicarse por la acción del calor o, quizá, como consecuencia de una radiación de origen y naturaleza desconocidos.

También las «tarjetas de crédito» que RV llevaba en un pequeño bolso de mano se vieron afectadas por la proximidad del objeto o, quién sabe, de la «invisible barrera» o de los gigantescos «seres».

«Acostumbro a viajar con el bolso al alcance de la mano. En aquella ocasión, como casi siempre, lo había dejado sobre el asiento contiguo. Contenía las llaves de casa, la documentación, el dinero y las mencionadas tarjetas. Pero no reparé en el asunto hasta que, algunos días después, en Irún, al intentar utilizar una de ellas, el "cajero automático" se negó a admitirla. Pensamos que podía tratarse de algún fallo en los ordenadores del banco. Y probé en otros "cajeros". El resultado fue el mismo. Pero lo más extraño es que la anomalía se extendiera a las tres tarjetas. ¿No era mucha casualidad? Obviamente, el problema residía en las bandas magnéticas de las mismas. "Algo" las había descompuesto.»

El ingeniero transportaba también —en este caso en el maletero del turismo— un maletín forrado en madera con documentos y un total de once disquetes de ordenador, con una base de datos relacionados con un proyecto para una planta química. Por fortuna, ninguno de ellos resultó dañado.

La siguiente sorpresa —sin explicación posible para la ciencia— llegaría al visitar el terreno sobre el que había flotado la descomunal nave. Efectivamente, tal y como relataba el ingeniero, a corta distancia del «parking» aparecía un considerable paño de tierra con la maleza «blanqueada» y tronchada. En total, aunque no fue posible determinar una figura geométrica concreta, la superficie afectada era superior a los 3 600 metros cuadrados. Curiosamente, las altas hierbas se hallaban tumbadas en dirección noreste. Y todas, amén de guardar la misma inclinación, presentaban el punto de fractura muy próximo a la base. Ninguna de las cañas, espigas, hojas, etc., se hallaban calcinadas. Como ya ha sucedido en otros casos de aterrizajes o «cuasi-aterrizajes» ovni, la maleza había resultado desecada, pero sin vestigios de chamuscaduras o incendios. Los análisis de las muestras arrojaron unos resultados muy familiares para los investigadores: «alto grado de deshidratación, superior, en ocasiones, al ochenta por ciento». La causa, para los expertos, sólo podía ser una fortísima fuente de calor que, además de «cocer» literalmente las plantas, incidió oblicuamente sobre el ramaje, quebrándolo por su base.

Las muestras no presentaban signos notables de radiación. Pero, para terminar de enredar el embrollo, en diferentes puntos del área en cuestión —distribuidos anárquicamente— fueron descubiertos varios puñados de piedras prácticamente fundidas. Este hecho, como digo, resultaba incomprensible. Para que las mencionadas piedras alcanzasen el grado de fusión era menester la aplicación de una corriente calórica superior a los 2500 grados Celsius. Y aceptando que el artefacto que permaneció sobre la zona hubiera podido desarrollar esa fuente energética, ¿cómo explicar que la hierba existente junto al corro de piedras sólo resultara desecada?

Por más que inspeccioné y rastreé el lugar no fui capaz de hallar una sola huella que permitiera deducir que la gran «mole negra» se había asentado físicamente sobre la suave pendiente. Esto, en cierto modo, corroboraba las apreciaciones del ingeniero, que no supo definir si el objeto se hallaba aterrizado.

Y entremos en otro capítulo, no menos sugestivo. ¿A qué pudo obedecer tan singular encuentro cercano? La pregunta —bien lo sé— puede parecer del género tonto. Cuando, en una de las últimas conversaciones con RV, dejé caer la cuestión, el ingeniero me escrutó perplejo.

«Supongo —replicó— que todo se debió a una casualidad.»

Pero mi amigo, que no tiene un pelo de necio, se quedó con la «copla». —Las interrogantes que este malvado fue sembrando en su frío y escéptico ánimo no tardarían en despuntar, obligándole a reconocer que, cuando menos, el asunto era bastante raro. He aquí algunas de las «dudas» que sometí a su consideración y que, de paso, arrojo al lector como una «patata caliente»:

1.ª Tema «sueño». Según el testigo, acostumbrado a viajar, es difícil que se vea asaltado por dicha circunstancia. Entre otras razones, porque siempre inicia sus desplazamientos con el cuerpo perfectamente descansado. La frecuencia e intensidad de sus idas y venidas así lo requieren. (En un solo año, según consta en la factura, había recorrido 57 000 kilómetros.) ¿Cómo entender entonces que, justamente en esa ocasión, se viera vencido por la somnolencia? ¿«Casualidad» número uno?

2.ª Si «ancha es Castilla», La Rioja no le va a la zaga. Y a pesar de las solitarias inmensidades de dicha comunidad —pongamos el ejemplo de la sierra de la Demanda—, el ovni va y desciende al filo de la arteria más notable: la autopista A-68. Y lo hace frente al coche del ingeniero. ¿«Casualidad» número dos?

3.ª La gigantesca nave «elige» uno de los cincuenta y dos «parkings» y áreas de servicio de que consta la mencionada autopista, en la dirección Barcelona-Bilbao. ¿«Casualidad» número tres?

4.ª En plena «operación salida de vacaciones» y por espacio de una hora no acierta a circular un solo vehículo en ninguna de las dos direcciones. ¿«Casualidad» número cuatro?

5.ª En el colmo de lo absurdo, junto a la «mole negra», aparecen dos seres de tres metros de altura que se limitan a dar un corto paseo ante los aterrados testigos. ¿«Casualidad» número cinco?

6.ª Y para que «quede constancia», ahí van más de tres mil metros cuadrados de maleza desecada, una batería hecha polvo y unas «tarjetas de crédito» para el desguace,

Maleza y hierba desecadas en el lugar del aterrizaje o cuasi-aterrizaje ovni, en la Rioja, junto a la autopista A-68. En el centro de la imagen, piedras prácticamente fundidas.

Factura correspondiente al cambio de la batería del BX. La extrañeza de los mecánicos fue tal que, como se aprecia en la misma, el propietario sólo tuvo que abonar el 50 por ciento.

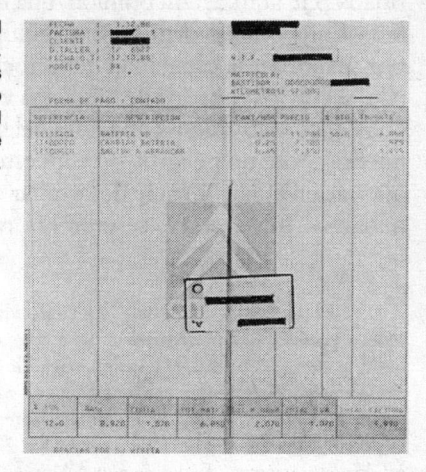

El «compadre» de J. J. Benítez, en el lugar que ocupaba el BX en la noche de autos, en la zona de descanso de la autopista A-68.

amén de un parachoques y una ventanilla descompuestos. ¿«Casualidad» número seis?

Conclusión: ¿no son demasiadas «casualidades»? ¿No estaremos, por enésima vez, ante un flagrante caso de «aquí estamos y conviene que se sepa»?

En resumen: el miedo no se casa con nadie. Poco importa el nivel intelectual o profesional, el grado de entrenamiento o el coraje natural del testigo. En el suceso protagonizado por el ingeniero RV, ese sentimiento estuvo provocado, fundamentalmente, por la «sensación de inseguridad». He aquí, en mi opinión, una de las claves de la cuestión. El fenómeno ovni, en sus múltiples variantes, termina por desbordar la capacidad de raciocinio del ser humano. Y ello, según los tratados de medicina y psiquiatría, constituye una de las «actitudes» conocidas del hombre en situación de miedo.[1] Ante un peligro —o supuesto peligro—, la persona que cae en el terror suele desarrollar cuatro «reacciones terminales»: huye, ataca, se enfrenta racionalmente o queda

---

1. El miedo —que no debe ser confundido con la angustia— representa y provoca una perturbación del ánimo ante un peligro real o imaginario, presente o futuro. Pues bien, según los especialistas, en una situación de temor (caso de un encuentro con un ovni o con sus tripulantes), en un ser humano se desencadenan los siguientes mecanismos: 1.º El peligro es percibido por los órganos de los sentidos. 2.º Estrés. 3.º Síndrome general de adaptación. 4.º Estimulación del hipotálamo. 5.º Estimulación de la hipófisis. 6.º Hipersecreción de la hormona ACTH. 7.º Estimulación de hormonas corticosuprarrenales. 8.º Taquicardia, sudoración, palidez, relajación de esfínteres (predominio del sistema nervioso simpático con activación de las fibras musculares estriadas y relajación de las lisas). 9.º Se reconoce la naturaleza del peligro. En este caso puede reaccionarse mediante la huida, el ataque o el dominio cortical, con inhibición de la acción muscular y un enfrentamiento racional al peligro. 10.º No se reconoce la naturaleza del peligro. Esto supone: «reacción nula», con persistencia de los síntomas vegetativos. Es decir, se registra un agotamiento del sistema nervioso simpático, predominando el parasimpático, con segregación de acetilcolina.

paralizado. Todo dependerá de si reconoce el peligro (tres primeras reacciones) o no (última reacción). Frente al fenómeno ovni —cuya naturaleza es desconocida para la inmensa mayoría de los testigos— caben las cuatro posibilidades. De hecho, sabemos de infinidad de protagonistas que han reaccionado «huyendo», «atacando», «reflexionando» o «permaneciendo como estatuas». En pura teoría, la solución para no caer presa del miedo ante la proximidad de una de estas naves o de los humanoides que las tripulan debería estar en una «familiaridad» con esa «otra realidad». Mientras los conceptos «ovni» o «tripulantes de otros mundos» sigan asociados, en el común de los mortales, al misterio, a lo desconocido y a lo imposible, los «registros cerebrales» seguirán reaccionando negativamente. Será, pues, menester —como señalaba en páginas precedentes— un dilatado, muy dilatado, período de tiempo para que la raza humana incluya en sus parámetros mentales esas «otras realidades» a las que, sin duda, estamos abocados. Los niños y jóvenes de las últimas generaciones, a Dios gracias, han empezado a comprenderlo y asimilarlo. Y en esta importantísima labor de mentalización, los medios de comunicación y los investigadores —aunque sólo sea modestamente— jugamos un papel que sólo la Historia sabrá valorar.

Claro que también cabe la postura del avestruz, tan sabia y hábilmente trabajada por gobiernos y «vampiros». Basta con «explicar» este tipo de «encuentros» con sus típicas y tópicas «salidas de pata de banco». Para el caso del ingeniero de Instrumentación de Procesos pueden recurrir a las «alucinaciones hipnagógicas o hipnopómpicas». Es decir, las falsas percepciones sensoriales que se registran al dormir o despertar, respectivamente. Estas clasificaciones médicas —a las que son tan aficionados los «sumos sacerdotes» de la ufología— ya han sido utilizadas para descomponer sucesos como los de Yurre, Torrejoncillo o Losa del Obispo, entre otros. Pues bien, empeñaría mi bien ganada fama de «sainetero» a que, a no tardar, el incidente de la autopista A-68 es incluido en los «listados negativos» de estos «calienta-poltronas» con cualquiera de las «explicaciones» mencionadas.

De algo sí puede estar seguro el sufrido lector. Resultará improbable hallar a un ingeniero con semejante capacidad de fabulación. Seamos serios. Puestos a fantasear, ¿a qué prescindir de las lógicas y naturales facciones en los rostros de los «gigantes»? ¿Por qué «fabricarlos» idénticos, por delante y por detrás? ¿No hubiera sido más congruente acompañar la «mole negra» de toda suerte de «luces» y efectos espectaculares? Además, si RV deseaba «montar» una historia de esta naturaleza, ¿qué sentido tiene guardar el anonimato? Y, sobre todo, ¿cómo se las ingenió para desecar una superficie de más de tres mil metros cuadrados, fundiendo decenas de piedras? ¿Es que una «alucinación hipnagógica o hipnopómpica» puede «cepillarse» la batería de un automóvil?

5

Otra factura impagada o la «odisea» de Vicente Corell con «gentes del otro mundo» • El «tío de las perillas» se puso «firmes» • «¿Llevas una pistola? ¿No? Pues entonces calla» • Donde se da cuenta de cómo un suceso genuino puede ser «embarrado» por los «vampiros» y sus acólitos • También los maestros de escuela han visto seres de otros mundos • La moderna investigación ovni: medio siglo de fracasos. Y digo yo: ¿no será que trabajamos con herramientas equivocadas? • De cómo un «bañista» llamado «Patton» se esfumó en las narices de unos veraneantes • Tarifa: el testigo guardó silencio durante veintiséis años • «Chico, pero ¿tú eres de por aquí?», preguntó el gigante • «Lo del Hilario»: otro suceso inédito y sobrecogedor • «Y este cristiano cavilaba: ¿dónde habrá conseguido Juan Brisa una luminaria tan desahogada?» • «Y aquel hombrón "estartalao" echó a volar. ¿Usted me sigue?» • Quizá una de las claves del fenómeno vino a despejarla una pintora de Isla Cristina • «¿Qué sois?» • Y los seres de cabello albino respondieron a la gran pregunta • Donde hago de «profeta menor» y acierto • Hablemos de dineros: otro varapalo a los «sumos sacerdotes» • Conil o la «quinta columna» • Donde se narra la asombrosa «mutación» de dos seres de «túnicas» blancas y el «paseo» de un «cabeza de pera volador» • Más difícil todavía: antológico «catálogo del carajotismo ufológico» • Y los ovnis y la extraña «pareja, regresaron a Conil • El misterio está servido

Y hablando de facturas impagadas, el amigo Vicente Corell lleva catorce años esperando a que las «gentes del otro mundo» se dignen regresar. Porque al amigo Corell, se mire como se mire, no le falta razón. Si fueron «ellos» los responsables de la avería en su modesto Renault 4-L, ¿a quién reclamar las cuatro mil «pelas del ala» que costó la reparación? Justo será reconocer también que, a estas alturas, el bonachón campesino de Almenara ha perdido la esperanza de recuperar los cuatro «verdes».

Pero, antes de aventurarme por el sendero de las conjeturas, es bueno y necesario que contemplemos los hechos, tal y como me fueron narrados por los protagonistas de este nuevo caso: el mencionado Vicente Corell Cerdá y su esposa, Carmen Civera Sales, que por aquellas fechas contaban y cantaban cincuenta y cinco y cincuenta años, respectivamente.

Ni que decir tiene que, tanto uno como otra, son personas sencillas, sinceras, con escasa capacidad de imaginación y sin pretensión alguna de enriquecerse o de alcanzar pompa y popularidad a costa de lo acaecido en la noche de aquel domingo, catorce de marzo de 1976. Al contrario. Digo y afirmo que su buena fe y mejor disposición, aceptando el diálogo con cuantos se han acercado a su domicilio, en la localidad castellonense de Almenara, sólo ha engendrado problemas. Lo he repetido y lo mantendré hasta que la Providencia me dé el «pasaporte» a los siguientes mundos: las verdaderas dificultades de los testigos ovni empiezan después de los encuentros. Y como era de esperar, el testimonio del matrimonio Corell-Civera fue tomado a chufla por los «vampiros» y «rigoristas» de la ufología hispana. Pero vayamos por partes. Tiempo habrá de soltar un par de varapalos a los «doctos» ufólogos que «sentaron cátedra» en este suceso.

Minutos antes de las diez de la noche de aquel frío y ventoso domingo, el señor Corell detuvo su anciano 4-L en el «stop» existente en la vía de acceso y salida del entonces CIR número 7 (Centro de Instrucción de Reclutas), ubicado en las proximidades de Marines, en la provincia de Valencia. Esa mañana, uno de sus hijos, perteneciente al primer llamamiento de 1975, había «jurado bandera» en el referido acuartelamiento. Los padres se desplazaron desde Almenara, aprovechando el siempre emotivo acontecimiento para pasar el día con el joven. Y vencida la jornada emprendieron viaje, rumbo a la localidad valenciana de Museros.

«Nuestra intención —manifestó el labrador— era pasar la noche con la familia de mi mujer. Y hacia allí nos dirigimos. Pero, nada más salir del "stop", empezamos a ver una extraña "luz".»

La esposa, al no ir pendiente de la conducción, fue la que más y mejores datos arrojó sobre el particular:

«Era ovalada y brillaba con una luz blanca, tirando a rosa. Ni mi marido ni yo le dimos mayor importancia. Flotaba lejana y por la izquierda y creímos que se trataba de algún coche. La observé en silencio, sin decirle nada a Vicente. Y al poco dejamos de verla.»

El conductor, en efecto, también acertó a detectarla, aunque, siguiendo el ejemplo de Carmen, guardó un prudencial mutismo.

«Se hallaba bastante retirada y, sinceramente, no me preocupé. Pero, cuando rodábamos a cosa de cien o doscientos metros del "stop", a nuestra izquierda y sobre el campo apareció "aquello"...»

El 4-L —dato a tener en cuenta—, con la «tercera» recién introducida, circulaba en esos momentos a cincuenta o sesenta kilómetros por hora.

La señora Corell, que obviamente observó la «aparición» con mayor reposo, la describió en los siguientes términos:

«Primero fue un "torbellino". Y entre el polvo, "algo" muy raro fue "levantándose" desde el suelo. Y se formó una especie de "estatua". Flotaba sobre el talud próximo a la carretera. Más o menos, a un metro de la tierra. Se movía en nuestra dirección y con un ligero balanceo a derecha e iz-

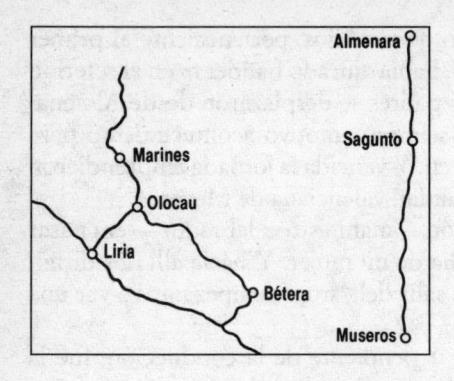

Vicente Corell, en su domicilio de Almenara. Al fondo, el «cuatro latas» en el que viajaba en compañía de su esposa. *(Foto de J. J. Benítez.)*

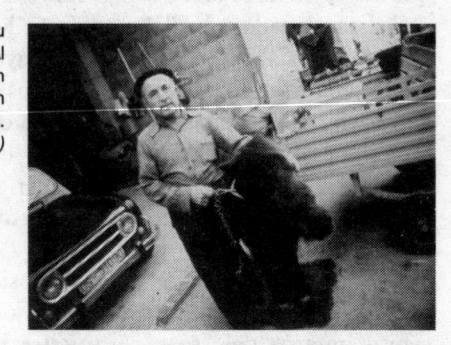

El matrimonio Corell-Civera, junto al Renault 4-L.

quierda. Las "largas" alumbraban bien, y eso me permitió observarlo con bastante comodidad y precisión.

»Es de suponer que tuviera dos piernas porque, como le digo, me recordó el perfil de un hombre. Sin embargo, al hallarse tan pegadas, más parecía una "columna" que extremidades humanas. Era alto, buen mozo, y con un "traje" ceñido, como de una pieza y de un color oscuro y brillante. ¿Conoce usted la tela de *moiré*? Pues algo así. Le aseguro que en la distancia se distinguía a la perfección.

»Los brazos no se despegaron en ningún momento de los costados. En cuanto a las manos (me fijé muy bien), las mantenía cerradas. Con los puños apretados. Los dedos eran perfectamente visibles. El cuello me pareció delgado. La cabeza, lisa, resultaba algo chiquita si la comparamos con el resto del cuerpo. En lo alto, a cada lado de la frente, sobresalían dos "lucecitas". Parecían "perillas". Y al darle alcance detuvo su marcha. Hizo un giro, tocó el suelo y se quedó en posición de "firmes", como los soldados, mirándonos.»

Fue en esos instantes, al llegar a la altura del extraño personaje, cuando el 4-L sufrió la no menos misteriosa avería: el alumbrado se vino abajo, dejando a oscuras al atónito matrimonio. Y el miedo se convirtió en el tercer «pasajero», aguando la fiesta de los Corell-Civera.

Aun así, la esposa, que no era consciente de lo que acababa de dejar atrás, formuló un comentario aparentemente frívolo:

«¿Has visto? Al pasar se le han apagado las "perillas"...»

Y el conductor, devorado por los nervios, replicó con una perogrullada:

«Y las del coche también.»

El de Almenara —según confesó en las diferentes oportunidades en las que tuvo a bien recibirme y repetir la historia—, aunque pendiente de la carretera, se dio perfecta cuenta de que la «estatua» era algo poco común.

Pero el repentino fallo en el sistema de luces vino a eclipsar momentáneamente el susto provocado por la «criatura flotante».

«¡Hombre de Dios! Imagínese la situación: sin luces, a un montón de kilómetros del pueblo y en domingo...»

Y la señora Corell, ajena, como digo, a la verdadera naturaleza del «individuo de las perillas», se volvió hacia el talud, observando la figura durante algunos segundos.

«Siguió inmóvil y con la cabeza vuelta hacia el coche. Después se perdió en la oscuridad. La verdad es que no entiendo cómo los automóviles que circulaban a nuestra espalda no alcanzaron a verlo.»

Pero la gravedad de la avería terminó por devolverla a la cruda realidad.

«El auto había empezado a echar humo y se percibía un olor a quemado. Así que, temiendo un posible incendio, le pedí a Vicente que se detuviera.» La contestación del marido fue harto significativa:

«¿Llevas una pistola? ¿No? Pues entonces calla...»

Sin embargo, muy a su pesar, obligado por la calamitosa situación, el propietario del 4-L no tuvo más remedio que detener la marcha. Y lo hizo a varios cientos de metros del lugar del incidente, solicitando la ayuda de los turismos que, en efecto, circulaban a escasa distancia del suyo.

«Eran gentes que, como nosotros, habían acudido a la "jura de bandera" de sus hijos. Mi esposa fue recogida por una familia de Borbotó, y así, mal que bien, escoltados por dos amables conductores, logramos llegar a Betera. Allí aparcamos el "cuatro latas" y proseguimos hacia Museros. Al comentar lo ocurrido, los de Borbotó se extrañaron. Ellos no vieron nada. También es cierto, y así lo reconocieron, que circulaban con la luces "cortas".»

Y fue en ese trayecto —entre Betera y Museros— cuando la señora Corell empezó a captar el sentido de lo que habían visto en las proximidades de la cuneta.

«Aquello no era de este mundo —manifestó Carmen—, sino del otro. Y a servidora se le abrieron los ojos.»

Tampoco el labrador castellonense escaparía con bien del amargo trance.

«Al entrar en Museros —confesó la esposa— se echó a llorar. La tensión y el susto se derramaron y el pobrecillo no pudo contener las lágrimas. Y durante varios días le noté pachucho y con una dejadez impropia de su forma de ser.»

Al día siguiente, a eso de las siete de la mañana, el señor Corell se hizo acompañar por su hermano y otros dos parientes, regresando al punto donde vieran al ser «del otro mundo». Pero, atemorizado, se negó a bajar de la furgoneta. Y ese mismo lunes, el 4-L era conducido a Almenara, ingresando en el taller de Julio Martí.

En los sucesivos interrogatorios, tanto Carmen como el esposo se ratificaron en el «carácter humano» de la figura flotante. ¿Qué otra cosa podían pensar de una entidad con nariz, orejas, brazos y manos? El «traje», sin embargo, era harina de otro costal. La mitad superior, del cuello a la cintura, aparecía formada por una serie de bandas transversales, estrechas y ligeramente hinchadas. El señor Corell utilizó un ejemplo sobradamente conocido por los automovilistas: «Tenía un cierto parecido con el muñeco de Michelin, pero, quizá, menos aparatoso.» Las bandas en cuestión cubrían la totalidad del tórax, así como los brazos, excepción hecha de las manos.

Si esta primera y principal escena es de por sí enrevesada, como no podía ser menos en el fenómeno ovni, la segunda parte —la avería del «cuatro latas»— es como para arrojar la toalla. Julio Martí, el mecánico de Almenara que reparó el automóvil, poco pudo aportar al esclarecimiento de los hechos. El hombre se limitó a sustituir el cable que conectaba el piloto delantero izquierdo con el mando de luces. Todo él se hallaba quemado. En total, alrededor de cien centímetros de conducción. En su opinión, el fallo —un posible cortocircuito— pudo deberse a un golpe en el referido piloto. Sin embargo, como reconoció el propio señor Martí, «todo aquello era muy extraño». Tanto el piloto en cuestión, como el faro y la chapa de esa zona del 4-L, se hallaban intactos, sin señales de un hipotético porrazo. ¿A qué obedeció entonces la súbita ruina del cableado? El automóvil se mantuvo siempre a distancia del singular «paseante». ¿Por qué la caída del alumbrado se produjo al llegar a la altura del «tío de las perillas»? Los investigadores, impotentes en el fondo a la hora de resolver estas frecuentísimas anomalías, hemos simplificado la cuestión, bautizándola con la pomposa y vacía expresión de «efecto electromagnético». Una definición que abarca mucho y no dice nada...

Cuando sometí el incidente a la valoración de algunos de los más reconocidos estudiosos del magnetismo en nuestro país, todos ellos terminaron encogiéndose de hombros. La ciencia, de momento, «no sabe y no responde».[1]

Hasta aquí la experiencia vivida por el matrimonio Co-

---

1. Uno de estos especialistas, M. Audije, con todas las reservas que impone un caso de estas caracaterísticas, tuvo la audacia de avanzar una posible explicación, siempre a título especulativo: «El hecho de que la "figura" progresara en volumen —ya fuera mediante una "espiral", "torbellino" o de cualquiera otra forma— indica que un "conductor" (en este caso la "estatua") está adquiriendo una carga electrostática hasta el potencial de saturación. En consecuencia, este gran potencial llega a producir la ionización del aire circundante; de ahí que se produzca la luminosidad. También el anormal modo de desplazamiento —"como si flotase"— es un síntoma claro de campo electrostático. Al estar formado por iones negativos, el cuerpo no roza el suelo. Es de suponer que, al llegar a la altura de la "figura", el coche pudo rozar o entrar en contacto con el campo electrostático del "contenedor". Y aquél se descargaría instantáneamente sobre el vehículo, originando dos efectos concretos:

»*a*) Desaparición de la luminosidad de la "figura", ya que su potencial habría disminuido hasta un valor insuficiente para producir ionización.

»*b*) El coche se cargaría negativamente, provocando el fallo del alumbrado.»

Julio Martí, el mecánico que reparó el automóvil del señor Corell.

El extraño ser que viera el matrimonio Corell flotaba sobre el terreno, balanceándose a derecha e izquierda.

rell no merecería mayores comentarios. Se trataba, en suma, de un caso de «encuentro cercano», como tantos otros, con un doble costo: el susto de los testigos y las cuatro mil pesetas que supuso la reparación. En mi opinión, los testigos se limitaron a contar lo que habían visto, sin el menor afán de protagonismo o de lucro. Una historia, en fin, clara y genuina, relatada por unas gentes igualmente sencillas, transparentes y sin doblez. Pero vean ustedes cómo y de qué manera —en nombre de la «seriedad y del rigor científicos»— puede «embarrarse» un suceso que no ofrecía grandes complicaciones. En 1983 primero y en 1985 por segunda vez —es decir, siete y nueve años después del incidente, respectivamente—, varios preclaros representantes de la ufología «racionalista» visitaban al matrimonio Corell y el lugar de autos, dando comienzo —según sus propias palabras— a una «investigación exhaustiva». Creo que, en beneficio de la objetividad informativa, merece la pena reproducir algunos de los párrafos del informe publicado en abril de 1987 y que resumen las «brillantes pesquisas» desplegadas por estos elementos, así como la no menos «lúcida conclusión». El lector, por sí solo, irá hilvanando unas muy sabrosas conclusiones.

«Así, el 18 de setiembre de 1985 —reza el texto dado a conocer en la revista *Karma-7*—, a fin de comprobar datos empíricos, los autores giramos nueva visita al lugar de la observación...»

La prueba efectuada en el lugar de los hechos consistió en una reproducción del desarrollo de la observación, en condiciones de visibilidad similares. Uno de los autores (J. M. Gascón) condujo su coche de noche, realizando el mismo recorrido que los testigos, a una velocidad crucero de 70-80 km/hora (similar a la que ellos emplearan) desde aproximadamente un kilómetro antes del punto de encuentro. Por su parte, J. A. Fernández, vestido con un chubasquero y portando una linterna, se situó en el lugar donde los testigos manifestaron que se encontraba el humanoide. Conduciendo el coche, se comprobó lo siguiente:

1.º Salvados unos árboles, al pasar una pequeña curva, se observa una luz que llama la atención (linterna de Fernández), apareciendo arriba y a la izquierda del sentido de marcha del vehículo, aparentemente sobre la silueta de los montes existentes al fondo del campo visual (posición achacada a la luz observada primeramente por los testigos).

2.º Diez segundos después de comenzar a ver la luz de la linterna, a unos cuarenta metros del punto donde se produjo la avería, la figura de Fernández —más gruesa de lo normal de cintura para arriba a causa del anorak— alcanza a ser perfectamente distinguible, como la figura de alguien que tiene una luz en la cabeza o cerca de ella, si bien en ningún momento es iluminada por los faros del coche porque siempre está a la izquierda de la marcha del vehículo. La figura destaca porque el chubasquero refleja algo de luz de la linterna, y J. A. Fernández la mantiene en alto para observar el suelo con mayor comodidad, viendo mayor espacio iluminado que si la mantuviese baja, por tendencia natural. No obstante, esa visibilidad de su figura apenas dura cuatro segundos, ya que rápidamente se ha llegado a su altura (momento de la avería).

Esta prueba nos llevó a la conclusión de que la luz vista primeramente por los testigos y el humanoide observado después podían ser observaciones, a diferentes distancias, de un mismo estímulo. Del mismo modo, la visión de la figura de Fernández en las condiciones indicadas era comparable a la tenida por el matrimonio cuando ocurrió la avería.

Conclusión final

El hecho de que se hubieran fundido los fusibles del alumbrado del vehículo de los testigos cuando ellos llegaban a la altura del humanoide (daño achacado por los investigadores anteriores a la proximidad del ser) no es representativo de anormalidad endógena alguna de orden electromagnético, ya que la batería del vehículo no resultó descargada y tampoco paró el motor. Ese tipo de avería no es muy usual, pero tampoco demasiado raro, y obedece fundamentalmente al mal estado de conservación de determinado conducto eléctrico, el cual al tocar «masa» (según la terminología empleada en los talleres de electricidad de los automóviles) provocó un cortocircuito. La evidencia de una avería casual viene representada por el hecho de que la instalación eléctrica de los vehículos que seguían al de los testigos se mantuvo indemne a su paso por el mismo sitio instantes después. Por otra parte, un análisis pormenorizado de las declaraciones efectuadas a los autores, comparado con el contenido de los informes elaborados por los investigadores precedentes, permitió comprobar que el suceso había sido tratado bajo una óptica pro-ovni, con tendencia al misterio. Los testigos, ante el susto que les produjo quedarse sin luces en un paraje que apenas conocían, tras ver la figura de alguien que llevaba una luz en la cabeza o cerca de ella, establecieron cierta relación entre la figura y la avería, y, posteriormente, al recibir la visita de investigadores, esa posible relación de causa-efecto quedó cimentada. La escasísima duración de la observación del humanoide (dos o tres segundos), unida a cierta expectación de los testigos (momentos antes habían visto una luz que les llamó la atención), hacía prever cualquier confusión. Los testigos observaron primeramente una luz de una linterna o foco que llevaba alguien, y poco después, al unísono, la luz de dicha linterna y la silueta de quien la portaba. En realidad, lo que el matrimonio pudo haber observado fue a un hombre que se agachaba y levantaba mientras buscaba algo —posiblemente caracoles, ya que la zona es apta para ello— con una linterna, el cual vestía anorak, prenda que por su especial composición textil reflejaba levemente la luz de la propia linterna. El uso de dicha prenda, en alguien que se mueva al aire libre, está justificado, y más de noche, para una época del año en que los catarros y enfriamientos abundan...

El hecho de que el individuo observado llevase anorak es lo que propició las comparaciones con la figura de los *bonhommes* Michelin, que la multinacional emplea como propaganda; algo ya clásico en la literatura ufológica...

¡Sublime! Personalmente me quito el sombrero ante el «alarde» de «rigor y seriedad científicos» de los señores «investigadores». He aquí un nuevo «aviso a los jóvenes navegantes» de la ufología. Ésta, y no otra, es la mísera y paupérrima aportación de los «sumos sacerdotes» al esclarecimiento del fenómeno de los «no identificados». Esto, en definitiva, es lo que califican de «adecuada reencuesta de los hechos, a fin de determinar si nos hallamos realmente ante una experiencia anómala e inexplicable, o si, por contra, se trata de algo explicable racionalmente».

Para empezar, a la vista de las conclusiones —la genialidad del «tío de los caracoles» es difícil de igualar—, estos siempre «respetuosos elementos» se cargan de un plumazo y por decreto soberano las declaraciones de dos ciudadanos, calificándoles —sin decirlo, claro está— de «tontos de capirote». Este menosprecio por la palabra y la opinión de un labrador y su esposa es motivo sobrado para descalificarles y dudar de su propia ética. Lo he mencionado más de una vez: la capacidad de observación de los hombres del campo o de la mar es, en líneas generales, muy superior a la del anquilosado ciudadano de la gran urbe. En consecuencia, ¿por qué dudar del testimonio de un campesino que, sencillamente, cuenta lo que ha visto? ¿En qué cabe que el señor Corell, a sus cincuenta y cinco años, vaya a perder los nervios ante la presencia en la cuneta de un individuo, con anorak y linterna, buscando caracoles? ¿Consideran estos «rigoristas» de la ufología que la presencia de ánimo del vecino de Almena-

El célebre muñeco de Michelin. *En la imagen inferior*, representación de uno de los humanoides observados en Francia.

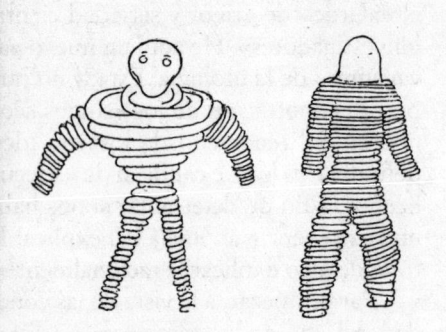

Humanoides «enllantados», según la versión de los testigos (Kansas, junio de 1976).

Disposición del cableado en el Renault 4-L.

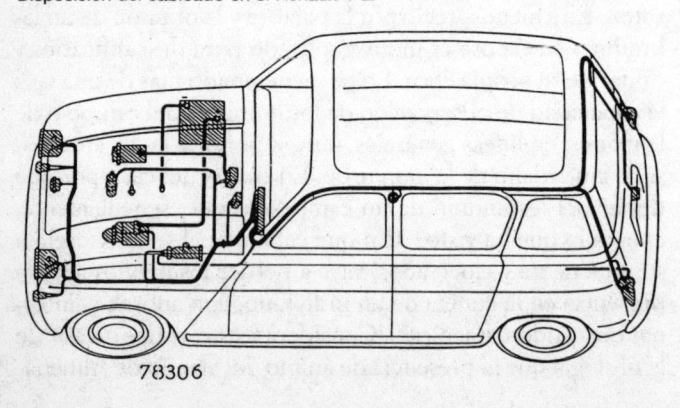

ra era tan frágil como para echarse a llorar a raíz del tropiezo con el buscador de caracoles? Uno, francamente, a la vista de este rosario de necedades, no sabe si reír o llorar...

Un somero repaso al informe de marras pone de manifiesto tal cúmulo de incongruencias y errores que servidor —sin ánimo de ofender— se inclina a pensar que los «doctos autores» se hallaban bajo los efectos del vino. Ejemplos:

1.º Reconstrucción de los hechos en «condiciones de visibilidad similares». Que yo sepa, setiembre y marzo se parecen entre sí como un higo a una castaña.

2.º «Recorrido a una velocidad crucero de 70 a 80 km/hora.» El 4-L acababa de introducir la «tercera», circulando entre 50 y 60 km/hora.

3.º La primera «luz» observada por los testigos era «ovalada, blanca tirando a rosa y alejada lo suficiente como para que fuera confundida con los faros de un coche». ¿Qué tiene esto que ver con el foco de una linterna?

4.º «La visión de la figura de Fernández —dicen los "santos y separados"— era comparable a la tenida por el matrimonio cuando ocurrió la avería.» Los «expertos» olvidan —no sé si intencionadamente— que la famosa «estatua» flotaba a un metro del suelo, que se balanceaba a derecha e izquierda, que surgió sobre el talud como un «torbellino», que las «piernas» se hallaban tan juntas que parecían una «columna», que presentaba dos «perillas» en lo alto de la cabeza, que giró hacia el automóvil y tocó tierra y que, al rebasarla, las referidas «perillas» se apagaron. No tengo el placer de conocer personalmente al señor Fernández Peris, pero si su estampa es como la que describieron Vicente Corell y esposa, tiene el porvenir asegurado en el mundo del circo...

5.º Al juzgar la avería en el alumbrado del 4-L, los ínclitos representantes de la muy «barbuda» ufología hispana saltan del error al despropósito y de éste al ridículo. «El hecho de que se hubieran fundido los fusibles del alumbrado

—pontifican sin haber levantado siquiera el "capó" del coche y sin tomarse la molestia de consultar los esquemas eléctricos de este tipo de vehículos—... no es representativo de anormalidad endógena (?) alguna de orden electromagnético...» Hago mías las palabras del investigador Tomás Santiago, del grupo GRUE, cuando, analizando este mismo «informe» de los señores Gascón y Fernández (*Cuadernos de Ufología* núm. 5, abril de 1989), pone las cosas en su sitio, aclarando que «los faros y pilotos en el Renault 4-L (1125) *no* pasan por los dos únicos fusibles que van situados en el compartimento/vano motor». Tengo la ligera impresión de que, a pesar del pomposo «consejo de consultores» de que hacen gala los «sumos sacerdotes», los «lúcidos autores» no andan muy duchos en lo que a electromagnetismo se refiere. Como si este complejísimo mundo dependiera únicamente de los efectos en una batería o en un motor. Y, por supuesto, atribuir el fallo «al mal estado de conservación de determinado conducto eléctrico» es tan poco serio como arriesgado. ¿Por qué el «cortocircuito» se produjo en el costado izquierdo del turismo y no, por ejemplo, en el derecho? También es «casualidad» que el «ser» se encontrara en esa zona de la carretera y que el «apagón» se registrara justo al rebasarle. Entiendo que cerrar los ojos a la evidencia es una actitud muy poco científica. Justificar el carácter casual de una avería en base a que los restantes automóviles salieran indemnes es coger el rábano por las hojas. Si el humanoide hubiera permanecido sobre el talud al paso de los mencionados turismos, lo más probable es que éstos habrían corrido idéntica suerte.

6.º «El suceso había sido tratado bajo una óptica proovni, con tendencia al misterio.» Y yo me pregunto: si un testigo acierta a tropezar con una «entidad» como la descrita, ¿en qué otra cosa puede pensar? Que yo sepa, sólo los inspectores de Hacienda son capaces de proporcionar un susto de esa magnitud...

7.º «La escasísima duración de la observación del humanoide (2 o 3 segundos) —reza el "informe"—, unida a cierta expectación de los testigos (momentos antes habían visto una luz que les llamó la atención), hacía prever cualquier confusión». Los «investigadores» vuelven a errar. El 4-L acababa de engranar la tercera velocidad cuando sus ocupantes acertaron a distinguir la «estatua». En otras palabras: circulaban a unos cincuenta kilómetros-hora aproximadamente. Si consideramos que el espacio recorrido, desde que descubrieran al humanoide hasta que la señora dejó de verlo, pudo oscilar alrededor de los doscientos metros, el tiempo de observación se sitúa entre los diez y catorce segundos. Una fracción corta pero suficiente para fijar un mínimo de detalles.

En cuanto a la primera «luz», ¿por qué iba a ser causa de confusión para los usuarios del Renault si ellos mismos declararon que la asociaron a los faros de un coche? La prueba está en que ninguno de los dos se decidió a comentarlo. En definitiva: de confusión, nada de nada.

8.º Retomando la «genial y muy científica conclusión», los «sabuesos» podrían haberse ahorrado el ridículo con sólo consultar los datos meteorológicos y una sencilla «guía de caracoles» (de venta en librerías y quioscos). Estos «moluscos gasterópodos» —y de esto saben más los labradores que los investigadores urbanos— «despiertan» a la vida cuando las temperaturas se estabilizan por encima de los diez a doce grados centígrados. Ello ocurre, en líneas generales, con la irrupción de la primavera. En el otoño, con la aparición del frío y del viento seco —sus grandes enemigos—, se «operculan», con perdón, pasando el invierno en estado de reposo. Pues bien, aquel 14 de marzo de 1976 —también es «casualidad»—, según información facilitada por las estaciones meteorológicas de Nou Moles y Manises, se registró un viento que alcanzó los cuarenta y tres kilómetros a la hora. Fue, justamente, el día más «ventoso» de ese mes. Si añadimos que las precipitaciones resultaron prácticamente nulas en todo marzo y que las temperaturas mínimas rondaron los nueve grados centígrados, ¿quién en su sano juicio podía aventurarse en la búsqueda de caracoles?

En su faraónica ignorancia sobre moluscos, los autores del «informe» caen en una solemne contradicción al justificar el uso del anorak ante «una época del año en que los catarros y enfriamientos abundan». De esta forma, en su precipitación a la hora de formular una «explicación racional», invalidan su propia hipótesis. ¿Es ésta la ufología científica y rigurosa que defienden los «calientapoltronas» y sus acólitos?

Y la «guinda» final. ¿Desde cuándo un anorak se asemeja a la aparatosa indumentaria del célebre muñeco de Michelin? En verdad, el retorcimiento de esos individuos es digno de psiquiatra.

La comparación del matrimonio Corell, analizada con sensatez, viene a fortalecer la autenticidad del caso. Si estuviéramos ante una confusión, los testigos, al utilizar la referida fórmula del hombre «enllantado», hubieran hecho extensiva la «vestimenta» a la totalidad del cuerpo y no a la mitad superior. Una y otra vez insistieron en que las «estrechas bandas hinchadas» aparecían tan sólo entre el cuello y la cintura. Por otro lado, el citado muñeco de la multinacional se presenta siempre con las piernas separadas; nunca juntas y en forma de «columna».

En segundo lugar, ni el señor Corell ni su esposa habían oído hablar hasta esos momentos —y dudo, incluso, que los conozcan en la actualidad— de los sucesos ovni de Maubeuge (Francia) en 1954 y Kansas (USA) en junio de ese mismo 1976. En uno y otro casos, como saben los estudiosos, fueron descritos humanoides con el aspecto del celebérrimo anuncio de Michelin. También es «casualidad» que, con tres meses de diferencia y en países tan distantes como España y Estados Unidos, fueran avistados tripulantes con «trajes» prácticamente idénticos.

Como afirmaba el escritor francés M. Jacob, «el buen sentido suele ser el instinto de la verdad». Pues bien, queda claro que la «reencuesta» desplegada por los que se autoproclaman «rigoristas» de la ufología dista mucho de ese buen sentido. Y es que la seriedad y el tino en una investigación no se hallan en relación directa con el grado de negatividad que se le imponga. La imparcialidad no guarda parentesco alguno con la necedad. El espíritu científico —como veremos más adelante, al analizar el «arte de investigar»— debe distinguirse por su amplitud de miras, nunca por su ceguera o miopía. Desde mi corto conocimiento observo cómo los ufólogos «de salón» gustan de arrasar y demoler la inmensa mayoría de los sucesos ovni, basándose en juicios y apreciaciones tan precipitados como endebles y, lo que es peor, menospreciando la inteligencia de los testigos. La «exhaustiva investigación» puesta en marcha por estos individuos en torno al matrimonio Corell es reveladora. Todo es válido con tal de encontrar (?) una explicación racional (?) y «sentar cátedra». Incluso una ridiculez como la del «buscador de caracoles».

Y a veces —creo haberlo mencionado— acontece lo contrario. Cuando el «encuentro-ovni» es descubierto por los «vampiros» —(generalmente son los acólitos los que aciertan a «levantar la liebre»), las conclusiones suelen resultar positivas. Es pueril, lo sé, pero ésta es la triste realidad. Si el caso es rescatado por un ufólogo «de campo» —y no digamos por este «abominable mercantilista»—, la «reencuesta» de los «inquisidores» es inevitable. No existe término medio ni margen de confianza para estos «purpurados» del ovni. Su obstinación —como predicaba Hebbel— constituye un sucedáneo (y barato, añadido por mi cuenta) de su grisácea personalidad. Necesitarán tiempo para comprender —suponiendo que sus neuronas estén preparadas para ello— que el espíritu debe mostrarse flexible como el junco y no rígido como el cedro. ¡Cuán acertada la frase de Dan

Carretera comarcal próxima al actual Campamento Militar División Maestrazgo 3 en la que tuvo lugar el «encuentro» del matrimonio Corell. *(Foto de J. J. Benítez.)*

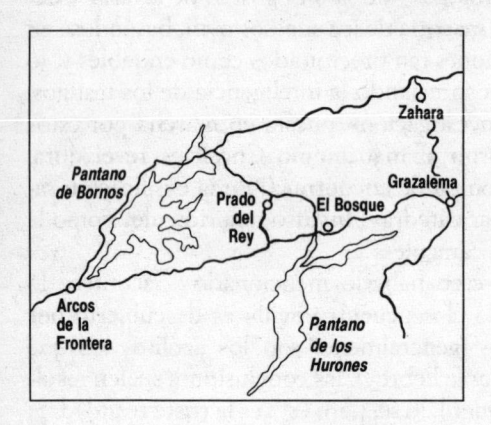

Miguel Timermans, entrevistado por J. J. Benítez en Jerez.

Triller!: «Lo que no se dobla termina por romperse.» Y en el escurridizo fenómeno que nos ocupa, con mayor razón.

Pues bien, esto fue lo ocurrido con el suceso protagonizado por un maestro nacional en 1960. En esta oportunidad, los «vampiros» llegaron primero. Y al poco de ser interrogado, el resultado de la investigación era publicado en el desaparecido *Stendek*, boletín oficial de los «sumos sacerdotes» de la ufología hispana (junio de 1980). El informe concluía textualmente: «Se trata de un suceso que por sus características merece un alto grado de fiabilidad.»

Y mire usted por dónde estoy de acuerdo con las estimaciones del autor de las pesquisas. Pero ¿lo habrían estado ellos conmigo si la primicia hubiera partido de este «advenedizo»?

En el transcurso del verano de 1979 tuve la oportunidad de entrevistarme con Miguel Timermans Ceballos, protagonista, a la sazón, del referido encuentro del «tercer tipo». En mi caso, a diferencia de los «vampiros», he tenido menos prisas en sacar a la luz el fruto de mis indagaciones. El suceso en cuestión ha permanecido más de once años en la «nevera». Un tiempo más que sobrado para reflexionar sobre él y verificar que, en efecto, lleva el sello de genuino. Ésta, en síntesis, fue la versión del maestro sobre unos hechos en los que, de nuevo, hacen acto de presencia los humanoides «enllantados»:

«Yo trabajaba entonces como interino en la localidad gaditana de Prado del Rey, en plena sierra. No recuerdo la fecha exacta, aunque estoy seguro de que se trataba de un sábado. Debía de correr el mes de mayo, o quizá junio. Era mi día libre y, como todos los sábados, decidí viajar a Jerez. La mañana era soleada. Así que, a eso del mediodía, tomé la moto —una Lambreta— y emprendí la marcha. Todo transcurrió con normalidad hasta que, al subir una cuesta o cambio de rasante —a una distancia media entre Prado del Rey y Arcos—, vi "aparecer" aquella figura gigantesca y enfundada en un "traje" aparentemente hinchado. Me llevé tal susto que detuve la moto en mitad de la pista. Y un enorme miedo se apoderó de mí. Al principio no podía dar crédito a lo que tenía a cien o ciento cincuenta metros. Aquel ser, como te digo, era enorme. Rebasaba con toda seguridad los dos metros de estatura. Caminaba hacia mí y siguiendo el filo derecho de la carretera. Lucía una indumentaria totalmente roja: de la cabeza a los pies. Y presentaba una suerte de "anillos" inflados, parecidos a los del muñeco de Michelin. Marchaba relativamente despacio, con movimientos rígidos y articulados, al igual que un robot. No acerté a distinguir facciones. Y cuando hubo avanzado media docena de pasos, surgió un segundo personaje por su espalda. Era idéntico en su aspecto, pero con dos notables diferencias: puede que tan sólo alcanzara un metro de talla y, en cuanto a una de las piernas, destacaba del rojo encendido del "traje" por su color negro. Yo diría que se trataba de una bota. Era muy chocante. Este segundo "robot" —si me permites la expresión— caminaba con la misma dificultad y a escasa distancia del primero. Y de pronto cruzaron la calzada en diagonal, desapareciendo de mi vista. Todo fue muy rápido. No creo que la observación se prolongara más allá de los veinte o treinta segundos. Ignoro si me vieron, aunque tengo la sospecha de que sí. Entre ellos y yo no se levantaba ningún obstáculo. He pensado a veces que el hecho de que la moto fuera silenciosa me permitió sorprenderles en su caminar. Pero tampoco es cosa de poner la mano en el fuego. Además, ¿cómo explicas que "aparecieran" y "desaparecieran" de repente? Si se hubieran ocultado en la maleza yo les habría visto. Total, que la curiosidad pudo más que el miedo. Arranqué la moto y me dirigí al lugar. Pero allí no había rastro ni señal de los misteriosos individuos. Sencillamente, se esfumaron. De haber viajado con otra persona quizá me hubiera atrevido a explorar la zona. Supongo que me comprendes. Aquellas criaturas eran extraordinarias. Jamás he visto cosa igual. Por supuesto, nada tenían que ver con nosotros, simples humanos. "Aquello", amigo mío, no pertenecía a este mundo.»

El señor Timermans no exageraba al calificar a los seres «enllantados» de extraordinarios. Y no sólo por su imponente aspecto, estaturas o movimientos robóticos. Para este viejo investigador, y también para el perplejo maestro, una de las más fascinantes e incomprensibles secuencias de esta fugaz escena la constituye la forma de «materializarse» y «desmaterializarse» de los mencionados humanoides. «La carretera —manifestaba el atónito testigo— se hallaba desierta. Y los seres surgieron como de la nada.»

E inevitablemente brotan las familiares preguntas: ¿a qué nos enfrentamos? ¿Qué clase de realidad nos envuelve y vigila? ¿Qué somos para ellos? ¿A qué obedece tan absurdo comportamiento? ¿Por qué dejarse ver durante veinte o treinta segundos por un motorista? ¿He mencionado la palabra «absurdo»? ¿Y no será —como pregonaba Voltaire— que la razón, nuestra razón, nos engaña más a menudo que la imaginación? ¿Que sucedería si, en lugar de analizar el fenómeno de los «no identificados» desde la menguada atalaya de la lógica humana, nos atreviéramos a utilizar la intuición y la fantasía? En definitiva, ¿cuál ha sido la clave del avance de la Humanidad? ¿No fueron los poetas y los geniales pensadores los que abrieron la senda a la ciencia y al progreso? A los hechos me remito. La moderna era ovni lleva casi medio siglo de inútiles esfuerzos por etiquetar y esclarecer el fenómeno. Pero ni las computadoras, ni los sesudos ufólogos «de salón», ni los servicios de inteligencia, ni el empecinado empeño de los militares han abierto una rendija en el refractario problema. ¿No será que «trabajamos» con «herramientas» equivocadas? ¿Desde cuándo lo «mágico» e «invisible» puede ser «desguazado» y «diseccionado» en la pantalla de un ordenador o en la mesa de un laboratorio? Pero prosigamos con otros ejemplos, más plásticos y rotundos que mis torpes reflexiones. En el suceso de Castelldefels, que expondré a continuación, también las imágenes hablan por sí solas.[1]

El singular «encuentro» aconteció hace diecinueve años. ¿Quién se atreverá a acusar a los siete testigos de afán de lucro o de protagonismo? Es ahora cuando asciende a la superficie, flotando a merced de la opinión pública.

Sucedió una mañana de agosto de 1971 en la playa de la mencionada localidad barcelonesa. Concretamente, en la zona que recibe el nombre de El Apeadero. Los protagonistas no recuerdan con exactitud la fecha, barajando los días 14 a 16 como los más probables. Hacia las diez de la mañana, tres adultos y cuatro niños acababan de instalarse muy cerca del agua, con la legítima intención de pasar una relajante jornada vacacional. Estos veraneantes responden a los nombres de Emilio Macías —ATS de profesión—, Rosa María Escalada, su esposa, y la hermana de ésta, Gloria, funcionaria del Instituto Nacional de Empleo. Junto a ellos, los tres hijos del matrimonio: Emilio, de doce años; Rosa María, de once, y Gloria, de cinco.

La ancha playa se hallaba poco concurrida, como consecuencia de la temprana hora. Y los adultos fueron a tumbarse en la arena, mientras la gente menuda jugueteaba en la orilla. Y en eso estaban cuando, de pronto, frente a ellos, surgió un «bañista» poco común.

«Primero lo vimos de espalda. Parecía querer entrar en el mar, pero lo hacía con unos movimientos extraños. A pesar de su fortaleza y gran altura se hallaba rígido, balanceándose a derecha e izquierda.

---

1. He creído conveniente separar este caso del bloque de «encuentros con tripulantes» ocurridos e investigados en Cataluña y que, como anunciaba en mi anterior libro —*La punta del iceberg*—, será minuciosamente expuesto en una próxima obra de la serie «Los humanoides». *(N. de J. J. Benítez.)*

El primero de los seres observados por el señor Timermans alcanzaba una gran talla. El segundo, situado a corta distancia, era mucho más pequeño.

»"¡Éste se cae!", comentó Emilio.

»Y como si nos hubiera oído, dio media vuelta, emprendiendo el camino hacia la orilla. El agua podía llegarle más o menos por las rodillas. Entonces fue cuando empezamos a observarle con tanta curiosidad como extrañeza. Era inaudito. Su piel carecía de poros, asemejándose a un material plástico, liso y blanco. No tenía pelo ni cejas. La cabeza era poderosa, con una frente abombada y unos ojos hundidos, profundos, de un gris acerado y extraordinariamente vivos e inteligentes. Era fuerte, de hombros anchos y cuerpo atlético y bien proporcionado. Se cubría con un bañador verdoso y, al caminar, lo hacía como un robot. No flexionaba las rodillas, equilibrando sus lentos y torpes movimientos con los brazos. Y fue avanzando despacio hacia nosotros.»

Al contemplar tan extraño personaje, cada uno de los testigos formuló un espontáneo comentario:

«Parece Patton», esgrimió el hombre ante el parecido del «bañista» con el actor que encarnó el papel del famoso general norteamericano en la película del mismo nombre.

«¡Qué bicho tan raro!», terció la esposa.

«¡Es un extraterrestre!», añadió Gloria.

Y en ese inseguro y oscilante alejamiento del agua ocurrió algo que tampoco pasó inadvertido para los atónitos veraneantes.

«Un niño, jugando, fue a cruzarse con él. Y el "hombre", a pesar de sus difíciles y robóticos movimientos, dirigió los brazos hacia el pequeño, apartándolo con gran delicadeza. Y salvó los veinte metros que le separaban de nosotros, pasando a cincuenta centímetros de las toallas. De haber querido le hubiéramos tocado. Y por discreción bajamos la mirada. La verdad es que él no parecía fijarse en nadie en particular. Sus ojos permanecían atentos al horizonte. Pero, nada más rebasarnos, giramos la cabeza, con la intención de seguirle. ¿Y qué crees que ocurrió? ¡Había desaparecido! Y de la sorpresa pasamos al miedo. ¡Era imposible!

¿Cuánto tiempo puede emplearse en mover la cabeza y reanudar la observación de una persona que acaba de pasar a tu lado? ¿Un segundo? ¿Dos? Lo lógico es que, como mucho, hubiera avanzado un par de pasos. Pues, no señor. Se lo tragó la arena...»

Los perplejos protagonistas de esta historia, presas del lógico nerviosismo, se pusieron en pie, escapando a la carrera y en todas direcciones. Esa misma jornada, algo más calmados, exploraron la playa, a la búsqueda del misterioso «Patton». El resultado, como es fácil de adivinar, fue negativo. Jamás volvieron a verle. Pocos días después, la Prensa hablaba de un enorme ovni, avistado en la zona de Garraf, a corta distancia de Castelldefels.

A mis preguntas, las mujeres respondieron siempre con idéntica contundencia y precisión:

«El bañador era normal. Sus movimientos, en cambio, no lo eran. Resultaba chocante que un individuo tan fuerte y bien proporcionado caminase con semejante dificultad. Tampoco la piel —de un color manteca, sin vello ni poros y completamente seca a pesar del reciente contacto con el agua— correspondía a la de un ser humano normal. La mirada, sin embargo, nos llamó la atención por su dulzura e inteligencia. Pero lo más sorprendente fue su forma de desaparecer. Esto, en definitiva, nos convenció de que habíamos sido testigos del paso de una criatura que nada tiene que ver con lo que conocemos.»

¿Absurdo? Creo que el término se queda corto. Reza el diccionario que «absurdo es aquello contrario a la razón». Y servidor, en su audaz ignorancia, se atreve a redondear la definición con un «contrario a *nuestra* razón». Porque, díganme ustedes, si el suceso de Castelldefels es verídico, como así lo estimo, ¿cómo debe ser interpretado? ¿Anclados en la lógica humana? Un científico sonreiría burlonamente, negándose a aceptarlo. Un ufólogo «de salón», con suerte, la catalogaría de «alucinación colectiva». Ambos, seguramente, equivocarían el juicio. Era Victor Hugo quien afirmaba que «la ciencia es ignorante y no tiene derecho alguno a reírse; siempre debe esperar lo inesperado». Resta, a mi entender, una vía alternativa: la de los poetas y «locos soñadores». La de aquellos que comparten la máxima de Emerson: «El milagro sigue siendo la semilla de la ciencia.» Si el caso que nos ocupa, insisto, fue real, sólo cabe aproximarse a él de la mano de la intuición. Al menos por el momento. Y esto, en definitiva, como he repetido hasta el aburrimiento, es extensible a todo el fenómeno ovni. Pues bien, ¿cómo «entender» el paseo de tan singular criatura, exhibiéndose ante un pasmado grupo de veraneantes, para desmaterializarse en sus narices? Y la «intuición» me dicta: quizá uno de los objetivos de esa enigmática «presencia» en la playa barcelonesa empieza a dar sus frutos justamente ahora —diecinueve años después—, cuando usted, paciente lector, espontáneamente, se sorprende a sí mismo reflexionando sobre el particular. No sé si lo he leído en alguna parte o me lo acabo de inventar. La cuestión es que, si una sola palabra, una sola frase o una sola idea son capaces de estimular el pensamiento, tu obra se hallará justificada. Todo lo bueno, lo sé, ha sido ya pensado. Pero, como propugnaba Goethe, «es saludable volver a pensarlo». ¿Y qué mejor forma de fortalecer la condición humana que practicando el atletismo de la intuición? ¿No es acaso este don un hilo directo con la Divinidad? Desde este punto de vista —digo yo— el «absurdo ovni» empieza a teñirse de razón.

Y sin querer, por enésima vez, he ido a desembarcar en la «regla de oro» que planea sobre este trabajo: nada es azar. ¿Lo fue el encuentro del señor Timermans con los dos seres «enllantados»? ¿Puede atribuirse a la «casualidad» —en una playa de kilómetros y a las diez de la mañana— la súbita aparición del amigo «Patton»? ¿Es «azar» que saliera del mar (?), justo frente por frente del matrimonio Macías y de la funcionaria del INEM?

Y por aquello de las dudas y de los recalcitrantes, ahí va un nuevo caso, tan preñado de «absurdo» como los anteriores o quizá más...

También se dice pronto: veintiséis años de silencio.

Si el suceso de Castelldefels ha necesitado diecinueve para ver la luz pública, el que ahora paso a detallar no le va a la zaga. Tuvo lugar en 1964. Y aunque el testigo se decidió a revelarlo en 1981, fiel a mis costumbres, lo he «congelado» hasta hoy. Si hacemos números comprobaremos que este «cagaprisas» (cariñoso calificativo con el que honran los «vampiros» al «rabioso mercantilista» que les martiriza con la palabra) ha esperado nueve largos años para «hacer negocio» con el asunto. Tomen nota los jóvenes y vírgenes investigadores, tan expuestos ellos a las maledicencias.

A la primera entrevista celebrada con Esteban —cuya identidad no estoy autorizado a revelar—, acaecida en agosto del referido año de 1981, asistieron conmigo mis buenos amigos Juan Andrés Gómez Serrano, veterano investigador «de campo»; Rafael Tobajas, concejal que fue del ayuntamiento de Algeciras, así como Rafael Montano. Ellos pueden dar fe de cuanto me dispongo a relatar.

El incidente se registró en el extremo meridional de la península, a orillas del Mediterráneo y a corta distancia de la ciudad gaditana de Tarifa.

Esteban, único testigo, es un acreditado «hombrerana», con más de treinta años de experiencia profesional. En otras palabras: una persona prudente, que ha vivido siempre de su duro y sacrificado trabajo y que, como buen buzo, antepone el sentido común a la fantasía. Los que conocen medianamente el fascinante mundo del submarinismo saben de sobra la capacidad de observación, los nervios de acero y el buen hacer de cuantos lo practican. En especial, de sus profesionales. Vayan estas pinceladas por delante, con el intencionado propósito de aproximar el lector a la personalidad de nuestro protagonista. Un hombre que,

Tripulantes-ovni avistados en 1972 en Argentina. También presentaban trajes «enllantados», al igual que el caso de la serranía de Cádiz.

Dibujos y anotaciones del señor Timermans.

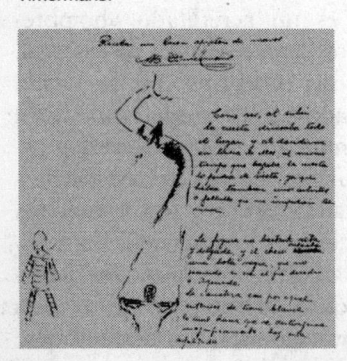

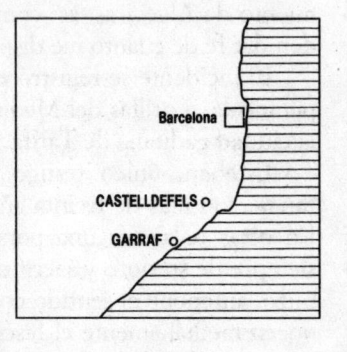

dada la época en que ocurrieron los hechos, no tuvo más remedio que silenciarlos, anteponiendo su prestigio y puesto de trabajo a la difusión del extraño «encuentro». Incluso hoy, veintiséis años después, comprensiblemente receloso, sigue prefiriendo el anonimato. La historia no es para menos...

«Por aquel entonces —explicó Esteban— contaba veintiocho años. Ya trabajaba como buzo. Fue en setiembre. Lo recuerdo porque se celebraba la feria de Tarifa, y esa noche, hacia las dos y media o tres de la madrugada, regresaba del baile. Vivía en un lugar que llaman El Tejar, a cosa de un kilómetro de la referida localidad tarifeña. El camino corre parejo al acantilado. Lo conocía muy bien y generalmente, como en esta ocasión, lo hacía en solitario. A quinientos metros de mi casa, en plena ascensión y en una de las curvas del sendero, se alzaba —a la izquierda— lo que por aquí llamamos un "cortado de pita". Es decir, una cerca o empalizada de tres o cuatro metros de altura. Ese "cortado" me sirvió de referencia para calcular las dimensiones del "individuo" que me salió al paso.

»En fin, y por abreviar, que tomé la senda empedrada que conducía al Camorro, el observatorio de la Marina, con la intención de meterme en la cama y descansar. Mi madre cuidaba de la casa, con la ayuda de cuatro perros. Y es curioso, esos animales —*Adelín*, *Morito*, *Linda* y una perrita ciega— salían siempre a mi encuentro. Esa noche, sin embargo, desaparecieron.

»Y al llegar a una de las curvas —la del "cortado de pita"— me detuve perplejo. Era una noche sin luna, pero, a pesar de la oscuridad, yo caminaba sin el menor problema. Por mi profesión —he llegado a descender a noventa metros en el pantano del Pintado, en Sevilla— estoy muy hecho a moverme en las tinieblas. Y, como le digo, "algo" me retuvo. A mi izquierda, en el filo del camino y por delante de la cerca de pita, descubrí unas piernas. Miento: lo primero que me llamó la atención —a cosa de un metro de mis ojos— fue una mano. Una mano enorme que descansaba pegada a un muslo igualmente gigantesco. Una mano izquierda, con los dedos ligeramente abiertos, y cubierta con una serie de placas, como escamas de pescado, de tres a cuatro centímetros de longitud cada una. Mi vista, como le decía, quedaba prácticamente a la altura de dicha mano. Y desconcertado alcé los ojos. Tenía ante mí a un ser "interminable". Su cabeza se hallaba al mismo nivel que el remate de la pita. Eso significaba una estatura de tres metros y medio, aproximadamente. Supongo que permanecí con la boca abierta, desconcertado. Pero, inexplicablemente, no sentí miedo. No me pregunte por qué. Yo tampoco lo entiendo. Se hallaba enfundado en un traje ajustado, parecido al que usamos los "ranas", pero de una sola pieza y todo cubierto con esas plaquitas o "escamas". Era de un color ceniza, bastante triste. Recuerdo que el faro nos iluminaba cada cinco o diez segundos y, aunque el haz de luz le bañaba a placer, las "escamas" no brillaban. Presentaba una constitución proporcionada a su talla, aunque algo estrecho de hombros y tórax. En todo el tiempo que permanecí a su lado no hizo un solo movimiento. Se hallaba de cara al mar y con los brazos caídos a lo largo de las piernas. No sé si fue a causa de la inmensidad de su altura —yo tengo un metro y sesenta y tantos centímetros y mis ojos se emparejaban con el muslo—, pero la cuestión es que no pude distinguir la cabeza y el rostro con claridad. Y de pronto me habló. Y lo hizo en un castellano perfecto.

»"¿Hay fábricas de pescado", preguntó.

»Y yo le respondí:

»"No, eso está en el pueblo."

»Y al punto, con una voz más dulce y melosa, como si lo hubiera aprendido de carrerilla, formuló una segunda pregunta:

»"Chico, pero ¿tú eres de por aquí?"

»"Soy de El Tejar —repliqué— y todas las noches paso por aquí."

»Y ahí concluyó la "conversación". Por supuesto, la voz era "humana". Todo él era "humano", pero gigantesco. Y durante un rato —no sabría precisar cuánto— continuamos en silencio, observándonos mutuamente. Comprendo que era una situación absurda. Pero se la cuento tal y como ocurrió. Y de pronto, sin más, empecé a caminar, rumbo a mi casa. A los pocos pasos me volví y seguí viéndolo. No se había movido del sitio. Fue al entrar en El Tejar y divisar la puerta abierta de mi hogar cuando caí presa del miedo. Un miedo total, como pocas veces he sentido. Hasta el punto que casi caí desmayado. Se lo conté a mi madre, pero, lógicamente, no me creyó. Esa noche fue horrible. No hice otra cosa que pensar y pensar. Sólo los perros, con su huidizo comportamiento, parecían darme la razón. Y a la noche siguiente volví a pasar por el mismo lugar. Estuve un tiempo contemplando el "cortado de pita", el sendero y el mar —que se abre a cincuenta o sesenta metros—, pero no observé nada anormal.»

Para Esteban, la actitud del gigante fue impecablemente correcta, sin asomo alguno de agresividad.

«En la segunda pregunta, como creo haber comentado, noté incluso un tono afable y cariñoso, como si tratara de tranquilizarme. Veía mover sus labios y tengo su voz grabada a fuego en la memoria. Jamás he escuchado una voz similar. La verdad es que no consigo entender el porqué de tan extraño encuentro.»

Y no le falta razón al bueno de Esteban. Un superficial análisis de los hechos nos coloca de nuevo en el «ojo del huracán» del problema. ¿Nos movemos ante una simple y graciosa coincidencia o el «encuentro» del «hombre-rana» forma parte del formidable «teatro» ovni? Arañemos algunas de sus facetas y que Dios reparta suerte.

¿Puede calificarse de «azar» que el gigante cubierto de

escamas se hallara en el camino de El Tejar, justo en el momento del tránsito del buzo? ¿A las dos y media o tres de la madrugada? ¿Y cómo sabía que nuestro hombre retornaba a su casa? ¿No será más acertado que el vecino se hallaba perfectamente «controlado» —quién sabe desde cuándo— y que fue elegido fría y calculadamente? A fin de cuentas, el «seguimiento» de un ser humano por parte de estos seres no es una novedad...

¿Y qué me dicen del objetivo? ¿Le salió al paso con el único fin de recabar información acerca de las posibles fábricas de pescado que se levantaban en Tarifa? Hasta el menos avisado en la problemática ovni esbozaría una benevolente sonrisa. No creo que la casi «mágica» tecnología de estas civilizaciones esté incapacitada para localizar esta clase de industrias, hasta el punto de tener que desembarcar en un remoto acantilado, y de madrugada, para abordar a un solitario caminante.

Respecto a la segunda pregunta —«Chico, pero ¿tú eres de por aquí?»—, francamente, me huele a chamusquina. Más que el contenido, que suena a artificial, lo que sí llama mi atención es una de las matizaciones del testigo: «Amén del tono de la misma —más dulce y meloso que la primera, como si pretendiera tranquilizarme—, parecía como si se la hubiera aprendido de corrido, con el único fin de recitármela.»

Curiosa y sospechosamente, ahí murió la «animada charla». Y la «intuición» me dice: ¿No entra dentro de lo posible que tan «brillantes y profundas» preguntas no fueran otra cosa que parte del «artificio» dispuesto por estos tripulantes? Y volvemos a la irritante cuestión inicial: ¿por qué? Y, sobre todo, ¿por qué jugar con el «absurdo»? A no ser, claro está, que la fórmula sea un obligado ingrediente en la innegable tarea de concienciación de la Humanidad. «Aquí estamos, sí, y conviene que se sepa en su momento..., pero escalonadamente. ¿Y qué mejor que practicar el equívoco sistema del «absurdo» para que sólo nos crean quienes deben creernos?»

Debe ser mi destino. Llevo media vida batallando con las palabras. Pero, por más que me empeño, las escasas ideas que Dios me ha dado, lejos de «colgar de los clavos de las palabras», como pregonaba el ilustre colega francés E. Godin, resbalan y se pierden. ¿Cómo podría transmitir lo que ahora pienso? Hace un instante me he referido a la «mágica tecnología» de estos seres. Hasta ahí es fácil. Los cientos de miles de observaciones ovni confirman que estamos ante un fenómeno prodigioso que nos trasciende y confunde, al igual —o quizá mucho más— que un ordenador personal podría reblandecer las neuronas de san Pablo. Y es verosímil que algunos de los grandes maestros de la literatura fantástica pudieran igualar —no sé si superar— los relatos y descripciones que aportan los testigos-ovni. Lo que ya no puedo aceptar es que dos humildes pastores sean capaces de «crear» una historia como la ocurrida en las tierras onubenses de Villablanca, a no ser que estén dando cuenta de un hecho real. Presten atención los jóvenes aspirantes a investigadores. El testimonio de todos los hombres —en principio— debe ser iguamente válido para el buscador de la verdad. En contra de lo que pregonan los «vampiros» y demás ralea ufológica, un mayor nivel intelectual o profesional no tiene por qué implicar más sinceridad. Y en ocasiones —como en el caso que estoy a punto de desvelar— es precisamente esa nula formación universitaria la que engrandece el relato, fortaleciendo su autenticidad más allá de todo lo previsible. La palabra —escribía Bini— es un precioso don, pero no da idea de la riqueza de nuestro ser interior. Es, con respecto a la sensación, como comparar un sol pintado al óleo con el sol natural. Pues bien, esto fue lo que me sucedió en aquel invierno de 1982 en el modesto hogar de Domingo de la Cruz Horta. A él las palabras le limitaron a la hora de transmitir su experiencia y sensaciones. A mí, en un

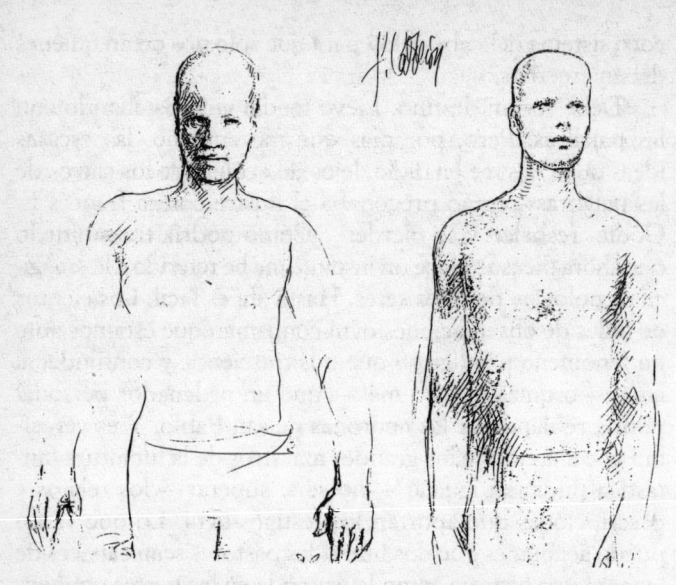

En el dibujo de Fernando Calderón, el misterioso «robot» de la playa de Castelldefels.

La piel de aquella criatura carecía de poros y de vello. Y su caminar era rígido y oscilante, como el de un robot. *(Dibujo de Fernando Calderón.)*

pecado más grave, me limitan como «notario» de estas «realidades» que algún día entrarán por la puerta grande de la Historia. Que el lector sepa comprender e imaginar por encima de la «cárcel» de mis palabras...

Ocurre con regularidad. Andaba este servidor de ustedes embarcado en el esclarecimiento de la interesante oleada ovni de la Navidad de 1980 cuando varios de los testigos de la acogedora población de Isla Cristina, en Huelva, dejaron escapar «lo del *Hilario*». Carlos Avilés, uno de los profesores de EGB que me honraron con sus declaraciones, lanzó el santo y seña: «Se trata de un pastor. Vive en Villablanca. Asegura haber visto a un "hombre que volaba".» Y de esta guisa, como tantas veces, fui a saltar de una investigación más o menos rutinaria a otra más apetecible: la de un inédito y, hasta esas fechas, olvidado «encuentro en el tercer tipo».

El lector acierta al pensar así. A las pocas horas, mi «compadre» —y yo con él— volaba feliz entre los pinos fronterizos, a la búsqueda de la aldea que preside y gobierna la Virgen Blanca. Ya lo he mencionado. A pesar del agotamiento y de los mil pequeños desastres que lleva emparejado cada uno de mis viajes, la noticia de un nuevo caso me transforma, haciéndome vibrar como un colegial enamorado. Y así penetré en Villablanca: ansioso, emocionado y dispuesto a todo. ¡Ojalá los futuros investigadores comprendan y hagan suya esta aparente frivolidad! Después de millones de kilómetros, mi enamoramiento por el tema ovni es tal que cada suceso viene a ser como el primero y el último. ¡Desdichado el hombre que no sabe de la pasión! Sus acciones y trabajos serán siempre insípidos. Son los apasionados, en cualquier orden de la vida, los que —como anunciaba el poeta cubano J. Martí— engrasan el motor de la existencia.

Respiré aliviado. Aunque en la frontera de los setenta, Domingo de la Cruz Horta —más conocido por el sobrenombre de *el Hilario*— se mantenía fresco y estirado como un junco de ribera. Él se dice agricultor —y no seré yo quien le contradiga—, pero las gentes de la comarca le han conocido desde niño al frente del ganado. El pastoreo es lo suyo y en el pastoreo le ocurrió lo que le ocurrió. La historia —así consta en mi cuaderno de campo— se me antojó sencillamente espléndida. *Hilario*, como es fácil suponer, no ha recibido estudios. En todo caso —y no es moco de pavo—, los que puedan reportar el cotidiano contacto con la naturaleza y los hombres. La voz popular y mis propias observaciones lo dibujan como un paisano sin doblez, abierto y dicharachero y con una escasa capacidad imaginativa. Ni sabe de libros de ciencia-ficción, ni falta que le hace. Y por si fuera poco jamás se preocupó de airear, más allá de los límites de sus íntimos, lo sucedido en aquella noche del 19 de marzo de 1967. El asunto, en consecuencia, había permanecido «enterrado» por espacio de quince años. Otro récord para el libro de la ufología hispana.

—Pues verá usted —se arrancó el *Hilario* en su escamondada casita de «La Chapatina», a cosa de tres kilómetros de Villablanca y deseoso de complacer a tan inusual forastero—, uno andaba por aquel entonces al arreo y al cuidado de una partida de ovejas. Y menos mal que servidor tuvo compaña...

—A ver, explíqueme lo de la «compaña».

—Pues eso, que Dios quiso que fuéramos dos, y no uno, los que viéramos lo que vimos. Y fue un diecinueve de marzo porque esa mañana fue la misa de «cabo de año» del hermano de un primo mío. Yo había dejado aquí al zagal, ocupado en los menesteres del pastoreo...

—¿Cuando dice el «zagal» se refiere a la «compaña»?

—Eso mismo. ¡Cómo se nota que tiene usted estudios! Así da gusto conversar...

—Disculpe la indiscreción. ¿Y dónde para el zagal en estos momentos?

—Por Cartaya, creo. Se llama Fernando y a su señor padre le dicen *el Largo*. No tiene pérdida.

«Bueno —pensé para mis adentros—, menos da una piedra.»

—... Y como le venía diciendo, terminada la misa, fui a enredarme con unos amigotes. Total, que regresé a eso de las cuatro o las cinco de la tarde. Andaba yo preocupado con el chiquillo. Después de todo lo había dejado solo y al frente de más de doscientos bichos, entre chicos y grandes.

—¿Bichos?

—Ovejas, para que me comprenda. Muchos debían de ser nuestros pecados porque el Señor vino a castigarnos con una sequía muy mala. Los pastos no eran cómodos y andábamos a la greña con unos señoritos de Sevilla, propietarios de unas tierras medianamente húmedas. ¿Usted me sigue?

Asentí con gravedad, como corresponde a un hombre de estudios. Pero, sinceramente, no terminaba yo de verlo claro...

—... Y no dije «ni con Dios». Tomé la carretera y me vine para la querencia. Aquí estaba el zagal, muertito de hambre. Y ya con un hilo de sol le dije que tomara el rebaño y tirara para la «Molinera».

—Y eso ¿por dónde cae?

Hilario, complaciente, me sacó al campo, mostrándome un bosque de eucaliptos que rompía el horizonte.

—... Ésas eran las tierras de la discordia. Los señoritos de Sevilla las cuidaban como a las niñas de sus ojos. Hasta guardas habían puesto. Pero nosotros, pobres cristianos, entrábamos a las escondidas y, mal que bien, salvábamos la hambruna del ganado. Y eso, ni más ni menos, fue lo que hicimos esa noche. Y cuando los bichos habían matado el hambre le dije al zagal que los enderezase, porque tampoco era cuestión de pasarse de listo. Si alguno de los guardas nos sorprendía en «La Molinera» era pleito seguro. Así que las ovejas apretaron y le dieron cara a la tenencia. Salimos de los eucaliptos y, nada más pisar una finca que llaman «del tío Román», empecé a ver la luz.

—¿Qué hora podía ser?

—Yo me calculo las dos de la madrugada. Y seguimos caminando. El zagal también la había visto, pero ninguno de los dos respiramos. Y yo me dije: «A ver qué dice éste.» Pero el chiquillo se comió la lengua.

—Y usted ¿qué pensó?

—Al principio, «na». Me figuré que podía ser Juan Brisa, que había salido de la casa para dar de comer a las vacas.

—¿Y por qué se figuró semejante cosa?

—¡Toma éste! Porque la luz estaba junto a la puerta de la cuadra. Así que eso fue lo que me calculé: que Juan Brisa estaba enredado con el ganado. Y caminando y caminando terminamos por encajarnos en una hondonada, muy cerca de otra finca de un tal Ratiño. Y allí, al entrar en la vaguada, dejamos de ver la luz. Entonces, no pudiendo amarrar la curiosidad, le pregunté al zagal si había visto la claridad. Y va y me dice: «Eso no es una luz.» «Entonces ¿qué es?», le pregunté. Y ahí entramos en la disputa. Que sí es una luz, que no lo es, que sí, que no... Total, que si uno estaba envenenado, el otro más. Y decidimos salir de dudas. Y nos encaminamos a un cabezo próximo. Y al llegar a lo alto el chiquillo se quedó parado, mirando la dichosa luz. «Bueno —le dije—, y ahora ¿qué me cuentas?» «Pues sí, señor —reconoció—, eso es una luz.»

—¿A qué distancia podían estar ustedes?

—¡Qué sé yo! A un tiro de piedra.

—Y eso, ¿cuánto puede ser?

—Si usted ha comido, doscientos metros. Si no ha comido, cien...

—¿Y usted había comido?

—Sí, señor.

—Y dígame, ¿cómo era la luz?

Domingo fue a sentar sus reales en un butacón, a la

Un ser gigantesco, de unos tres metros y medio, aguardaba el paso de Esteban, el buzo. Vestía un «traje» de una pieza, totalmente cubierto de «escamas».

puerta de la casa. Y alzando la «mascota» negra se rascó la calva en lo que me pareció una actitud reflexiva.

—La luz era una luz...

Pero, no muy satisfecho con la respuesta, se corrigió al momento

—... Aunque pocas veces he visto una luminaria tan desahogada. Era un foco blanco que «relumbraba» como el mismísimo demonio. Oiga, se veía todo: la casa, la cuadra y hasta el cabezo. ¡Qué hermosura!

—¿Observó nerviosismo en las ovejas?

—Ninguno. Los bichos conocían el camino y marchaban «abarcados», pastando tan felices...

—¿Y la luz?

—Allí, quieta, colaborando con Juan Brisa... Bueno, eso fue lo que yo interpreté. Pero verá usted lo que pasó.

—Cuente, cuente...

—Decido entonces echarme un cigarro y, cuando estaba liándolo, vemos a una persona que se aleja de la cuadra. Llevaba la luz en la mano...

—¿La misma luz?

—La mismita. Y voy y le digo al zagal: «Ése es Juan Brisa, que anda buscando tomillo para alguna vaca.» Y el cristiano, en efecto, se alejó por el llano, en dirección a los tomillos. Y le juro a usted por la gloria de mi madre que la «linterna» del pájaro lo alumbraba «to». Yo no salía de mi asombro. Las jaras, los matorrales de tomillo, las piedras, «to» se veía mejor que a pleno sol. Y yo cavilaba: «¿Dónde habrá conseguido el tío Juan una luminaria como ésa?» Y al cabo de un rato, cuando se hartó de dar vueltas por el tomillar, regresó de nuevo a la cuadra. «Te lo dije —le porfié al chiquillo—. Ése es Juan Brisa, que se le ha puesto una vaca mala.»

—¿Qué metros pudo recorrer desde la casa al tomillar?

—Un tiro de piedra.

—Comprendo. Pero «un tiro de piedra»..., ¿antes o después de comer?

El Hilario sonrió zumbón.

—Por los cien metros andaría el negocio.

—Entendido: un «tiro de piedra» antes de comer...

—Y allí nos aguantamos un rato. Y de buenas a primeras, el «tío de la luminaria» se distanció una «mijina» de la cuadra y salió por los aires. Y conforme ganaba altura dejamos de verlo y sólo se distinguía el «relumbrón» de la «linterna».

—¿Me está usted diciendo que Juan Brisa echó a volar?

—No, porque el verdadero Juan Brisa estaba durmiendo. El que tiró «pa» lo alto era un «forastero».

—Ya que lo menciona, ¿se enteró Juan Brisa de lo que pasaba?

—Ya le digo que estaba durmiendo. Según me contó, ni sintió ni padeció.

—¿Tenía perros?

—Ya lo creo. Y eso es lo más raro: ni uno solo dio la alarma.

—Así que el «forastero» cogió altura...

—Y muy buena, sí, señor.

—¿Hacía ruido?

—Eso es lo más grande: ¡qué aparato sería aquél que ni piaba!

—¿Vio algún aparato?

—No, señor. Pero el «mozo», si volaba, era por algo. Y nosotros, en nuestra incultura, pensamos que llevaba algún aparato. ¿Usted me sigue?

—Sí, señor.

—Total, que primero tiró «pa» Portugal. Y al llegar a un pino muy alto dio la vuelta, buscando de nuevo la tenencia de Juan Brisa. Pero, antes de llegar, la vimos caer por detrás de un barranco.

—Se refiere usted a la luz.

—Claro. Y ahí empezamos a temblar. «Seguro que no queda uno vivo», me dije. Y como estábamos muy cerca del lugar por el que había traspuesto, tiré del zagal, tratando de auxiliar a los pobres cristianos del aparato. Y corrimos por el camino, pensando lo peor. Pero, a los pocos pasos, el chiquillo señaló hacia lo alto, gritando: «¡Ahí viene otra vez!» ¡Coño con la luz! Me quedé tieso como un palo. Tenía razón el zagal. Acababa de salir por detrás del monte y volaba hacia nosotros, a cosa de veinte o treinta metros del suelo.

—¿Alumbraba tanto como en la finca de Juan Brisa?

—Mucho menos, ésa es la verdad. Una cosa regular, diría yo. Y fue bajando poquito a poco. Entonces, conforme perdía altura y se acercaba, volvimos a distinguir la silueta de una persona...

—Haga un esfuerzo y trate de recordar con precisión. ¿Seguro que no vio un aparato?

—¡Hijo, *el Hilario* no tiene estudios, pero su memoria es tan recia para los beneficios como para las injurias, como para los sustos! Cuando le digo que no vimos aparato es que no vimos aparato.

«¡Bendito pastor! —pensé para mis entretelas—. No tiene escuela, pero esa sentencia era digna de Séneca...»

—Entonces —insistí— ¿cómo demonios volaba?

—Volaba.

—Claro —tercié simulando naturalidad—. ¿Y cómo lo hacía: sentado, de pie, tumbado?...

—De pie. Y así cayó a tierra. Y nada más pisar el sendero, la luz se «achicó», haciendo el papel de una linterna. Y el «tío» echó «palante», alumbrando el terreno como si tal cosa. Y conforme se acercaba creí reconocerlo. Y voy y le digo al chico: «¡Ése es Francisco!»

—¿Francisco?

—Sí, uno de los guardas. Un hombrón «estartalao» y grandón al que conviene dar la cara. Y eso fue lo que le espeté al zagal: «Deja que esté aquí, que a ése hay que salirle por derecho...»

Entendí que las formas y maneras de Domingo respecto

al supuesto guarda tenían mucho que ver con el hecho de que hubiera violado una propiedad, introduciendo el rebaño en «La Molinera». En un primer momento —como veremos— los pastores asociaron la figura del «estartalao volador» con el vigilante o guarda jurado.

—... Y como tampoco era cuestión de que nos viera a los dos, ordené al muchacho que me esperase detrás de uno de los pinos. Y me arranqué hacia él, tratando de cortarle la delantera. Pero cuando lo tenía enfrente, a tres o cuatro pasos, se detuvo y, claro está, yo hice lo propio. Nos observamos durante unos segundos, y fue entonces cuando caí en la cuenta: aquél no era Francisco. Y antes de que abriera la boca me dio la espalda y cogió por el monte, hasta salir de nuevo a la vereda. Y en eso vi llegar al zagal y, fíjese si uno estaría «convenció» de que aquel sujeto era el tal Francisco, que voy y le suelto al compañero: «¡Ya nos salvamos! Ése no tiene "pantalones" para "trincarnos".» Digo yo que muy «pasmao» debía estar y parecer para soltar tamaña majadería.

—¿Sintió miedo?

—No sé qué decirle. El susto («pa» que voy a montar una cosa por otra) me lo llevé poco antes, cuando vimos caer la luz por detrás de la barranca. Pero, en esos momentos, no, señor. De haber «sentío» miedo no hubiera «tirao p'alante». ¿Usted me sigue?

—Le sigo, jefe. ¿Y qué ocurrió después?

—El fulano siguió caminando. Y yo pensé: «Habráse visto mala educación. A un cristiano no se le niega el saludo...» Y al alcanzar el punto donde había aterrizado se hizo de nuevo a las alturas y salió volando.

—¡Y sin aparato!

—Sin aparato. Y conforme subía, la luz fue ganando en poderío. Y llegó un momento en que «to» se veía como a las claras del día: el campo, los árboles y hasta nuestras ropas. ¡Coño con la luminaria! Y durante diez o quince minutos se quedó quieta sobre la carretera.

Disposición de las placas o «escamas» que cubrían la totalidad del «traje» del gigante observado en las proximidades de la ciudad gaditana de Tarifa.

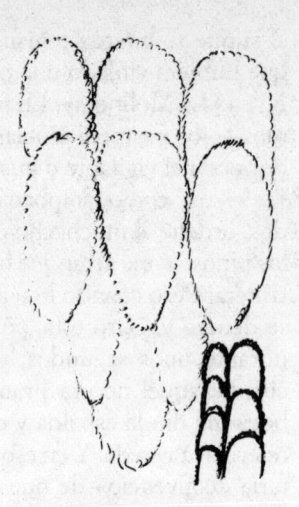

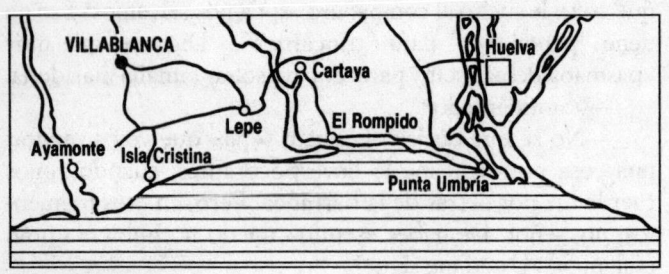

Domingo de la Cruz Horta, «el Hilario», testigo de un excepcional caso de «encuentro» con un «estartalao volador».
(Foto de J. J. Benítez.)

—¿Distinguían entonces al «estartalao»?
—Ni «mijita». En cuanto la luminaria dijo «aquí estoy yo», el fulano desapareció de nuestra vista. Después tiró hacia el cabezo que llamamos Cumbre Alta, desapareciendo en dirección al Guadiana. Y a pesar de la distancia, el «relumbrón» era tal que seguíamos viendo las fincas mejor que ahora.
—Ahí, supongo, terminó la historia.
—Sí, señor. Poco más o menos, a las tres de la madrugada. El zagal y servidor nos hicimos con los bichos y nos encerramos en la casa. ¡Vaya noche, cristiano!
—Dígame, Domingo, en esos últimos minutos, cuando usted le salió al paso al «estartalao», ¿dónde se hallaban las ovejas?
—Allí mismo, con nosotros, «esparcías» por el campo.
—¿Y no se espantaron ante la proximidad del «forastero»?
—No, señor. El «tío» cruzó entre los bichos, apartándolos incluso con la mano.
—Otro asunto. ¿Sería usted capaz de hacer un «retrato» del «estartalao»?
—Lo estoy viendo. Alto, como cuatro dedos más que este cristiano que le habla...

Eché cuentas. Si el testigo rondaba los 1,80 metros, la talla del misterioso «hombre-pájaro» podía oscilar alrededor de 1,90.

—... «Estartalao» y vistiendo una chaqueta y un pantalón. A mí me parecieron como de pana, pero tampoco se lo juraría por mis muertos.
—¿Chaqueta y pantalón? ¿Está seguro?
—¿No le digo que lo estoy viendo? Chaqueta y pantalón. Y la americana abrochada.
—¿Y la cara?
—Blanca, sin barba y «chupá».
—¿Y qué edad representaba?
—Pintaba la misma que yo o poco más. Yo tenía entonces cincuenta y cuatro años.

—¿Y qué me dice de los ojos, la nariz...?

—Ahí, si dijera blanco o negro, le mentiría. La verdad es que no me fijé bien. Entre otras cosas porque la luz de la «linterna» me tenía medio «encandilao». Lo que sí recuerdo es que se tocaba con una especie de «mascota»...

—Un sombrero.

—Eso. Y ahí fue la porfía con el zagal. Él decía que no era una «mascota» y que más parecía una corona, como la que luce la Virgen de la Blanca. Pero yo no vi corona. Sólo recuerdo una chapa en el frente de la «mascota», como la de los peones camineros. Una chapa que relumbraba lo suyo, eso sí.

—Y al darle la espalda, ¿hubo algo que le llamara la atención?

—Pues no, señor. Ya le digo que la hechura de la chaqueta guardaba un buen parecido con el uniforme de los guardas forestales. ¿No le digo que lo tomé por Francisco?

—Sí, pero un guarda jurado no vuela...

—En eso tiene usted «toíta» la razón.

—Hábleme de la «linterna». ¿En qué mano la llevaba?

—En la derecha.

—¿Y le pareció una linterna normal?

—De no ser así me acordaría.

—¿Le sonrió o le hizo algún gesto?

—¡Quia! Tenía el «carácter» como nosotros, pero parecía que se hubiera tragado una escoba...

—¿El «carácter»?

—La cara, «pa» que me entienda.

—¿Usted le hubiera hablado?

—Ésa era mi intención. Cuando él se paró, como ya le expliqué, yo perdí paso. Y me quedé «cortao». Y al reparar y comprender que no se trataba del Francisco, dije «pa» mí: «Pues yo le hablo.» Pero me ganó por la mano. Y como si pudiera leer el pensamiento se giró, dándome la espalda.

—Decía usted que, cuando el «estartalao» salió de nuevo por los aires, escuchó un ruido...

—No, señor. Este cristiano no ha «mentao» tal cosa. Allí no había ruido de ninguna clase.

La sinceridad y espontánea ingenuidad del *Hilario* eran tan gruesas que estas pequeñas «trampas» carecían de sentido. Pero, aun así, eché mano de algunas de ellas. Los resultados —como en el asunto del «ruido»— fueron elocuentes. Domingo, a su manera y con su peculiar lenguaje, se limitaba a contar lo que había presenciado.

—Bueno, ¿y qué explicación le da usted a todo esto?

El pastor se encogió de hombros por primera vez.

—¡Qué sé yo!

—¿Encuentra normal que alguien pueda volar con el simple auxilio de una luz?

— ¡Qué sé yo! Como el mundo está tan raro...

—¿Usted sabe lo que son los ovnis?

—Algo he oído. Pero este cristiano era muy incrédulo. Además, yo no he tenido tiempo de ocuparme de esos menesteres. Miserablemente, mi padre nos crió en un puño. Así que yo no pisé una escuela hasta que llegué al servicio.

—A la «mili».

—Eso, al servicio. Allí me enseñaron a leer y escribir y allí aprendí lo poco que sé. Y lo que sé es que el tío «estartalao» ese no era normal.

—¿Averiguó si el tal Francisco rondaba esa noche en verdad por estos pagos?

—Claro que lo pregunté. Y estaba «acostao».

En mi mente empezaba a prosperar una idea e insistí en el asunto del guarda.

—¿Hacía esas rondas nocturnas con frecuencia?

—Que yo sepa, casi todas las noches. Él sabe que entramos a los pastos de «La Molinera» y más de una vez nos ha acechado y pillado.

—¿Y le ha denunciado?

—Sí, señor. Pero no eran los veinte duros de multa lo que me enfermaba, sino el guaseo que se tomaba con este pobre cristiano. Por eso, al ver al «estartalao» y confundirlo con Francisco, me fui «pa» él con la nariz «ajumá».

—¿Con qué?

—Ciego, «pa» que me comprenda. Pero el «estartalao» (ya se lo dije) se quedó «parao», sin hablarme. Y eso no fue normal.

—¿Por qué?

—Porque el Francisco me hubiera hablado. Además, ¿dónde estaba la escopeta?

—Claro. Y usted, ¿no iba armado?

—¿Yo? Servidor no gasta navaja ni «pa» comer...

—Lo que no entiendo, Domingo, es por qué se movía usted sin perros...

—No hace falta. Las ovejas son bichos dóciles. Yo había tenido una perra «mu» buena y «mu» lista. Pero hacía poco que le había «dao el pasaporte».

—¿Y eso?

—Porque se volvió señorita. Y lo peor que le puede pasar a un cristiano o a un animal es perder el «norte». ¿Usted me sigue?

Tuve la fortuna de «seguir» al *Hilario* durante algunas horas más. Y salí de la entrevista convencido de, al menos, dos asuntos de capital importancia. Uno: ningún pastor, ni en 1967 ni ahora, hubiera podido «recrear» un suceso tan insólito y ajeno a sus parámetros mentales, a no ser que lo protagonizara realmente. En caso contrario, ¡vive Dios que el país ha perdido a un genio de la prospectiva! Porque —me atrevo a profetizar—, ¿no será ése uno de los revolucionarios sistemas de «transporte» y «desplazamiento» de los humanos en un futuro quizá no excesivamente remoto? ¿Imaginan ustedes al ama de casa, al ejecutivo o al escolar tomando sus respectivas «linternas» y saliendo por la ventana, rumbo a sus quehaceres? Pues eso, ni más ni menos, es lo que acababa de oír de labios de un modesto paisano, sin estudios ni títulos universitarios.

Fernando Cabaco, el entonces «zagal» que acompañaba al «Hilario» por los pagos de Villablanca.

«El Hilario», junto a su casa, señalando los campos sobre los que vio volar al misterioso «guarda jurado».

Y dos: como escribía Diderot, «la sabiduría no es otra cosa que la ciencia de la felicidad». ¿Y quién es sabio? Quizá aquellos que, como el *Hilario*, practican la filosofía de «lo imprescindible». Domingo de la Cruz Horta, como tantos, ha sido dócil con la vida, solicitando «lo justo». Y sin saberlo hizo suya la sentencia de Burke: «Nunca dijo la naturaleza una cosa y la sabiduría otra.» Por eso, para mí, los hombres como el pastor de Villablanca constituyen un manantial en el que conviene beber.

La última fase de esta investigación —la localización del «zagal» que compartió con el *Hilario* tan agitada noche— fue asunto de poca monta, aunque vino a fortalecer el testimonio inicial. Tras algunas horas de laboriosa búsqueda, en la que medio Cartaya quedó «patas arriba», pude sentarme al fin a conversar con Fernando Cabaco. El «zagal» —no tan «zagal»— contaba en 1982 veintisiete años de edad. Pues bien, su versión de los hechos fue «calcada» de la que ya conocía, con la única variante —manifestada por su antiguo patrón— de la «corona». Y aunque este segundo testigo tuvo al «estartalao volador» a una distancia algo superior a la del *Hilario* (aproximadamente a veinte metros), defendió a ultranza «que lo que portaba en la cabeza no era una "mascota", sino "algo" parecido a una "corona". Y esa "corona", además, irradiaba luz».

En mi opinión lo más asombroso de este segundo relato —al margen de la discrepancia «mascota-corona»— fue su meticulosa coincidencia con el primero. Habían transcurrido quince años. El joven de Cartaya y el pastor de Villablanca no habían vuelto a verse. ¿Cómo era posible que ambas descripciones resultaran gemelas? Desde mi corto entender sólo cabe una explicación: el suceso fue tan real como impactante. Un suceso, como queda dicho, del que ninguno de los testigos ha obtenido beneficio o provecho algunos. Un suceso —ahí es nada— que ha precisado veintitrés años para entrar en el capítulo del dominio público. Un suceso, en fin, que debería estremecer a escépticos y recalcitrantes. Un suceso que al investigador «de campo» le anima a proseguir en esta aparentemente «loca aventura» de dar fe de la visita a esta «vieja canica azul» de otras civilizaciones y de «otros humanos».

Y antes de remontar el vuelo hacia nuevos sucesos-ovni depositaré en el papel en blanco de la imaginación del lector un par de sugerencias, desprendidas del caso Villablanca.

Por ejemplo: ¿podemos estar seguros de que todos los «no identificados» son realmente naves? De acuerdo con lo narrado, esto no siempre es así. Si un observador relativamente lejano hubiera acertado a presenciar las evoluciones de la famosa «luminaria» —capaz de romper la oscuridad a kilómetros—, lo presumible es que su interpretación se inclinara hacia lo que popularmente se identifica como ovni; es decir, un vehículo espacial «no humano». Sin embargo, los testimonios de los pastores —que tuvieron la fortuna de aproximarse a una luz con semejante «poderío»— revelan que «allí no había aparato alguno».

En conclusión: ¿cuántos testigos en el mundo habrán observado el vuelo de un solitario humanoide, confundiéndolo con una nave?

Por ejemplo: ¿qué sentido tiene que un ser que disfruta de una tecnología inconcebible para la ciencia de 1967, e incluso para la actual, se pasee por los aires vestido de guardabosque o, al menos, con una chaqueta y un pantalón «a la hechura» de los que lucen estos sacrificados profesionales?

Cuando el amigo *Hilario* me habló del tal Francisco, una idea se coló entre mis escasas luces. ¿No pudo ser esa indumentaria —tan impropia de un «hombre-pájaro»— un estudiado y astuto disfraz? Si alguien hubiera sorprendido en tierra al «estartalao», ¿qué mejor «sistema de seguridad» que una apariencia humana y un traje de pana, a la moda forestal? ¿No recuerda esta sutileza otros famosos y anacrónicos casos, en los que misteriosos «pilotos» de no menos enigmáticas naves voladoras descendían a tierra en 1897 en Estados Unidos, «ataviados» al estilo de los «aviadores» y «héroes» de los globos y dirigibles de Julio Verne?

Pero, si esto es así, si la «muy hispana» indumentaria del «estartalao» obedecía a razones «estratégicas», ello quiere decir que estaban al cabo de la calle sobre la cotidiana y nocturna presencia de los guardas en los referidos pagos de Villablanca... Y uno se pregunta: ¿qué puede sorprendernos a estas alturas del negocio? Y yo mismo me respondo: ¡pobre incauto!, apenas si has entreabierto la «caja de Pandora» del «absurdo universo ovni»... ¡Triste suerte la del joven o veterano investigador que pierda la capacidad de asombro! Como en otros órdenes de la vida serán flores de una sola estación...

Y hablando de «asombro», también es «casualidad» que por aquellas fechas (noviembre de 1982), uno de los pioneros de la ufología hispana —el desaparecido Manuel Osuna— hiciera unas postreras declaraciones, insistiendo en el carácter «absurdo» del fenómeno que venía estudiando desde 1945. Preguntado por los ovnis, el viejo amigo y maestro respondía de esta guisa:

«El fenómeno ovni, que debe ser tan antiguo como la misma Humanidad o acaso anterior a ella, constituye en nuestro tiempo no sólo un reto a la ciencia ortodoxa, sino que, incluso, supone un desafío al sistema lógico del raciocinio de los hombres. Su manifestación, tan exuberante en formas y peripecias, es en la mayoría de los casos un puro absurdo en sus motivaciones y bastante irracional en su conducta. Pero el hecho está ahí, rotundo e innegable.»

Ese noviembre, Osuna fallecía. Y tal y como le prometí en vida, en uno de mis viajes por Sevilla —en lugar de rezar ante su tumba en el cementerio de Umbrete— me planté ante su recuerdo y «enchufando» el magnetófono de «batalla» le dediqué, una y otra vez, la sublime sevillana *Cuando un amigo se va*. Como escribía Campbell, «vivir en los corazones que dejamos tras nosotros, eso no es morir».

Y satisfecha la promesa, sabedor de que, en cierto modo, mi «protección» celestial se había fortalecido con el «arribo» de Manuel Osuna a la «otra orilla», redoblé mis esfuerzos, practicando la labor que él había cultivado durante casi cuarenta años y que defendía a ultranza: la investigación «de campo», las pesquisas sobre el terreno, cerca de los testigos. Y así, en aquel invierno de 1982, merced al aviso de otro leal amigo —José Biedma Viso—, entré en conocimiento de un nuevo suceso, inédito hasta hoy, y que me ha hecho reflexionar profundamente. Un suceso «distinto» que, al menos para este «pobre diablo sentimental», guarda un especialísimo significado, confirmando —por enésima vez— lo que intuyo desde hace dieciocho años. Pero aplacemos las cábalas y los dictados del corazón y repasemos los hechos, tal y como me fueron narrados por María Asunción Echagüe y Álvarez de Sotomayor, la testigo principal.

También es curioso. Y bendigo a la «nave nodriza» por ello. Podría jurar por mis hijos que no estaba preparado. Es igual. El que quiera creerme, que me crea. La cuestión es que, hace unos instantes, me refería al extraordinario «encuentro» de dos humildes pastores. Y a pesar de todo lo dicho, lo sé, habrá intrigantes que sigan menospreciando la experiencia del *Hilario* y de su «zagal», por el mero hecho de que —según los ridículos parámetros de la sociedad que nos ha tocado en suerte— «sólo se trata de incultos patanes». Pues bien, al doblar la hoja, los «enanos mentales» que así piensan van a tropezar con una testigo diametralmente opuesta a los protagonistas de Villablanca, al menos desde el cristal de la «cultura oficial». Porque María Asunción Echagüe habla cinco idiomas, es licenciada en Literatura y Bellas Artes, trabajó en el Museo del Prado durante dieciséis años y, además, goza de un reconocido prestigio como pintora.[1] Si a esto sumamos su origen navarro, está dicho todo...

Como digo —¿o no lo he mencionado aún?—, tuve el honor de conocer a esta sencilla y deliciosa mujer en una de mis visitas a Isla Cristina. María Asunción Echagüe había vivido esta experiencia en noviembre de 1972. Por aquellas fechas, fiel practicante también de la filosofía de «lo imprescindible» y enamorada —todo hay que decirlo— del carisma de las tierras y de las gentes onubenses, fue a retirarse del «mundanal ruido», echando raíces en el sur. Y allí veía discurrir sus días, entregada a la pintura, cuando vino a sucederle «algo» que la marcaría en lo más íntimo. El caso —lo comento con toda la maldad de que soy capaz, como «aviso» a los que me acusan de «cagaprisas»— nace a la luz pública con veintiocho años de demora. ¡Y menos mal que soy un «detestable mercantilista»!...

«Sé que corría el mes de noviembre —explicó la señora Echagüe—, pero no he podido retener la fecha exacta. Yo tenía entonces cuarenta y cuatro años. Y vivía con mi familia en los apartamentos próximos a la playa de Entrepinos, aquí, en Isla Cristina. Y siguiendo mi costumbre, una mañana, a eso de las diez, emprendí mi acostumbrado paseo por la playa, en dirección a La Antilla. En esa ocasión —menos

---

[1]. Sirvan como botón de muestra de cuanto afirmo dos opiniones, al azar, de otros tantos y reconocidos críticos de arte. Étienne Chantrel, de France Presse y Bresle-Vimeu, escribía lo siguiente sobre M. Asunción Echagüe: «Nos hallamos ante una artista de excepción que parece pedir disculpas por su talento. Nunca he comprendido su desinterés por darse a conocer o por exponer sus obras, siendo tan notables. La maestría de sus dibujos, de una belleza y una perfección que no parecen de este siglo, nos hablan de toda una vida de estudio y aprendizaje junto a los más conocidos pintores.» Por su parte, Francisco J. Martos, de la Sociedad Internacional de Críticos de Arte, se expresaba así: «...Su obra, fruto de una sólida preparación donde nada se ha improvisado, basta para acreditarla como una de las pintoras más exquisitas de estos tiempos.» *(N. de J. J. Benítez.)*

«Y la gran "luminaria" fue bajando hacia nosotros. Y, de pronto, poco antes de tomar tierra, volvimos a distinguir la figura del "estartalao". Y la noche se hizo claridad.»

mal— me acompañaba mi hermana Conchita, que vive en Madrid. Y, por supuesto, mi perrita *Tekel*. La marea estaba baja y el lugar solitario, como corresponde a esa época del año. Y a los diez minutos, poco más o menos, descubrimos las huellas. En un primer momento nos sentimos contrariadas. Nos gustaba ser las primeras en hollar la arena. No sé..., era como un capricho. Y de hecho, mi hermana comentó al verlas: "Mira, ya han pisado la playa." E inmediatamente, al fijarnos, caímos en la cuenta de que aquellas pisadas no eran normales. ¿Por qué? Muy simple: en primer lugar, partían del agua dirigiéndose hacia la duna y casi perpendiculares al mar. Además, correspondían a dos personas con una muy singular característica: parecían caminar al unísono. Eran simétricas. Calcadas, diría yo. Cuando una daba un paso, la otra ejecutaba el mismo movimiento y con idéntico pie. Naturalmente exploramos la costa y el mar. Allí no se veía gente ni embarcación algunas. ¿De dónde procedían entonces? Pero el susto llegó más tarde. Intrigadas, empezamos a seguirlas. El examen del rastro nos confirmó que, en efecto, estábamos ante unos pies calzados (en ningún momento distinguimos marcas de dedos), de unas dimensiones y formas relativamente normales. La longitud de la huella era algo superior a la de un número 41 o 42. Tampoco la profundidad de las mismas nos llamó la atención. Profundizaban lo justo; es decir, unos centímetros. Lo que sí destacaba —amén de la ya mencionada simetría— eran las puntas: ligeramente afiladas. Una de dos —pensamos—, o los zapatos remataban en una puntera estrecha y estilizada o sus propietarios caminaban de puntillas. ¿Qué distancia podría haber entre cada pareja de huellas? No más de un metro.

»Y al llegar al filo de las dunas que cierran la playa se nos encogió el ánimo. La doble hilera se extinguía bruscamente. Las huellas terminaban sin más, "como si a los responsables de las mismas les hubieran echado un anzuelo desde lo alto", según expresión gráfica de Conchita.

»Al comprender que allí ocurría algo poco común nos asustamos. Y dimos por concluido el paseo, regresando a la casa. Pero, no sé exactamente por qué, a los tres cuartos de hora y sin decirle nada a mi marido, decidí volver al lugar. Lo hice sola y, efectivamente, no había soñado: allí continuaban las pisadas. La marea empezaba a subir y, lógicamente, a borrarlas. Fue una lástima no fotografiarlas... Pero ¿quién podía imaginar que aquel suceso se hallaba inconcluso? Total, que decidí olvidarme. Subí al apartamento y, calculo que poco antes del mediodía, salí a la terraza y me puse a regar las plantas. El día era hermoso. Soleado. Tibio. Se respiraba una gran paz. Después, al reflexionar sobre lo ocurrido, recordé el profundo y anormal silencio que reinaba en la zona.

»Y en eso estaba cuando, de pronto, mis ojos quedaron fijos —como imantados— en el jardín existente frente al edificio. Allí, de espaldas, se hallaban dos "individuos" como jamás he visto. Desde el segundo piso, donde me encontraba, hasta ellos, no habría más de cuarenta metros. Tenían una cabellera lacia y blanca que descansaba sobre los hombros. Eran unas melenas con un brillo y un lustre especiales. No, no se trataba de un pelo canoso, como el de los ancianos, sino de una blancura como la de la leche pura.

»Me quedé con la regadera en la mano, estupefacta.

»Eran altos. Quizá 1,90 metros o más. En cuanto a sus vestimentas, ¡Dios, qué singulares! Lucían unos "trajes" —por darles un nombre— de una sola pieza, con un gris destelleante y como granulado. En esos momentos permanecían a la sombra de unos árboles y, sin embargo, las indumentarias seguían brillando con intensidad. Esas ropas —o lo que fueran— se hallaban pegadas a los cuerpos, realzando sus anatomías. En realidad daban la impresión de ir desnudos. En los cuellos observé "algo" oscuro, pero nunca he sabido de qué se trataba. Como pintora estoy muy acostumbrada a observar y puedo asegurarte que me llevé una gran impresión. Hasta el punto que, mientras les miraba, pensé: "¿Qué sois?"

»¡Jesús, se me puso la carne de gallina! Incluso ahora, al recordarlo, me entran escalofríos. Nada más formular mentalmente la pregunta, los dos seres se volvieron "como un solo hombre", mirándome. Fue increíble. Le aseguro, querido amigo, que no abrí la boca. Fue un pensamiento: "¿Qué sois?"

»Y acto seguido, nada más volverse hacia la terraza, alzaron sus respectivos brazos derechos —también al unísono—, con los dedos pulgar, índice y corazón levantados. Aquellos gestos me parecieron un saludo y una respuesta a mi pregunta, aunque ignoro su significado.

»No me fue posible distinguir las facciones con claridad, aunque sí le digo que sus rostros destacaban por su extraña palidez. En el pecho, sobre el "traje", presentaban una figura oscura y creo que cuadrada. Pero no me pregunte. No puedo precisar.

»Las manos, como las caras, se hallaban descubiertas. Y al momento bajaron los brazos, reanudando la marcha y desapareciendo entre los árboles. Juraría que traían el camino de la playa, pero, como comprenderá, no estoy segura.

»Todo en "ellos" era increíble. El movimiento de giro, hasta darme la cara, fue lento y típico de la persona que se vuelve para responder a una llamada. De eso no hay duda. Nunca había visto una suavidad y esbeltez de formas como aquéllas.

»Y lo más desconcertante es que, al mirarme y alzar las manos, noté algo así como una "comunicación". Y experimenté una alegría y una paz difíciles de describir. Si no se ríe le diré que fue un sentimiento tan agradable y benéfico como el que sentía de niña con la visita de los Reyes Magos.

»Pero no fui la única que los vio. En esos instantes, al pie de los apartamentos, jugaba un niño —Rufinillo—, uno de los hijos del propietario del bar Rufino, un viejo amigo.

Y el pequeño, al verme en la terraza, me llamó, exclamando: "¿Ha visto usted qué extranjeros tan raros?"

»Y otra curiosidad: por más que indagué en la zona y en el pueblo, nadie supo darme razón de tan llamativos personajes. Al parecer, sólo el pequeño y yo los habíamos visto. Pero ¿cómo era posible a plena luz del día?

»Pocos meses después, hacia enero, no sé si será útil para sus investigaciones, al subir a la terraza del edificio con el fin de recoger la ropa, tuve ocasión de contemplar en el mar, bajo el agua, una enorme luz. Estaba oscureciendo. El sol ya se había ocultado y me llamó poderosamente la atención. Cambiaba de color. Del azul pasaba al verde y de éste al naranja. Y allí permaneció durante diez minutos...»

Por supuesto que este último avistamiento resultaría de interés para mis indagaciones y, en especial, a mis conclusiones. Pero, antes de bucear en las mismas, quiero dejar constancia de otro acontecimiento que, desde mi modesto prisma, encierra una especial «lectura». Recuerdo que en aquel 1982, mientras departía con la testigo, entre la legión de preguntas y comentarios que intercambiamos, se me escapó uno, aparentemente frívolo e intrascendente. «Y ocurre con relativa frecuencia —le dije— que los testigos vuelven a verlos. Usted observó un objeto luminoso bajo el agua a las pocas semanas y —¿quién sabe?—, quizá repita la experiencia...»

¿Casualidad? A los setenta días justos de esta modesta «profecía», la pintora me anunciaba con emoción un nuevo suceso-ovni. Un caso acaecido también en Isla Cristina y del que se haría eco la Prensa nacional. Éste, en síntesis, fue el testimonio de María Asunción Echagüe sobre lo ocurrido en la madrugada del 28 al 29 de setiembre del citado año de 1982:

«...Cuando me pidió usted que le avisase si sucedía algo relacionado con los ovnis, la verdad es que pensé que muy poco o nada tendría que comunicarle al respecto, ya que es-

María Asunción Echagüe y el también vecino de Isla Cristina, José Biedma, mostrando las imágenes de los seres que viera la pintora.
(Foto de J. J. Benítez.)

Dibujo realizado por la pintora María Asunción Echagüe. En un primer momento, los estilizados seres «aparecieron» de espaldas.

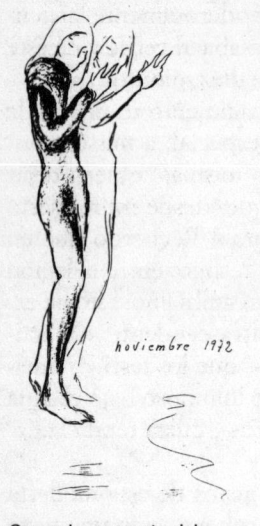

Segundo momento del «encuentro»: los seres se vuelven al unísono y alzan sus respectivos brazos derechos, con los dedos pulgar, índice y corazón levantados.
(Dibujo de la testigo, gentilmente donado a J. J. Benítez.)

tas cosas —creo— no suceden sino raras veces. Pero en la noche del 28 al 29 de setiembre, miércoles, a eso de la una y media de la madrugada, volvió a suceder. A esa hora tuve un acceso de tos (he estado con bronquitis durante más de diez días) y me vi obligada a levantarme de la cama para trasladarme a otra habitación, al fondo de la casa, con el fin de no molestar a mi marido. (Al pobre le he tenido en vela todas estas noches.)

»Esa habitación dispone de una ventana orientada al este, con un gran alcance de perspectiva. Pues bien, cuál no sería mi sorpresa al descubrir delante de dicha ventana una especie de "panecillo" luminoso con un resplandor anaranjado. Al principio pensé que podía tratarse de la Luna. Una Luna demasiado grande y extraña, ciertamente. Pero, ya sabe usted que el ser humano, inconscientemente, busca siempre una explicación lógica para todo aquello que no es "normal". Sin embargo, al prestarle mayor atención, obsevé que la Luna se encontraba "en su lugar" —donde realmente debía estar— y en cuarto creciente. Lo "otro", en cambio, permanecía inmóvil, silencioso y suspendido en el espacio como un "farol".

»No puedo calcular la distancia a que se encontraba, pero yo diría que flotaba a la altura de la playa. (No la que usted conoce, sino la que se halla al final de la Gran Vía.) Y de repente se apagó o desapareció.

»Entonces me apresuré a contárselo a mi marido. Y cuál no sería mi estupor cuando, al cruzar la casa camino del dormitorio, vi otras dos luces a través del balcón que se abre hacia el poniente. Una de ellas era ovalada, como la que acababa de desaparecer por el este. La otra —algo así como "doble"— presentaba una parte superior más pequeña que la inferior.

»Créame que me quedé tan sorprendida que me costó salir del asombro. Y por si se trataba de un sueño, agarré un cuaderno y escribí y dibujé lo que tenía ante mí.

»La luz que emanaban era tan intensa que seguía viéndolos, a pesar de la lámpara que tuve que encender para poder tomar notas.

»Todo esto duró poco tiempo. Súbitamente, el objeto que tenía forma ovalada cambió de posición, colocándose en vertical; es decir, perpendicular al suelo. Y desapareció de mi vista. Pero no lo vi elevarse. Sencillamente, desapareció.

»Al día siguiente, José Luis Camacho Malo, el periodista-locutor de Radio Nacional, habló de que tres guardias municipales que estaban de servicio aquella noche —hacia la una y media— habían visto un objeto rectangular muy brillante y con una luz naranja. Concretamente hacia la playa de la Punta. Al cabo de cinco minutos, la luz se quitó de en medio. También lo vio el dueño de una tienda de pinturas, sin contar los marineros que no han querido dar sus nombres, por no sé qué miedo supersticioso. Todos los testigos son personas responsables, padres de familia y gente muy conocida en Isla Cristina. En suma: hombres serios y honrados de los que no se puede dudar. Se da la circunstancia de que, sin habernos hablado, todos coincidimos en lo mismo, salvo los "municipales", que sólo se fijaron en el objeto que estaba más cerca de ellos, no pudiendo apreciar los otros dos. Y es lógico, dada su situación. Yo misma no hubiera acertado a verlos de no haber atravesado la casa y cruzado frente a la ventana que ya le mencioné.

»En cuanto a los pescadores, yo misma les escuché gritar y correr por mi calle, exclamando cosas así: "¡Todavía están ahí arriba!"... "¡No me dejéis atrás!..." "¡Esperadme, esperadme!" He oído decir, hablando de los marineros, que esa noche volvieron aterrados de la mar y sin haber pescado. Y algunos se metieron en la cama, atemorizados por lo que habían visto...

»Y un último apunte —concluía María Asunción Echagüe—. En uno de los objetos se apreciaban unos finísimos "hilos" —no sé, francamente, qué nombre darles—, que se dirigían hacia el suelo. Tenían una coloración brillante azulada, apareciendo y desapareciendo a gran velocidad.»

El lector tendrá que reconocer conmigo que la triple experiencia vivida por la testigo de Isla Cristina resulta sospechosa en extremo. Tan abrumadora que no seré yo quien le cuelgue la facilona y siempre cómoda etiqueta de «puro azar». Entre otras razones, porque este servidor de ustedes también «sabe» de esos seres de cabellos albinos.

Puede que me equivoque. O puede que no. Para mí, esos tres «encuentros» —con los personajes estilizados y los ovnis— guardan una estrecha relación. Buena parte de lo narrado por María Asunción Echagüe suena a familiar entre los conocedores del fenómeno: el anormal silencio que dominaba el lugar, la descripción de los «hombres», el hecho de que sólo dos testigos «vieran» a los «extranjeros», la sensación de comunicación, la benéfica paz, una nave bajo el agua y frente a la casa, el inoportuno acceso de tos en la madrugada y, muy especialmente, la sutil y rotunda «respuesta» a la interrogante mental de la pintora. Y el «lego» en asuntos esotéricos se preguntará, preñado de razón: «¿Y qué pudo significar el enigmático "saludo" de los seres que viera la vecina de Isla Cristina?» La espontánea pregunta —recordémosla una vez más— fue tan lógica como simple: «¿QUÉ SOIS?»

Pues bien, desde el más puro y ancestral simbolismo esotérico, la fulminante réplica no pudo ser más explícita. Porque esos tres dedos alzados —pulgar, índice y corazón— constituyen el signo por excelencia de la Iniciación. El signo del Esoterismo. El signo de los Maestros, El signo de la Fuerza Divina. Del triunfo del espíritu sobre la materia. El «distintivo» de la Naturaleza Angelical. El signo de la Trinidad.

«¿Qué sois?»
«Maestros.»

La respuesta entraña tal trascendencia que no la enturbiaré con mis groseras palabras. Lo dejaré a la imaginación del lector...

Y los no avezados en la prodigiosa «espiral ovni» se formularán, quizá, otra interesante cuestión: «¿Y qué tienen que ver estos seres con los ángeles?» Una explicación medianamente completa nos arrastraría a tiempos, escenarios y hechos tan remotos que desisto. Tirando de la brevedad —siempre peligrosa e irritante— puedo decir que «sí», que algunas de esas civilizaciones podrían ser asociadas al término «ángeles» o «mensajeros». Decenas de los llamados «contactados» —y no «contactados»— dan fe de encuentros con seres que, tanto por sus formas como por sus mensajes, parecen disfrutar de un «rol» muy próximo a la Divinidad. Más aún: cuando utilizo la expresión «nave nodriza», en señal de protección y de control celestial, estoy aludiendo a entidades como las observadas por la señora Echagüe. Una pintora —dicho sea de paso— cuyos conocimientos esotéricos eran tan exiguos como para no saber interpretar el «gesto» de los «albinos».

En mi lejana infancia, estos seres recibían otro nombre, más romántico, pero de idéntica significación: entonces los llamábamos «ángeles de la guarda»...

Adivino las muecas de suficiencia de los «vampiros» y demás «rigoristas» de la ufología. Y les comprendo y compadezco. «No está hecha la miel para la boca del asno...» Pero que los «calienta-poltronas» no los acepten, no significa que no existan. Se trata, insisto, de seres iguales o muy semejantes a los descritos por la pintora. Seres directamente vinculados a los ovnis. Seres capaces de materializarse y desmaterializarse. Seres que irradian una paz poco común. Que salen al paso de los testigos, auxiliándoles. Que «leen» los pensamientos. Que nos conocen mejor que nosotros mismos y que, cuando son vistos, marcan para siempre la memoria y el destino de los hombres. Seres cuya «presencia in-

Dibujos y apuntes tomados por la testigo, María Asunción Echagüe, en la madrugada del 28 al 29 de setiembre de 1982, a la vista de los ovnis.

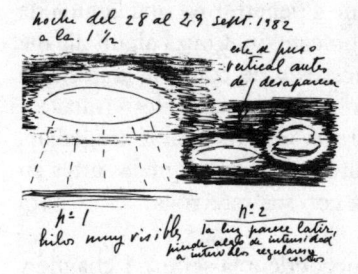

El edificio de apartamentos, fotografiado desde los árboles donde fueron vistos los estilizados seres de cabellos albinos.

Playa de Isla Cristina, donde aparecieron las misteriosas huellas.

visible» es detectada con frecuencia por los más pequeños de la familia —siempre los menos «intoxicados»—, así como por los animales. Seres que hablan de concordia y de amor. Seres, en definitiva, sin tiempo, que siempre estuvieron aquí y que, en buena medida, nos «escoltan» y velan por la seguridad de cada uno de los humanos. Y este pobre «correcaminos» sabe «algo» al respecto. Que recuerde, por tres veces han salvado mi vida: en una tormenta, en la desembocadura del Guadalquivir. A lomos de un caballo desbocado, en las tierras del sur, y en la autopista de Burgos, cuando mi automóvil, en plena noche, fue a penetrar en una lámina de hielo, precipitándose contra un camión. Quizá algún día me anime a rememorar estos sucesos y de cómo la angustiosa invocación del nombre de uno de estos «ángeles» transformó en «milagro» lo que parecía una inevitable tragedia...

Y usted, amigo lector, enredado por mis malas artes en estas locas aventuras, seguirá con sus interrogantes. Y hará pero que muy bien.

«¿Y por qué tuvo que sucederle a la señora Echagüe y Álvarez de Sotomayor y no al presidente del Gobierno?»

Creo no equivocarme si afirmo que una «aparición» de esta índole —bien a un estadista, a un celebrado científico o a un reverendísimo purpurado— jamás de los jamases hubiera trascendido a la opinión pública. En el caso de la pintora de Isla Cristina y de otras sencillas gentes del pueblo, la experiencia sí ha llegado a su definitivo destino: usted. Y en mi atrevimiento recurro a una frase de Alguien que jamás se equivocó: «...y estas cosas no serán reveladas a los poderosos, sino más bien a los humildes». (Pido disculpas a mi admirado Jesús de Nazaret por la versión, un tanto libre, de sus palabras.)

¿Y con qué finalidad? ¿Qué sentido encierra semejante «teatro»? Unas huellas en la playa, dos tripulantes «actuando» al unísono al pie de unos árboles, una señal en clave...

Cada lector habrá dibujado ya sus conclusiones. Y serán

válidas, no lo dudo. Como también lo son las que dicta mi propia intuición. El testimonio de la pintora ha significado para quien esto escribe un nuevo y vivificante chorro de oxígeno que ha despabilado y fortalecido mi seguridad en esa otra «realidad». Una seguridad que arranca de 1972, pero que, de vez en cuando, conviene enmendar. Y mi ánimo se cargó de esperanza. Y quizá la íntima trastienda de algunos de aquellos que acierten a tropezar con estas vivencias salga igualmente beneficiada. ¿No son estos motivos suficientes para justificar el «paseo» de los seres de Isla Cristina?

Y remataré tan apresurados «dictados del corazón» con un pequeño secreto: es justamente esa seguridad —inexpugnable y granítica— en la existencia de tales «ángeles» la que me sostiene en la brecha, otorgándome una confianza casi suicida y que muy pocos han sabido comprender. He ahí una de las grandes «razones» que hacen legibles mis años de inquebrantable lealtad y dedicación al mal llamado fenómeno de los «no identificados». Y entre los muchos que jamás supieron «leer» mis verdaderos sentimientos en relación al tema ovni se encuentran, claro está, los que me acusan de «mercantilista y negociante». Y aprovecho el lance para soltar otra «carga de profundidad». De acuerdo con esta «confesión», muy necio tendría que ser para continuar en mi labor..., por dinero. Los verdaderos inteligentes saben que el «brillo de la Verdad es infinitamente más tentador que el del oro». Y servidor, en ese capítulo, es insaciable.

Y puesto que las cosas parecen venir rodadas, me permitiré un paréntesis, cumpliendo así lo prometido. En anteriores páginas, al hablar de dineros, anuncié que desvelaría algunos de los turbios manejos de los «sumos sacerdotes» de la ufología hispana. Porque el verdadero rostro de los «vampiros» no es el que acostumbran a presentar en público. Sirvan de ejemplo un par de «asuntillos» que, obviamente, tuvieron especial cuidado en mantener ocultos. Ojalá los jóvenes investigadores y los incautos «vampirizados» tomen buena nota de lo acaecido en aquella primavera de 1985. Pero, dado lo prosaico y desagradable del «negocio», me tomaré la libertad de relegarlo a «pie de página».[1]

Vaya por delante. El suceso que ahora entra en «liza» difícilmente será comprendido y admitido por aquellos que

---

1. Insisto: sólo se trata de una pequeña muestra del hipócrita proceder de los que se autoproclaman «serios y desinteresados estudiosos de los ovnis». En mis archivos duermen, a la espera de su oportuna publicación, otros documentos confidenciales más rabiosos y comprometedores, que avergonzarían al más corrompido de los fenicios. Pero todo llegará.

Empezaré por una curiosa misiva que habla por sí sola. La firma el señor Ballester y va dirigida a Ariel Rosales, entonces director de la revista mexicana *Contactos Extraterrestres*.

«Valencia, 2 de abril de 1981.

»Querido amigo Ariel:

»Ante la falta de noticias tuyas, reitero nuevamente el hecho de que *Contactos Extraterrestres* ha publicado los siguientes artículos míos que no me han sido pagados: 1. "Encuentro ufológico en Londres", CE número 73 ($ 125). 2. "Consejo de consultores de Stendek", CE número 85 ($ 125). 3. "El fenómeno aterrizaje", CE números 86 y 87 ($ 250).

»En total, la cantidad que se me adeuda es de *500 dólares*.

»Con el propósito de cancelar a la mayor brevedad posible esta situación, y como expresión máxima de mis facilidades, te expreso que consideraré cancelada vuestra deuda con el solo envío de un cheque por $ 400 (cuatrocientos dólares USA).

»Sería lamentable, querido amigo Ariel, que esto empañara una relación que ha sido fructífera a nivel personal y de colaboración editorial...»

El segundo «ejemplo» tuvo como «detonante» el III Congreso Ufológico, celebrado en Vitoria los días 14 al 18 de enero del mencionado año de 1985. En dichas jornadas, organizadas por Pruden Muguruza bajo el patrocinio de la Caja de Ahorros de Álava, participaron los señores Antonio Ribera, Charles Berlitz, el doctor Jiménez del Oso, Enrique de Vicente, J. A. Silva y este «abominable mercantilista» que les habla. Pues bien, el anuncio de estas conferencias —como era de prever— agitó los nerviosos ánimos de los «doctos, serios y muy honorables» representantes de la ufología científica (?). Y las primeras reacciones —solapadas, eso sí— no se hicieron esperar. Con fecha 11 de enero, el señor Félix Ares remitía la siguiente carta al director de la citada caja de ahorros:

«Distinguido Sr.:

se obstinan en «embotellar» el mágico fenómeno ovni en los frágiles y angostos límites de la lógica humana o de una mediocridad teñida de rigorismo. La imaginación —dicen los berlineses— nos hace fuertes. Pues bien, en determinados momentos, también el investigador de los «no identifica-

»A través de la Prensa me he enterado de la próxima celebración del III Congreso Internacional de Ovnis del País Vasco. Quizá mi carta le pueda parecer una impertinencia, pero —de verdad— que no lo es. En ella sólo quiero mostrar mi preocupación por el avance de las seudociencias en nuestra sociedad. Tema que, como profesor universitario, me preocupa muy seriamente. Creo —¡ojalá me equivoque!— que el mundo está pasando por una etapa muy difícil que debe afrontarse asumiendo la realidad y huyendo de *salvadores míticos, terrestres o extraterrestres.*

»Hace pocos meses que pudimos leer en la Prensa noticias muy desagradables sobre el *grupo Edelweis, en el que unos desaprensivos engañaban a chavales de pocos años, para introducirlos en técnicas sodomitas* y para llevárselos a Sudamérica como guerrilleros o tal vez algo peor, basándose en el atractivo del tema extraterrestre.

»Este, y otros muchos casos, me hacen pensar que el tema extraterrestre ha dejado de ser un tema neutro —poco más que literatura de evasión— para convertirse en un tema muy serio que hay que tratar sin frivolidad.

»En el tema de los ovnis, como en la mayoría de los asuntos de la vida, hay muchas opiniones. Haciendo tres grandes divisiones, podemos decir que hay un grupo de personas que creen que con toda seguridad nuestro planeta está siendo visitado por seres extraterrestres que vienen en naves que ellos llaman ovnis. También creen que los alienígenas están entre nosotros y que hay muchos terrestres que han sido "abducidos" por visitantes de otros mundos. En un segundo grupo se sitúan los escépticos que están convencidos de que toda la casuística ovni puede explicarse como fraudes, malas interpretaciones de fenómenos naturales y una sobredosis de sensacionalismo por parte de algunos medios de comunicación de masas, etc. Por último, hay un tercer grupo de los que están convencidos que el 95 % o más de los casos de ovnis son un fraude, farsas, confusiones con fenómenos naturales, etc.; pero que hay un residuo cuya naturaleza no está clara y que es digno de investigarse: tal vez simples confusiones, tal vez fenómenos físicos mal interpretados o poco conocidos, y —¿por qué no?— tal vez naves extraterrestres.

»En nombre de la libertad de expresión me parece absolutamente loable que ustedes realicen un "Congreso" sobre el resbaladizo tema de los

«El Papa», según el Tarot de Marsella (quinto naipe), ejecutando el signo del Esoterismo: los tres dedos de la mano derecha alzados. Numerosas Iglesias utilizan este noble símbolo como una bendición, pero ignoran su remoto y auténtico significado. En este caso, el llamado «Iniciador de los misterios de Isis» se encuentra sentado entre ambas columnas del santuario. Se apoya en una cruz de tres cruceros y representa la enseñanza práctica y oral de las ideas del Esoterismo: la Enseñanza Secreta. Es el reflejo de la Voluntad: la Inteligencia. El reflejo del Poder: la Autoridad. La Religión, la Fe y la Vida Universal. La Religión (de «re-ligarse») es entendida como la relación entre el Ser Absoluto y el relativo.

El signo del Esoterismo y de los Maestros.

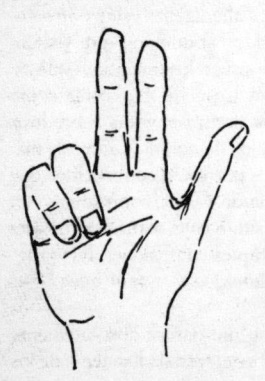

Imagen del Esoterismo sacerdotal, formulando la reprobación. Curiosamente, al ejecutar este signo sagrado, también puede proyectarse —en la sombra— la imagen del Maligno. En otras palabras: la errónea utilización del misterio puede engendrar el mal y la oscuridad. («Dogma y ritual de la alta magia», de Eliphas Lévi.)

dos» debe echar mano de ese excelso don superior. Al menos, para no «embarrancar» ante hechos tan sobrecogedores como los ocurridos en la provincia de Cádiz en la noche del 29 de setiembre de 1989. Quizá con la «silla de montar» de la imaginación podamos intentar —sólo intentar— la

---

ovnis, como el que nos ocupa. *Lo que me preocupa es que sólo hablen personas del primer grupo*. Todas ellas muy dignas, y que defienden sus ideas de un modo muy bueno —destacando sin lugar a dudas mi buen amigo, veterano ufólogo, investigador subacuático y arqueológico, y magnífico escritor Antonio Ribera. Pero todas ellas pertenecen al grupo de los más arduos defensores de la hipótesis extraterrestre para explicar los ovnis. Ellos hacen bien en difundir sus creencias y ganar adeptos para su causa de un modo digno —como, sin duda, será—. Lo grave, el atentado contra la libertad de expresión, el suicidio intelectual es que SÓLO HABLAN ELLOS; que no ha sido invitado ningún representante de los otros dos grupos. El "Congreso" nace sesgado.

»El "Congreso", que pudiera haber sido formativo al enfrentar a los alaveses con diversas ideas, ha nacido con una reafirmación —y una autocomplacencia— en la fe extraterrestre.

»¡Lástima! Podría haber sido un buen intento. Reciba un cordial saludo.

»P. D. ¿Habría posibilidades de un "Congreso" de réplica?»

Una vez concluidas las jornadas, el director de la entidad patrocinadora recibiría otra serie de cartas, todas ellas firmadas por miembros del denominado Colectivo ARIFO (Alternativa Racional para la Investigación del Fenómeno Ovni). El rimbombante titulito retrata ya a sus «socios»... En dos de esas misivas posteriores al Congreso —una del 24 de enero y la segunda del 29 del mismo mes—, en lo que sin duda obedeció a una campaña perfectamente «orquestada», los «arifos», con perdón, se soltaban el pelo, lanzando otras «lindezas», al estilo de las expresadas por el «profesor universitario». Escogeré algunas, altamente significativas. El «ínclito» L. A. Gámez manifestaba desde su «cátedra»: «... la inclusión de Charles Berlitz entre los invitados es realmente sorprendente, dado que este señor tiene unas teorías muy bonitas (triángulo de las Bermudas, ovnis estrellados, experimentos secretos en los que un destructor viaja al margen del espacio y del tiempo, etc.) que se ha demostrado que corresponden a fraudes, historias inventadas, manipulación de datos, etc. No sé lo que habrá costado traer a Charles Berlitz, aunque supongo que rondará el medio millón... Creo que el "Congreso" ha fallado. Los invitados o tan sido bien se-

«doma» de ese «potro» rebelde que nos confunde y descoloca a cada paso.

Si el anterior caso —el de Isla Cristina— podría admitir el calificativo de «trascendental» (por su especialísimo significado), el de Conil vuelve a quebrar los esquemas, resuci-

---

leccionados. Si creen que pueden hacer algo similar para el año que viene, piensen en ofrecer al público un pluralismo de ideas... Créame que hay tantos nombres como los participantes españoles de este año que pueden participar aportando opiniones que este año no se han tenido en cuenta. Así el "Congreso" será verdaderamente objetivo y no como este año, que puede que alguna mente se haya atrofiado tras haber asistido a alguna de las conferencias...»

Como veremos más adelante, al mencionar la cuestión económica a los «arifos» se les empezaba a ver el plumero...

La segunda carta de marras (29 de enero) aparecía firmada por otro rabioso «racionalista»: L. Hernández F., cuyo odio hacia este «reportero mercantilista» que les habla fue tal que, incluso en plena agonía, siguió enviándome amenazadores e insultantes «anónimos». En dicha comunicación al director de la Caja de Ahorros de Álava se decía, entre otras cosas: «... es lamentable que hayan dado facilidades en el reciente congreso de UFOLOGÍA a aquellos señores que se distinguen por su línea sensacionalista, eliminando por completo a quienes estamos en la línea científica. Las conclusiones son por tanto altamente desorientadoras para el público no advertido que ha escuchado solamente versiones puramente testimoniales, y en modo alguno experimentales, en las que se basa toda ufología seria, que trabaja con rigor.

»Sería lo justo que se diera oportunidad para un congreso de réplica, ya que hay numerosos y valiosos elementos con títulos superiores, gran experiencia y probada solvencia científica...»

Hasta esos momentos la sospechosa «lluvia» de cartas —siempre engendrada por los «arifos» y jamás por uno solo de los cientos de asistentes al «Congreso» (obsérvese la sospechosa «coincidencia» del entrecomillado en todas las misivas)— parecía perseguir un doble objetivo: descalificar a los ponentes y propiciar un nuevo Congreso, a la medida de los «santos y separados». Pero las auténticas y secretas «intenciones» de estos virginales elementos no tardarían en manifestarse. Antes de revelarlas, me resisto a pasar por alto algunos de los sabrosos comentarios —preñados de ponzoña— del «profesor» y sus acólitos. No seré yo quien se empeñe en defender a los conferenciantes de aquel Congreso. De los seis «advenedizos y tando una vieja creencia: «ellos están aquí, infiltrados como una "quinta columna"».

Pero olvidemos temporalmente a la «loca de la casa» y retrocedamos hasta el 6 de octubre del pasado año (1989). Ese día, al recibir telefónicamente las primeras noticias de lo acae-

---

practicantes de las seudociencias» que tuvimos la satisfacción de dirigirnos al público, al menos cinco, que yo recuerde, también somos titulados universitarios. Y a ninguno se le puede asociar, ni directa ni indirectamente, con asuntos tan tenebrosos como el del caso Edelweis. Tomen nota los jóvenes estudiosos del tema ovni de cómo se pueden manipular las palabras y los conceptos, con el único y repugnante fin de desprestigiar. Y menos mal que el autor de la misiva hablaba en nombre de la libertad de expresión... Claro que para estos «sepulcros blanqueados», como para el resto de los fanáticos, la democracia bien entendida tiene que pasar por el aro de sus premisas e intereses. Los que —pobrecitos— no comulgan con sus parámetros y planteamientos «son muy dignos, pero sensacionalistas, desorientadores, mercantilistas y atrofiadores de cerebros». Yo tenía entendido que la verdadera democracia consiste en el ejercicio del respeto mutuo. Pero lo más lamentable es que estos «paladines» de la objetividad se han arrogado el derecho de juicio, subestimando la inteligencia y madurez del público asistente a dicho Congreso. ¿Es que tales jornadas nacieron «sesgadas» porque la línea general de las mismas —argumento, incluso, discutible— se hallaba abierta a la hipótesis extraterrestre? ¿No hubiera ocurrido otro tanto de haber prosperado el Congreso que solicitaban los «racionalistas»? Si «elegir» una temática, tan respetable como cualquier otra, es un «atentado contra la libertad de expresión» y «un suicidio intelectual», ¿qué puede esperarse de los que así opinan y tienen la osadía de ponerlo por escrito? En cuanto a lo de «ganar adeptos» para nuestras respectivas «causas» (?), ni los escritores Ribera y Berlitz —que yo sepa—, ni el psiquiatra Jiménez del Oso, ni el periodista E. de Vicente, ni el piloto y escritor José Antonio Silva y mucho menos ese «malvado derrite-seseras» llamado J. J. Benítez se han preocupado jamás de «hacer escuela». Cada uno, a su manera y desde su lugar, se limita a investigar, difundir y exponer sus hallazgos; experiencias u opiniones, siempre a título personal y sin esas sucias y subterráneas intenciones que se deducen de las necias afirmaciones de los «arifos». Ya lo dice el refrán: «Cree el ladrón que todos son de su condición.»

Pero, a no tardar, como insinuaba hace un momento, los «limpios y puros» representantes de la «línea científica» dejarían entrever sus genui-

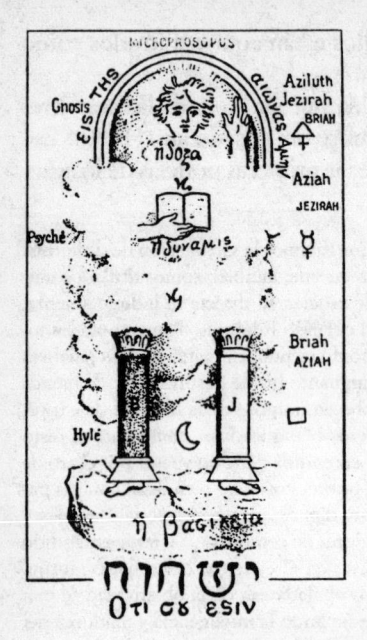

Gran Pentáculo de la «visión de san Juan», donde se aprecia, de nuevo, el signo del Esoterismo. El doctor Larrazábal, gran maestro en Cábala, sintetiza así el significado de los diferentes símbolos que lo integran: «Zona superior. Bajo la indicación del "microprosopus", unos semicírculos que representan la eternidad y que están señalados con la leyenda "eis tons aionas, amén" ("por siempre, amén"). En el centro, un rostro radiante indicado como "é doxa" (la gloria) y una mano que muestra el signo de la Trinidad. A la izquierda, "gnosis" (el conocimiento). A la derecha, "Aziluth", que es un equivalente hebreo y significa también la gran unidad del Universo entero (mundo de la Emanación) y sus tres niveles. El primero —"Briah"— es el más elevado (mundo de la Creación), estando simbolizado por un triángulo encima de una cruz (21.ª figura del Tarot); es decir, el septenario: la más alta iniciación.

»Zona media. Surgiendo de las nubes del velo que desciende del "Aziluth", un libro: el del conocimiento que viene del mundo superior y que se ofrece a la inteligencia (pulgar hacia arriba de la mano) que domina a la materia (los otros cuatro dedos, que poca función tienen sin la ayuda del pulgar). Este símbolo está señalado como "el Poder". A la Izquierda, "Psyché" (el alma humana o del mundo). A la derecha, "Jezirah": sede de "Ruash", el alma. Sede, a su vez, de la voluntad humana y, para que no haya dudas sobre el mundo representado, el símbolo del mercurio (la luz astral o fluido universal).»

Zona Inferior. Unos pies se asientan sobre roca. Dicha roca lleva la leyenda "la Reina". Los pies miran en sentido contrario y sostienen unas columnas (oscura y clara) que se pierden hacia arriba, en las nubes del mundo de la Formación. Estas columnas del templo de Salomón son "Jakin" (la blanca que representa el espíritu) y "Bohas" (la oscura, la materia). Es decir, el enfrentamiento de los contrarios: necesarios para la evolución. Y todo ello en el mundo señalado como "Aziah" e "Hylé": la Realización, sede del cuerpo físico y el principio vital. Símbolo: un cuadrado; es decir, la tierra, la materia, el cuaternario, el ternario que es proyecta en el mundo. Entre ambas columnas, la Luna, que simboliza lo íntimo de la materia y su dominación por el espíritu.

»En toda la parte derecha, junto al mundo correspondiente, aparecen repetidos los nombres de los otros mundos, indicando así la interrelación entre ellos.» (De «La clave de los grandes misterios», de Eliphas Lévi.)

cido en la playa de Los Bateles, en la referida población gaditana de Conil, maldije mi aparentemente «perra suerte». Por enésima vez, la «nave nodriza» parecía burlarse de este «correcaminos». ¿O no era así? Quiero creer que mi reacción estuvo justificada: «sólo» me encontraba a ocho mil kilómetros

---

nos e inconfesables afanes. En el fondo, como siempre, lo que en verdad escocía sus enfermizas neuronas no era la posibilidad de ver lesionada la cacareada «ortodoxia». Lo que les sacaba de quicio era verse marginados e ignorados. La envidia, en este país nuestro, hace más estragos que la carretera. Y no es eso lo peor. Como escribía La Rochefoucauld: «El envidioso es un enfermo incurable, más dañino que el malvado.» A todo esto —lo veremos de inmediato— hay que añadir el «fantasma» del dinero. Para estos cínicos y retorcidos indocumentados, los ponentes del dichoso Congreso de enero éramos unos negociantes. Pero ¡cuán verdad es que antes se pilla al mentiroso que al cojo! Porque el 14 de marzo, en una nueva carta al director de la caja de ahorros —confidencial, como las restantes—, las piezas empezaron a encajar. El lector comprenderá sin tardanza por dónde iban los tiros y por qué estos falsarios han sido bautizados como «sepulcros blanqueados».

«Muy señor mío —manifestaba el tal L. Hernández F., en nombre del "colectivo"—. A través de mi pariente, el abogado ***, supe que fue usted tan amable de aceptar la intervención en un simposio, en los locales de la caja y bajo su patrocinio, del fenómeno ovni. También en su día recibí su carta en la que me contestaba y me manifestaba su buena disposición.

»Sería nuestro deseo realizar dichos actos los días 27, 28 y 29 del cte., de 7 a 9 de la tarde, así como [*ojo al párrafo*] recibir la confirmación de que quedarían cubiertos a cuenta de la caja los gastos de viaje y estancia para 3 personas de Bilbao, 1 de Madrid, 1 de San Sebastián y 1 de Valencia, en total 6, así como recibir de una manera oficial la importante confirmación citada, en especial para el ingeniero señor Ballester Olmos de Valencia, que suplicaría le enviaran un giro o la posibilidad de cobrar al llegar a Vitoria. Es ingeniero de la empresa Ford de Almusafes y nos ha pedido disculpas por verse precisado a hacer dicha petición...»

¡Oh, dioses del Olimpo! ¿Era cierto lo que leían mis perversos y mercantilistas ojos? ¿Todo un ingeniero de la Ford pidiendo la «pasta» por adelantado? Pero ¿no era este señor el «santo de los santos» del rigor y de la seriedad? No podía ser. Aquello del «giro» o la «posibilidad de cobrar al llegar (no al partir) a Vitoria» tenía que ser un error... ¿Desde cuándo la «flor y nata» de la investigación ovni —«doctos» profesores y técnicos sudel «lugar de autos»..., en la ciudad de México y embarcado en una nueva y fascinante aventura que, en principio, no concluiría hasta finales de febrero de 1990. Por delante aguardaban siete países americanos y decenas de investigaciones. Y fiel a mi condición humana, busqué justificarme. ¡Cuán acer-

---

periores— anteponía el «vil metal», tan propio de charlatanes, salvadores míticos y practicantes de las seudociencias, a la generosa y honesta labor de «enseñar al que no sabe»? Pero este «correcaminos de tres al cuarto» no sufría alucinación alguna. Días más tarde —en respuesta a la caja, que había expuesto al «colectivo» la imposibilidad de celebrar el simposio en las fechas solicitadas—, el recalcitrante portavoz de los «arifos» volvía a la carga, aceptando los únicos días «libres» (del 13 al 16 de mayo), «machacando», por si las moscas, en el «trivial» capítulo de las pesetas:

«... Le ruego me perdone —se delataba el "científico"— al insistir sobre los gastos de viaje, estancia, etc., de dos días para cada uno de los intervinientes, con reserva en hotel para un acompañante, y demás gastos a la llegada a Vitoria. Deseamos solamente ser igual tratados que lo fueron los intervinientes no técnicos que intervinieron en la reciente reunión o congreso. Yo le garantizo la rotunda categoría y altura de las personas que van a asistir como conferenciantes, seis en total de fuera de Vitoria...»

¡Cuánta razón encierra la máxima de Bentley!: «Nadie pierde la reputación si no es por obra propia.» Y los responsables de la entidad que debía patrocinar tan «serio y solemne» congreso empezaron a recelar ante tanta e irritante insistencia acerca de los dineros, siempre a cobrar «a la llegada a Vitoria»». Y no se equivocaron. La Fontaine tuvo una frase genial, que viene ni que pintada en el caso de los «arifos»: «La avaricia todo lo pierde pretendiendo ganarlo todo.»

E impacientes, el 27 de marzo, los «altruistas»» del ovni terminaban por descubrir su juego en otra carta que no tiene desperdicio:

«Distinguida Srta. —reza el documento, cuya fotocopia incluyo en estas mismas páginas—. Contesto a su pregunta por teléfono sobre nuestra propuesta para cubrir gastos del simposio Ufología científica autorizado por el director general, señor***.

»Sugerimos dos modalidades para sufragar los gastos:

»1.ª Asignar globalmente 550 000 ptas. por todos los gastos, que nosotros distribuiremos con arreglo a los producidos por cada conferenciante, ya que son desiguales dichos gastos (6 conferenciantes de fuera; 1 de Vitoria; 1 de Madrid; 4 de Bilbao; 1 de San Sebastián; 1 de Valencia, y 1 de Vitoria).

tado resulta el adagio!: «Sólo los hombres gustan justificar sus actos; los dioses no lo necesitan.»

Y resignado, opté por ocuparme de lo único que podía hacer desde la distancia: reunir un máximo de información en torno al nuevo encuentro cercano.

»2.ª Hotel habitación doble, para tres días para 6 personas con o sin acompañante con precio especial para caja (H. Canciller Ayala), gastos de viaje, gasolina, etc., una media total por persona de 67 000 ptas., por 6 personas, 422 000 ptas., al añadir algún imprevisto. Gastos varios de preparación de ponencias, fotos, diapositivas, boletín informativo o invitaciones, etc. Por un total de 90 000. Total general, 512 000 ptas.

»Aceptaríamos cualquier otra propuesta de la caja, ya que no dudamos por un momento nos darán un tratamiento igual —nunca inferior— al que se dio a los asistentes al anterior congreso de enero pasado a cargo de personal no científico...»

Ese «personal científico» —«seleccionado» para dicho simposio— era el siguiente: don Félix Ares, don Luis Hernández F., don Gerardo García García, don Ángel Rodríguez, don L. Gámez, don J. Marcos Gascón y don V. Ballester.

Tres días después (30 de marzo), alarmados ante el significativo «silencio» de la caja de ahorros, el «portavoz» de los «puros y limpios de corazón» arremetía por enésima vez y en los ya conocidos términos: «... Dada la indiscutible solvencia científica de los conferenciantes en el simposio propuesto, esperamos de usted dé órdenes para que seamos considerados no más, pero nunca menos que los anteriores componentes del congreso de enero, que pertenecen a otra línea puramente testimonial.»

Como decía, la ambición terminó por romper el saco. Lo que estos «solventes científicos» no sabían es que los «dineros» percibidos por el «abominable personal» del congreso de enero hubieran movido a la incredulidad y a la risa a cualquier ciudadano con dos dedos de frente. Y como los hechos cantan más que las palabras, ahí van las cuentas: A. Ribera, en concepto de viajes, 15 000 pesetas; estancia (dos noches), 10 000; dietas, 15 000; retribución por dos conferencias, 30 000. Total: 70 000 ptas. Charles Berlitz, en concepto de pasajes de avión desde Estados Unidos, traslado a Vitoria y estancia, 520 000 pesetas. Retribución por la conferencia, cero pesetas. Total: 520 000 pesetas. Doctor Jiménez del Oso, por viajes, 15 000 pesetas; estancia (dos noches), 10 000; dietas, 20 000. Retribución por su conferencia, cero pesetas. Total: 45 000 pesetas. E. de Vicente, por viajes, 15 000 pesetas; estancia en Vitoria (una noche), 5 000 pesetas; die-

La primicia en Prensa del incidente de Conil correspondió al *Diario de Cádiz* (5 de octubre, jueves). Días antes, la Cadena SER ya se había hecho eco del asunto, interrogando a los testigos que afirmaban haber observado tres gigantescos seres en la playa de Los Bateles. Pero, no sé si afortuna-

---

tas, 5 000. Retribución por su conferencia, cero pesetas. Total: 25 000 pesetas. J. A. Silva, en concepto de viajes, 15 000 pesetas; estancia (una noche), 5 000 pesetas. Retribución por su conferencia, cero pesetas; dietas, 5 000. Total: 25 000 pesetas.

En cuanto al «gran mercader» (léase J. J. Benítez), por viajes, cero pesetas; estancia, cero pesetas; dietas, cero pesetas, y en concepto de retribución por su conferencia, cero pesetas. Total: cero pesetas. Mejor dicho, miento como un bellaco. Ahora que recuerdo, la caja de ahorros se empeñó en abonarme —después de no pocos forcejeos— las nueve mil «pelas» que tuve que pagar al adquirir unas «cadenas» con las que poder sortear la gran nevada caída en aquellas fechas en Álava y que puso en peligro mi comparecencia en el polémico congreso.

Basta echar un vistazo para constatar que, con la excepción del señor Ribera (15 000 pesetas por conferencia), el resto de los «despreciables mercantilistas» no cobró un solo «duro» por sus respectivas ponencias, limitándose a percibir unos gastos de viaje (siempre a la «salida» de Vitoria), casi simbólicos.

Y es que una cosa son los infundios y maledicencias y otra muy distinta la realidad desnuda.

Y el 1 de abril, los responsables de la entidad financiera —con muy buen criterio— daban una «larga cambiada al manso», argumentando «falta de presupuesto». Y en parte era cierto. Pero mis informaciones confidenciales «hilaban más fino»: las noventa mil pesetas por barba exigidas por estos falsarios resultaron sencillamente abusivas. La reacción, claro está, no se hizo de rogar. Y durante ese abril siguieron entrando cartas en la sede de la Caja de Ahorros de Álava, todas ellas empapadas en veneno. Un familiar curare, característico de estos «amantes de la libertad de expresión y de la tolerancia». A las pruebas me remito:

«...Les pedimos por favor que comprendan que un grupo de técnicos y científicos no debe ser menospreciado con relación a otro puramente reporteril y sensacionalista, cuyas exposiciones carecen de rigor...» (13 de abril. Firmado por L. Hernández F.)

«...Por otra parte, quienes seguimos una línea alejada del sensacionalismo y el comercialismo no atacamos a las personas, sino que mostramos da o lamentablemente, cinco días más tarde (10 de octubre), la *perestroika* se comía vivo el avistamiento «español». Ante la sorpresa de medio mundo, la agencia de noticias Tass —por primera vez en su historia— daba a conocer un aterrizaje ovni, con descenso de tripulantes, en la ciudad soviética de Voronezh. Y, como digo, este suceso eclipsó al «hispano». En realidad, ambos acontecimientos se habían registrado jornadas antes. El ruso, el 27 de setiembre. El andaluz, dos días después: el 29. Estos datos preliminares conviene tenerlos en cuenta, de cara al cúmulo de insensateces y despropósitos que se escribirían con posterioridad.

Pues bien, el 16 de octubre, a los diecisiete días justos de producirse el «encuentro» de Conil, los «agudos rigoristas» de siempre ya habían encontrado una «explicación racional y definitiva». Y en otro alarde de prudencia y buen hacer se apresuraron a darlo a conocer a los medios informativos. En la mencionada fecha, el *Diario de Cádiz* —en un ingenuo gesto de confianza hacia estos «estudiosos» del ovni— daba marcha atrás, anunciando que «los extraterrestres de Conil eran simples operarios británicos que colocaban un cable telefónico».

A mi regreso a España me encontré, por tanto, con un caso teóricamente resuelto y cerrado. ¿Cuál debía ser mi ac-

---

las inexactitudes, tergiversaciones y manipulaciones en que incurren quienes sólo buscan en el tema el beneficio económico. Le digo esto por si piensa que incurrimos en afirmaciones gratuitas...» (17 de abril. Firmado por L. A. Gámez.)

¿«Afirmaciones gratuitas»? ¿Una línea «alejada del comercialismo»? ¿Un grupo «reporteril y sensacionalista»? ¿Gentes que «sólo buscan en el tema el beneficio económico»? A la vista de estos documentos y dineros, «las cañas se vuelven lanzas». Una de dos: o estos señores, en lugar de oxígeno, respiran cinismo o precisan de una urgente «cura de reposo».

Pero estos turbios manejos, insisto, sólo constituyen una mínima e «inocente» parte de lo que ha llegado a mis maquiavélicas manos. Tiempo y oportunidad habrá de seguir desenmascarándoles.

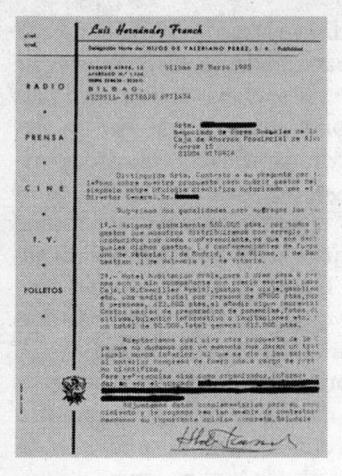

Fotocopia de la carta enviada a la Caja de Ahorros de Álava por el portavoz de la llamada «línea científica, seria y rigurosa» de la Ufología hispana. Sin comentarios.

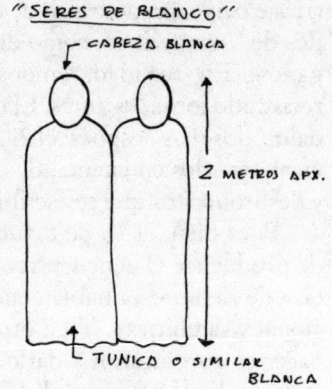

Aspecto de los seres de «túnicas» blancas que aparecieron sobre el agua, en la playa gaditana de Conil.
(Dibujo de Juan Bermúdez.)

La inmensa playa de Los Bateles, en Conil (Cádiz), escenario de los hechos.
(Foto de J. J. Benítez.)

titud? ¿Daba por válidas las interpretaciones del GEIFO (Grupo Español de Investigación del Fenómeno Ovni) de Cádiz? Sinceramente, si las investigaciones hubieran corrido por cuenta de ufólogos «independientes», fiel a mis costumbres, las habría estimado como positivas. Mis compañeros, los investigadores «de campo», lo saben bien: jamás «reencuesto» un caso que ha sido estudiado y desmenuzado por hombres honestos, con experiencia y, sobre todo, «no vampirizados». Sería de mal estilo y poco práctico. Pero en el caso GEIFO —a qué andar con paños calientes y diplomacias—, las cosas no estaban ni medianamente claras. En mis archivos figuran «papeles confidenciales» que denuncian esa «sumisa e incondicional servidumbre» a los «sumos sacerdotes» y, en especial, al «Hitler» y «gran vampiro» valenciano, bien conocido —y, a partir de ahora, «en profundidad»— de los seguidores del ovni. Estas sospechas se verían ratificadas por algunos de los excelentes investigadores «de campo» de la zona —todos ellos ajenos al GEIFO— que, en respuesta a mis dudas, manifestaron su descontento por el precipitado y ridículo tratamiento concedido a los testigos de Conil. Y el 8 de marzo del presente año (1990) inauguraba las pesquisas en la compañía de mi buen amigo y pulcro investigador Rafael Vite, un vejeriego de excelente estrella y mejor condición, que tuvo a bien «dulcificar» mi acceso a los protagonistas del caso. Algunas de las notas y comentarios de Prensa, tan escasos de caridad y buen gusto como de una mínima documentación, habían contribuido lo suyo a enrarecer la familiar atmósfera de un pueblo «donde todo el mundo se conocen. Y con razón, varios de los testigos empezaban a negarse a repetir sus declaraciones. Lo dije y lo mantengo: los verdaderos problemas de cuantos aciertan a avistar un ovni comienzan después...

El «grueso» de la investigación se prolongaría hasta el mes de agosto del referido 1990. Dada la «naturaleza» de algunos de los hechos que integran los sucesos, debo manifestar que no he llegado aún al «final del túnel». Ello no implica, sin embargo, que deba ser «congelada». «Lo» que resta por dilucidar viene a ser una especie de «colofón», ya apuntado anteriormente: «ellos están aquí, camuflados e infiltrados...».

Como digo, entre marzo y agosto tuve la oportunidad de interrogar a los cinco observadores principales en distintos momentos y en circunstancias diferentes. A pesar de lo complejo y dilatado de la historia no he logrado sorprenderles en un solo error, fallo o contradicción que pudieran descabalgar la autenticidad del «encuentro». Ahí están las grabaciones magnetofónicas, anotaciones y conversaciones «a micrófono cerrado» que lo atestiguan. Y, afortunadamente, no he sido el único en abordar el caso. Otros investigadores «de campo», antes o al mismo tiempo que un servidor, han «entrado a saco» en el asunto, «colocando boca abajo a los testigos y vaciándolos», según la afortunada expresión de Jesús Borrego López, otro veterano y concienzudo «sabueso» gaditano. Aquellos que han reunido un mínimo de experiencia en lo que a interrogatorios se refiere saben de sobra que, en caso de fraude, a la segunda o, como mucho, a la tercera conversación, el interrogado «cae». Y no digamos si, en lugar de tratarse de un solo testigo, la historia se la reparte un total de cinco fabuladores..., sometidos a la presión de un buen puñado de periodistas y ufólogos.

Pero es hora ya de ir entrando en lo sucedido, tal y como me fue narrado por los cinco jóvenes, todos ellos vecinos de Conil y cuyas identidades —por expreso deseo de los mismos— no puedo revelar. Sus nombres y edades, eso sí, son los siguientes: Isabel (diecisiete años), Lázaro (catorce y hermano de la anterior), Pedro (diecinueve), Loli (veintitrés) y un segundo Pedro (veintiún años y al que denominaré Pedro G. para evitar posibles confusiones). Todos ellos muchachas y muchachos sencillos, sin antecedentes sospechosos de ningún tipo y considerados «gente normal» entre los círculos policiales, sanitarios, docentes y familiares que amablemente colaboraron en mis indagaciones.

Todo comenzó a mediados de setiembre de 1989. El flujo turístico de Conil empezaba a decaer y un atardecer, como tantos otros, dos parejas se presentaron en el paseo Marítimo existente a los pies del pueblo y paralelo a la kilométrica y ancha playa de Los Bateles. Los jóvenes eran Loli y Pedro e Isabel y Pedro G. Y el paseo discurrió con normalidad hasta que, a eso de las ocho y media o nueve de la noche —ya oscurecido—, «algo» reclamó su atención

—Era una luz rojiza. Se hallaba inmóvil sobre la zona del puerto, en el cabo de Roche. Y a pesar de la distancia (desde nuestra posición en Los Bateles al espigón hay más de cinco kilómetros) la veíamos grande y redonda como un balón de fútbol. Algo así como una luna llena, pero en una tonalidad rojizo-anaranjada.

La observación —según cuentan los testigos— se prolongó por espacio de una media hora. Concluido ese tiempo, la «luz» se perdió en el horizonte convirtiéndose en un punto, hasta desaparecer. El hecho, como es natural, conmovió a los muchachos. Y al día siguiente, también a la caída del sol, retornaron al paseo, pero provistos de unos prismáticos de 7 x 50 aumentos.

—Y la «luz» se presentó a la misma hora y en idéntica posición: hacia poniente, estática y como a unos doscientos metros sobre el nivel del mar. Nos pasamos los prismáticos y todos vimos lo mismo: una masa circular, encarnada y con cuatro focos blancos en el centro, formando un cuadrado. Cada cierto tiempo emitía un destello. Y a la media hora se alejó mar adentro, perdiéndose. Y así ocurrió cada noche, durante catorce o quince días. Siempre la misma «luz», puntual como un reloj y por encima del cabo. Nosotros, incluso, permanecíamos en la playa hasta las diez o más, por si regresaba.

—¿Observasteis en esas dos semanas el paso o las evoluciones de aviones de combate o de helicópteros?

—En ningún momento. Al menos en esos quince días.

Y llegó el viernes, 29 de setiembre. La noticia de la extraña «luna llena» había trascendido a los círculos más íntimos de los testigos. Como consecuencia de ello, esa noche se uniría al grupo un quinto observador: Lázaro.

—... Y a eso de las ocho y media, siguiendo la costumbre, fuimos a sentarnos en la playa, frente por frente al bar Los Corales.

De acuerdo con las mediciones efectuadas *in situ*, la distancia entre el paseo Marítimo —lugar donde se levanta el referido restaurante— y el paño de arena sobre el que se situaron los jóvenes era de unos trescientos metros aproximadamente.

—... La marea estaba vacía y el litoral prácticamente desierto. En la mar no se apreciaba barco alguno. Y cuando apenas llevábamos unos diez o quince minutos distinguimos en lo alto un «semicírculo». Tiramos de los prismáticos y descubrimos en el centro de la «media luna llena» otro grupo de focos, pero rojos. Formaban una especie de triángulo. Aquel objeto procedía del mar y cruzó en silencio sobre nuestras cabezas, rumbo al pueblo. Y durante un rato estuvimos comentando el asunto...

—¿Había aparecido ya la primera «luz», la que veníais observando cada noche?

—Sí, por supuesto. Ésa permanecía, como siempre, sobre el cabo. Y al poco, una vez desaparecido el «semicírculo», sobre nuestra vertical apareció una tercera «luz». No tenía forma o, al menos, no pudimos distinguirla. Era un continuo destello. Y en seguida nos percatamos de algo curioso: la «luz» que teníamos sobre nuestra cabeza lanzaba tres fogonazos (para que nos entendamos), y la «roja», la situada en el oeste, respondía con dos. Y así continuamente, sin parar.

—¿Cuánto duró el «intercambio» de señales luminosas?

Reconstrucción del «hoyo», y de la pequeña «muralla» de arena, en el que se tumbaron los dos seres de «túnicas» blancas. Al fondo, Conil. Señalado con la flecha, el lugar por el que la extraña «pareja» se introdujo en el pueblo.

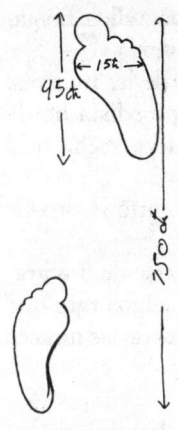

Reconstrucción de las pisadas aparecidas en la noche del 29 de setiembre de 1989 en la playa de Los Bateles, en Conil.

Las huellas dejadas en la arena por el «hombre» y la «mujer». *(Dibujos de Juan Bermúdez.)*

—Alrededor de media hora.
—¿Se produjo alguna cadencia concreta?
—Variaba. A veces una emitía dos destellos y la otra replicaba con tres. Y al revés. Aquello, sinceramente, nos emocionó. Allí pasaba algo raro. Y de pronto, calculamos que sobre las nueve, vimos en la orilla dos figuras, dos seres, dos individuos...
—¿Los visteis llegar?
—No. Cuando nos dimos cuenta ya estaban allí, a unos cincuenta metros y en la costa. Metidos en el agua...

Los jóvenes, aunque el nerviosismo no tardaría en flotar sobre el grupo, siguieron utilizando los prismáticos. Ello les permitió captar un aceptable número de detalles.

—... En un primer momento nos alarmamos. Era una «gente» muy rara: altos, quizá de dos metros, con unas vestiduras blancas y hasta el suelo. Las cabezas también eran blancas, sin pelo y sin caras...
—¿Qué tipo de vestiduras?
—Algo parecido a las túnicas de los monaguillos: holgadas y con unas mangas que ocultaban las manos.

Al observarlos con los prismáticos, una de las mujeres, lógicamente asustada, sugirió al resto la «inmediata huida del lugar». Pedro, si embargo, más templado, rechazó la idea, deseoso de averiguar «qué era aquello»...

—... «¿Y si fueran dos bromistas?» —sugirió Pedro G.

La idea no era descabellada.

—... Lo pensamos, claro está. Podía tratarse de dos graciosos envueltos en una sábana. Pero había «algo» raro que nos hizo rechazar esa posibilidad: el «blanco» de las túnicas era diferente al de las cabezas.
—¿Por qué?
—El de la piel resaltaba con más intensidad.
—Decíais que aparecieron de pie, sobre el agua...
—En la misma orilla.
—¿Se mojaban las vestiduras?

Las mujeres, generalmente mejor capacitadas a la hora de retener detalles, respondieron sin titubeos:

—Sí, pero no parecía importarles. El agua, por supuesto, mojaba la parte inferior de la tela y suponemos que los pies. Sin embargo, en ningún momento levantaron las túnicas...

Y los extraños «seres» —según los testigos— comenzaron a caminar, saliendo del agua...

—... Y se dirigieron hacia nosotros. Tenían unos andares igualmente «raros», torpes. Como si les costase avanzar. Los brazos permanecían pegados al cuerpo. En cuanto a las piernas, tampoco notamos que las flexionasen. También es cierto que las vestiduras eran muy anchas...

—¿Pisaban la arena?

Los jóvenes dudaron.

—La verdad es que no sabríamos decirte. Aparentemente, las «túnicas» llegaban al suelo, ocultando los pies.

—¿Y qué sucedió?

—Nada, que salimos corriendo.

—¿Por qué?

—Al ver cómo se acercaban cundió el pánico. Y nos retiramos...

—¿Cuántos «pasos» podían haber dado los «seres» cuando escapasteis del primer «lugar de observación»?

—Quizá veinte o treinta. Y de pronto se detuvieron y nos dieron la espalda. Y se quedaron mirando hacia la «luz» roja, la del puerto.

—Pero ¿cómo podéis recordar esos detalles si os encontrabais en plena «fuga»?

—No, cuando el grupo salió corriendo, los seres se pararon. Y al detenernos fue cuando giraron y nos dieron la espalda...

—¿A qué metros se encontraban de vosotros cuando emprendisteis la carrera?

—No más de veinte. Y con no pocas dificultades conseguimos que los ánimos se tranquilizaran y el grupo se situó a una distancia prudencial...

—¿A cuánto?

—Un poco más allá: alrededor de treinta metros.

—Supongamos que no os hubiera entrado el miedo. ¿Qué creéis que habría sucedido?

—Ni idea. Lo que está claro es que se dirigían al grupo.

—¿Percibisteis en ese avance alguna actitud hostil?

—No, pero las figuras (idénticas en todo) eran impresionantes.

—¿Idénticas?

—Igualitas. Parecían gemelas.

— Prosigamos.

—Y mientras permanecían de espaldas...

—¿Cómo eran esas «espaldas»? —les interrumpí de nuevo.

—Igual que el «frente».

—Entonces, ¿cómo sabéis que se hallaban de «espaldas»?

—Porque giraron. Y en eso fue cuando vimos caer lo que nosotros llamamos la «estrella fugaz». Mientras «miraban» la «luz» rojiza del cabo, «algo» se precipitó hacia la playa. Y a cosa de medio metro de sus cabezas se «apagó», desapareciendo. Era pequeño. Quizá como una pelota de tenis y de un color blanco-azulado. Nos extrañó que «apareciese» a cinco o seis metros sobre los seres. Y cuando creíamos que iba a chocar contra ellos, se esfumó en el aire. Incluso nos agachamos, pensando que se nos venía encima.

—¿Cómo reaccionaron los seres?

—Ni se movieron. Y nada más «apagarse» la «estrella fugaz» fueron a sentarse en la arena y empezaron a excavar a su alrededor...

—Un momento. ¿No ejecutaron un solo movimiento ante la «caída» o proximidad de lo que llamáis la «estrella»?

—Nada. Es más: tuvimos la impresión de que la estaban esperando.

—¿Recordáis la «forma» en que se sentaron?

—Normal. De lo contrario nos hubiera llamado la atención. Lo que sí podemos decirte es que se mantenían muy tiesos. Sentados, pero rígidos. Y los dos muy juntos. Uno al lado del otro. Y al remover la arena se apreciaban los movimientos de los brazos; mejor dicho, de las mangas. Parecía como si, al formar aquellos montículos, pretendieran ocultarse. Y al poco se dejaron caer de espaldas y esa «murallita» de arena les mantuvo semitapados.

Según los jóvenes, ese acto de «dejarse caer de espaldas» fue simultáneo.

—... Y además de hacerlo a la par, los cuerpos se inclinaron «tiesos» como palos... Sin doblarse ni apoyar los brazos.

—¿Cuánto tiempo pudieron emplear en la «fabricación» del murete de arena?

—Muy poco. Alrededor de cinco o seis segundos. Fue visto y no visto.

—¿Seguíais con los prismáticos?

—Claro, y nos los pasábamos sin cesar. Y allí los comentarios eran de todos los colores... Que si los destellos, que si los seres, que si la arena...

—¿Continuaba el «intercambio» de luces en el cielo?

—Sin parar.

A juzgar por sus declaraciones, en esos momentos de tensión, varios de los muchachos —presas del miedo y de los nervios— manifestaron sus deseos de alejarse de la zona. Fue Pedro, más sereno, el que logró retenerlos.

—... Y nada más tumbarse vimos brillar una esferita azul celeste. Y empezaron a pasársela de uno a otro. Y así estuvieron unos segundos. Quizá se la intercambiaron media docena de veces...

En esos críticos instantes, el que hacía uso de los prismáticos era Pedro G. Y, súbitamente, se deshizo de ellos,

El ser de negro, según descripción de los testigos.
(Dibujo de Juan Bermúdez.)

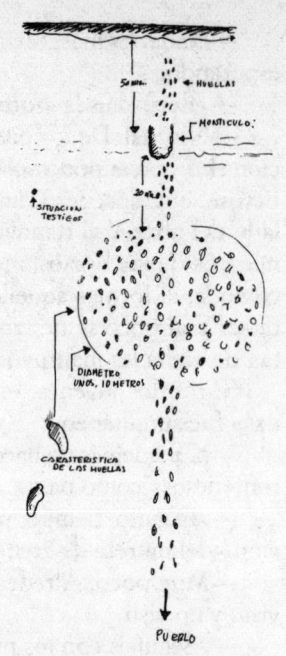

Esquema orientativo de la posición de los testigos en la playa de Conil, de las huellas y del «hoyo» (montículo). *(Dibujo efectuado por Juan Bermúdez en el cuaderno de campo de J. J. Benítez.)*

En el gráfico de Juan Bermúdez, la situación de los jóvenes, del montículo y huellas, así como las distancias.

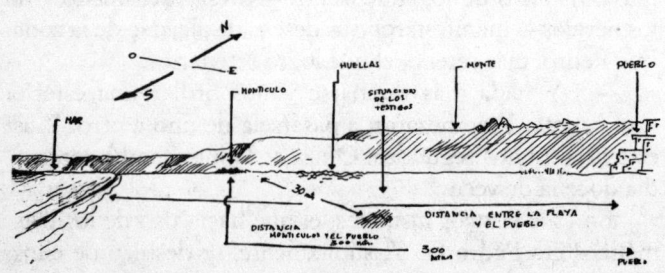

huyendo del grupo. El otro Pedro salió tras él, alcanzándole a los pocos metros. Procuró serenarle, interrogándole sobre la razón de su precipitada carrera. Pedro G. le explicó que había visto un tercer ser, a los pies de los dos que yacían en la playa. Era mucho más alto que los que vestían de blanco —alrededor de tres metros—, totalmente de negro y con una enorme y monstruosa cabeza en forma de pera invertida. Con muy buen criterio, ninguno de ellos comentó el asunto con los tres restantes. Se reintegraron al grupo y Pedro, haciéndose al momento con los prismáticos, buscó en los alrededores de los que permanecían tumbados. El resultado fue infructuoso. Del tercer ser no había rastro alguno.

—... ¿Cómo es posible que sólo lo viera Pedro G.?

—En parte (pensamos) porque tenía los prismáticos y porque los demás estábamos pendientes de la esferita azul y de los «tíos» de las túnicas.

—Habladme de la «esferita»...

—Parecía tener luz propia. Azulada. No emitía destellos. Y era chiquita como una pelota de ping-pong. Y de repente desapareció. Y al poco (a los cuatro o cinco segundos), los que estaban en la arena se pusieron en pie. Pero, ante nuestro asombro, se trataba de dos personas normales. Uno, un hombre. El otro, una mujer. El primero, alto, con unos pantalones «vaqueros» y una camisa. El segundo (la mujer), con el cabello largo, una blusa y una falda larga. Nos quedamos mudos. Desconcertados. Entonces se colocaron uno frente al otro. Y acto seguido le dieron la cara al pueblo y arrancaron, caminando como si nada hubiera ocurrido.

—¿Hicieron el típico gesto de sacudirse la arena de la ropa?

—No. Ninguno de los dos.

—¿Caminaban con dificultad?

—Pues no. Lo hacían como cualquier persona sana y normal.

—¿Os miraron?

—Creemos que no. Ellos siguieron sin detenerse y nosotros continuamos observándoles entre perplejos y atemorizados. «Aquello» fue increíble. Jamás habíamos visto cosa igual. Sencillamente, se «transformaron».

—¿Estáis seguros? ¿No pudo tratarse de una confusión?

—Ni hablar. Eso lo vimos los cinco. Eran dos seres con túnicas blancas. Se tumbaron y, al levantarse, presentaban otro aspecto.

Esta vez me dirigí a las mujeres.

—¿Qué fue lo primero que os llamó la atención de ese «nuevo aspecto»?

—El pelo. Los de las túnicas eran o parecían calvos. El hombre y la mujer, en cambio, tenían el cabello largo.

—¿También el «hombre»?

—Sí, un pelo rubio. La «chica» era morena.

—¿Cómo vestían?

—Ella con una falda larga y blanca y una blusa del mismo color. Él, con un pantalón oscuro (quizás unos «vaqueros») y una camisa igualmente clara.

—¿Los llevaban arremangados?

—No.

—¿Marchaban calzados?

—La falda le cubría los pies. La verdad es que no se apreciaba. Y tampoco en el hombre. Pero, a juzgar por las huellas que dejaron en la arena, ambos iban descalzos...

En beneficio de la cronología dejaré para más adelante el interesante capítulo de las «huellas». Porque la asombrosa historia no había concluido...

—Y les vimos alejarse hacia el pueblo. Y cuando estaban a un paso del callejón que se abre junto a «Los Corales» ocurrió lo de la «niebla»...

Las primeras en percatarse del extraño fenómeno fueron las muchachas.

—Miramos con los prismáticos y, sobre el agua, descubrimos «algo» que parecía una «nube». Se acercaba a la costa a gran velocidad...

—¿Qué clase de «nube»?

—Chiquita. Blanca. Quizá no tuviera más de uno o dos metros de anchura por tres o cuatro de alto. Y al llegar a la orilla se paró. Y ahí fue cuando distinguimos la figura del ser de negro.

En esos momentos, Pedro le arrebató los prismáticos a Loli, ratificando lo que había contado su compañero, Pedro G., al huir del grupo.

—... Allí, en la costa, apareció un gigante de unos tres metros de altura, con una especie de «mono» negro y una cabeza descomunal y blanca.

—¿Y la «niebla»?

—Desapareció. Luego entendimos que quizá el ser de negro se aproximó a la playa envuelto en una «nube». Y durante unos segundos se quedó quieto, mirándonos. E inmediatamente se «puso en marcha», alejándose hacia poniente. Pero lo más increíble es que no tocaba la arena. Se deslizaba a una cuarta del suelo, poco más o menos, y rígido como un poste de la luz. No doblaba las rodillas y los brazos permanecían pegados al cuerpo. «Aquello» no era correr... Más bien parecía «volar».

E inexplicablemente —incluso para los propios protagonistas—, Lázaro y Pedro G. salieron tras él. Cuando les interrogué sobre la razón o razones que les habían impulsado a emprender la persecución, ninguno supo responder con precisión.

—¡Que se nos escapa! —comentaron. Y acto seguido se lanzaron a una veloz e inconsciente carrera. Una «persecución» que, como era de prever, concluiría tan brusca como rápidamente.

—Por mucho que corríamos —explicó Lázaro—, más corría él. Y cuando estábamos a cincuenta o sesenta metros del ser escuchamos las voces de los otros (sobre todo la de

Pedro), indicándonos que nos parásemos. Y así lo hicimos. Entonces él se detuvo también y se volvió. Y le vimos la cara. Lo que mejor recuerdo son los ojos. Eran como dos huevos negros. La cabeza, enorme, parecía una pera al revés. Nos entró tanto miedo que dimos la vuelta y salimos «volando».

—¿Podríais precisar su actitud al volverse?

—A mí —replicó Lázaro— me dio la sensación de que nos estaba avisando.

—¿De qué?

—Para que no siguiéramos tras él.

Y la «mirada» del gigante de negro, por supuesto, surtió efecto. Los dos muchachos se unieron al grupo, visiblemente afectados por la experiencia. Y ahí, prácticamente, concluiría la «odisea». El ser se perdió en la oscuridad y las «luces» que habían permanecido en lo alto, intercambiando destellos, desaparecieron igualmente. Eran las nueve y media de la noche.

—¿Y qué ocurrió con el «hombre» y la «mujer»?

—Los perdimos también. Llevaban camino del pueblo; así que sospechamos que se confundirían con la gente.

—¿Y qué hicisteis a partir de esos momentos?

—Nos quedamos en la playa, comentando. Estábamos confusos, asustados, hechos un lío. Y poco antes de las diez vimos otra «cosa» rara: por la costa, de poniente a levante, cruzó una luz blanca y pequeña que se desplazaba en silencio y «saltando» en zigzag como una pelota. Después llegó Juan Bermúdez y, con la ayuda de mecheros, nos dedicamos a rastrear la arena y a explorar las huellas...

En esta última fase de la historia, en efecto, participó un sexto vecino de Conil: Juan Bermúdez, corresponsal de la Cadena SER y excelente pintor y dibujante.

—Yo tenía conocimiento de lo que venían observando cada noche —me informó Bermúdez—, y ese viernes, como en otras ocasiones, me acerqué a Los Bateles con el fin de reunirme con los muchachos. Me contaron lo sucedido y les acompañé en la exploración de la playa. Allí, efectivamente, descubrimos una enorme «colección» de huellas. Tal y como contaron, a escasa distancia del agua se abría un hoyo de unos dos metros de longitud por otro de anchura, cercado por tres de sus lados por un pequeño montículo de arena que le daba una forma de «herradura.»

—¿Se trataba de uno o de dos hoyos?

—Uno, aunque tampoco puede hablarse de una concavidad propiamente dicha. Lo que en realidad le daba apariencia de «hoyo» era la pequeña «muralla» de arena que lo rodeaba.

—¿Se apreciaban señales de dedos?

—Bastantes. Como si alguien hubiera arañado la arena, amontonándola.

— ¿«Arañazos»?

—Muy finos, como de unos dedos largos y delgados.

—¿Y el resto de las huellas?

—Arrancaban del «hoyo» en dirección al pueblo. Pertenecían a pies descalzos, de unos cuarenta y cinco centímetros de longitud por quince en la parte más ancha. El puente daba la impresión de ser muy arqueado, con un dedo «gordo» enorme. Entre una pisada y otra había metro y medio. El extremo delantero de la huella aparecía más hundido que el resto, como si el cuerpo descansara sobre esa región. Y la doble hilera partía del «hoyo», en dirección al pueblo.

—¿Coincidía la trayectoria con el camino seguido por la «pareja»?

—Sí.

—¿Observasteis diferencias entre las pisadas de una y otra hilera?

—Ninguna. Todas guardaban las mismas dimensiones y formas. Y eso también es extraño...

—¿Por qué?

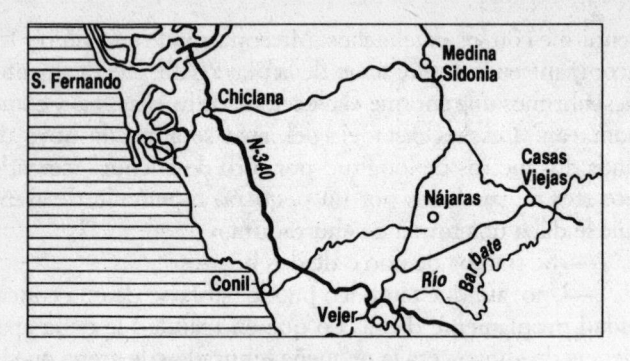

Dos seres de gran altura y vestidos con «túnicas» blancas «aparecieron» sobre el agua, en la playa de Los Bateles, en la localidad gaditana de Conil. Y los testigos huyeron espantados.

—La «mujer» era más baja que el «hombre». En buena ley, sus pies debían de ser más reducidos.

Y a cien metros antes de llegar al callejón de «Los Corales» —según los testigos—, la doble fila de huellas desaparecía.

—... Hubo otra circunstancia que no hemos sabido explicar. A unos veinte pasos del «hoyo» donde se tumbaron los «tíos» de las túnicas descubrimos un círculo, de unos diez metros de diámetro, repleto de pisadas. Eran las mismas huellas: las de los pies de cuarenta y cinco centímetros. Parecía como si los responsables se hubieran movido sin orden ni concierto en dicha zona. Y nosotros nos preguntamos: ¿cuándo ocurrió eso? El «hombre» y la «mujer» no se detuvieron en ningún momento. Una vez «mutados» partieron del «hoyo» y se perdieron hacia la población.

—¿Regresasteis al día siguiente?

—Claro, por la mañana. Pero el agua y la gente las habían borrado.

Como es natural, los jóvenes siguieron acudiendo cada atardecer a la playa de Los Bateles. Pero no volvieron a observar nada anormal. Tampoco la «luna llena» rojiza-anaranjada que se situaba sobre el cabo de Roche hizo acto de presencia. No obstante, como veremos más adelante, los ovnis y la enigmática «pareja» que se adentró tan audazmente en la apacible localidad costera serían vistos de nuevo. Esto tendría lugar algunas semanas después. Y en uno y otro caso, por testigos que nada tienen que ver con los muchachos que habían protagonizado la presente historia. Una «historia», insisto, demasiado prolija y compleja como para atribuirla a una confusión o a una fabulación. Pero respetemos el natural discurrir de los «acontecimientos». Las sorpresas estaban al caer.

Según informaciones que obran en mi poder, el grupo gaditano de investigación ovni (GEIFO) se trasladó a Conil el 7 de octubre de 1989, procediendo al interrogatorio de los testigos y a la apertura de las «pesquisas». Pues bien, siguiendo la bíblica recomendación de «dar al césar lo que es del césar», he seleccionado algunos de los párrafos más «interesantes» del «informe» elaborado por estos «rigoristas» de la ufología y que, como tendré ocasión de exponer, ha servido de «norte» a otros «preclaros y doctos» ufólogos para «sentar cátedra» sobre los sucesos de la playa de Los Bateles. Que los jóvenes investigadores vayan tomando minuciosa nota de los crasos errores —por no echar mano de palabras más gruesas— en los que «también» pueden incurrir los «infalibles racionalistas»...

«...Entrevistados por GEIPO —reza el sabroso documento—, en cuestionario inicial [los testigos] no presentan contradicciones en sus relatos dignos de resaltar.»

Menos mal...

«...Se visitó la zona del avistamiento en las condiciones más parecidas posibles a la del día de los hechos, comprobándose la visibilidad existente en el lugar, con objeto de ver si los testigos decían la verdad en cuanto a la posibilidad de identificar correctamente lo que estaban viendo.»

Sin comentarios...

«...Se comprobó la inexistencia de ejercicios de tiro y la ausencia de maniobras militares en la zona en el día de los hechos.»

Primer «indicio» de posible «subnormalidad» en los cinco testigos: si el 29 de setiembre —entre las 20.30 y las 21.30 horas— hubieran tenido lugar los supuestos «ejercicios de tiro» en la costa de Conil, los observadores en cuestión habrían confundido «churras con merinas»...

«...Comprobada la presencia de dos buques cableros y de trabajos realizados por personal técnico de los mismos en el mismo lugar del supuesto avistamiento. Los buques eran el *British Enterprise Two* y el *C. S. Monarch*, de nacionalidad británica.»

Además de «tontos de capirote», los testigos eran «ciegos». Una y otra vez repitieron que en la costa no «había barco alguno». El GEIFO, al avanzar tan rotunda afirmación, «patinaba còsa fina...».

«...Los trabajos realizados contaron con la participación de buzos basados en los barcos.»

Como decía mi abuela, «por la boca muere el pez». Pero no adelantemos acontecimientos.

«...Con la documentación ante la vista, se puede cerrar el caso con la conclusión definitiva de "error de identificación" por parte de los testigos.»

En otras palabras: a los ocho días del múltiple «encuentro», el asunto había sido despachado y esclarecido. Pero ¿no habían convenido los «vampiros» que el «cagaprisas» era este servidor?

¿«Documentación a la vista»? Ahí estaba la «madre del cordero». En el texto que reproduzco a continuación, elaborado por el GEIFO, se desvela el «secreto»: «Esa noche del 29 de setiembre, el buque británico *Monarch* se encontraba frente a las costas de Conil.» Una vez más, los «acólitos» de los «sumos sacerdotes» convertían en una verdad absoluta e incuestionable lo que, en realidad, sólo era una verdad a medias... Echemos un vistazo al mencionado texto. Es digno de figurar en la más insigne galería de despropósitos.

«...Recibimos una comunicación telefónica, de uno de nuestros contactos, y nos entrega documentación donde se aclara todo el misterio.

»De esta documentación pudimos sacar en conclusión, aparte de la presencia física de nuestro contacto en la zona y posteriores averiguaciones que confirman los hechos, que desde el 10-06-89 y hasta el 02-10-89, dos buques de bandera inglesa, nombrados *British Enterprise Two* y *C. S. Monarch*, cableros, han realizado trabajos encaminados a colocar un nuevo cable de Telefónica en el litoral (nada más fácil, para quien quiera saber si es o no cierto, que comunicar con el secretario técnico de Telefónica).

»Desde el 10-06-89 hasta el 01-07-89 se encontraba en la zona el *British Enterprise Two*, el cual, debido al viento, entró varias veces en el puerto de Cádiz.

»El *C. S. Monarch* realizó sus operaciones desde el 23-09-89 al 02-10-89, entrando en puerto el 26-09-89 y saliendo el 27-09-89, para tomar una serie de materiales llegados por vía aérea.

»Los trabajos realizados por ambos buques han sido controlados desde tierra y a bordo de los mismos por personal técnico de los buques, y consistieron en la instalación de una serie de corrientímetros y el estudio de los fondos marinos, utilizando material llegado a bordo de los buques y por vía aérea.

»El fin de semana comprendido desde el viernes 29 (de setiembre) al domingo 1 de octubre, el *C. S. Monarch* se encontró en la mar, frente a las costas de Conil, realizando trabajos noche y día, con apoyo desde tierra. En la operación, denominada T.A.T.9, se ha contado con la ayuda de buzos con base en el buque, retirando todo el material el 02-10-89, fecha en que el buque se marchó...»

Llamo la atención al lector y, en especial, a los jóvenes investigadores, sobre el párrafo precedente. Una investigación «seria», como veremos, no debe fundamentarse en hechos «posibles» y «no contrastados».

«...El hombre que vestía mono o traje ajustado —continúa el GEIFO con una "alegría carnavalesca"—, con cabeza blanca, "abultada", que se desplazaba sobre el agua, era uno de los buzos, a bordo de una embarcación Zodiac, provocando una "niebla" que identificamos como el agua desplazada por la velocidad.

»La esfera luminosa de la pareja inicial era una linterna; las túnicas, ropas de abrigo, y el hombre y la mujer, una pareja que, como todas las parejas, después de estar en la playa un tiempo determinado, se dirigieron hacia la población.

»Los ovnis eran el buque cablero y un avión, así como las luces o balizas de localización de instrumentos.

»Pensamos que no hubo avistamiento de ovnis ni de seres asociados a ellos, lo que no quiere decir que afirmemos que los testigos mienten, sino que se trata de un error de identificación, sobre todo si pensamos que llevaban varios días viendo unas luces que, para ellos, eran extrañas. Su ánimo estaba predispuesto para ver "cualquier cosa", y eso es lo que pensamos que ocurrió.»

Dudé. A qué ocultarlo. Lo cortés no quita lo valiente. La contundencia en lo que al barco británico frente a la costa de Conil se refiere era tal que, en un primer momento, sin datos concretos, contemplé la posibilidad como verosímil. Hasta el más enconado rival de los «vampiros» se hubiera «tentado la ropa» antes de pronunciarse al respecto.

«Y nos entrega documentación donde se aclara el misterio.» La frasecita parecía irreductible. ¿Podía tratarse en verdad de una aparatosa confusión? El instinto me decía que no. Buena parte de las «deducciones» del GEIFO encajaba con calzador...

Ejemplos:

¿No resultaba forzada la comparación de un ser de tres metros, de cabeza blanca, gigantesca y en forma de pera invertida con un «hombre-rana»?

¿Desde cuándo una lancha de goma levanta una «niebla» como la descrita por los testigos, por mucha potencia que se le imprima?

¿Qué pintaba ese «buzo» —por muy inglés que fuera—, «levitando» a una cuarta del suelo y «volando» por la playa, «tieso como un poste de la luz»?

¿Qué sentido tenía que un submarinista profesional desembarcara —ya anochecido— en una playa tan abierta y enfundado en el incómodo traje de «rana»? ¿No hubiera sido lo lógico que se desembarazara del equipo en el buque, en las lanchas auxiliares o en el mismo puerto?

En cuanto a las «túnicas blancas», estos «geifos», aspirantes al Premio Nobel, zanjan el negocio con una «fórmula» que doblará de risa a los buzos y a cuantos conocen las formas y maneras de los habituales del mar. «Eran ropas de abrigo. Una vez concluido su trabajo —dicen— se cubrieron con un albornoz.» Genial. ¿Y salieron hacia el pueblo abandonando los equipos en la arena? Si estos «rigoristas» se hubieran tomado la molestia de consultar los partes meteorológicos del día habrían comprobado —para su sonrojo— que ese 29 de setiembre —amén del viento de levante que gobernó lo suyo, caldeando la atmósfera—, la temperatura máxima fue de treinta grados centígrados. No imagino a dos «hombres-rana» desembarcando en la costa, abandonando la Zodiac y cambiando los trajes de goma por sendas «túnicas nazarenas» o «albornoces luminosos e inmaculados» para, acto seguido, sentarse en la arena, jugar al pingpong con una linterna y terminar tumbándose cuan largos eran. Y puestos a especular, ¿por qué una «linterna»? ¿Y por qué no un «cirio malagueño»?

Y una vez rematada la «ceremonia» —obligada en todo buzo que se precie—, los «británicos» se alzaron y, «de paisano», caminaron hacia el pueblo. Uno enfundado en unos vaqueros» y el «otro» luciendo la moda «maxi».

¡Demasiado, incluso para un buzo!

¿Y qué pensar de la «explicación-ovni»? ¿Fueron confundidos con las luces del buque cablero y con un avión? Si no recuerdo mal, una de «ellas» tenía forma de «media luna» y cruzó el cielo en silencio. ¡Extraño «avión», vive Dios! Otro permaneció por espacio de una media hora sobre las cabezas de los muchachos y «pegando lamparazos». ¿Sería quizá un «buzo volador» o la socorrida «Mary Popins»?

«Chirigotas» aparte, a lo largo y ancho del «informe» (?) de marras planea «algo» mucho más triste y desalentador que el mencionado cúmulo de necedades. A la vista de lo expuesto, los que aparecen como indiscutibles «tontos de feria» son los testigos. Y estamos en lo de siempre. «Unos» se arrogan la posesión absoluta de la Verdad, relegando a «otros» a la condición de «pobres imbéciles», incapaces de distinguir su propia mano derecha de la izquierda. No me cansaré de insistir: mientras los protagonistas de un suceso-ovni no caigan en contradicciones graves, sus testimonios son sagrados. Y nadie —por muy cualificado que se considere— puede menospreciarlos y, lo que es peor, «corregirlos alegremente». Estos jóvenes han nacido y viven a orillas de la mar. Y aunque carezcan de los pomposos títulos universitarios de que hacen gala los «santos y separados» de la ufología, todavía «saben» discernir el estrépito y las siluetas de una Zodiac y de unos buzos de «otra cosa»...

Y «felices» —convencidos de que sus «investigaciones» eran intachables—, los «geifos» se apresuraron a comunicar a los medios informativos los «rotundos e incuestionables resultados». Y el lunes, 12 de octubre de 1989, como ya mencioné, el *Diario de Cádiz* reproducía parte del anterior «informe» bajo el siguiente y demoledor titular: «Los extraterrestres de Conil eran operarios británicos que colocaban un cable telefónico.»

Misión cumplida. Los ufólogos «serios» acababan de «emitir sentencia». Poco importaron las lógicas protestas de los testigos y las prudentes sugerencias de los investigadores «de campo» que habían entrado en el caso. Y así las cosas, este «escasamente cualificado investigador» decidió «remover el pastel», partiendo de cero. Lo lamentable de estas situaciones, amén del tiempo, dinero y esfuerzos que deben desplegarse en la «reencuesta», es el daño moral ocasionado a los protagonistas. A raíz de lo publicado en la Prensa, los cinco jóvenes de Conil se vieron sometidos a toda suerte de chanzas y descalificaciones. De ahí que la actitud del GEIFO, con sus apresurados juicios, revista una gravedad que trasciende el terreno puramente investigativo. Pero entremos ya en mis propias indagaciones...

Dos de los jóvenes salieron en persecución del gigante.

En principio —y así me lo planteé—, uno de los «enigmas» a resolver consistía en certificar la posición del buque cablero *Monarch*. Según la famosa «documentación» aportada al GEIFO, el viernes —«día de autos»—, 29 de setiembre de 1989, el navío inglés «se encontraba en la mar, frente a las costas de Conil». El «informe» de los «geifos» y lo publicado en la Prensa no ofrecían duda. Ésa era la «piedra maestra» que sustentaba el resto de las «especulaciones».

Y obediente a la recomendación que incluye el «informe» («nada más fácil, para quien quiera saber si es o no cierto, que comunicar con el secretario técnico de la Telefónica») me presenté en la sede de esta compañía en Cádiz. Pero, por aquello de hacer las cosas a la medida, no interrogué al secretario en cuestión, sino a la mismísima Dirección. Allí, en efecto, me confirmaron la presencia de los ya referidos buques británicos en las aguas gaditanas, pero no con la misión de «colocar un cable submarino», sino con el fin de efectuar las labores previas de prospección. El proyecto —para un doble cable en realidad— corre por cuenta de un consorcio de cinco países. Ambos «sistemas» arrancarán de Conil: uno —el llamado TAT 9— unirá Europa con Estados Unidos, «atracando» en el Reino Unido y Canadá. La instalación de dicho cable está prevista para 1991. Dos: el bautizado como PENCAN-5, que enlazará Europa con las islas Canarias y cuya materialización podría suceder en 1992 o 1993.

Lógicamente, los responsables de la Telefónica no supieron decirme la posición exacta del *Monarch* en la noche del 29 de setiembre. Entre otras cosas, porque no era asunto de su directa y estricta competencia. De todas formas, deseosos de complacer al investigador, me remitieron al jefe de la Estación de Cables Submarinos —también dependiente de la citada compañía—, en Conil. Los resultados obtenidos de las diferentes conversaciones con el señor

Montaner fueron prácticamente similares. Las faenas de prospección habían concluido a primeros de octubre. Eso era todo lo que podían precisar. El cablero había navegado y faenado por aquellas aguas, sí, pero la estación no llevaba un registro de las actividades de buque. «Consulte usted a la Armada. Quizá sepan darle una respuesta exacta, aunque lo dudo», manifestó Ramón Montaner, cargado de razón.

Las siguientes gestiones —cerca de la Comandancia de Marina de Cádiz— aportaron algo de luz. Muy débil, pero luz a fin de cuentas. Según consta en los libros del departamento de «Despacho de Buques», el dichoso *Monarch* entró en el puerto de la capital gaditana el día 26 de setiembre, a las 13.30 horas, partiendo a las 23.30 de ese mismo día. En cuanto a la situación del cablero el 29, los militares se encogieron de hombros. «Ni idea.» Pero, dadas las características del trabajo que debía desarrollar, me sugirieron que consultara los «avisos a los navegantes». Cabía la posibilidad de que en dichas publicaciones figurase la posición del barco. No se equivocaron. En el Instituto Hidrográfico de la Marina se conservaban dos «avisos» directamente relacionados con el *Monarch*. El primero, cursado el 9 de setiembre del citado año de 1989, decía textualmente: «36/1179 (T). Atlántico Norte. España. Costa SW. Proximidad de Conil. Trabajos de sondeos para establecimiento cable submarino T.A.T.9. Entre el 24 y el 30 de setiembre se efectuarán trabajos de sondeo para el establecimiento de cable submarino T.A.T.9 por el buque oceanográfico *C. S. Monarch* en aguas territoriales españolas próximas a la playa de Conil. Carta temporalmente afectada núm. 444. C.G.Z.M. del Estrecho. San Fernando, 08-VIII-89.»

El segundo, correspondiente al Grupo 38 y de fecha 23 de setiembre, advertía lo siguiente: «38/1268 (T). Atlántico Norte. España, Costa SW. Trabajos de tendido de cable submarino T.A.T.9. Hasta el día 30 de setiembre aproximadamente se efectuarán trabajos de tendido de cable submarino por el buque oceanográfico *C. S. Monarch*, comenzando el día 18 setiembre a 1200Z en situación 36° 17' N, 07° 10' W, con rumbo 070° y velocidad de 0,5 nudos. Cartas temporalmente afectadas núms. 44B, 44 y 44 Decca. C.G.Z.M. del Estrecho. San Fernando, 18-IX-89.»

En esta segunda publicación oficial —pasando por alto el *lapsus* referente al cometido del buque (no se trataba, como fue dicho, del «tendido de un cable», sino de los trabajos previos de prospección— aparecían, al fin, la posición inicial del *Monarch*, así como el rumbo y la velocidad. Y aunque estos datos no se referían al 29, sino al 18 de ese mes de setiembre, sí constituían un punto de arranque.

Y necesitado de una correcta «lectura» de las mencionadas coordenadas, me puse de nuevo en manos de los expertos. Y entre los marinos profesionales a quienes consulté, citaré a Manuel Foncubierta, práctico mayor de La Carraca, en San Fernando, quien, además, se hallaba al corriente de lo publicado por el grupo GEIFO. A dicha entrevista asistió José Moreno Lacalle, presidente de la Agrupación Parapsicológica de Puerto Real (Cádiz), e igualmente enterado del caso Conil. Y allí, sobre las cartas del litoral gaditano, surgió una primera duda. La posición expresada en el «aviso de los navegantes» (36° 17' N y 07° 10' W) colocaba al *Monarch* a unas sesenta millas (más de 108 kilómetros) de la playa de Los Bateles, en Conil. Una distancia tan considerable que no merece mayores comentarios. Y si esa situación correspondía al día 18 —los testigos empezaron a observar la «luna llena rojiza-anaranjada» a partir del 14 o 15—, ¿cómo era posible que hubieran confundido el ovni estacionado sobre el cabo de Roche con las luces del cablero? Grave «patinazo» de los «geifos».

Naturalmente —argumentarán los escépticos—, el barco pudo modificar los planes de navegación, aproximándose a las playas de Conil en la noche del referido viernes, 29 de setiembre. No era eso lo especificado en el «aviso». El rumbo aparecía marcado con pulcritud: 070°. Basta tirar una línea desde la situación inicial para observar que la navegación «oficial» debía producirse hacia el Norte. Es decir, a muchas millas del escenario del «encuentro con los tres seres».

Pero cabía la duda, sí señor. El «informe» del GEIFO no se andaba con «medias tintas»: «el fin de semana comprendido desde el viernes 29 de setiembre al 1 de octubre, el *C. S. Monarch* se encontró en la mar, frente a las costas de Conil». ¿Y qué se entiende por «frente a las costas»? Elemental. Lo suficientemente próximo a la orilla como para que los cinco jóvenes —«miopes como topos»— confundieran las luces del cablero con ovnis y a sus buzos con extraterrestres...

Si era ésta la «documentación a la vista», mal asunto. O los «geifos» no sabían «leer» las cartas marinas —cosa que no creo— o trataban de hacernos comulgar con ruedas de molino. Y empecé a sospechar que el camino para conocer la posición del *Monarch* en la noche del 29 de setiembre nada tenía que ver con los organismos oficiales españoles. Sólo la compañía propietaria y, por supuesto, el capitán del buque podían estar en posesión de tan codiciado «secreto». Aun así, a sabiendas de que la «clave» se hallaba en el Reino Unido, seguí husmeando en otros frentes.

Una de las visitas obligadas fue al consignatario del *Monarch*: «Dávila y Cía.», en Cádiz. Allí, repasando los archivos, verifiqué que el barco se había aproximado a la «tacita de plata» en tres ocasiones y no en una, como aseguran los «rigoristas». Además del ya citado 26 de setiembre, el cablero llegó «fuera de línea» del puerto el 28 de ese mismo mes (con entrada a las 01.30 horas y partida a las 02, a fin de embarcar y desembarcar tripulantes), así como el 3 de octubre (también «fuera de línea», haciéndose a la mar ese mismo día.

Como era de suponer, la compañía consignataria tampoco tenía conocimiento de la ubicación del navío en la «noche de autos».

Las pesquisas en el Instituto Hidrográfico, en la Comandancia de Marina, en el Instituto Nacional de Meteorología y en la Estación de Cables Submarinos fueron arrojando otra serie de datos que, en buena lógica, invalidaban parte de los argumentos del GEIFO. He aquí los más relevantes:

El buque oceanográfico jamás pudo fondear o maniobrar «frente a la playa de Los Bateles». No había razón para ello, ya que los trabajos de prospección (en lo que al litoral gaditano se refiere) estaban minuciosamente delimitados desde la llamada Punta de los Roques (al pie del hotel Flamenco) al cabo de Roche. Este sector de la costa —elegido para los anclajes de los cables submarinos— se encuentra al oeste del lugar donde ocurrieron los sucesos del 29 de setiembre. Concretamente, a casi dos kilómetros. En el supuesto de que el Monarch hubiera faenado aquella noche en esas aguas, ¿qué sentido tenía desembarcar sus buzos en Los Bateles? El puerto de Conil se abre allí mismo...

Y digo en el «supuesto de que hubiera faenado» porque, justamente esa jornada del 29, el estado de la mar no aconsejaba la aproximación a la costa —y menos a la de Conil, sembrada de lajas (véase carta 444)— de ningún buque de mediano o gran calado. La meteorología anunció para ese día «componente Este 3 a 4, con rachas de 5 a 6, algunas brumas y áreas de marejada, generalizándose en el Estrecho y aumentando a fuerte marejada». Si añadimos a esto las corrientes que discurren por ese litoral y la coincidencia de la bajamar —que se inició a las 20.37 horas— con los sucesos ya conocidos, no será difícil deducir que la presencia de un barco como el Monarch a corta distancia de tierra constituía un riesgo que ningún capitán está dispuesto a correr innecesariamente.

Pero este desfile de circunstancias —que hacía improbable el fondeo del barco frente a Conil— resultaría guillotinado de un plumazo. Tal y como imaginaba, la solución final al «problema» llegaría de la mano de la compañía propietaria del buque. Bien lo sabe Dios: estaba dispuesto a llegar al fondo de la cuestión. Y si ello exigía la «persecución» del *Monarch* o de su capitán hasta el fin del mundo, este «correcaminos» se abriría paso por los siete mares. Pero la «nave nodriza» tendría compasión de este tozudo navarro y de su escuálida cartera...

El 24 de julio de 1990, en respuesta a mis requerimientos, el capitán J. A. B. Simkins —Dios le bendiga— me proporcionaba la siguiente y rotunda información:

«El 29 de setiembre de 1989, la posición aproximada del *Monarch* era 36° 23′ N y 06° 44′ W.»

Y añadía en su carta:

«... Nosotros no utilizamos "hombres-rana".»

Me faltó tiempo para consultar las cartas náuticas. ¿Adivinan dónde se encontraba el buque cablero en la referida fecha del 29 de setiembre de 1989?

¡A treinta millas, aproximadamente, al oeste de Sancti Petri! Que «traducido» al lenguaje del lego en asuntos navales viene a representar algo más de cincuenta y cinco kilómetros de la playa de Los Bateles. Es decir, imposible de distinguir. No olvidemos que la línea del horizonte, con la mejor visibilidad, se encuentra a ocho millas.

¡Y sin buzos!

Esta «documentación sí aclaraba el misterio». Sencillamente: esa noche NO hubo cablero, ni tampoco «hombresrana», en la playa de Los Bateles de Conil. El GEIFO había «patinado» estrepitosamente. Pero, sin que sirva de precedente, no me ensañaré con estos precipitados e irresponsables «ufólogos» (?). Parafraseando su propio «informe», no quiero pensar que hayan mentido o manipulado el caso intencionada y maquiavélicamente, obedeciendo «oscuras consignas». Es posible que sólo se trate de un «error de identificación»... Un «error», eso sí, que exige una inmediata rectificación a nivel de Prensa. La fama y el buen nombre de esos cinco jóvenes así lo demandan.

A quienes, en cambio, no estoy dispuesto a conceder tregua es a los «vampiros» y «vampirizados» que —sin haber interrogado a los testigos, sin tomarse la molestia de visitar el lugar de los hechos y sin desplegar una investigación *in situ*, por muy modesta que sea— se han arrogado al derecho de juzgar, calificando de «cuentistas» y «mentirosos» a los protagonistas.

Ejemplo: el «informe» aparecido en *Cuadernos de Ufología* (mayo de 1990) bajo el ponzoñoso título de «Voronezh y Conil: o la fiebre de los *mass media*».

El «pobrecito hablador» que firma el artículo —a quien no estoy dispuesto a hacer publicidad— hubiera hecho bien —pero que muy bien— en sujetarse la lengua y practicar la evangélica virtud de la prudencia. A la vista de lo notificado por la compañía del *Monarch*, su lámina de «buen investigador», como dicen en mi pueblo, ha quedado «hecha unos zorros».

En el «brillante *dossier*», aparecido semanas antes —también es mala sombra— de la confirmación de la posición del cablero en la citada jornada del 29 de setiembre, J. R. (no es broma), basándose en las noticias de Prensa y en las pesquisas desarrolladas por Ángel Rodríguez y Ángel Carretero Olmedo, establece una serie de «conclusiones» y «dudas del investigador» que, según la ufología «seria y científica», constituyen un «modelo de buen hacer y entender». Veamos algunos de los más suculentos párrafos y que el lector y las jóvenes promesas de las investigación-ovni saquen conclusiones.

Después de proceder a una incompleta narración de los hechos —plagada de errores, para más *inri*—, el autor se extiende en la descripción del trabajo de tendido de cables submarinos, ignorando que, en este caso, la misión del *Mo-*

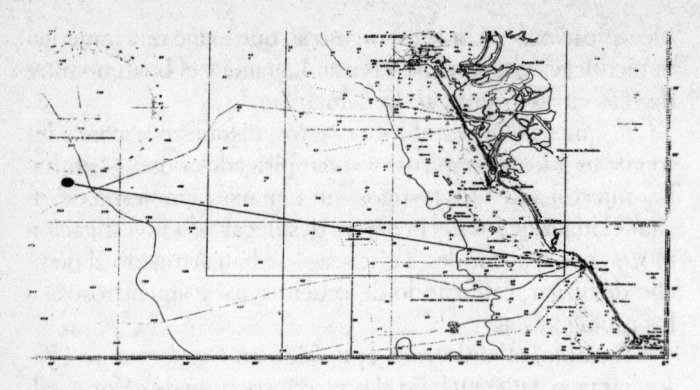

Situación del «Monarch» el 29 de setiembre de 1989 (marcado con un círculo). Exactamente a 32 millas de las playas de Conil.

Jesús Borrego López, de cuarenta y cuatro años, policía de Seguridad y Control en el Ayuntamiento de Cádiz. En sus veinticinco años como investigador del fenómeno ovni ha estudiado más de trescientos casos. Gran estudioso de la Astronomía, Astrofísica y Arqueología Submarina.

Aspecto del «hombre» observado en Conil en la noche del 15 de octubre de 1989. *(Dibujo de Jesús Borrego.)*

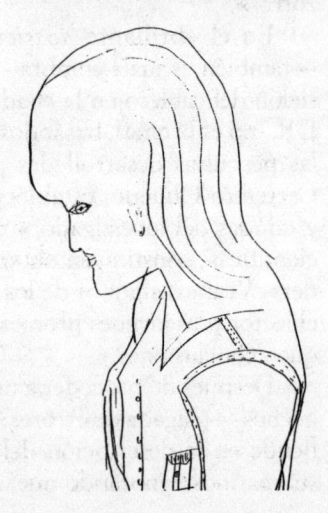

narch era únicamente de «prospección» y «estudio de los fondos». Y a continuación se «desparrama *ex catedra*», con «conclusiones» como éstas:

«...Conocidos los antecedentes que se citan y teniendo en cuenta las consideraciones que preceden a cada uno de los aspectos que tocan el incidente, parece evidente que el relato carece de base por mucho que intenten descalificar a un investigador que tuvo la valentía de afirmar que todo era falso...»

Supongo que se refiere a Ángel Rodríguez, suboficial de la Armada y presidente del GEIFO: la persona que recibió la famosa «documentación» y que se precipitó al dar a conocer al *Diario de Cádiz* la «explicación» de los «operarios británicos».

«No hay razones —continúa en sus "bordadas" hipótesis— para pensar en una alta extrañeza, principal rasgo que debería presidir toda la historia en caso de ser cierta.»

Pues sí que estamos buenos... Según la Real Academia, «extraño» es todo aquello «raro, singular, especial o extraordinario». Y digo yo: si unos ovnis en el cielo, intercambiando destellos; la «aparición» en el agua de dos «tíos ensabanados» (con las cabezas «encaladas»); una «estrella fugaz» que «nace» de la nada; el «numerito» de la esfera azul; la «mutación»; un «cabeza de pera» volando por la playa y unas huellas de casi medio metro no constituyen una «alta extrañeza», servidor es san Francisco de Asís.

«La actitud de los testigos no es precisamente la de personas fiables, concurriendo en ellos factores que los descalifican.»

Este par de afirmaciones —sin las oportunas pruebas que demuestren lo que se dice— resultan injuriosas e impropias de un investigador «serio y ortodoxo». La «actitud» de los cinco jóvenes, al menos con los investigadores que tuvieron la delicadeza de buscarles e interrogarles, fue siempre correcta, abierta y, en ocasiones, hasta paciente. Los ufólogos cometemos la torpeza de creer que los protagonistas de un suceso ovni están obligados —casi por ley— a satisfacer nuestra curiosidad.

«A la vista de lo expuesto —"descabella" el "maestro"— es justificado pensar que cinco personas fuertemente influidas por el fenómeno y extremadamente crédulas, han magnificado una serie de hechos encadenados, posiblemente, sin relación entre sí.»

Es obvio que el «purpurado» redactor del articulito no se ha molestado en reunir el currículum de los testigos. Lo de «fuertemente influidas» y «extremadamente crédulas» no merece comentario alguno. En cuanto a lo de «magnificar una serie de hechos», ¿a cuáles? ¿A un cablero y a sus luces? ¿A los «hombres-rana» al servicio de dicho buque? Teniendo en cuenta que el *Monarch* se hallaba a unas treinta millas y que no había buzos, es mucho «magnificar»...

El último apartado del «informe» de *Cuadernos de Ufología* —«Descripción de los seres y sus movimientos (Dudas del investigador)»— se me antoja uno de los más completos y antológicos «catálogos» del «carajotismo» (por emplear un vocablo andaluz) al que nos tienen acostumbrados los «sumos sacerdotes» del ovni. Y servidor, en su maldad, se lo ha pasado en grande releyéndolo. Sobre todo, después de recibir las coordenadas del *Monarch*...

Y como entiendo que el «regocijo» debe ser siempre cosa de dos, ahí van, entrecomilladas, las «carajotadas» más redondas:

1.ª «Portan sendas túnicas. ¿Posibles toallas?»

¿Hasta los pies y con mangas?

2.ª «Movimientos lentos y torpes. Si se tratara de una pareja que sale del agua haciendo carantoñas, los movimientos son plenamente identificables, más siendo de noche y caminando por la arena de la playa.»

¿Estarían «acarajotados» los buzos —o la «parejita»— para salir del mar con las «toallas» puestas?

3.ª «La descripción que hacen de sus caras había que preguntarles cómo lo consiguen, si precisamente esa noche hay luna nueva, por tanto no hay luz natural, y mucho me temo que poca o ninguna que provenga del mismo pueblo.»

En efecto, «hay que preguntar a los testigos». Para eso conviene desplazarse a Conil y no «pontificar» de oídas... En cuanto a la iluminación, tampoco se trata de comparar la modesta población gaditana con Nueva York, pero hace años que disfruta de un muy aceptable servicio de alumbrado. Suficiente para que el resplandor permita distinguir (y no olvidemos los prismáticos) a dos «ensabanados» de gran talla y cabezas «pelonas», más blancas que las túnicas.

4.ª «Algo más de 2 metros de altura. ¿Cómo determinar dicho tamaño?»

Dejando a un lado las dimensiones del «hoyo» en el que se tumbaron (alrededor de dos metros), este «arduo problema» —a treinta metros— resulta tan «complicado», al menos, como la estimación de la estatura del «buzo que se desplazaba en pie y a bordo de una Zodiac.» (Interpretación dada por el GEIFO.)

5.ª «No se inmutan ante la estrella fugaz que ellos dicen está a pocos metros de sus cabezas. ¿No será que realmente era una estrella fugaz y por tanto muy alejada en realidad de los seres? ¿Cómo inmutarse ante un hecho de estas características, que además debería producirse de espaldas a los seres?»

¡Es que no da una! En esos momentos —según los testigos—, los seres habían girado, hallándose «de cara» a la supuesta «estrella fugaz».

6.ª «El ser de negro tan sólo lo ve Pedro, que corre y nadie comprueba su presencia junto a los otros dos seres. Pienso que puede ser un cuento, más cuando hasta entonces nada se dice del uso de los prismáticos.»

A esto se llama «investigar en plan compadre»; es decir, por segundas, terceras o cuartas personas. ¡Viva la ufología «científica»!

7.ª «Cuando los seres se transforman y vuelven al pueblo, ¿no será que entonces es cuando ven realmente lo que hay allí, una simple pareja que ha estado tendida en la arena? ¿Por qué no los siguieron? ¿Cuál es el grado de extrañeza que puede producir una pareja en la playa de noche y en tiempo relativamente bueno? Ésa creo que es la verdadera explicación.»

No es que entre en mis aficiones favoritas, pero aún estoy por saber de una «parejita» que se tumbe en la playa, «ensabanados» de la cabeza a los pies, que se preocupe de construir un «murete» de arena a su alrededor y que se «entretenga» en el ingenuo «juego» de «pasarse una linterna». Y todo eso en segundos. Los he visto «raros» y «rápidos», pero no tanto...

¿Que por qué no los siguieron? El amigo J. R. parece querer tomarnos el pelo. Porque en la siguiente «carajotada» da cumplida respuesta...

8.ª «Miran a la playa y ven deslizarse al ser de negro hasta tocar la orilla. ¿No fue precisamente ése el motivo por el que la pareja decide irse de la playa? En un razonamiento lógico, si yo estoy con una mujer en la playa, a oscuras, protegido por la arena, tumbados, es de suponer que no estoy mirando las estrellas. Por otra parte, si en esta situación veo venir a alguien, pescador, buzo, paseante..., evidentemente desistiré de mi posición y en el más drástico de los casos me marcharé del lugar.»

El «argumento» sería discutible, si no fuera por un «insignificante detalle» que ha escapado a la «sagacidad» del ilustre investigador: el «buzo volador» y la «niebla» aparecieron cuando la «pareja» se alejaba ya hacia el pueblo...

9.ª «Extrañas luces desde finales de agosto. Coincide con las fechas de faena del *Monarch*.»

Lo dicho: no da una...

10.ª «Turistas y nativos habían visto las luces, pero sin prestarles la misma atención que ellos. ¿Por qué suscitó sólo atención en ellos? Aquí puede haber un punto de apoyo a su propia actitud maravillosista. Siguen las evoluciones de las luces porque desde un principio las asocian con el fenómeno ovni, cosa que no hacen los demás mortales, luego hay predisposición.»

¿Dónde están las declaraciones de esos turistas, nativos y demás mortales? Además, ¿qué hay de malo en que uno o varios testigos asocien unas «luces» con ovnis? Por mucha «predisposición» que ello pueda fomentar —asunto siempre muy relativo—, la fabulación nace coja. Y no es éste el caso.

Escribía Napoleón en sus *Pensamientos* que «el necio tiene una ventaja sobre el hombre de talento: siempre está satisfecho de sí mismo, elevando sus ocurrencias a verdades incuestionables».

11.ª «Luz circular con cuatro focos en el centro, en el horizonte y luz vertical sobre la playa de Los Bateles que se comunican entre sí. Puede quedar explicado por la presencia del *Monarch* y los trabajos descritos.»

Que se lo pregunten al capitán del cablero británico, que esa noche se hallaba a más de cincuenta kilómetros. Para que nos hagamos una idea, la anchura del estrecho de Gibraltar es de quince.

Observe el joven investigador a qué abismal ridículo puede arrastrar la ausencia de rigor en una investigación: los «trabajos descritos», como fue dicho, hacen referencia al tendido de cables telefónicos submarinos. En esta ocasión —lo repito por enésima vez—, las faenas de los buques contratados se limitaron al «estudio y prospección del perfil marino», con vistas a una instalación programada para 1991.

12.ª «Estrella fugaz a 6 o 7 metros de los seres. Es precisamente eso, una estrella fugaz.»

«Plagiando» —que es lo mío según los «vampiros»— a mi admirado Victor Hugo, «sufrir a los tiranos es una actitud venerable. Someterse a ellos, en cambio, es despreciable». Y no seré yo —«bestia negra» de la ufología «científica»— quien diga «amén» a esta nueva «imposición». Podía tratarse de una estrella fugaz..., o no. Lo que no acepto es que «sólo» fuera un meteorito y menos por «real decreto».

13.ª «Bola luminosa de uno a otro ser, repetidas veces (6 a 7 ocasiones). ¿Existió realmente? Si la hubo, ¿podría haber sido una linterna?»

Mi inteligencia —en perpetua «luna nueva»— no da para tanto. Así que alguien, antes que yo, tuvo que sugerirlo: «La desconfianza, como los buenos perfumes, estimula en dosis adecuadas. En exceso nubla los sentidos.» Si cuando hemos interrogado a los testigos coincidimos en su sinceridad y en la ausencia de contradicciones graves, ¿cómo calificar la desconfianza de quien ni siquiera les conoce personalmente?

Como decía Graf, «si el erizo tuviese un poco de inteligencia no necesitaría armarse con tantas púas».

14.ª «Pánico y curiosidad (en los testigos). ¿Desde cuándo el pánico es sinónimo de objetividad?»

¿Y qué tiene que ver la «curiosidad» con la «objetividad»? La primera ha permitido evolucionar al hombre. La segunda, en cambio, es una entelequia. Quien se estime a sí mismo como «objetivo» —en cualquier orden de la vida— que tire la primera piedra... Oscar Wilde sentenció el dilema con su habitual genialidad: «El que acierta a ver los dos aspectos de una cuestión es un hombre que no ve absolutamente nada.» Pero centrémonos en el concepto «miedo». No estaría de más que el digno representante de la ufología «ortodoxa» consultara a los especialistas en psiquiatría. Que no se me interprete torcidamente. El pánico, entre otras reacciones, provoca la estimulación del hipotálamo y de la hipófisis. Da lugar a una hipersecreción de la hormona ACTH (adenocorticoide) y «pone en marcha» el sistema nervioso simpático. Pues bien —según la medicina—, una de las constantes en el predominio del citado sistema nervioso simpático es justamente el incremento de la actividad mental. Que en términos «cristianos» significa: un ser humano «estresado» por el miedo dispone, en líneas generales, de una claridad, reflejos y energía cerebrales más acusados que en condiciones normales. Creo no exagerar si afirmo que un altísimo porcentaje de testigos-ovni dice haber experimentado el miedo. Así lo recoge la casuística mundial y mis propias investigaciones. Y muchas de esas experiencias son aceptadas sin reservas, incluso por los «calienta-poltronas». ¿A qué viene entonces esta nueva «carajotada»?

15.ª «Pedro sale corriendo poniendo más nerviosos al resto. ¿Por qué no deja los prismáticos a los demás para que comprueben lo que dice ver?»

La «empanada mental» del autor del «informe» —lógica consecuencia de su bochornosa falta de información— habría sido la envidia del esperpéntico Groucho Marx. Si hubiera interrogado a los testigos (el «atestado» del GEIFO en este capítulo es rematadamente confuso e incompleto) sabría que Pedro G., al descubrir al ser de negro y salir huyendo, «arrojó» los prismáticos en mitad del grupo. Y habría sido informado igualmente de la actitud del resto, en especial del llamado Pedro «a secas», que «sí se hizo» con el 7 x 50, aunque sin resultado positivo.

16.ª «Si realmente desean el anonimato, ¿por qué la Prensa en repetidas ocasiones...?»

La interrogante, amén de viciada de raíz, destila el familiar veneno de los «sepulcros blanqueados». ¿Y por qué no volver la oración por pasiva? A pesar de la Prensa, ellos mantienen el anonimato... El protagonismo —aunque fugaz— estaba al alcance de sus manos y, sin embargo, lo rechazaron.

17.ª «Anonimato. Una vez realizadas las declaraciones a la Prensa, ¿por qué se niegan a una encuesta seria y objetiva? ¿Es que piensan que pueden reírse de ellos al comprobar que todo es mentira, un mero error?»

La «carajotada» se tiñe ahora de burda falsedad. Investigadores de Cádiz, Puerto Real, Algeciras, etc., sometieron a los testigos a duras encuestas. E incluyo entre los pesquisadores a los desafortunados «geifos». Claro que, desde el punto de vista de los «sumos sacerdotes», muchos de esos investigadores sólo somos «hermanos de la Cofradía del Dólar», despreciable escoria e incapaces de llevar a buen puerto una investigación «seria y científica»...

¡Qué le vamos a hacer! ¡Cuán ajustado resulta el dicho evangélico: «por sus obras les conoceréis»!

Pero el «caso Conil», como he insinuado a lo largo de estas páginas, no quedaría cerrado con los sucesos del 29 de setiembre de 1989. Los ovnis «regresaron». Y también la misteriosa «pareja» que esa noche penetró en el pueblo. El segundo «encuentro» con el «hombre» y la «mujer» que se habían «transformado» en la playa ocurriría el 15 de octubre de ese mismo año. Servidor tuvo puntual información de lo acaecido, de labios de los cinco jóvenes. Pero esa noche del mencionado 15, domingo, además de los vecinos de Conil, se hallaba presente otra persona, ajena a los muchachos y al pueblo. Un investigador gaditano que, «casualmente», procedía a interrogar a los protagonistas de Los Bateles. Un hombre con una dilatada veteranía en estas lides, funcionario del ayuntamiento de Cádiz y de una honradez sin tacha. Y a petición mía, Jesús Borrego López redactó una síntesis de lo que él y el resto de los testigos acertaron a presenciar en la referida fecha. He aquí su interesante testimonio:

«Días después de los recientes acontecimientos ocurridos en la playa de Los Bateles —Conil de la Frontera—, provincia de Cádiz, me personé en la localidad y, tras breves gestiones, me puse al habla con los chicos. Serían las 20.30 de la tarde (del citado 15 de octubre de 1989) cuando me encontraba tomando un aperitivo en un bar, junto a la playa y dialogando con el propietario de dicho establecimiento, haciendo mis primeras investigaciones. Muy amablemente,

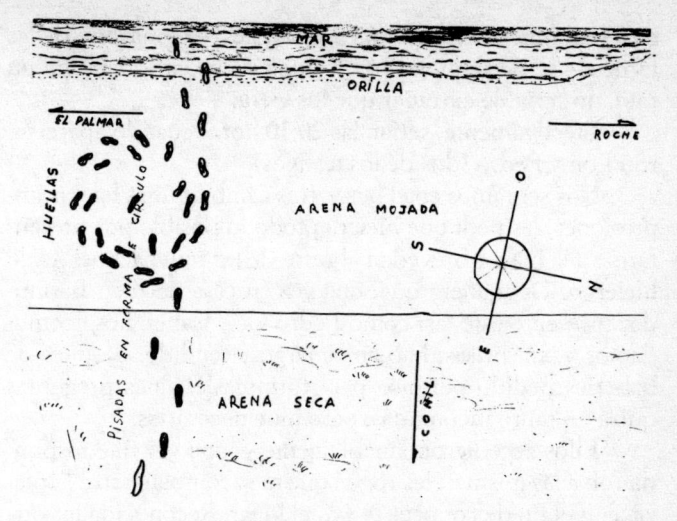

Esquema de la distribución y dirección de las huellas de la extraña «pareja» en el segundo «encuentro».

En el dibujo de Juan Bermúdez, el «hombre» que se alzó de la arena y que, segundos antes, era un ser de «túnica blanca» y cabeza sin rostro. Este «retrato-robot» le fue mostrado al investigador Jesús Borrego, quien reconoció al instante al misterioso personaje que viera en la misma playa de Conil el 15 de octubre.

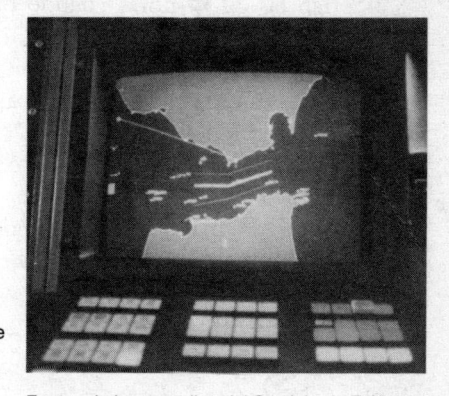

En una de las pantallas del Servicio de Tráfico Marítimo de Gibraltar, el perfil de dicho estrecho. La línea que parte de Tarifa (hacia la izquierda y arriba) marca el límite de la cobertura del radar en dicha zona. Conil queda en «zona de sombra». *(Foto de J. J. Benítez.)*

este señor me comunicó que los jóvenes —la mayoría de las tardes— se dejaban ver por la zona y que, si aguardaba un rato, no sería de extrañar que los viera.

»Efectivamente, serían las 20.30 horas cuando aparecieron Loli y Pedro (dos de los testigos).

»Nos sentamos en el bar y, tras cambiar unas ligeras impresiones, les pedí que hicieran todo lo posible por presentarme a la mayor brevedad al resto de los muchachos. Así lo hicieron. De manera que, una vez en casa de Juan Bermúdez, presente éste, así como Pedro G. e Isabel, nos acomodamos y, sin prisas, hablamos largo y tendido, después de haberles pedido permiso para formularles unas preguntas quizá un tanto incómodas, pero muy necesarias.

»Ellos accedieron amablemente y, una vez que respondieron a las mismas, les rogué que me acompañaran a la playa, con el fin de conocer *in situ* el lugar. Reconocida la zona marchamos a un bar y, mientras tomábamos un refresco, seguimos conversando sobre lo acontecido.

»Serían las 22.35 horas cuando ocurrió lo imprevisto.

»Nos quedamos perplejos. Atónitos. Se cortó el hilo de la conversación y enmudecimos. Involuntariamente dirigimos nuestras miradas hacia una extraña pareja que nos rebasaba en dirección al mar.

»Rompí el silencio y les pregunté si daban crédito a lo que estábamos viendo.

»"¿Os habéis fijado en la cabeza de ese hombre?"

»Pero los muchachos no respondieron. Se miraron unos a otros sin abrir la boca.

»Y yo seguí insistiendo:

»"¡Fijaos qué estatura! Él mide dos metros, por lo menos..."

»Los jóvenes rompieron al fin el mutismo y, unánimemente, sin titubear, manifestaron que eran las mismas características de los que vieron "transformarse" en la arena el 29 de setiembre.

»No había terminado de hablar cuando me levanté, llevándome a Pedro y dejando a otros dos testigos en el lugar, con el fin de que controlaran el tiempo invertido en llegar al mar. Llevábamos, poco más o menos, el mismo paso de la singular pareja. Y empezamos a caminar. El "hombre" y la "mujer" marchaban hacia el agua, llevándonos una ventaja aproximada de ciento cincuenta metros.

»La visión era total, pese a que los focos del paseo marítimo se encontraban apagados. En octubre, el ayuntamiento así lo dispone. La noche era muy clara. Había luna llena y también nubes bajas que reflectaban la luz de la población y de la luna sobre la playa y el mar. Asimismo favorecía mucho la claridad de los barridos de los faros de Trafalgar, hacia el sur, y de cabo de Roche, al norte. Nuestra visión, pues, cubría los 180 grados Norte-Sur, con una penetración de más de cinco kilómetros a ambos lados.

»Andábamos ligeros, sin quitarles la vista de encima. Pisábamos arena seca, perpendicular al pueblo. Y cuando nos aproximábamos a la arena mojada o humedecida por la acción de la marea, aquélla cambiaba su configuración, apareciendo pendiente abajo.

»Y de pronto desaparecieron de nuestra vista. Escrutamos en todas direcciones. Repito: la visibilidad era total.

»¡Habían desaparecido!

»Los pelos se nos pusieron de punta. Y la verdad es que comenzamos a tirar de ellos. No era para menos...

»Pues bien, apenas nos habíamos recuperado del sobresalto cuando nos metimos en otro. Dirigimos la vista hacia levante, y cuál no sería nuestra sorpresa al descubrir un "punto negro" del tamaño de un balón de fútbol que, segundo a segundo, aumentaba de tamaño. Se aproximaba en nuestra dirección, por la lengua de arena próxima al agua.

»Y nuestra atención quedó fija en aquella "cosa". No nos movimos del lugar porque mi intención era examinar las huellas de las zapatillas de la increíble pareja. Así pues, aguardamos la llegada de aquel fantasmagórico "punto negro", que se nos avecinaba a una velocidad inenarrable. Todo un récord. Y en eso aparecieron los jóvenes que habíamos dejado en el bar y que también fueron testigos del "velocista". Y, conforme se acercaba, el "punto negro" fue variando de tamaño. Y mientras se desplazaba ejecutaba unos curiosos movimientos: como si flotase en el aire y, en otras ocasiones, como si avanzara a "tirones".

»Y así permanecimos, atónitos, hasta que pudimos apreciar la forma de un ser humano que movía las piernas a tal velocidad que resultaban poco menos que "invisibles". Es decir, de cintura para abajo se presentaba como una masa informe. Los brazos, en cambio, se distinguían a la perfección.

»Y al llegar a nuestra altura se detuvo.

»¡Era una chica!

»Se hallaba de nosotros a unos sesenta metros de distancia, rozando la orilla del mar. Entonces se desprendió de la parte superior de la vestimenta y siguió caminando en dirección a poniente, hacia Roche.

»Todos coincidimos: se apreciaba bien su forma de mujer, aunque no las facciones.

»Y cuando empezó a distanciarse se le acercó otra persona que, por lo visto, se hallaba en la zona, aunque nadie supo de dónde había salido. Y ambos se perdieron en la dirección ya mencionada.

»Según nuestros cálculos, la distancia recorrida por esta chica fue de unos cuatro kilómetros, invirtiendo en ello alrededor de cuarenta y cinco segundos. Parece increíble, pero así fue. A petición mía, Pedro cronometró el tiempo. Todo un récord, como decía. Un récord imposible de superar: ¡cuatro kilómetros en cuarenta y cinco segundos! O lo que es lo mismo: ¡100 metros en 1,12 segundos!

»Un cuerpo humano de una estatura similar a la de una mujer —1,80 metros— debería encontrarse a cuatro kilómetros, como mínimo, para que pudiera "presentar" el tamaño de un balón. Y estamos hablando de un plano horizontal y sin obstáculos. Más allá, por detrás, la visibilidad mejoraba al encontrarse la zona mucho más próxima al faro de Trafalgar. Es inadmisible, por tanto, que un ser humano pueda hacer ese recorrido en tan corto espacio de tiempo.

»Nos sentimos anonadados al haber presenciado semejante "marca". Y es de suponer que nos la brindó a nosotros, ya que no había nadie más en la playa...

»¿Y por qué no recurrir a la fantasía y pensar que nos "lanzaron una cortina de humo", con el fin de desviar nuestra atención de la afanosa búsqueda de la pareja anterior?

»Y tras esta "exhibición" nos dispusimos a seguir las huellas de la citada y enigmática "pareja", que se "esfumó" de forma tan misteriosa.

»Una vez ubicadas comprobamos que las pisadas de la joven eran muy poco definidas. Dudamos incluso de su existencia. Las del "hombre", en cambio, aparecían nítidas y muy profundas en la arena mojada.

»Y suavemente, con especial cuidado, introduje el pie en una de aquellas enormes huellas, ajustando mi calzado al extremo del "tacón". ¡La huella del "hombre" superaba mi número (42-43) en una cuarta! Eso significaba una longitud aproximada de cincuenta centímetros...

»En cuanto a la profundidad de dichas pisadas, correspondía sin duda a un peso muy superior a los cien kilos. Yo alcanzo los ochenta y dos, y, después de hacer presión sobre la arena mojada, no conseguí aproximarme a dicha profundidad. Sólo después de dar un salto, cayendo con fuerza sobre mi pie derecho, conseguí una huella similar.

»Tras rastrear toda el área, a la búsqueda de nuevas huellas, comprobamos que sólo existían las ya citadas. Las seguimos y verificamos que se dirigían al mar, penetrando en el agua. Sentimos un escalofrío. Son veinticinco los años que llevo investigando la temática ovni y me han ocurrido muchas cosas. Algunas muy rocambolescas. Pero jamás me afectaron. Este caso, en cambio, ha sido especial... Esta experiencia la he vivido personalmente y doy fe de ella con la mano en el corazón. Soy enemigo de la mentira e, igualmente, doy fe de la sinceridad de los jóvenes de Conil y denuncio que, en cierto modo, han querido manipular sus experiencias por distintos conductos.

»Tras aconsejarles que no contaran nada a nadie sobre lo que habíamos presenciado, acordamos retirarnos hacia el pueblo y permanecer a la expectativa, por si volvíamos a ver a la desconcertante "pareja".

»Y en ésas estábamos cuando, de pronto, Pedro dio la voz de alarma.

»"¡Ahí vienen!"

»Uno de los muchachos se había hecho con una cámara de superocho y empezó a filmar descaradamente. Y, en efecto, pasaron ante nosotros. Parecían llevar mucha prisa, como en la primera ocasión. El "hombre" nos miró. Fue una mirada "resabiada". Extraña. Su cara era blanca como una "centella". La de la chica, en cambio, bellísima. La estatura del primero, impresionante: dos metros o más. Y la cabeza, como digo, muy llamativa, con una mirada fría, huidiza y reflejando intranquilidad. En cuanto a sus ropas, secas por completo... ¿Cómo podía ser si las pisadas morían en la mar?

»Cuando se reveló la película no salió nada. Y la luz era más que suficiente...

»Con posterioridad, ya en Cádiz, memoricé la figura del extraño individuo y la dibujé. Después se la llevé a los muchachos. Esto ocurrió ayer, 20 de julio de 1990. Al visitarles les comuniqué que me había entrevistado con J. J. Benítez. Fue Juanjo, precisamente, quien me enseñó un dibujo que me estremeció. La cabeza que me mostró era idéntica a la del "hombre" que vimos en Conil.

»Adjunto en este memorándum mi propio dibujo.»

El «grueso» de mis indagaciones —ya lo mencioné— se prolongaría hasta agosto de 1990. Pero —también lo dije—, dada la especialísima naturaleza de algunos de los hechos, las pesquisas continúan abiertas. Soy el primero en lamentar que —por el momento— no puedan ser desveladas. Una indiscreción podría arruinar la paciente, laboriosa y secreta labor que está en marcha y que, si mi «buena estrella» lo permite, quizá arroje luz en torno a dos asuntos íntimamente ligados al múltiple «encuentro» del 29 de setiembre. En uno de ellos aparece implicado un nutrido grupo de «agentes especiales» (humanos se entiende) que, al parecer, «pistolas en mano», se lanzaron tras uno de los ovnis avistados en Los Bateles. De esto, claro está, los sagaces «calienta-poltronas» no tienen ni idea...

El segundo «asunto» —directísimamente relacionado con la pareja «mutante»— reviste tal gravedad que, como digo, debe ser mantenido en la reserva hasta su definitiva comprobación. Y aprovecho la «coyuntura» —aunque sospecho que están al corriente— para advertir a los «servicios de inteligencia» que, en esta oportunidad y «curándome en salud», he tenido la precaución de «dispersar» las pesquisas entre otros investigadores... Aun así, y como conozco las «dramáticas maneras» de estos «servicios», aquí y ahora (a 3 de setiembre de 1990) hago un llamamiento a los audaces investigadores «de campo» que aún quedan: si este «correcaminos», en un futuro inmediato, sufriera un «accidente» —aparentemente casual— no recen por mí. Investiguen...

Imagino que el lector no iniciado en el fenómeno ovni encajará este «llamamiento» como un «recurso», más o menos literario, fruto de la calenturienta imaginación de quien esto escribe. ¡Ojalá! Si la opinión pública supiera cómo se mueven y hasta dónde pueden penetrar los «garfios» de determinados departamentos de «información» en el fenómeno de los «no identificados», sinceramente, no sé qué sería de muchos estadistas y altos funcionarios de los ejércitos. El «secretismo» en materia ovni, lejos de consumirse con los años, se ha reforzado.

¿Un ejemplo? Ahí va y directamente «relacionado» con los sucesos que nos ocupan:

Los días 27, 28, 29 y 30 de ese mes de setiembre de 1989, las instalaciones de radar —militares, por supuesto— ubicadas en Algeciras (Cádiz) quedaron «desconectadas» y, en consecuencia, inutilizadas. Los radares «aparecieron» —de improviso— en «alerta en vacío». Una «avería», de naturaleza desconocida, los dejó fuera de servicio día y noche, mermando notablemente la vigilancia en el área del Estrecho. El «incidente», como es lógico, ha permanecido —y así continuará— bajo el más estricto «secreto militar». Y este impenitente «malpensado» se hace la siguiente reflexión: ¿no es mucha «casualidad» que la referida base de radar «hiciera agua», justo en las fechas próximas-inmediatas al conocido 29 de setiembre (con la jornada «clave» incluida)? ¿Qué sabe de esto el contribuyente?

Prometo más información «confidencial» al respecto..., en su momento.

Y ya que he mencionado la sospechosa «alteración» de los complejos sistemas electrónicos de la Defensa en dicha área, me resisto a enterrar en los archivos otro «pequeño hallazgo», descubierto en mi incesante ir y venir por las carreteras gaditanas. Por supuesto, uno de los «frentes» obligado en la investigación del «caso Conil» abarcó aquellas instalaciones —militares y civiles— que pudieran haber detectado la continuada presencia de los «no identificados» en el litoral. Al igual que en el «bloqueo» de los radares de Algeciras, me reservo lo obtenido en la Base Naval de Rota, relativamente cercana también a la costa de Conil, para ese anunciado trabajo sobre «militares y ovnis». A la vista de lo «ocurrido» en ambos emplazamientos, tuve la feliz idea de tratar de comprobar si la anormal «descomposición» de los radares se había hecho extensiva a una tercera instalación: el Servicio

> **Zahara de la Sierra**
> # El alcalde y el director de la Caja de Ronda explican el avistamiento del OVNI

Recorte de prensa («Diario de Cádiz»), en primera página, en el que se da cuenta del avistamiento en Zahara de la Sierra, al norte de la provincia de Cádiz.

Parte oficial sobre el avistamiento registrado en la madrugada del 29 de diciembre de 1989 en Conil.

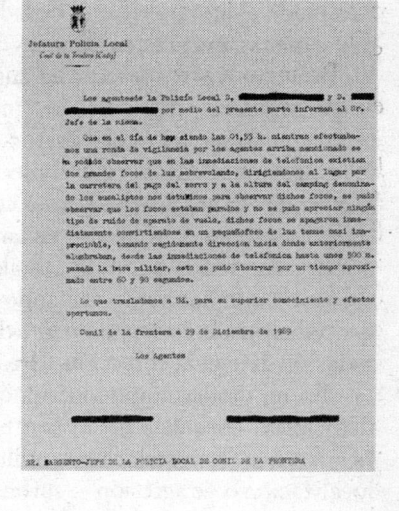

de Tráfico Marítimo del Estrecho, que se alza en los altos de Tarifa. El ingreso y el rescate de información en esta «base» —de carácter civil y dependiente de la Dirección General de la Marina Mercante— resultaron un «gozoso paseo» al lado del «rastreo» en los mencionados enclaves militares. El personal de este Servicio de Tráfico Marítimo mantiene, entre otros cometidos, una ininterrumpida vigilancia del estrecho de Gibraltar y zonas limítrofes, auxiliado por una moderna «batería» de radares. De esta forma es posible controlar la intensa circulación de buques por tan conflictivo lugar: 70 000 al año. Cualquier embarcación que lo atraviese —no importa la dirección— puede ser localizada en las pantallas. Si el buque es de regular porte, el radar lo detecta con seguridad a una distancia aproximada de veintisiete o veintiocho millas. En cuanto a la altitud, la «cobertura» oscila alrededor de los doscientos metros. Pues bien, si los ovnis habían sobrevolado el litoral de Conil de la Frontera, y por espacio de dos semanas, quizá estos «ángeles de la guarda» del Estrecho los hubieran visto aparecer en sus consolas. Javier Garate, Ángel Montero y Manuel Reina, integrantes del *staff* que gobierna dicho servicio, colaboraron encantados en tan inusual investigación. Pero, al citar el escenario de los hechos, aclararon que ese «arco» de la costa constituía una de las denominadas «zonas de sombra», en las que el radar de Tarifa no puede penetrar. El cabo de Trafalgar actúa como un obstáculo o escudo natural, «ocultando» la ensenada de Conil. Y procedieron a la correspondiente demostración, activando el radar en la citada dirección. (Véase ilustración en p. 385)

En mi modesta opinión, aunque puedan parecer negativas, estas consultas no lo son tanto... ¿No resulta significativo que las instalaciones militares —con capacidad de localización o de agresión— sufran en esas fechas unas inexplicables anomalías y, en cambio, un radar civil, «que no barre la costa donde se registraron los hechos», permanezca intacto?

Aunque sé que estoy aventurándome en un terreno puramente especulativo, no tendría nada de extraño que los «responsables» de las naves observadas en la zona hubieran «estudiado» meticulosamente el asunto, «apareciendo» en un punto que no les obligaba a «neutralizar» un servicio de vital importancia para la seguridad de decenas de buques. Recordemos que durante el 29 de setiembre, según los partes meteorológicos, se dieron brumas y un viento de levante, con rachas de 5 a 6. En estas condiciones —y muy especialmente con niebla—, los radares de Tarifa desempeñan una labor crucial para la correcta navegación.

En algún momento he debido mencionarlo: lo que tampoco saben los «calienta-poltronas» es que los ovnis «regresaron». Y dudo igualmente que hayan recibido noticia de ese otro «ser» que se «paseó» junto a la desembocadura del río Salado, en Conil, una semana antes del «gran suceso» de Los Bateles.

En esta absurda-mágica-desconcertante «realidad ovni» todo cabe. Incluso que un testigo padezca una «anormal y transitoria» amnesia, para «recordara» en el momento «oportuno». Porque esto fue lo vivido por Miguel, otro vecino de Conil de la Frontera.

En el transcurso de las investigaciones, la «nave nodriza» terminó situándolo en el «punto de mira» de ese «sabueso», justo en plena «vorágine» entre «capuletos y montescos». (Léase ufólogos «de campo y de salón».) Ahora, con la perspectiva del tiempo a mi favor, vuelvo a sonreír para mis adentros. El testimonio de este artesano de cuarenta años vino a reforzar lo manifestado por los cinco jóvenes y, de paso, la idea defendida por los «capuletos»: el caso era genuino.

Al principio hubo que vencer la natural resistencia de este nuevo protagonista. Los «vientos» que soplaban en la localidad gaditana —en especial a raíz de lo publicado por el GEIFO sobre los «operarios británicos»— no aconsejaban meterse en «aventuras con marcianos y demás zarandajas». Así que, cargado de razón, el amigo Miguel exigió que se respetara su anonimato.

«Toda esta historia —manifestó un tanto aturdido— es francamente extraña. Y me refiero, más que a lo que vi, a lo que ocurrió "después"...

»Verás. Fue en la mañana del día veintidós. A eso de las siete, antes de emprender la faena, salí a dar un paseo. Y sin razón aparente encaminé mis pasos hacia la costa. Como te digo, estaba clareando. Y cuando me hallaba en las proximidades del matadero divisé una figura al otro lado del río. Era alta. A juzgar por lo que veía y por la distancia (quizá estuviese a quinientos metros), mucho más que una persona. Pensé en una columna. Pero, al verla caminar, como es lógico, rechacé la idea. Las piernas se le veían a la perfección. Marchaba sobre una duna y en dirección este. Y lo hacía muy lentamente y erguido. Irradiaba un brillo metálico, pero sin destellos. Parecía que tuviera luz propia.

»Entonces, sorprendido, me dirigí hacia la playa con el fin de darle alcance y verlo mejor. Pero, sin saber cómo ni por dónde, desapareció.

»Deshice lo andado y —cosa extraña—, al volver al trabajo, todo aquello se borró de mi memoria. Fue como si no hubiera existido. Y a los ocho o diez días, al escuchar lo ocurrido en Los Bateles, apareció en mi mente de golpe y porrazo, con la misma claridad de aquel viernes, veintidós. Y comprendí que los muchachos no mentían...»

En realidad, desde una panorámica ufológica más amplia, los sucesos de Conil habría que incluirlos en una pequeña pero intensa «oleada» ovni, detectada en el cono sur peninsular entre los meses de setiembre y diciembre de 1989. Así consta en los archivos de los investigadores «de campo» de la zona. Y entre los casos conocidos merecen especial mención los registrados en la sierra gaditana, en las proximidades de Ronda (Málaga) y, de nuevo, en Conil.

El 20 de octubre —el *Diario de Cádiz* lo recogió puntual y detalladamente—, un enorme ovni de color «fuego» se dejaba ver sobre la sierra de Grazalema. Entre otros testigos de los pueblos colindantes figuraron el alcalde de Zahara de la Sierra, Francisco García Luna, el director de la Caja de Ahorros de Ronda en dicha población, José Benítez Moreno, y alrededor de quince vecinos de la misma localidad serrana. El avistamiento —según pude verificar en el escenario de los hechos— se prolongó durante casi dos horas, llenando de estupor al vecindario.

La Prensa gaditana, como digo, se hizo puntual eco de lo acaecido, publicando una noticia de alcance al día siguiente, 21, y un amplio reportaje el domingo, 22. Pues bien, en esta última información, consultado sobre el «caso Zahara», el ínclito presidente del GEIFO —aprovechando que el «Duero pasa por Valladolid»—, lanzaba un postrer «pullazo» sobre el suceso de Los Bateles.

«Este tipo de avistamientos esféricos —manifestaba Ángel Rodríguez— es muy usual, junto al de los discos, y el hecho de que puedan contrastarlo tantos testigos de forma independiente le da más validez que el caso registrado en Conil hace unas fechas, que demostramos que se trataba de unos buzos.»

¡Menos mal que, hoy por hoy, la bellísima Zahara de la Sierra no dispone de mar! De lo contrario, seguro que los «geifos» hubieran «demostrado» que el gigantesco ovni no era otra cosa que una partida de buzos, asando sardinas al amor de la lumbre...

Y quién sabe lo que «pontificarán» cuando tengan cumplida noticia del «regreso» de los ovnis a Conil, en la madrugada del 29 de diciembre de ese mismo año de 1989. Es decir, a los noventa días justos del «incidente» con los humanoides —perdón, con los «buzos»— en la playa de Los Bateles.

Apuesto doble contra sencillo a que, en esta ocasión, el

Mapa de Conil y alrededores, elaborado por los policías municipales, testigos del ovni.

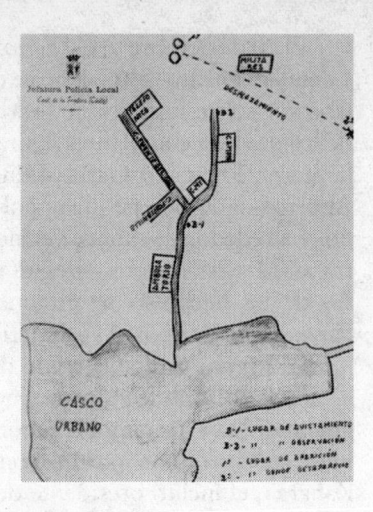

Instalación militar «camuflada», a las afueras de Conil, sobre la que sobrevoló el ovni el 29 de diciembre de 1989. *(Foto de J. J. Benítez.)*

caso es «indultado». ¿La razón? Muy simple: los testigos no fueron unos «maravillosistas, mentirosos y cuentistas» muchachos, sino cuatro agentes de la autoridad, de servicio en la dormida localidad.

Después de no pocas gestiones, y merced a la amabilidad y tolerancia del alcalde de Conil y de su jefe de la Policía Municipal, tuve acceso, al fin, a los protagonistas del avistamiento. Sus identidades, por expreso deseo de los interesados, deben permanecer en el anonimato. Y otro tanto ocurriría, obviamente, con la pareja de la Guardia Civil que, en esos momentos, prestaba vigilancia en el extremo opuesto del pueblo, en el llamado Puente del Soldadito, en las proximidades de la desembocadura del río. Unos y otros, sin saberlo, fueron testigos simultáneos del mismo hecho. Sólo más tarde, al coincidir esa madrugada en la sede de la Jefatura de la Policía Municipal, serían conscientes de que la observación había sido «compartida».

En síntesis, y por no agotar al paciente lector, los sucesos se desarrollaron de la siguiente manera:

Pocos minutos antes de las dos de la madrugada, los dos policías patrullaban Conil a bordo de un Land-Rover. La población se hallaba en calma y el rutinario servicio discurría con placidez. Y al dejar atrás al ambulatorio empezaron a ver dos potentes focos, a unos doscientos o trescientos metros del suelo e inmóviles en las proximidades de la Telefónica (la Estación de Cables Submarinos). Extrañados, redujeron la marcha hasta detenerse a unos ochocientos metros, nada más rebasar el camping municipal. Los agentes bajaron el cristal de la ventanilla, observando los mencionados focos por su izquierda.

«Aquello era muy raro. Allí no se escuchaba ruido de ninguna clase. Las luces eran poderosas. Deslumbrantes. Se hallaban en un plano horizontal y separadas entre sí alrededor de metro y medio. Estos cálculos, lógicamente, son aproximados.

»Cada foco aparentaba el tamaño de una señal de "stop": alrededor de un metro de diámetro. Irradiaban una luz blanca, con unos haces que se propagaban a quinientos o seiscientos metros.»

Y a los pocos segundos —según los policías—, los focos se apagaron. Y en el lugar que habían ocupado dichas luces —quizá en el centro— apareció otro punto luminoso, más pequeño y de un color anaranjado. Acto seguido, el objeto comenzó a desplazarse, siempre en silencio. Al principio lentamente. Y sobrevoló la carretera y una instalación militar «camuflada» existente en esa área, al norte del casco urbano.

«Durante todo ese tiempo permanecimos mudos de asombro, casi en la vertical del impresionante "aparato". Quizá a unos ciento cincuenta metros del mismo. Y una vez que se alejó por nuestra derecha nos dirigimos a la zona de los Molinos, pero ya no vimos nada.»

Al llegar a la altura de la referida «base camuflada», el ovni adquirió velocidad, desapareciendo en la oscuridad. La dirección del haz de luz —explicaron los testigos— fue siempre la misma del desplazamiento.

A pesar de la proximidad del Land-Rover, el vehículo no experimentó anomalía alguna. Ni en el sistema de alumbrado, ni tampoco en el motor.

A las 02 horas y 20 minutos, la atónita pareja de «municipales» retornó a la jefatura. Quince minutos después llegaban los miembros de la Benemérita, confirmando las manifestaciones de los policías.

Y ese 29 de diciembre —conscientes de lo «irregular» de dicho suceso—, los agentes elevaron a la autoridad superior el correspondiente parte oficial. Un informe que, por su importancia y especial significación en la «historia ovni», incluyo en la página 299.

Y este mordaz acosador de «vampiros» se pregunta de nuevo: ¿qué habrían pontificado los «geifos» de haber disfrutado de la primicia de este caso? El socorrido cablero británico hacía casi tres meses que había abandonado las aguas gaditanas... Pero ¿qué estoy diciendo? Eso no es óbice para que encuentren alguna «explicación racional, seria y definitiva». Quedan, por ejemplo, el «rayo en bola», las «visiones hipnagógicas», los «secretísimos prototipos de la Armada o del Ejército del Aire», algún «buzo» rezagado o la «parejita» de marras, jugando con la «linterna» a doscientos metros del suelo...

Y concluiré la exposición de estos sucesos con un par de reflexiones y una íntima rectificación. En este caso es justo que me aplique la frase de Sydney Smith: «Cuanto más camino hacia el oeste, tanto mayor es mi convicción de que los sabios vienen del este.»

A la vista de lo sucedido en la playa de Los Bateles, ya no estoy tan seguro de que estas «civilizaciones no humanas» no convivan con nosotros. Durante un tiempo —y así lo defendí públicamente— me incliné a creer que esa posibilidad era francamente improbable. Aunque el aspecto físico de muchos «alienígenas» resulte similar al de los hombres y mujeres de la Tierra, sus pequeñas-grandes diferencias morfológicas me hacían pensar que el «camuflaje» en la red social humana tendría que resultar poco menos que inviable. El caso del guardia civil de Jerez (narrado en *La punta del iceberg*) fue un «aviso». El de Conil, ahora, se alza como una confirmación. Desconozco la «fórmula», pero está claro que existe: estos «seres» —quizá sólo sea privilegio de unos pocos— son capaces de «mutan» sus originales formas, «transformándose» en terrícolas. Y así, de manera natural, convivir con un género humano absolutamente ajeno a la realidad de esta «quinta columna cósmica».

¿Imaginan ustedes las posibilidades y consecuencias —a todos los niveles— de una «presencia» de esta índole en los estamentos humanos?

Pero, como escribía el genial «manco de Lepanto»,

«lances más prodigiosos nos depara el Destino, mi fiel Sancho...».

Y ansioso por desvelar los entresijos de aquel nuevo «encuentro cercano», acaecido entre las poblaciones de Gaucín y Algatocín, en la serranía de Ronda y en el mencionado mes de diciembre de 1989, me lancé feliz a las carreteras, implorando la benevolencia de la «nave nodriza». Pero ésta es otra historia...

6

EL ARTE DE INVESTIGAR

Pongo punto final al presente trabajo con unas notas que, después de dieciocho años de investigación, eran de obligado cumplimiento.

Surge a menudo. Decenas de jóvenes nos interrogan acerca de una cuestión de muy comprometida respuesta: «¿Cómo puedo ser ufólogo?»

Este tímido ensayo —a manera de epílogo— buscará arrojar algo de luz sobre esta legítima y cada vez más frecuente aspiración. Como siempre, todo depende de quién se aventure a satisfacer la pregunta. Si el osado que replica es un investigador «de salón» (de la familia de los «vampiros»), el «ascua» será arrimada a la «sardina» que denominan «la validez del análisis de gabinete». Analicen lo escrito al respecto por una de estas raposas del ovni:

«Todo se inicia —reza lo publicado en marzo de 1987 por este "sumo sacerdote" de la ufología hispana— cuando alguien cuenta que ha sido testigo de un suceso extraño "para él". Con posterioridad, unas veces puede realizarse personalmente una encuesta *in situ*. Otras veces, las más, dada la abundancia de casos y las normales obligaciones individuales que deben atenderse perentoriamente, el analista parte de los datos elaborados por encuestadores radicados en el área de los hechos, que los han investigado donde ocurrieron. En ambos casos, "la responsabilidad primaria de un verdadero investigador objetivo consiste en determinar si el fenómeno se puede identificar o no"... Este estudio puede hacerse perfectamente cotejando, desde el despacho o gabinete (o, esperamos, pronto, desde el laboratorio), entre libros técnicos o cualesquiera otros manuales de consulta, los datos del fenómeno presuntamente extraño con los fenómenos meteorológicos, aeronáuticos o mentales equiparables.

»Para alcanzar una identificación precisa, no es necesario que el evaluador haya estado en persona en el lugar de autos; basta con que "alguien" sí haya pateado la zona de los hechos para obtener la más completa documentación de lo que allí pasó, del testigo y del entorno. Disponiendo de esos datos, recabados mediante encuesta de primera mano, si el analista aprecia que la apariencia, comportamiento u otros parámetros del fenómeno-problema se solapan con los de algún tipo de experiencia conocida, ello es suficiente para asimilarlos y retirar el caso de un catálogo ovni.»

Esta pública «confesión» de cómo «vampirizar a otros» y de cómo «emitir sentencia» desde la poltrona nada tiene que ver con mi estilo, ni con el de los esforzados investigadores «de campo». Francamente, no seré yo quien recomiende a los jóvenes aspirantes a ufólogos iniciarse en este apasionante mundo, enclaustrándose entre libros y revistas especializados y juzgando sin haber pasado primero por el «fuego graneado» de unas pesquisas directas y personales. En el fondo, detrás de la solemne «declaración de principios» del «vampiro» valenciano, es fácil adivinar la impotencia y la hipocresía. Estamos de nuevo ante el viejo y familiar pleito: investigar significa sacrificio, dinero y tiempo. Y siempre es mejor que «todo eso» corra por cuenta de los «vampirizados»...

Y bien —argumentarán los corrosivos de turno—, ¿dónde está la solución? ¿Quién puede proclamarse en verdad y con propiedad «investigador ovni»? ¿Cómo se hace un «ufólogo»?

Me apresuro a hacer mía la frase del célebre poeta francés Coeuilhe: «La virtud desaparece tan pronto como se quiere hacerla aparecer.» En consecuencia, advierto a las jóvenes promesas de la investigación ovni que no conozco ni dispongo de un «manual» con la fórmula mágica. Muy posiblemente, la clave haya que descubrirla en el término medio. En otras palabras: «sí» a la investigación «de campo» —siempre dura, laboriosa y sacrificada, pero vital— y «sí» también al estudio, consultas y reflexiones posteriores. Y un «no» rotundo a los que pretenden justificar su comodidad, cantando las excelencias de la investigación de «biblioteca» como la «panacea» ovni. En cierto modo, esta radical actitud me recuerda la de los políticos que aconsejan y predican la guerra, pero envían a otros...

Pero es hora ya de que —siguiendo la línea del presente trabajo— este «correcaminos» se comprometa y aventure las cualidades y requisitos que, según su corto magín, deben rodear a un «ufólogo». Y partiré de un axioma que he defendido y defiendo a ultranza: «a investigar se aprende investigando». Y así será mientras la ufología, como tal, no entre de pleno derecho en las universidades. Incluso —cuando eso ocurra—, esta disciplina académica seguirá siendo peculiar, rebelde, heterodoxa y de muy difícil control. Y lo será porque, como hemos podido apreciar en los casos aquí expuestos, no existe un suceso-ovni igual a otro. Cada pesquisa demanda acciones y planteamientos que poco o nada tienen que ver con los anteriores. «Lo establecido» por los teóricos del ovni se desequilibra y derrumba a cada paso. Y el cacareado «método científico» —los investigadores «de campo» lo saben mejor que nadie— no sirve. Llevar una de esas naves a un laboratorio, de momento, es una utopía.

Hace algún tiempo, la Providencia puso en mi camino a un maestro de la investigación científica. Un catedrático de Bioquímica de la Universidad Autónoma de Madrid y director honorario del Instituto de Enzimología y Patología

Molecular del Consejo Superior de Investigaciones Científicas. Un hombre, en suma, ajeno por completo al «universo de los no identificados». Y, sin embargo, el profesor Alberto Sols me proporcionó una gran «lección» en lo que al «arte de investiga» se refiere. Sus reflexiones —curiosamente—, aunque dirigidas a la investigación en general, parecen concebidas para los que nos movemos en el mundillo de la ufología y, en especial, para los que se preguntan «cómo llegar a ser un "ufólogo"». O lo que es lo mismo, «cómo llegar a ser un investigador.

Las tesis de este experimentado hombre de ciencia me han conmovido. Y aunque recortadas por la inevitable falta de tiempo y espacio, entiendo que los jóvenes investigadores sabrán «sacarles el jugo» y beneficiarse de ellas. Y comencemos por el manoseado «método científico», tantas veces esgrimido por los que se autoproclaman «investigadores serios y racionalistas». «La investigación —me decía el profesor Sois—, para bien o para mal —o ambas cosas—, está muy metida en la sociedad actual. Pero éste es un fenómeno relativamente nuevo en la historia de la Humanidad. Es una consecuencia del progreso natural, a lo largo de los últimos tres siglos, del método científico, que ha dado lugar a una formación científica tremenda en el centro de nuestra época. Y se puede hablar de «método científico» de varias formas. Básicamente de dos. Pero, para empezar, conviene preguntarse: ¿existe un método científico concreto y enseñable? ¿Existe una sistematización transmisible de una forma actual? La respuesta es: en parte sí y en parte no. Más bien, «no». Es un hecho que los investigadores de hoy se forman o se han formado casi por generación espontánea. Yo digo frecuentemente que la formación que se adquiere en cuanto al método científico es principalmente por ósmosis. Se aprenden técnicas de trabajo, sí, para problemas determinados, pero aptitudes científicas ante la investigación no se suelen enseñar en general. No están en los programas de nuestras universidades. Quiero decir con ello que el método científico es susceptible de enfoques filosóficos. De hecho ha sido un tema tratado más frecuentemente por filósofos que por científicos. Pues bien, frente a este abordaje filosófico, lo único que yo puedo hacer es hablarle de la experimentación vivida. Es un investigador el que le va a comentar algo de lo que, por ósmosis, fundamentalmente por ósmosis y por experiencia, por fracasos repetidos hasta escarmentar sobre la marcha, he aprendido.»

Tomen buena nota, los que aspiran a convertirse en «ufólogos», de la siguiente y lapidaria sentencia de este pionero de la investigación: «Investigar no es lo mismo que publicar trabajos. Todo lo contrario. Entiendo que es una maldición para la ciencia el que, a lo largo de las últimas décadas, se haya acudido al comodín de contar el número de publicaciones.»

¿Y qué es entonces «investigar»? El profesor Sols fue tajante: «Descubrir. No importa que el hallazgo consista en cosas grandes o pequeñas. Lo importante es descubrir.»

Y aunque este maestro de investigadores no pensaba, ni remotamente, en los «vampiros de la ufología» ni en sus pontificales y siempre negativos trabajos, las siguientes consideraciones parecen dibujadas por y para dichos «santos y separados». Observen...

«Hay, además, lo que llamo "confusiones" y que, utilizando otra expresión, podría denominarse "tinta del calamar". Pues bien, al igual que este curioso animal, la ciencia y la investigación en general marchan "hacia atrás" cuando algunos científicos o seudocientíficos publican lo que no se debería publicar, porque es meramente "tinta de calamar", aunque con ello "crezca" su currículum.

»Y usted se preguntará: ¿quién, en verdad, puede considerarse investigador? Entiendo que se puede investigar por vocación y por oficio o profesión. Cajal era de los primeros. Él pagaba sus propias investigaciones: desde el microscopio a los colorantes. Hoy, gracias a Dios, la investigación es ya una profesión normal y respetable de la que, incluso, algunos pueden vivir. Y existe un tercer grupo: los «de ocasión», que entran en el terreno de la investigación por azar y sólo por un tiempo. ¿Y cuál es el secreto para permanecer en ese mundo? ¿Qué cualidades debe reunir un buen y honesto investigador? O lo que viene a ser lo mismo —insisto—, "¿qué cualidades debe reunir un buen y honesto "ufólogo"?

»... La más importante podría sintetizarse así: "curiosidad científica deportiva".»

La genial definición encaja «a medias» con los «calienta-poltronas».

«... Sin curiosidad —añade Sols— no existe afán de descubrir. Pero esa curiosidad debe ser científica. De lo contrario se convierte en otra cosa. Quizá en chismorreo. Ahora bien, la "curiosidad científica" a secas tampoco sirve. Los que se instalan y permanecen ahí, leyendo y estudiando lo que dicen los libros y los cientos de miles de boletines y revistas especializados, tampoco son auténticos investigadores.

»¿Y por qué algunos, en lugar de limitarse a estudiar lo mucho que ya se sabe, prefieren sudar para descubrir por sí mismos? He aquí el espíritu del investigador genuino: el que, a la curiosidad científica, suma la deportividad, la emoción del descubrimiento, el maravilloso sentimiento de "ser el primero".

»Bien. Ya disponemos de un valioso punto de arranque. Para ser un auténtico investigador —también en el amplísimo "universo ovni"— conviene hacer un sincero examen de conciencia y preguntarse: ¿soy curioso? ¿Mi curiosidad es científica? ¿Poseo, además, la específica cualidad de amar la aventura, el riesgo, sin que me importe el sacrificio? ¿Reconozco en mí el especialísimo don de aceptar los desafíos? ¿Me satisface "descubrir por descubrir"?»

Si la «joven promesa» reconoce en su corazón esta serie de «rasgos», la posibilidad de pertenecer algún día a esa «maravillosamente loca» avanzadilla que constituyen los «investigadores-ovni» será mucho más que una posibilidad. Pero el maestro Alberto Sols, además de perfilar la lámina del buen investigador, le da color:

«... Y también la ambición es una cualidad deseable. La que honestamente, sin subterfugios, sin hipocresías y sin soberbia, es capaz de hacernos luchar por una meta.»

La ambición —añado por mi cuenta— que predicaba Burke: «La que nos permite volar. Porque la ambición que se arrastra es propia de serpiente.»

«... Por otro lado, la creatividad es sumamente importante. Y también un cierto grado de austeridad.»

Y pregunto: ¿existe algún «curioso-científico» (ufólogo «de salón») que se haya distinguido y que se distinga por su «creatividad»? Porque ésta —según el estudio de Sols— requiere imaginación. Pero no la de los necios —«buscador de caracoles», «buzos británicos», «alucinaciones hipnagógicas», etc.—, sino la de los innovadores. Y esa «creatividad = imaginación» exige una permanente disposición infantil.

«... A veces —añade el catedrático de Bioquímica—, el genio es aquel que sigue preguntando como lo haría un niño. Porque, lamentablemente, cuando nos hacemos adultos, perdemos esa fascinante virtud.»

Y sigo preguntándome: ¿quiénes, entre la pléyade de individuos que se dicen «investigadores», conservan esa «disposición infantil»? Sólo los auténticos: los «deportistas», los que se sorprenden a cada paso, los que —como las nubes— «vuelan alto, recogiendo para derramarse». Observad a los «vampiros»: a sus corazones les ha salido «barba». Coleridge retrata a la perfección a unos y otros: «Hallaréis un buen indicio del genio creador e imaginativo, atendiendo a si progresa y se desenvuelve o solamente gira sobre sí mismo.» Observad a los investigadores «de campo»: difícilmente «hacen escuela» a su alrededor, muy raras veces les veréis rodeados de discípulos. Son lobos solitarios y esteparios. Y al contrario de los «sumos sacerdotes», alcanzan sus pequeñas o grandes conclusiones en «chispazos» que sólo otorga la imaginación. Los espíritus vulgares, en cambio, como aseguraba el filósofo alemán Mendelssohn, necesitan ser orientados por toda una serie de conclusiones.

¿Y cómo puedo alcanzar ese «espíritu creador»? La fórmula es simple: soltando la imaginación en «vuelo libre». Sin miedo. Pauling, Premio Nobel de Química y de la Paz, decía: «Una buena idea nace de entre muchas ideas.» Cuentan que Albert Einstein, en los dos años anteriores a la formulación de la teoría general de la relatividad, había tenido —por término medio— una idea cada dos minutos. Por supuesto, la mayoría fue rechazada y olvidada. Y Sols, acérrimo defensor del «matrimonio» buen investigador = gran imaginador, nos proporciona otro método para multiplicar la creatividad: «Eviten las inhibiciones, recluten el subconsciente (él sabe y guarda) y empleen partidas de pensamiento libre e intenso.»

Tomemos aliento y recapitulemos. De acuerdo con la experiencia de este brillante y reconocido científico, ¿qué «señales» deben servirnos para identificar al buen investigador? He aquí las básicas: «CURIOSIDAD CIENTÍFICA DEPORTIVA. AMBICIÓN. CREATIVIDAD.» «...Y si a esto añadimos AUSTERIDAD y TENACIDAD, miel sobre hojuelas.»

Austeridad, sí, pero no sólo la que nos hace comedidos en cuestión de dineros. Austeridad, sobre todo, entendida como RENUNCIA. El verdadero investigador se ve forzado a una permanente dejación voluntaria de muchos de los derechos y legítimos placeres que envuelven al ser humano. Debe estar dispuesto a prescindir de los suyos, de sí mismo y de su propia comodidad, en favor de los viajes, de las pesquisas, del estudio y de la difusión de sus hallazgos. Y, muy especialmente, debe estar entrenado para la soledad. Para el vacío físico y para el que le deparará la incomprensión de los demás.

La postura contraria —por muchas justificaciones que se busquen— no corresponde a la de un investigador «curioso-científico-deportivo». En el mejor de los casos será la actitud de un simple «curioso-científico», que todo lo aprendió en los libros. Huyamos, pues, de los «cantos de sirena» de los «vampiros» y demás ralea ufológica. La investigación de «gabinete» (eufemismo muy propio de estos «sepulcros blanqueados») puede ser positiva y hasta necesaria, siempre y cuando se haya «batallado» primero en el «frente». ¿Qué saben estos «calienta-poltronas» de la renuncia y de la soledad de esos investigadores «de campo» regionales? El mundo está cansado y asqueado —incluyendo el «ufológico»— de tanto «preboste» que gobierna, tiraniza y pontifica «arrodillado ante su propio ego».

Y tenacidad, sí. El pensamiento de Sols, en este sentido, queda lúcidamente condensado en la autobiografía de Cajal: «Mi éxito —dice— demuestra una vez más que las ideas no se muestran fecundas con quien las sugiere o las aplica por primera vez, sino con los tenaces que las sienten con vehemencia, y en cuya virtualidad ponen toda su fe, todo su amor. Bajo este aspecto, bien puede afirmarse que las conquistas científicas son creaciones de la voluntad y ofrenda de la pasión. Consciente de haber encontrado una dirección fecunda, procuré aprovecharme de ella, consagrándome al trabajo, no ya con ahínco, sino con furia.»

Y el profesor Sols concluye sus fructíferas reflexiones sobre «el arte de investigar» y acerca del «buen investigador» con tres sabias advertencias, que afectan igualmente al mundillo ovni:

«1.ª ¡Ojo con las obligaciones burocráticas! Si el investigador no anda listo, le devorarán irremisiblemente.»

El «aviso», como digo, parece concebido para muchos de los grupos y asociaciones ufológicos que proliferan por el mundo. Ha sido este «cáncer» el que ha terminado por ahogar el sincero y prometedor espíritu aventurero y creador de jóvenes —y no tan jóvenes— investigadores. He aquí una de las inequívocas «lepras» que ayudan a distinguir a los ufólogos «de salón». Los colectivos que terminan cayendo bajo su órbita —integrados generalmente por muchachos entusiastas e inexpertos— se ven enredados de inmediato en una «tela de araña» de «estatutos», «papeleo» y «trabajos administrativos» que sofocarían a un franciscano. Estamos, en definitiva, ante una vieja y funesta «táctica» de «control» del personal a sus órdenes, sabia y astutamente camuflada, eso sí, por la «necesidad de un orden y de una sistematización del trabajo». Como si el fenómeno ovni pudiera ser «tramitado» desde la famosa «oficina siniestra» de la desaparecida revista humorística *La Codorniz*. El ovni, señores míos, es investigación, sí, pero en libertad y sin burócratas que lo fiscalicen.

«2.ª ¡Ojo con las modas! En mi opinión —afirma el profesor Sols—, los investigadores jóvenes de hoy se parecen en ocasiones a las mujeres jóvenes de siempre, en la fascinación por las modas. Si "algo" está de moda, dará prestigio, será fácilmente financiable, se podrá publicar y "hará currículum". El gran inconveniente es que atrofia la originalidad, esclavizando.»

Certera advertencia también para las «promesas» que desean ingresar en la investigación ufológica..., «porque está de moda». Y recuerden: el «enigma de los no identificados», en todo caso, es una «moda» que no ha cambiado desde las cavernas, que no prestigia, que no resulta fácilmente financiable y que sólo alimenta el currículum interior.

«3.ª ¡Ojo a los modelos! A menudo no son más que caricaturas de la realidad. No es infrecuente que científicos famosos propongan modelos que sólo conducen a la esclavitud y a la pérdida de tiempo y energía.»

¡Cuán ajustada esta tercera «alerta» a la realidad ovni!

Los jóvenes investigadores encontrarán a cada momento toda una batería de «modelos», propuestos como «verdades incuestionables» o «férreas fórmulas referenciales en toda investigación racional que se precie». En la mayoría de los casos —como asegura Sols— no son otra cosa que caricaturas que nadie entiende, «becerros de oro» y «cortinas de humo», propiciados por los de siempre: los de dura cerviz.

Tratar de encadenar la magia, el absurdo, la invisibilidad y el misterio de los «no identificados» con estadísticas, métodos científicos y modelos físico-matemáticos (aunque sean *made in USA*), viene a ser tan estéril como archivar el viento, computarizar la ternura o encarcelar la belleza en un catálogo.

Y es que, para formar parte del invisible «club» de los estudiosos y seguidores del ovni sólo es menester entreabrir la imaginación. «El resto —mi admirado Jesús de Nazaret sabrá perdonar a este entrometido— se nos dará por añadidura.»

En Larrabasterra, siendo las 12.59 horas
del 7 de setiembre de 1990.

ÍNDICE ONOMÁSTICO

Las cifras en cursiva remiten a las ilustraciones

Aceituna, José: 100-101.
Acosta, Federico: 16, 236.
Alés, Antonio José: *véase* Biosca.
Alfonso XIII: 47, 52.
Alonso, Ángel: 44.
Alves, Emilia: 74.
Arcas, Julio: 20.
Arejula: 16.
Ares, Félix: 332, 341.
Audije, Manuel: 154, 270.
Avilés, Carlos: 299.

Badillo, Emiliana: 141. — *145*.
Ballester Olmos, Vicente-Juan: 174, 175, 332, 339, 341.
Barroso, Félix: 27, 32, 39, 45, 46, 87.
Basilio Díaz, Gerónima: 106.
Benítez Moreno, José: 397.
Bentley, Richard: 340.
Berlitz, Charles: 332, 335, 337, 341.
Bermúdez, Juan: 358, 386. — *344, 349, 354, 385*.
Biedma Viso, José: 317. — *324*.
Bini: 297.

Biosca, *alias* Antonio José Alés: 171.
Bonald, Louis, vizconde de: 160.
Borrego López, Jesús: 346, 384. — *376*.
Brisa, Juan: 302, 304, 305, 306.
Burke, Edmund: 314, 409.

Cabaco, Fernando: 313, 314. — *313*.
Calderón, Fernando: *298*.
Calvino, Jean: 181.
Camacho Malo, José Luis: 326.
Campbell, Roy: 317.
Cardeñosa, Bruno: 20.
Carreira, María: 74. — *71*.
Carretero Olmedo, Ángel: 375.
Carrillo, Jesús: 229.
Cervantes Saavedra, Miguel de: 179, 401.
Cicerón, Marco Tulio: 177.
Cierva, Juan de la: 99.
Civera Sales, Carmen: 264, 265, 267, 269, 272, 277, 280. — *266, 271, 282*.
Coeuilhe: 405.

«Colás»: *véase* Sánchez Martín, Nicolás.
Coleridge, Samuel Taylor: 409.
Colosia, Pedro P. de: 106.
Corchero Robledo, Julio: 13, 25, 26, 30.
Corell Cerdá, Vicente: 263, 264, 267, 268, 269, 272, 275, 277, 280. — *266, 271, 282.*
Crespo, Jesús: 89, 90, 94.
Crespo, Rufino: 100.
Crespo Azabal, Josefa: 94, 95. — *86.*
Crespo Azabal, Victoriana: 93.
Crespo Miguel, José: 87.
Crookes, William: 11.
Cruz Horta, Domingo de la: 297, 299, 300, 301, 305, 306, 309, 311, 312, 314, 317. — *308, 313.*

Chamfort, Sébastien Roch, *llamado* Nicolás de: 132.
Chantrel, Étienne: 318.

D'Armada, Fina: 73. — *71.*
Demófilo: 24.
Díaz Escudero, Luis: 104. — *97.*
Díaz-Guerra, J. P.: 230.
Diderot, Denis: 314.
Domínguez, Cristino: 28, 121.
Domínguez, Germán: 28, 121.
Domínguez, José Francisco: 228, 229. — *233.*
Domínguez Crespo, Antonio: 100.

Domínguez Díez, Luis: 226, 230, 231, 234, 235. — *233, 242.*
Domínguez Iglesias, Emiliano: 63.
Domínguez, familia: *242.*
Dos Santos, Lucía (vidente de Fátima): 73.
Dostoievski, Fiódor Mijáilovich: 204.
Duarte de Dios, Crescenciano: 42.

Echagüe y Álvarez de Sotomayor, Conchita: 320.
Echagüe y Álvarez de Sotomayor, María Asunción: 317, 318, 321, 322, 326, 327, 330. — *324, 329.*
Einstein, Albert: 410.
Emerson, Ralph Waldo: 26.
Emma (esposa de R. V.): 255.
Escalada, Gloria: 286, 288, 290.
Escalada, Rosa María: 286.
Esteban: 291, 295. — *303.*
Expósito García, Andrea: 57, 66. — *44.*
Expósito García, Juliana: 54, 55, 56, 57 — *44.*

Faber Kaiser, Andreas: 18.
Fabre, Henri: 98.
Fernandes, Joaquim: 73. — *71.*
Fernández Peris, J. A.: 272, 273, 277.
Fernando (hijo de *El Largo*): 301, 302.
Florián: 28.

Foncubierta, Manuel: 371.
France, Anatole: 39.
Franch, L. H.: 171.
Francisco (guarda): 306, 307, 310, 311, 312, 315.
Francisco de Sales, san: 17.

Galgo: véase Martín Crespo, Manuel.
Galiani, abate: 164.
Gámez, Luis A.: 170, 174, 335, 341, 343.
Garate, Javier: 394.
García, Juan: 106.
García García, Gerardo: 341.
García Hernández, Ángel: 103, 104, 106, 109, 111, 112, 114.— *97, 102*.
García Herrero, Manuel: 106.
García Luna, Francisco: 397.
García Niguerol, Dionisio: 107. — *102*.
García Niguerol, Petronio: 106.
García Niguerol, Santos: 107. — *102*.
García Román, Antonio J.: 126.
García Sánchez, Estefanía: 53, 55, 56, 60. — *36, 44*.
Gascón, Juan M.: 170, 272, 278.
Godin, E.: 297.
Goethe, Johann Wolfgang von: 23, 208, 290.
Gómez: 174.
Gómez, Teodora: 106.
Gómez Serrano, Juan Andrés: 20, 291.
González, Juan José: 135.
González, Magdalena: 62.

González Montero, Vicente: 60, 61.
Graf, Arturo: 23, 382.
Guasp, Miguel: 231.

Hebbel, Friedrich: 281.
Hernández, Enrique: 160.
Hernández Basilio, Gervasia: 104, 109, 111. — *102*.
Hernández F., L.: 336, 339, 341, 342.
Hernández Rodríguez, Andrés: 106.
Hilario (médico): 59.
«Hilario, El»: *véase* Cruz Horta, Domingo de la.
«Huesca», míster: 187, 188, 190, 194. — *184*.
Hugo, Victor: 194, 290, 381.

Iglesia Rubio, Teresa: 51, 76. — *58*.
Iglesias, Eusebio: 114, 116, 119, 121, 122, 128, 154. — *110, 115*.
Iglesias, Florentino: 61.
Iglesias, Florián: 114, 116, 118, 120, 121. — *110, 115*.
Iglesias, Julián: *97*.
Iglesias, María, *La Habanera*: 52, 68. — *44*.
Iglesias, Pepa: 52, 68. — *44*.
Iglesias, Primitivo: 61.
Iglesias Iglesias, Manuela: 51. — *44*.
Isabel: 346, 347, 386.
Izzo, Francesco: 231.

Jacob, Max: 281.
Jesucristo: 19, 22, 118, 133, 193, 330, 413.
Jiménez, Pablo: 34, 40, 41, 42.
Jiménez Marhuenda, Luis: 20.
Jiménez del Oso, F.: 18, 332, 337, 341.
Juan (hijo de patrón): 108.
Juanito (mecánico): 92.

Kant, Enmanuel: 35.

Lacordaire, Henri: 121.
La Fontaine, Jean de: 340.
Lara Hernández, José Manuel: 18.
«Largo, El»: 301.
Larrazábal, doctor: 338.
Lázaro: 346, 348, 357.
Leopardi, Giacomo: 90.
Lessing: 22.
Lévi, Eliphas: *334, 338*.
Livio, Tito: 244.
Logau: 30.
Loli: 346, 357, 386.
Longfelow: 29.
López, Domiciano: 106.
López, Pedro: 106.
López Martín, Juana: 111.
Loren, Sofía: 162.
Lucio, Fausto: 59.

Macías, Emilio: 286, 288, 290.
Macías Escalada, Emilio: 286.
Macías Escalada, Gloria: 286.
Macías Escalada, Rosa María: 286.
Magno, Joel de Deus: *71*.

Manzanas, Melitón: 186.
Marco, Sixto: *58*.
Marco Martín, Juan: 51, 78, 80, 81. — *58, 77*.
Marcos, Marcelina: 51.
Mariscal, María del Mar: 137, 138, 140. — *139*.
Mariscal, familia: 150.
Martí, José: 299.
Martí, Julio: 269, 270. — *271*.
Martín (hijo de Juan Martín Crespo): *véase* «Mona, tiu».
Martín, Dionisio: 54, 56.
Martín, Jerónima: 61.
Martín Crespo, Juan: 95, 96, 97, 99. — *86, 97*.
Martín Crespo, Manuel: 88, 89, 94, 95, 96, 99.
Martín Martín, Isidro: 49.
Martín Martín, María Josefa: 56.
Marto, Francisco (vidente de Fátima): 73.
Marto, Jacinta (vidente de Fátima): 73.
Martos, Francisco J.: 318.
Marvizón, Julio: 20.
Marx, Groucho: 383.
Mendelssohn, Moses: 410.
Méndez de la Torre, Felipe: 209.
Mendoza, Saturnino: 20, 73.
Meredith, George: 194.
Miguel: 395.
Minaya, Francisco: 229.
Mohedano Mohedano, Bienvenida: 62, 63.

«Mona, tiu»: 46, 47, 87, 88, 89, 90, 92, 93, 94, 95, 103, 208. — *86, 97*.
Montaigne, Michel Eyquem de: 75.
Montaner, Ramón: 370.
Montano, Rafael: 291.
Montero Ángel: 394.
Morán, Álvaro: 160.
Morán, Manuel: 160.
Moreno Lacalle, José: 371.
Muguruza, Pruden: 332.

Napoleón I Bonaparte: 381.
Niguerol Nieto, Elvira: 104, 106, 107, 108, 109, 111, 113.— *105*.
«Nisio»: *véase* Martín, Dionisio.
Nogales, Mateo: 20.
Novalis, Friedrich barón von Hardenberg, *llamado*: 21.

Ortiz, Eduardo: 160.
Osuna, Manuel: 16, 316.
Ovidio: 30.

Pablo, san: 297.
Paco (maestro de La Pesga): 34.
Padrón, Paco: 20.
«Pancho»: 101.
Patton, George Smith: 289.
Pauling, Linus Carl: 410.
Pedro: 346, 353, 379, 383, 386, 387, 390.
Pedro G.: 346, 347, 350, 353, 355, 383, 386.

Peralta, «Mamen» de: 199, 200.
Peralta Pineda, Rafael: 196, 197, 199, 202, 203, 206, 207, 244. — *198, 201*.
Pereira, Argimiro: 124, 132. — *125*.
Pereira Gens, doctor: *71*.
Pérez de la Hiz, Carmen:. 20, 73.
Pérez Sarro, Gonzalo: 133, 135.
Persinger (neuropsicólogo): 180.
Píndaro: 85.
Pino, Pedro del: 152.
Pitágoras: 154.
Plutarco: 114.
Pope, Alexander: 85.
Puerta, Antonio: 59.
Purroy Iraizoz, Francisco: 225.

Raabe, Wilhelm: 143.
Ramón y Cajal, Santiago: 407, 411.
Ramos, Mari Carmen: 135, 136, 137, 147. — *134, 145*.
Ramos, familia: 142. — *145*.
Ratiño: 302.
Rebato, Esther: 223.
Redonda, Eduarda: 141. — *145*.
Reina, Manuel: 394.
Retz, Jean François Paul de Gondi, cardenal de: 85.
Revuelta, Mercedes: *198*.
Rey Brea: 16.

419

Ribera, Antonio: 18, 100, 332, 335, 337, 341.
Richter, Joham Paul Friedrich: 55.
Rochefoucauld, François VI, duque de La: 339.
Rodríguez, Ángel: 341, 376, 377, 397.
Rodríguez Riesco, Guillermo: 236, 239. — *248*.
Rojo, Antonio de: 26.
Rosales, Ariel: 332.
Rufinillo: 322.
Ruskin, John: 45.

Sáenz de Buruaga, Mario: 221.
Sánchez, Candela: 63.
Sánchez, Jesús: 28. — *115*.
Sánchez, Joaquín: 27, 28, 121.
Sánchez, Julián: 63.
Sánchez, Nicolás: 60.
Sánchez García, María del Pilar: 54. — *36*.
Sánchez Hoyos, Víctor: 59, 65, 66. — *50*.
Sánchez Martín, Agapita: 56.
Sánchez Martín, Constancia: 65.
Sánchez Martín, Jesús: 122.
Sánchez Martín, Nicolás: 27, 47, 48, 49, 51, 52, 53, 54, 55, 56, 57, 59, 60, 61, 63, 65, 66, 67, 69, 70, 72, 73, 75, 78, 83, 84, 85, 116, 118, 121, 122, 127, 128. — *31, 44, 50, 115, 117*.
Sánchez Sánchez, Nicolás: 45, 116, 118. — *110*.

Santiago, Tomás: 278.
Schopenhauer, Arthur: 179.
Schultz, A.: *227*.
Segur, Florentino: 34.
Segur Martín, Heliodoro: 34.
Séneca: 88, 179, 306.
Sierra Moreno, Víctor: 151. — *158*.
Silva, José Antonio: 332, 337, 342.
Simkins, J. A. B.: 374.
Siro, Publio: 43.
Smith, Sydney: 401.
Sols, Alberto: 406, 408, 409, 411, 413.
Spielberg, Steven: 17, 22.
Sterne, Laurence: 45.

Tennyson, Alfred: 40.
Teognidas: 43.
Timermans Ceballos, Miguel: 283, 285, 290. — *282, 287, 292*.
Tobajas, Rafael: 291.
Tolstói, Liev Nikoláievich: 19.
Tomillo, señor: 146, 148, 149.
Toribio (de Pasarón): 108.
Torres, Pablo: 229.
Trejo, Manuel Jr.: 160.
Trejo Rodríguez, Manuel: 154, 157, 159, 160, 162, 164, 165. — *153, 158*.
Triller, Dan: 281, 283.

Vallée, Jacques: 231.
Ventura, Feliciano: 59.
Verne, Julio: 316.

Vicente, Enrique de: 332, 337, 341.
Vieira, Joaquim: 74.
Virgilio: 151.
Vite, Rafael: 20, 345.
«Vito» (médico): *véase* Sánchez Hoyos, Víctor.

Voltaire, François Marie Arouet, *llamado*: 85, 285.

Wilde, Óscar: 40, 382.

Biblioteca **J.J. Benítez**   Otros títulos:

**JERUSALÉN.
CABALLO DE TROYA 1**

**MASADA.
CABALLO DE TROYA 2**

**SAIDAN.
CABALLO DE TROYA 3**

**NAZARET.
CABALLO DE TROYA 4**

**CESAREA.
CABALLO DE TROYA 5**

**HERMÓN.
CABALLO DE TROYA 6**

**LOS ASTRONAUTAS
DE YAVÉ**

**EL PAPA ROJO
(LA GLORIA DEL OLIVO)**